# 고전 문학과 즐거운 인생

신재홍

# 고전문학과 즐거운 인생

신재홍

월인

차 례

# 3 소통과 친교



# 4 완상과 유흥



# 5 유람과 여행

# 6 예기치 못한 즐거움



# 7 마음의 평안



# 8 상상과 초월

# 머리말

고전 문학을 공부하면서 내가 살펴본 작품들의 의미와 재미를 좀 더 많은 이에게 알리면 좋겠다는 생각을 해 왔다. 그리하여 전공 서적을 엮어 내는 틈틈이 일반인과 대학생이 고전 문학과 의미 있게 만나도록 안내하기 위한 책들을 기획하여 출간하였다. 『향가 서정 여행』, 『고전 소설의 착한 주인공들』, 『고전 소설의 당돌한 여주인공』, 『고전 문학과 징벌의 상상력』, 『고전 문학과 근심 걱정』 등이 그러한 의도에서 나온 책들이다. 고전 문학에 대해 다소 진지한 주제들을 다룬 것인데 주변의 몇몇 연구자에게서 재미있다는 말도 들었으나 애초에 예상한 독자층은 호응이 별로 없는 듯하여 이러한 작업을 계속해도 될지 망설여졌다.

몇 년 전 '근심 걱정'을 주제로 책을 쓰고 있다는 말을 저녁 식탁에서 했더니 큰딸이 대뜸 "왜 근심 걱정만 얘기해? 즐거운 일도 많은데."라는 반응을 보였다. 생각해 보니 그도 그럴 것 같아 그 다음 주제로 삼아 볼까 했었다. 심심할 때 TV 채널을 돌리다가 어느 방송의 표어로 '즐거움엔 끝이 없다'가 눈에 띄었다. 끝없이 즐거움을 찾는 세태, '도파민 인류'가 퍼진 오늘날 옛사람이 남겨 놓은 고전 문학이 독자에게 어떠한 즐거움을 줄지는 잘 모르겠다. 그래도 고전 문학에 대한 관심은 꾸준히 있어 왔고 학습의 대상에서 나아가 이해와 공감의 대상으로 계속해서 읽혀질 것이라는 점은 부인할 수 없다.

대체로 나는 일상의 문제를 통해 문학 연구를 한다는 생각으로 공부해 왔다. 돌이켜 보면 육십 넘게 살아오면서 어려움도 많았으나 즐거움도 꽤 있었다. 어떤 경험은 그로써 앞으로의 삶을 견뎌 낼 수 있을 것이라는 믿음을 주기도 하였고, 또 어떤 경험은 그 자체만으로 모든 것을 잊고 그 안에 포근히 감싸여 있는 느낌을 주었다. 살면서 어려움과 즐거움을 넘나들며 얻은 지혜와 정서가 쌓여 언젠가 세상을 하직할 때 인생은 아름답다고 회상하게 되는 것이 아니겠는가. 이 책은 이러한 계기와 생각에서 나온 것이다.

고전 문학은 우리 민족의 역사 속에 산출되었다. 역사는 왕조 교체, 정변, 전쟁, 인물의 업적 등으로만 장식된 것이 아니라 오래 지속되고 광범위하게 퍼진 일상적 삶들을 통해 이룩된 것이다. 그 속에서 나온 문학은 역사 기록의 심층적인 면들을 담고 있어 각 시대 일상의 모습과 인간의 내면을 훨씬 가까이 접할 수 있다. 오늘 우리의 삶에도 고락(苦樂)이 있듯이 선조들의 삶도 그러하였다. 일상의 조건과 환경이 달라도 생로병사를 겪는 인간 존재로서 사는 것은 크게 다르지 않다. 그러한 경험 중에서 선조들이 삶에서 누린 즐거움이 나타난 작품들을 찬찬히 음미해 보려고 한다.

이 책은 8장으로 이루어져 있다. 가족의 우애, 사랑의 기쁨, 소통과 친교, 완상과 유흥, 유람과 여행, 예기치 못한 즐거움, 마음의 평안, 상상과 초월 등 여덟 가지 주제로 작품을 묶어 살펴보았다. 향가, 고려 가요, 시조, 가사, 한시, 고전 소설, 야담, 구비 설화 등 고전 문학 장르를 두루 포섭해서 각 주제에 맞는 작품을 선택하여 해석하고 감상해 본 것이다. 물론 작품 한 편이 순전히 즐거움만으로 이루어질 수 없고 괴로움, 슬픔 등과 얽혀 있는 것이지만 그 속에서 즐거움의 주제에 초점을 두어 논의하였다. 또한 인생의 즐거움이 여덟 가지로만 묶일 리도 없으니 여기서 빠트린 즐거움의 주제들은 그것대로 살펴져야 할 것이다. 그렇더라도 이 책을 통해 고달프고 팍팍한 세상을 살면서도 인생의 기쁨과 즐거움을 누리고자 하는 바람은 옛사람이나 우리나 마찬가지라는 점을 이해하고 공감해 주기를 기대한다.

내가 학부를 졸업하고 고전 문학 전공으로 석사 과정에 입학한 해가 1984년이니 고전 문학과 함께해 온 시간도 어느덧 40년이 된 셈이다. 고전 소설, 향가, 고려 가요 등에 관심을 갖고 이러저러한 방법론으로 작품을 살펴 감흥을 얻고 의미를 찾으며 지내 온 시간들이 참 고맙게 느껴진다. 내가 택한 과제 하나하나를 겨우겨우 해내는 중에 여러 면에서 한계를 절감했지만 그래도 심한 침체기 없이 꾸준히 해 온 것이 무척 다행스럽다. 그럴 수 있었던 것은 무엇보다도 가정과 직장의 안정이라는 행운이 따라 주었기 때문이다. 의례적인 인사로 '학운(學運)이 융성하십시오.'라는 말이 진심인 것은 공부에도 운이 따른다는 것을 많은 사람이 알기 때문일 것이다. 아내와 딸들이 있는 나의 가정과 30년 넘게 재직하고 있는 우리 대학교에 늘 감사한 마음이다.

이 책의 출간을 흔쾌히 허락해 주신 박성복 사장님께 감사드린다. 보기 좋고 읽기 좋은 책으로 만들어 주신 월인 출판사 편집부에도 감사드린다. 이 분들 덕분에 또 한 권의 책을 세상에 내놓을 수 있어 고맙긴 하지만 다른 한편으로 이런 종류의 책을 또 내어도 되나 싶은 우려도 있다. 다만 고전 문학에 대한 나의 이해와 애정이 독자 여러분에게 전달되었으면 하는 바람이다.

2024년 11월 2일

가천관 907호 연구실에서 신재홍

# 1

# 가족의 우애

1.1

# 안민가

〈안민가(安民歌)〉는 가족 주제와 관련하여 생각해 보기에 좋은 향가 작품이다. 비록 은유적으로 표현된 가족 관계이나 작품의 창작 배경과 사상을 염두에 둔다면 상당히 의미 있는 주제 의식을 담고 있다. 신라 시대 가족 의식의 한 면이 작품에 반영되어 있다고 할 만하다. 작품 이해를 위해 배경 기사부터 살펴보기로 한다.

경덕왕대(742~765) 어느 해 3월 3일 왕이 귀정문 누각 위에 나왔다가 길에서 영복승(榮服僧)을 맞아 오라고 명하였다. 귀정문은 신라 왕궁에서 서쪽으로 가장 바깥에 있던 문인데 왕이 그 문루에 올라 삼짇날 궁궐 밖 민간의 행사를 관망하다가 '영화로운 복장을 한 승려'를 영접하고자 한 것이다. 신하가 위의 있고 잘 차려입은 중을 모셔 왔으나 왕이 물리친다. 그 대신 누비옷에 앵두나무로 만든 통을 지고 오는 충담(忠談)을 영복승으로 지명해 맞이한다. 그는 매년 3월 3일과 9월 9일에 남산 삼화령의 미륵세존에게 차를 공양하였다.[1] 이 미륵불은 선덕여왕대(632~647) 생의 스님이 꿈에 계시를 받고 얻은 돌미륵이고, 삼화령은 진성여왕대(887~897) 화랑 효종이 효녀 지은을 도와주기 전에 낭도들과 유람했던 곳이다. 이러한 배경으로 미루어 충담은 화랑 집단에 속한 승려인 승랑(僧郞)이고 불교와 화랑도(花郞道)가 습합된 사상을 지닌 인물로 생각된다.

---

1 『삼국유사』2, 기이2, 「경덕왕 충담사 표훈대덕」.

왕이 충담에게 차를 청해 마신 후에 "일찍이 짐이 들으니 스님의 〈찬기파랑사뇌가〉가 그 뜻이 매우 높다(其意甚高)고 하던데 과연 그러하냐?"고 묻는다. 충담은 "그렇습니다."라고 대답한다. 왕이 "그렇다면 짐을 위해 백성을 편안하게 다스릴 향가를 지어라." 한다. 이에 응하여 〈안민가〉를 지어 바치니 왕이 가상히 여겨 왕사(王師)에 봉했으나 충담은 굳이 사양하였다. 이 대화에서 충담이 향가 시인으로 명망이 높았다는 점, 〈찬기파랑가〉에 비견될 만한 작품을 요구받았다는 것, 정치적 이념의 주제를 다루어야 했다는 점 등을 알 수 있다. 충담은 영화로운 복장에 반대되는 허름한 옷차림이 문제가 아니라 나라를 잘 다스려 백성을 편안하게 할 방도, 그로써 세상을 영화롭게 만들 정치적 전망을 제시하는 시인으로서 초빙되었던 것이다. 그러므로 〈안민가〉에 담긴 주제 의식과 사상은 일반적인 서정시에서 다루는 차원을 넘어서 당대의 통치 이념에 바탕이 될 만한 것이라 할 수 있다.

君隱 父也
臣隱 愛賜尸 母史也
民焉 狂尸恨 阿孩古
爲賜尸知 民是 愛尸 知古如
窟理叱 大(→火)肹 生以支 所音 物生
此肹 喰惡支 治良羅
此 地肹 捨遣只 於冬是 去於丁
爲尸知 國惡支 持以支 知右(→古)如
後句 君如 臣多支 民隱如
爲內尸等焉 國惡 大平恨音叱如

"君은 아비야,
臣은 ᄃᆞᄉᆞ실 어ᅀᅵ야,
民ᄋᆞᆫ 얼ᄒᆞᆫ 아ᄒᆡ"고
ᄒᆞ실디, 民이 ᄃᆞᄉᆞᆯ 알고다.
구릿 블흘 살이기 바- 物生
이흘 먹악 다ᄉᆞ라
"이 ᄯᅡ흘 ᄇᆞ리곡 어ᄃᆡ 가늘뎌!"
ᄒᆞᆯ디, 나라기 디니기 알고다.
아야, 君닷 臣다히 民닷
ᄒᆞ늘ᄃᆞᆫ 나락 太平ᄒᆞ니-ㅅ다.

"임금은 아비요,
신하는 사랑하실 어미요,
백성은 어린 아이"라고
하실진대, 백성이 사랑을 알리로다.
아궁이에 불을 살린 바- 물생
이를 먹어 안정하여
"이 땅을 버리고 어디 갈져!"
할지면, 나라가 부지함을 알리로다.
아아, 임금답게 신하답게 백성답게
한다면, 나라[가] 태평하니이다.[2]

〈안민가〉는 배경 기사의 내용에 부합하는 당대의 정치적 이념을 제시한 작품이다. 교훈적인 내용을 원숙한 시적 표현으로 전달하여 감화력을 높이고 있는데, 이에는 가족 관계의 은유가 큰 역할을 한다. 정치 이념을 가족 관계에 빗대어 표현했다고 하겠으나 이는 가족 관계가 지닌 정치, 경제, 사회적 의의가 그만큼 크다는 뜻이기도 하다.

제1구(제1~4행)에서 군신(君臣), 군민(君民)의 사회 정치적 관계를 부모 자식의 가족 관계로 비유하였다. 임금은 아버지, 신하는 어머니, 백성은 아이라는 것이다. 이는 중세 통치 질서의 확립을 위해 사회와 정치 체제를 가족 관계의 연장으로 보는 시각을 드러내면서도 가족 관계에 대한 당대의 일반적 인식을 내포한 것이다. 아버지가 중심이 되는 가부장제하에 아버지가 어머니를 사랑해야 하고, 아이들은 어려서 보살핌을 받아야 한다. 가족 관계의 유지와 발전에 아버지의 역할이 가장 중요하지만 어머니와 아이들도 사랑받고 보호받을 권리가 있다. 이러한

2 신재홍, 『향가의 해석』, 집문당, 2000, 95-96면. 앞으로 향가 해독문은 이 책에서 인용한다.

관계 속에 가족의 화목과 안정된 생활이 보장된다면 아이들은 좋은 환경에서 자라날 수 있다. 이를 정치 이념으로 바꾸면 제4행의 '백성이 사랑을 아는 것'으로 수렴한다. 피통치자인 백성이 통치자인 국왕의 '사랑'을 알게 하려면 국왕 스스로 가족 관계의 관점에서 신하와 백성을 이해하고 대우해야 한다는 것이다.

여기서 가족 관계에 대해 좀 더 생각해 볼 수 있다. 가족은 부모와 자식으로 구성된다. 이 관계는 아버지와, 아버지가 '사랑하실' 어머니, 그리고 '어린' 아이로 맺어져 있다. 아버지는 어머니만 사랑하는 것이 아니라 어린 아이도 사랑하는 것이고, 어머니는 아버지의 사랑만 받는 것이 아니라 아버지를 사랑하고 또 어린 아이를 사랑하는 것이다. 결국 어린 아이는 아버지와 어머니의 사랑을 다 받아야 할 존재이다. 아버지와 어머니가 서로 사랑하는 관계 속에서 아이들은 튼튼하고 행복하게 성장할 수 있다. 이렇듯 가족 관계의 중심 가치가 사랑이라는 점을 강조하였고 사랑이 가족을 넘어 사회와 국가 차원에서도 추구해야 할 핵심 이념임을 제시한 것이다.

백성이 편안하게 살도록 하기 위해 정치의 방도를 제시하는 문학 작품에서 가족을 사회의 중심이자 기초 단위로 설정한 것은 의의가 크다. 이는 8세기 중엽 신라 사회 전반에 퍼져 있던 혈통주의, 가족주의가 작품에 반영된 것이다. 성골, 진골, 6두품, 5두품, 4두품 등으로 신분이 구분되면서도 가족을 중심으로 사회 정치적 활동을 했던 당대인의 의식이 작품에 집약되었다고 하겠다.

제2구(제5~8행)는 백성이 나라의 '사랑'을 알게 되는 구체적인 방도를 제시하였다. 제1구의 가족 은유를 밀고 나가서 부모의 자녀 양육에 초점을 두어 말하고 있다. 제5행 '아궁이에 불을 살린 바– 물생(物生)'이 이러한 가족 관계의 중심 내용을 이룬다. 부모가 아이를 돌보고 기르는 것은 곧 부엌의 아궁이에 불을 살라 음식을 만들어 먹이는 일로 대변된다. 가정에서 부엌은 대개 어머니가 담당하는 영역이므로 아궁이 불로 먹을 것을 만드는 사람은 어머니라 할 수 있으나 부엌살림을 마련해 주는 일은 아버지가 할 역할이다. 부모의 노력으로 자식을 양육하는 모습이 '아궁이에 불을 살리'는 행동으로 표현된 것이다. 아버지가 밖에 나가 일해서 벌어 온 식량을 가지고 어머니가 부엌 아궁이에 불을 살려 음식을 만들든지, 부모가 모두 일터에 나가서 얻은 것을 어머니가 부엌에 들어가 만들든지 하여 자식들을 먹여 살려서 키우는 것이다.

가족은 구성원이 함께 일하고 먹고 사는 생활 공동체이다. 부엌 아궁이의 불이 꺼지지 않고 살아서 음식도 해 먹고 방구들도 덥혀 주어야 생활이 안정된다. '아궁이'는 일정한 장소에 정착하여 사는 것을 상징하는 말이고 '불을 살리다'는 불을 때어 타오르게 하는 것이면서 사람이나 가족을 '살리다'의 의미도 아울러 지닌 말이다. 이에 '아궁이에 불을 살리다'는 백성이 일정한 장소에 정착하여 안정된 생활을 하는 것, 땅의 소출로 가족들을 먹여 살리는 것을 뜻한다. 안정된 정착 생활의 모습이 부엌살림으로 나타나는 것이니 살림이 넉넉한 것이야말로 가족의 성립과 유지, 발전에 기본이 되는 조건이다. 이렇게 아궁이에 불을 살려 만든 '물생'(먹을 것, 음식)을 온 가족이 '먹어 안정하는' 것이다. 기초 단위인 가족이 경제적 안정을 이루면 사회의 안녕과 생산력 증대를 가져오고 결국 정치 사회적 안정을 통해 국가의 번영으로 나아가게 될 것이다.

가족의 핵심적인 가치가 '사랑'이고 가족 관계 유지의 기본 조건이 '아궁이에 불을 살림', 즉 부엌살림이라는 인식은 작품의 주제를 이루는 바탕이 된다. 백성을 편안하게 할 정치의 방도로서 가족의 가치에 기반을 둔 경제적 안정을 말한 것이다. 부모가 자식을 사랑하듯이 나라는 백성을 사랑해야 하고, 그 사랑이 실질적인 의미를 갖기 위해서는 가족의 부엌살림이 넉넉해야 하는 것처럼 백성의 삶이 안정을 이루어야 한다. 달리 말해 전쟁, 부역 등으로 백성의 노동력이 생업에서 멀어지고 기근, 홍수 등의 천재지변으로 백성의 생활 터전이 망가지면 가족은 뿔뿔이 흩어져 유리걸식하게 될 것이니 이렇게 되지 않도록 하는 것이 정치의 주된 역할이라는 것이다.

민생 안정을 위한 정치가 이루어지면 백성은 "이 땅을 버리고 어디 갈져!"라고 말하면서 자신들이 이 나라의 백성임에 만족할 것이다. 안정된 삶을 '부지(扶持/扶支)하게' 해 주는 것이 나라라는 것을 알고 그 은혜에 감사할 것이다. 이렇게 백성이 정착하여 안정된 생활을 하도록 지켜 주고 받쳐 주는 것이 정치가 해야 할 일이다.

이러한 맥락에서 제2구는 제1구 가족의 은유를 중세 체제의 통치 이념으로 승화한 것이다. 가족의 핵심 가치인 사랑이 다른 무엇이 아니라 민생의 안정임을 역설하였다. 중세의 사회 체제에서 나라가 백성에게 은혜를 베푸는 것은 곧 부모가 자식을 사랑하여 양육하는 것과 동질적인 의의를 지닌다는 말이다. 이에 가족의 은유는 문학적 수사(修辭)의 차원을 넘어 가족주의에 기반한 정치 이념이 되었다.

제3구(제9·10행)는 제1, 2구의 내용을 종합하면서 민생 안정을 위한 정치의 방도를 요약하였다. 제1구 가족의 은유를 전제로 하여 제2구 '아궁이에 불을 살림'의 방법을 확대하여 정치 이념을 제시한 것이다. 이렇게 해서 나온 제9행 '임금답게 신하답게 백성답게'는 임금은 아버지로서, 신하는 어머니로서, 백성은 아이로서 제 본분을 다해야 한다는 의미이다. 군신, 군민의 관계를 부모 자식 관계로 치환함으로써 중세 국가의 통치를 가족의 가치, 자녀 양육의 의무와 동등한 것으로 인식하게 하였다. 그리하여 '나라의 태평'은 가족 사랑의 가치를 지향하고 가족 단위의 경제적 안정을 추구하여 지배자와 피지배자 모두 각자의 본분을 다함으로써 실현될 수 있다는 것이다.

배경 기사에서 경덕왕이 충담을 영복승으로 지명하여 백성을 편안하게 하고 세상을 영화롭게 할 방도를 물었다. 충담은 향가를 지어 사랑을 기초로 한 가족 관계처럼 왕이 신하와 협력하여 백성의 삶이 안정되도록 다스려 달라는 뜻을 말하였다. 국가의 정치가 가족의 사랑에 기초해 있음을 말하고 부모가 부지런히 자식을 양육하는 것처럼 민생 안정을 위해 선정을 베풀어 줄 것을 요청한 것이다.

이러한 〈안민가〉의 내용은 가족 관계에서 사랑의 가치가 가장 소중하고 가족의 유지, 발전을 위해서 경제적 안정이 가장 필요하다는 점을 새삼스레 일깨워 준다. 1300년 전의 신라 사회에서 정치 이념으로까지 승화한 가족 사랑과 민생 안정이 오늘날의 우리에게도 의미 있게 와 닿는다.

## 1.2 상저가

〈상저가(相杵歌)〉는 『시용향악보』에 실려 전하는 고려 가요로 4행에 여음구가 붙어 있는 간결한 형식의 작품이다. 방아를 찧으면서 부르고 일상의 일을 쉽게 풀어 쓴 것이어서 기능과 내용 면에서 민요의 성격에 부합한다. 현재까지 전승되는 방아 타령 중에서 작품과의 관련성을 찾을 수 있는 것도 있다. 고려 시대 방아 타령의 민요가 궁중에서 연주되는 속악의 노랫말로 채택되어 연향에서 사용되다가 문헌에 기록된 것으로 보인다.

작품은 화자가 부모를 봉양하기 위해 방아를 찧어 밥을 짓는 모습을 그리고 있다. 한 가족의 이야기 중에서 한때를 서정시에 담은 것이다. 특정한 가족의 구체적인 이야기를 서사로 그려 낸 것은 아니지만 그 한때를 통해 어느 가족의 애처롭고도 따뜻한 인간관계를 유추해 볼 수 있다.

듥긔동 방해나 디히 히얘
게우즌 바비나 지ᅀᅥ 히얘
아바님 어마님씌 받ᄌᆞᆸ고 히야해
남거시든 내 머고리 히야해 히야해[3]

---

3 『시용향악보』, 대제각, 1988.

작품의 시작은 '듥긔동'이라는 의성어이다. 현대어의 '덜거덩, 덜커덩'에 해당하는 이 말이 이어지는 '방하'와 연결되어 방아 찧는 소리를 표현한다. 그러니까 '방해나 디히'(방아나 찧어)의 2음보의 의미 내용을 1음보의 의성어에 담아서 미리 발화한 것이다. 이 말이 행 끝의 '히얘'라는, 사람이 내는 소리의 여음구로 옮겨지면서 제1행은 의성어와 여음구 안에 화자의 행동이 감싸인 형태가 되었다. 이로써 여성인 화자가 방아를 찧는 노동 현장의 모습이 생동하게 표현된 것이다.

그런데 여음구의 생성과 확장이 이루어지면서 생동감이 한층 커진다. 제2행의 '지ᇫ+어>지ᅀᅥ'를 참조하면 제1행의 '디히'는 '딯+어>디허'로 표기되었어야 하는데 '딯+이>디히'로 나와 있다. '디허'라고 할 것을 '디히'로 한 것은 뒤이은 '히얘'의 생성을 의도했기 때문으로 보인다. 화자가 힘주어 '－히'라고 연결 어미를 붙이고 나서 제1행의 노랫말을 받는 상대 화자가 그 '히'를 받아 '히얘'라는 여음구를 발화하였을 것이다. 이 말이 제2행 끝에서 반복된 다음에 제3행에서는 '히얘'의 끝소리 'ㅣ+ㅐ>ㅒ'음에 'ㅏ'와 'ㅎ'음이 첨가된 'ㅣ+ㅏ+ㅎ+ㅐ>야해'의 '히야해'로 늘어났고 마지막 제4행에서는 '히야해'를 한 번 더 반복하였다. '듥긔동'의 의성어에서 시작하여 '히야해 히야해'라는 사람 소리의 여음구로 마무리된 것이다. 그리하여 작품 전체가 절구에 공이가 부딪치는 소리에 사람이 힘쓰는 소리가 어우러진 노동의 현장을 생생하게 반영한 표현이 되었다.

이러한 맥락에서 '방해나'의 조사 '－이나'의 기능과 의미에 주목할 수 있다. 이 형태소는 제2행 '밥+이나>바비나'에도 나옴으로써 제1, 2행 중간의 요운(腰韻)을 이룬다. 방아 찧는 일과 밥 짓는 일이 뭔가 '마음에 차지 않는 선택, 또는 최소한 허용되어야 할 선택'[4]임을 나타내는 말이

4 국립국어원, 『표준국어대사전』 '-이나' 항목 참조.

다. 문맥상 사전의 뜻풀이에서 앞부분의 진술이 '바비나', 뒷부분의 것이 '방해나'에 해당한다. '방아나 찧어'라는 말은 여태까지 다른 일들을 해 왔는데 끼니때가 되어 최소한 해야 할 일로 방아 찧기를 한다는 뜻이다. 생활에 필요한 여러 가지 노동을 한 끝에 방아나 찧는다는 것이므로 '-이나' 속에는 노동에 시달리는 힘겨운 일상이 투영되어 있다.

제2행의 '바비나'는 바로 앞에 붙은 '게우즌'으로 인해 뭔가 아쉬운 선택의 뜻이 내포되었음을 알 수 있다. 그냥 밥이 아니라 '게(강세사)+궂(언짢고 나쁘다)+은' 밥이기에 '-이나'가 붙은 것이다. 이 '게우즌 밥'이 제1행의 '방해나'에 투영된 고단한 현실을 다시 한 번 상기해 준다. 방아를 찧는 곡식은 궂은쌀이나 보리, 좁쌀 등일 테니 이것은 화자 집안의 가난한 살림을 시사하는 말이다. 품질이 좋지 않은 곡식이라도 찧어서 밥을 짓는 것은 이어지는 제3행 '아바님 어마님의 받줍'기 위해서이다.

제3, 4행은 제1, 2행에 쓰이지 않은 '-님, -줍-, -시-' 등 존대법의 형태소가 나타난다. 앞의 두 행에서 힘겨운 현실이 배경에 깔려 있는데 그래도 그러한 삶을 견뎌야 할 의미를 부모님에 대한 봉양에서 찾는 화자의 마음씨가 뒤 두 행의 형태소에 담겨 있다. 그리하여 제3행에서 아버님과 어머님께 밥을 받들어 드린다고 말하였다. 어려운 살림에 궂은 곡식으로 만든 밥일지언정 부모님을 봉양하는 일을 가장 우선한 것이다. 부모를 위한 화자의 효심과 정성이 잘 드러나는 대목이다.

그리고 제4행에서 밥이 '남거시든'이라는 조건을 달아 '내 머고리'라고 하였다. '남거시든'에 포함된 '-시-'는 존칭이기보다 비존칭의 관습적 표현으로 여겨지나 앞에 나온 '-님, -줍-'의 영향하에 구사된 형태소로 보아도 좋을 듯하다. 밥의 양이 남아서 내 몫이 돌아왔다기보다는 부모님 몫이 다 찬 다음의 나머지가 내게 돌아온 것이라는 의미이기에 '남거시든'의 '-시-'는 '아바님 어마님'의 '-님'에 연동되어 쓰였다고 볼 수 있다. 제3, 4행의 중심은 부모님을 봉양하는 데 있으므로 사용한

시어들에 존칭의 의미를 담은 것이다. 이는 거꾸로 화자 자신의 몫에 대해서는 무심하거나 애써 무시한 태도라고 할 수 있다.

제4행의 '내 머고리'가 중요하고도 독특한 의미를 형성한다. 일단 이로써 문면에 나타난 화자의 가족원은 부모와 자기, 즉 3인 가족으로 되어 있다. 물론 가족 이야기의 어느 한때를 포착한 것이므로 다른 가족이 더 있었는데 현재는 멀리 떠나 있거나 따로 살고 있을 가능성도 있다. 그렇지만 노랫말 자체로는 부모를 모신 화자로써 가족 구성을 표현하고 있다. 방아 찧기, 밥 짓기 등의 가사 노동을 하는 여성인 화자가 부모와 함께 살면서 살림을 꾸려 가는 것이다. 이렇게 보면 '나'의 상대로서 여음구를 발화하는 제2 화자는 가족 구성원이 아니라 방아 찧기를 함께하는 이웃사람으로 여겨진다.

이로부터 상상을 펼치면, 부모가 부양 능력을 잃은 가정의 소녀 가장 또는 혼기를 놓친 노처녀가 부모를 봉양하는 상황이 아닐까 한다. '우리' 혹은 '너와 나'가 아니라 '나'라고만 했으므로 이 일인칭 대명사로 인해 작품에 설정된 가족 단위와 화자의 처지가 뭔가 특이점이 있다고 생각되기 때문이다. 이 작품이 방아 타령의 다른 민요들을 제치고 궁중 속악으로 채택될 수 있었던 데에는 제4행 '내 머고리'의 의미상 특이점, 이로 인한 상상의 여지가 흥미를 끈다는 점이 작용한 듯싶다.

위와 같이 〈상저가〉는 가난한 살림에도 부모님을 봉양하는 화자의 갸륵한 마음씨가 돋보이는 작품이다. 본사와 여음구를 두 화자가 번갈아 불렀을 것 같은데 여음구의 생성 및 확장이 교환창의 묘미를 살리고 있다. 의성어와 여음구로써 노동의 현장이 생동하게 그려졌고 몇몇 시어 속에는 고달픈 현실이 투영되어 있다. 가난한 살림을 꾸려 가며 부모를 봉양하는 화자의 모습에서 가족의 의미를 되새겨 볼 수 있다. 효도라는 주제에 더하여 가족 관계의 특수성으로 인해 민요에서 궁중 속악으로 편입되어 청자의 흥미를 끌었을 것 같다. 음미하면 할수록 화자의 고운 마음씨와 어렵게 살림하는 모습에 대해 애틋한 정이 이는 작품이다.

1.3

# 형제소회가

〈형제소회가(兄弟所懷歌)〉는 '경북 안동군 임하면 천전리'에서 수집된 작자 미상의 규방 가사이다. 부모의 자애와 동기 친척 간의 친목 속에 자라나 시집가 살면서 친정 식구를 그리워하다가 귀녕하여 회포를 푸는 내용이다. 여자로 태어난 원망과 남자에 대한 부러움, 여자 신세의 한탄, 시집살이의 어려움 등 신변 탄식류 규방 가사의 일반적인 내용을 지녔으나 그보다는 친정 부모, 동기와 친구에 대한 그리움을 토로하는 것이 주된 흐름을 이루고 있다. 작품 속 몇몇 삽화는 부모 자식 간, 동기간의 친밀한 관계가 진솔하게 표현되어 있다. 고향을 떠나 시집가서 사는 중에 친정에서 자라며 누렸던 생활의 기억과 인간관계에 대한 그리움이 고달픈 시집살이를 지탱하는 힘이 됨을 보여 준다.

작품은 내용상 여섯 단락으로 나누어 볼 수 있다. 어린 시절에서 시집갈 때까지의 추억 - 시집으로 가는 과정 - 부모 형제에 대한 그리움과 시집살이의 서러움 - 사촌오빠의 내방과 안타까움 - 시부모에게 청해 귀녕하여 동기들을 만나 하소연함 - 간략한 결사 등의 구성이다. 화자가 시집살이의 어려움과 하소연할 곳 없는 수심을 말하고는 있으나 다른 작품에 비해 그 강도는 약하다. 이에 비해 부모 형제와 친구들에 대한 그리움과 만나고 싶은 마음이 지속적으로 강하게 나타나 있다. 낯선 환경의 시집에서 살면서 고향과 친정에 대해 더욱 간절해지는 마음을 피력한 것이다.

화자의 어린 시절은 다음과 같이 그려졌다.

ᄉᆞ오 ᄉᆡ 좌우간은
풀 ᄯᅳ드며 소솝노리
육칠팔 ᄉᆡ 겨우 도여
일일 이리 식(→서)먹ᄒᆞ고
관져(關雎) 장을 가랏치니
버서나기 어렵드라
굴ᄂᆡ 입은 마안지라
광주 ᄶᅡ지 풀 ᄉᆡᆨ시가
일의 정신 이슬손가
나이 들고 키가 큰이
무정무정 이 세월의
일의 정신 이슬손가[5]

광주 ᄶᅡ지 세간살리
세상 물졍 몰랏시다
천ᄌᆞ[문] 가편(家編?) 언문으로
십 ᄉᆡ을 다다르면
ᄒᆞᆫ번 영이 엄절ᄒᆞᆫ이
군끼 에운 동불이믄
인신(人身)를 면ᄒᆞᆯ손가
오ᄆᆡ 일념 이섯거던
세월이 여류ᄒᆞ여
직임(織紝) 방적 힘을 쓸 듯
막힌 곳이 업섯거늘

광저기(광작/광주리) 깍지와 뜯은 풀로 친구들과 소꿉놀이하던 때를 회상한다. 자라면서 『천자문』과 한글을 배우고 좀 더 커서는 『시경』 「관저」를 읽으며 부덕을 익혔다. 더 자라서는 여자가 할 일인 직임과 방적에 힘쓴 것을 말하였다. 이렇게 받은 여성 교육에 대해 화자는 '하나하나 이리 서먹하고' '이에 정신 있을손가'라며 부정적으로 생각하고 '군새끼줄을 에두른 송아지, 굴레를 입은 망아지'에 자신을 비유하여 제약으로 인식한다. 소꿉놀이하며 가지고 논 '광저기 깍지 풀 색시가 오매 일념 있었거든' 부덕을 닦는 일은 그저 지겹고 힘들게 여겨진 것이다. 나

5 최정여 외 편, 『규방가사』 I, 한국정신문화연구원, 1979, 136-144면. 오기로 보이는 글자는 고치고 문맥상 빠진 글자를 보충하고 애매한 뜻의 한글에는 한자를 병기하고 문맥에 맞춰 행갈이를 다시 하여 인용한다.

중에 시집가서 고향을 그리워하는 원천의 하나로 어릴 때 친구와 놀던 기억이 작용한다.

열일곱에 시집을 가게 되니 '원부모(遠父母) 원형제(遠兄弟)난 옛 법의 새겻는이 / 뉘기라 면ᄒᆞᆯ손고'라며 탄식한다. 부모와 형제, 사촌을 비롯한 여러 촌수의 친척들과 이별하고 시집으로 떠난다. '간다 간다 ᄒᆞ엿신나 혈마 혈마 ᄒᆞ엿든이 / 이거시 왼 일인고'라고 슬퍼하다가도 '하인들은 압ᄒᆡ 서고 아부지난 뒤을 쌀다 / 든든ᄒᆞ기 그지업고 홍이 절노 소사난다'라며 아버지가 함께 가는 것에 안도한다. 그렇게 가다가 주막에 들러 하룻밤을 지내는데, 다음과 같이 흥미로운 사건과 대화가 펼쳐진다.

쥬막이라 들어가서 전녁을 먹고 난이
어마 ᄉᆡᆼ각 간절ᄒᆞ여 한숨 쉬고 도라 누어
집의 일을 ᄉᆡᆼ각ᄒᆞᆫ이 흐르난이 눈물이요
빗치난이 마음이라 하도 만이 우럿던이
이 소리을 아부지 들으시고 감족 놀나 일어나며
우지 말라 우리 이실 우지 말라
너희들을 길울 ᄌᆡᆨ난 남여간 ᄎᆞ등 업시
여름이면 더울ᄉᆡ라 겨울이면 치울ᄉᆡ라
쥐면 써질ᄉᆡ라 불면 날일ᄉᆡ라
고이고이 길너 ᄂᆡ야 남을 갓다 막기난 일
ᄋᆡ들코도 원통ᄒᆞ다 무심ᄒᆞᆫ ᄂᆡ 마음도
이다지 슈탄커던 집의 인난 너의 모친
더욱히 엇덧캔노 부ᄃᆡ 부ᄃᆡ 우디 말고
너 아비을 위로ᄒᆞ라 ᄌᆞ다 근이(그러니)
ᄂᆡ 마음이 엇덕켄노 너의 붓친 마음이야 조ᄒᆞ여서

남을 갓다 맛긴나야　　　고법(古法)이 듕ᄒᆞ기로
일려ᄒᆞᆫ이 ᄂᆡ 속 탄다

어머니와 친정집 일을 생각하며 한숨 쉬다가 눈물을 흘리며 한참을 운다. 화자의 우는 소리에 아버지가 놀라 일어나 애칭인 듯한 '이실(이슬)'이라 부르면서 딸을 달랜다. '남녀간 차등 없이' '쥐면 꺼질세라 불면 날릴세라 / 고이고이 길러 내어 남을 갖다 맡기는 일 / 애달프고도 원통하다'고 말한다. '너의 부친 마음이야 좋아서 / 남을 갖다 맡기겠느냐 고법이 중하기로 / 이러하니 내 속 탄다'면서 오히려 아버지가 더욱 애달파 한다.

'후품(厚稟) 성격 아부지의 ᄌᆞᄋᆡ시(→심, 慈愛心)난 세상의도 ᄒᆞᆫ 분이라'고 자부할 만큼 화자에게 자애로운 아버지였으니 그 마음이 어떠할지 짐작이 간다. 화자가 오히려 아버지를 위로하고 전통의 혼인 제도에 대해 원망해 보지만 어쩔 수 없이 시집으로 향한다. 그러한 신세의 비유가 '츈(→츄)ᄉᆞᆼ(秋霜)의 썰어진 입 풍ᄉᆡᆼ(風生)의 날인 다시 / 선(→산)봉(山峰)을 떨고 나난 다(→ ×) 시(→새) 구름 천(天)을 향ᄒᆞᆫ 다시'이다. 가을 나뭇잎이 바람에 휘날리고 봉우리를 떨치고 나는 새가 구름 낀 하늘로 향하듯이 화자는 이제 고향 산천을 아주 떠나 시집으로 가는 것이다.

시집가는 길에 주막에서 벌어진 일과 부녀간 대화는 작품 전반에 나타나는 친정과 고향에 대한 그리움의 정서가 어떤 연유에서 나왔는지를 말해 준다. 앞서 본 어린 시절의 즐거운 추억에 더하여 부모의 지극한 사랑으로 자라난 것이 그리움의 원천이다. 혼인 제도에 의해 여자가 시집을 가서 살아야 하는 운명에 대해 한탄하고 시집살이 중에도 매양 친정을 그리워하는 바탕에는 고향과 친정에서 듬뿍 받은 사랑이 있었다. 인생살이가 고달픈 중에도 이와 같은 즐거운 추억과 사랑의 경험이 고난을 버티어 내는 원동력이 된다.

시집온 지 일 년이 지나 새봄이 돌아오니 'ᄌᆞᆼ연의 집을 ᄯᅥ난 인ᄉᆡᆼ은 집의 갈 길 아득ᄒᆞ다'며 친정을 그리워한다. '연연한 우리 붕우(朋友) ᄭᅩᆺ ᄉᆞ이로 가치 난 듯 / 홧ᄎᆞᆼᄒᆞ고 불근 기운 반공듕의 어리난 듯 / 은근ᄒᆞᆫ 그 음성은 귀의 ᄌᆡᆼᄌᆡᆼ 면목은 눈ᄋᆡ ᄉᆞᆷᄉᆞᆷ'하다. 그리하여 꿈에 잠시 부모와 동기, 친구들을 만나 즐겁게 담소하다가 잠을 깨니 고향 생각이 더욱 간절하다. 그래서 '일은(이런) 고향 다 ᄯᅥᆫ나서 남의 집을 제 집 삼아 / 이긔 무슨 고ᄉᆡᆼ인고'라는 탄식이 절로 나온다.

ᄌᆞ고 나면 먹을 공ᄉᆞ 먹고 나면 입을 공사
ᄇᆡᆨ연(百年) 못 ᄒᆞᆯ 인ᄉᆡᆼ들과 골몰 즁의 놀단 말가
구가(舅家)의 하로 소임 긔츅(機軸)의 ᄲᅡ진 다시
ᄋᆡᄋᆡ 틈틈 부모 ᄉᆡᆼ각 좀밧긔 이슬손가
층층 ᄉᆞ랑 깁풀ᄉᆞ록 조심 더욱 그지업다
친정 견문 ᄉᆡᆼ각 만아 일일이 고역이라
말마담 간ᄌᆞᆼ이라 회포로 뉘을달여
원설(怨說)ᄒᆞᆯ 이 잇스리니 곰곰이 ᄉᆡᆼ각ᄒᆞᆫ이
남ᄌᆞ 못 된 팔자로다

시집살이의 고달픔, 하소연할 데 없는 외로움, 여자로 태어난 원한 등을 토로한다. 시집 식구들은 아예 '백년 못 할 인생들'로 치부하고 시집살이에 애쓰는 틈틈이 친정 부모 생각만 한다. 주변에 하소연할 사람이 없으니 달밤에 일어나 앉아 '칠월 긔망 적벽부와 이실 갓흔 고곡조(古曲調)을 / 소ᄅᆡ 업시 에와 보'며 시름을 달랜다. 보름밤에 어울리는 〈적벽부〉의 사설과 이슬같이 영롱한 옛 노래 곡조를 입 안에서 외워 부르며 마음을 푸는 것이다. 그렇지만 '웅긔즁긔 노던 일이 어ᄌᆡ갓치 영역ᄒᆞ다'면서 고향에서 친구들과 놀던 일을 추억하며 이제는 그렇게 어울릴 수

없음을 못내 슬퍼한다.

그렇게 지내던 어느 날, 전에 듣던 익숙한 목소리가 들린다. 사촌 오빠 진사님이 화자를 보려고 시집에 들른 것이다.

우리 ᄉᆞ촌 진ᄉᆞ임이　　날을 ᄎᆞᄌᆞ 오단 말가
반갑기도 그지업고　　황송ᄒᆞ다 우리 옵바
남ᄋᆡ 업ᄉᆞᆫ 종남ᄆᆡ가　　해진 대도 언마련고
집의 안부 뭇ᄌᆞ ᄒᆞᆫ이　　말이 막켜 ᄒᆞᆯ 수 업고
낫틀 ᄌᆞ시 보ᄌᆞ ᄒᆡ도　　시하(侍下)의 ᄉᆞ람이라
눈물 날가 겁이로다　　얼마 만에 만난 ᄉᆞ람
ᄒᆞᆯ 말 업서 못 ᄒᆞᆯᄉᆞᆫ가　　귀치안은 이 ᄒᆞᆫ 몸이
잠시박긔 여가 업서　　첩첩이 ᄉᆞ인 회포
입 ᄒᆞᆫ 번 못 써 보고　　훌훌이 회정(回程)ᄒᆞᆫ이
ᄌᆞ든 ᄌᆞᆷ을 ᄭᆡ우난 듯　　ᄭᆡ나기도 부질업다

부모 형제 못지않게 사촌 사이도 친밀하게 지냈었기에 '반갑기도 그지없고 황송하다 우리 오빠 / 남에 없는 종남매가 헤어진 때도 얼마런고'라며 반겨 한다. 오랜만에 만난 사촌 오빠에게 친정 안부를 묻거나 얼굴을 자세히 보고자 하나 시집 사람들 눈치가 보여 그러지도 못한다. 첩첩히 쌓인 회포를 풀기도 전에 떠나 버리니 잠에서 깨어난 듯하다. 그러고 나니 '써날 ᄃᆡ ᄀᆞᆺ부기(가쁘기)난 안 보기만 못ᄒᆞ도다'라고 탄식할 따름이다.

사촌 오빠가 다녀가니 고향과 친정에 대한 그리움이 더한다. '날마다 노름 갓고 밤마다 설 갓근만 / 친정의 동유(同類)들은 ᄂᆡ가 가면 뉘ᄀᆞ 온나'라며 친구들과 놀던 때를 떠올린다. 그러다가 '당심(一心)이 절노 난다 / 동싱으댁 신힝 후의 신정이 세(→새) 흡(洽)ᄒᆞ와 / 시ᄃᆡᆨ 영을 거힝

치 못 ᄒᆞ난 지 얼마런고'라면서 신혼인 아랫동서가 친정에 머물러 늦게 오는 것에 '당심(당찬/당돌한 마음, 시샘)'을 하기까지 한다.

참다못한 화자가 결국 시부모에게 귀녕을 청한다. 'ᄉᆡᆼ각ᄒᆞ다 못 ᄒᆞ여서 구고(舅姑)임께 전달ᄒᆞ야 / 친정이라 도라드'는 것이다. 그리하여 꿈에도 그리던 고향과 친정에 돌아와 부모 형제, 친척과 친구를 다시 만나니 '아름답기 그지업서 반가온 즁 ᄀᆞᆺ부도다'면서 반가운 중에도 설움에 겨워한다. 이제 마음 편히 시집살이의 고달픔을 하소연하고 친정 식구들을 생각하며 위로받은 일을 말한다.

어와 동유들아
조심히도
집의서 업든 ᄌᆞᆷ도
안ᄌᆞ도 ᄌᆞᆷ미 오고
원슈로다 ᄌᆞᆷ쥴이라
ᄎᆞᆫ바람 부난 뜻은
ᄉᆞᆷ동설한 치운 ᄯᅢ도
부모임 ᄌᆞᄋᆡ ᄉᆡ로
일은 날이 잇ᄉᆞ온 닷
어와 동유들아
고향 ᄉᆞᆫ천 ᄯᅥ나온 지
엇지 구러 울고 들고
오매불망 안이런가
안하(眼下)의 영역ᄒᆞ다

시집ᄉᆞᆯ이 말도 말아
말은 어이 그리 만노
ᄌᆞᆷ은 어의 그리 만노
서서도 ᄌᆞᆷ이 오고
유월 명(→염)천(炎天) 복더위의
너의들 조화 갓고
더운 날이 잇ᄉᆡ온이
지극히 츅슈ᄒᆞ와
황송ᄒᆞ고 고맙드라
언제 볼고 그리워라
잇ᄃᆡ가 당(當) ᄉᆞ오 며(→년)
일석 단취(團聚) ᄒᆞ든 양은
이 집 저 집 단이든 일

아무리 조심해도 소문이 무성하고 일하랴 눈치 보랴 지친 몸에 아무 때나 잠이 쏟아진다. 그런 중에도 무더운 한여름에 서늘함을, 엄동설한 한겨울에 따뜻함을 준 것이 친구와 부모의 덕이라 생각한다. 고향에서 친구들과 어울려 다니던 즐거운 추억과 부모의 자애로운 사랑이 고달픈 시집살이에 큰 힘이 되어 더울 때 시원함을, 추울 때 따스함을 주었던 것이다. 이 대목에서 화자의 유별난 친정 사랑이 잘 드러난다. 어린 시절의 즐거운 기억과 가족에게서 받은 자애와 사랑으로 인생살이의 고달픔을 견뎌 내는 모습이다.

이렇게 하소연하는 한편으로 '팔ᄌᆞ 조흔 남ᄌᆞ들은 ᄉᆡᆼ정 노성(生庭老成?) 안이런가 / 가듕(苛重)ᄒᆞᆯᄉᆞ 우리 여ᄌᆞ 각각 가서 ᄆᆡ엿신이'라고 하면서 남자와 여자를 대비하여 신세 한탄을 한다. '우리들도 어난 시절 이곳에 ᄉᆡᆼᄌᆞᆼᄒᆞ여 불(→볼)고'라며 남자처럼 태어나 자란 고향에서 결혼하여 가족과 함께 사는 것을 부러워한다.

부모임 ᄉᆞ랑이　　깁흘ᄉᆞ록 연연ᄒᆞ다
동기 종반(宗伴) 깁흔 정을　　이즐 슈가 바이 업다
시ᄃᆡᆨ이 좃타 ᄒᆞᆫ들　　친정의 당ᄒᆞᆯ손가
슌중한일(旬中閑日) 다시 만나　　부모 슉질 형제 종반
히히낭낙(喜喜樂樂) 츅슈로다

부모의 사랑과 형제 친지의 정분을 잊지 못하는 뜻을 거듭 나타내고 '시댁이 좋다 한들 친정에 당할손가'라며 친정을 예찬한다. 이러한 마음으로 나중에 다시 만나 희희낙락 즐기기를 간절히 축수(祝手)한다. 이렇게 소회를 펼친 다음에 '슬픈 심회 갈 바 업서 이 노ᄅᆡ을 지여 ᄂᆡᆫ이 / 우습고도 고이ᄒᆞ다 여러분 보시거든 / 능지소회(能知所懷) ᄒᆞ여 주소'라는 짧은 결사로 작품을 마무리한다.

〈형제소회가〉는 부모의 사랑을 잔뜩 받고 형제, 친척, 친구와 어울려 행복한 어린 시절을 보낸 화자가 시집가서 고향과 친정을 그리워하는 심정을 표현한 작품이다. 화자의 친정 사랑과 예찬이 두드러지는 것은 그의 성장 배경이 유복했기 때문이다. 시집살이가 심하게 고달픈 것은 아니었으나 고향과 친정에서 맺은 인간관계와 함께한 생활이 즐겁고 포근했으므로 더욱 그리워하고 다시 만나기를 고대하였다. 인생살이에서 겪는 어려움을 마음속 즐거운 기억과 담뿍 받은 사랑의 힘으로 견뎌낼 수 있음을 잘 보여 준다.

1.4

# 창선감의록

〈창선감의록(彰善感義錄)〉은 조성기(趙聖期, 1638~1689)가 지은 장편 소설로 문학사에서 초기 가문 소설의 대표작으로 평가받고 있다. 화욱의 맏아들 화춘이 못나고 어리석은 반면, 둘째 아들 화진이 도덕군자에 영웅의 능력을 갖추어 화씨 가문의 가부장권을 둘러싼 형제 갈등이 펼쳐진다. 정씨 소생 화진은 심씨와 그 소생 화춘의 온갖 핍박과 모해를 견디어 낸 후 국가에 공훈을 세워 집안을 바로 세우고 두 사람이 개과천선하도록 이끈다. 이러한 내용이 중세 시대 사대부 가문의 가부장권 분쟁을 진지하게 문제 삼은 것이어서 당대 현실을 반영한 의의가 크다. 심씨와 화춘, 이들을 사주한 조녀, 범한, 장평 등이 벌이는 모략과 악행, 그로 인해 화진과 그의 두 부인 윤옥화, 남채봉이 당하는 모욕과 고난이 줄거리를 이루고 있어 전반적으로 처참한 정서와 침울한 분위기를 형성한다. 그러나 화진, 윤옥화, 남채봉이 고난을 이겨 내고 위기를 벗어나는 과정에서 형제간에 맺어진 우애와 지기(知己)의 관계가 중요한 역할을 하는 점에 주목하면 작품이 주는 밝고 긍정적인 메시지를 읽을 수 있다.

권력자 엄숭을 탄핵한 남표가 유배형을 받자 화욱이 시국을 걱정하니 9세의 어린 화진이 낙향할 것을 청하여 집안이 모두 고향 소흥으로 돌아온다. 어느 봄날 상춘정에서 완상하다가 두 아들과 조카 성준에게 시를 짓게 하여 보고는, “우리 집안을 망칠 자는 춘이요, 우리 집안을 일으킬 자는 진”이라면서 화춘을 심하게 꾸짖는다. 화춘이 이 일을 고하자 심씨는 화진이 집안의 맏아들 자리를 빼앗으려 한다면서 분노하고 앙심을 품는다.

친구 윤혁이 방문하여 혼담을 나눈 화욱은 윤혁의 딸 윤옥화, 양녀 남채봉과 화진을 혼인시키기로 약속한다. 그러고 나서 화욱과 정씨가 죽고 고모인 성 부인마저 시동생을 따라 화씨 집을 떠난다. 이때를 타 심씨가 말꼬투리를 잡아 요씨 소생 빙선, 그리고 화진까지 벌주고 매질을 하려고 한다. 화춘의 어진 아내 임씨가 말렸으나 심씨의 명을 받은 화춘이 동생 화진을 심하게 때린다. 성 부인이 돌아와 심씨를 질책하고 화진을 위로한 후 화춘을 타이른다.

> 사람이 우러러 부모에게 의탁했다가 부모 돌아가시면 외롭고 고달파 의지할 데 없으나 다행히 한두 형제가 있어 서로 기대어 살면서 크고 작은 병에 걸리면 서로 구하지 않음이 없다. 옛사람이 형제를 팔다리에 비유한 것은 진실로 이유가 있다. 이제 어떤 사람이 칼을 쥐고 네 한 팔을 베면 너는 틀림없이 아프고 상해서 원한을 갚으려는 생각이 들 텐데 하물며 네 자신이 칼을 쥐었음에랴. 대저 이 늙은이가 죽은 아우(화욱)에게, 빙선이 [화]진에게 모두 이복(異腹) 누나요, 여동생인데도 성심껏 서로 사랑하여 죽으나 사나 잊지 못함을 네 눈으로 모두 보았거니와 너는 또한 무슨 마음이더냐.[6]

성 부인은 형제간의 우애와 화목을 간절히 바라는 마음으로 화춘을 훈계하고 있다. 화씨 집안은 화욱이 심씨, 정씨, 요씨 세 부인과 혼인한 관계로 이복형제가 함께 살고 있어 집안의 화평과 번성을 위해서는 친형제보다 더한 우애와 협력이 요구된다. 그런데도 심씨와 화춘이 악심

6 이지영 옮김, 『창선감의록』, 문학동네, 2010의 부록에 실린 한문본을 번역하여 인용한다.

을 품고 악행을 저질러 집안이 크게 어지러워지려 하자 깊이 염려하여 간곡히 타이른 것이다. 이 말에서 강조된 형제 우애는 작품을 관통하는 주제가 된다.

부모의 삼년상을 마친 후 화진은 성 부인의 명으로 윤옥화, 남채봉과 혼인하기 위해 윤혁의 집이 있는 산동 제남으로 향한다. 그리고는 시점이 과거로 돌아가 남채봉이 윤옥화와 자매가 된 사연이 서술된다. 엄숭의 전횡을 비판한 상소문을 올린 남표는 천자의 진노를 사 귀양을 간다. 엄숭이 보낸 자객의 위협에 부인 한씨와 함께 물에 빠졌으나 마침 도사 곽선공이 구하여 사천 청성산으로 데려간다. 부친의 귀양길에 동행한 남채봉은 부모를 여의고 이리저리 떠돌다가 선녀와 노파의 인도로 진형수 집에 이른다. 그 집 딸 진채경과 어머니 오씨는 어려운 처지의 남채봉을 예의로써 맞아들여 그녀로 하여금 부모상을 치를 수 있도록 배려한다. 장례를 치르고 열흘쯤 지나 윤혁이 이 집에 와서 친구 남표의 딸 남채봉이 겪은 일을 듣고 그녀를 양녀로 삼아 세 여자를 데리고 산동으로 간다. 이리하여 남채봉과 진채경은 윤혁의 딸 윤옥화, 아들 윤여옥과 함께 모여 살게 된다.

윤옥화와 남채봉은 자매 사이가 되었고 진채경은 윤옥화의 쌍둥이 남동생 윤여옥의 약혼자여서 동년배의 소녀, 소년이 어울려 형제자매의 우애를 나누며 아홉 살에서 열두 살이 될 때까지 삼 년의 시간을 같이 보낸다. 남채봉으로서는 부모의 변고를 당한 후 떠돌던 신세를 면하여 의탁할 곳을 찾은 데 더해서 서로 마음이 맞는 자매와 함께 지내게 되었으니 불행 중 다행이었다. 이들이 함께 살면서 서로를 아끼고 사랑하며 이해하고 배려하는 모습이 정겹게 그려진다.

> 윤 소저가 이미 주렴 안에서 남 소저의 슬픈 용모를 바라보고 슬퍼하며 가엽게 여겼는데 더불어 무릎을 나란히 하고 앉아서는 낮은 목소리로 마음

> 을 다해 위로하니 서로 정을 기울이고 사랑하였다. [윤] 공자도 남 소저를 위로하는 한편 진 소저에게 눈길을 주며 기쁜 표정이 밝게 나타나니 진 소저가 발그레하여 고개를 숙였다. 오 부인이 곁눈질해 보며 사랑스러워하였다. 이날 밤 세 소저는 함께 침실로 가서 맑은 소리 부드러운 말로 끊이지 않고 조용조용히, 기쁜 정에 슬픈 눈물에, 예쁘고 사랑스럽게 한숨짓다가 웃다가 하니, 마치 동복(同腹) 자매가 하늘 끝에 나뉘어 비고 막히고 어그러진 채 헤어져 보고 싶은 정을 품고 몹시 그리워하다가 갑자기 서로 보고 손을 잡고 정회를 기울이는 듯하였다.

남채봉이 부모상을 당한 처지이기에 윤옥화, 진채경이 그녀를 성심성의껏 위로하고 세 소녀가 한 방에 모여 서로의 이야기를 끊이지 않고 하면서 함께 웃고 울고 하는 모습이다. 여기에 윤여옥이 약혼자 진채경에 대한 은근한 애정을 나타내어 형제자매의 우애를 더욱 도탑게 하고 있다.

삼 년이 지나 소녀들이 열두 살이 되자 윤혁은 윤옥화와 남채봉의 혼사를 염려한다. 그러던 중 세 소저와 함께 정자에서 달빛을 감상하다가 집 안에 날아든 학을 보고 시를 짓도록 한다. 윤옥화의 시에 남채봉과 더불어 한 남편을 맞으려는 뜻이 있음을 안 윤혁은 사윗감을 찾아 절강으로 떠난다. 앞에서 서술된바, 윤혁이 화욱을 찾아가 자녀의 혼약을 맺은 것은 이렇게 해서 이루어진 일이다.

세 소저와 윤여옥은 서로 농담도 하고 장난도 치면서 사이좋게 지낸다. 남채봉과 진채경이 바둑 두는 것을 본 윤여옥이 끼어들어 자기도 두겠다고 나서지만 남채봉에게 연거푸 세 판을 지고 만다. 옆에서 지켜보던 윤옥화가 핀잔을 주자 윤여옥은 다시 진채경과 두겠다고 고집을 부려 마지못해 두니 바둑보다는 진채경과 장난을 치려고만 한다. 이러한 모습을 보는 오 부인과 윤씨 남매의 어머니 조 부인이 흐뭇해하고 세 소저는 윤여옥이 단정한 군자이기보다 풍류 호걸이라며 한바탕 웃는다.

절강으로 갔던 윤혁이 돌아와 혼약의 소식을 전하고 신표로 홍옥 팔찌와 청옥 노리개를 윤, 남 소저에게 주었다. 이로써 세 소저 모두 정혼을 한 처지가 되어 혼례를 기다리며 시간을 보낸다. 함께 화원을 거닐면서 봄 경치를 즐기는 중에 윤여옥이 참석하여 즉석에서 시를 짓기도 한다. 그가 지은 시에 불길한 조짐이 어려 있어 윤옥화가 경계의 말을 한다. 바야흐로 즐거웠던 시간이 지나고 고난의 시간이 찾아오는 것이다.

이처럼 산동 윤혁의 집에서 세 소녀와 한 소년이 모여 살면서 밤을 지새워 이야기를 나누고, 시 짓고 바둑 두고, 화원을 산책하며 즐기는 모습이 정겹게 펼쳐진다. 작품의 중심 갈등에서는 벗어나 있는 듯한 이 시간과 장면이 주제를 이끌어 가는 기본 바탕을 이룬다는 점에 주의할 필요가 있다. 앞에서 성 부인이 한 말에 형제 우애의 주제가 뚜렷이 나타난 이후 화씨 집안의 형제 갈등이 주된 사건으로 전개되는 것과 대비되어 형제간의 우애와 화목이 어떤 모습인지를 그려 낸 것이다. 이렇게 맺어진 형제간 지기의 관계는 나중에 세 소저에게 닥친 고난을 극복하는 과정에서 큰 힘이 된다.

진채경의 고난이 먼저 시작된다. 엄숭의 양자 조문화가 진채경을 며느리로 삼고자 청혼했다가 거절당한 예전 일로 인해 복수하려고 진형수를 모함하여 옥에 갇히게 한 것이다. 이제라도 그 혼인을 허락하면 아버지를 석방하겠다는 제안이 들어오자 진채경은 곧바로 허락하고 조문화는 진형수를 유배로 감형되도록 주선한다. 그런 다음에 그녀는 남복을 하고 몰래 도망하여 회남에 들러 남동생을 데리고 아버지가 귀양 간 운남으로 가고자 한다. 회남으로 가는 도중에 한림 벼슬의 백경을 만나 스스로 윤여옥으로 행세하여 그 여동생과 혼약을 맺는다. 이렇게 하는 동기는 다음과 같다.

> 내가 윤씨 댁에서 받은 은혜와 사랑이 깊고 두터운 데다 윤 낭군이 금석 같은 신의로써 변변찮은 자질의 내게 연연해하였지. 내 비록 여자나 어찌 마음에 새겨 느끼지 않았겠나. 이제 내가 한번 운남으로 가 형체와 그림자가 영영 막혀 버리면 윤 낭군에게 부모님이 계시고 다른 형제 없으니 어쩔 수 없이 다리 아래[에서 만나자는] 약속을 끝까지 지키다가는 안살림의 소임을 오래 비워 두게 되겠지. 그때 가서 갑자기 동서남북으로 혼처를 구하다가 만일 평범한 품성의 여자가 외람히 그 가문에 들어가면 윤 낭군의 풍류와 운치가 쓸쓸히 무료해질 거야. 그리고 또 두 언니의 뛰어난 자태에 [그 여자가] 어깨를 나란히 하고 서로 따르는 것이 어찌 욕되지 않으랴.

진채경은 산동 윤혁의 집에 머문 삼 년의 시간을 되새겨 보고 그 집 어른들의 자애와 형제자매의 우애를 못내 잊을 수 없었다. 윤여옥과의 혼약이 혼인으로 맺어지기가 어려워진 상황에서 만약 윤여옥이 자신과의 신의를 끝까지 지키려 한다면 부모를 봉양할 안주인의 자리는 오랫동안 비워 두게 될 염려가 크다. 더욱이 안주인 없이 지내다가 급하게 혼처를 물색하여 윤옥화, 남채봉에게 훨씬 못 미치는 범상한 여자를 얻으면 가문에 누를 끼치게 될 것이다. 이러한 생각에서 그녀는 빼어난 자질의 백 소저를 택하여 자기의 약혼자 윤여옥의 배필로 삼도록 계략을 쓴 것이다.

진채경의 자매애는 회남에서 두 소저에게 보낸 편지에서도 잘 나타난다. 그 글에 '응향각에서 매화 꽃꽂이를 한 놀이, 농취정에서 잣나무를 읊은 일이 전생처럼 멀어졌습니다. 한번 하늘 끝에 떨어져 놀란 쑥대, 흔들린 나뭇잎같이 저절로 쓸쓸한 소리를 내니 슬프고도 슬픕니다. 숙부모님이 머리를 쓰다듬으며 자식처럼 보아 주신 은혜와 우리 언니들과 함께 나란히 이불을 덮고 우애하던 정은 오직 후생에서나 서로 보답하기를 바랄 뿐입니다.'라고 하였다. 윤옥화의 응향각과 남채봉의 농취정을 오가며 세 소저가 어울려 놀고 즐기던 일, 한 방에서 나란히 이불을 덮고 이야기꽃을 피우며 우애를 나누던 일 등이 아득하게만 느껴진다는 것이다. 심중한 고난 속에 있으면서도 함께 지내며 쌓은 정분과 형제자매로서의 우애를 되새기며 자신의 뜻과 처지에 대한 이해를 부탁하였다. 별지로 부친 편지에 백 소저를 소개함으로써 윤여옥의 배필로 천거할 뜻까지 피력하였다. 이렇듯 진채경의 생각과 행동에는 산동에서 함께한 소녀 소년 형제자매의 애정과 우의가 크게 작용하고 있다.

이제 화진이 혼례를 치르러 산동에 이른다. 화진과 윤여옥이 서로 만나니 '한 사람은 상서로운 시대의 붉은 봉황 같고 한 사람은 바람을 맞는 옥 나무 같았다. 몇 마디 말로 마음을 비추어 서로 막역한 친구로 여기니 향기롭기는 지초와 난초 같고 친밀하기는 아교풀 같았다.' 식사를 하거나 모임의 자리가 있으면 늘 함께하였고 다닐 때는 서로 손잡고 잠잘 때는 침상을 나란히 하여 떨어질 줄을 몰랐다. 이렇게 두 사람은 인척으로 맺어진 사이면서도 서로를 찾고 알아주는 지기의 벗이 되었다. 앞서 세 소저가 같이 살면서 친밀한 자매의 관계를 맺은 것과 짝을 이루어 두 공자가 만나자마자 뜻이 통하고 서로를 잘 이해하는 지기의 관계가 된 것이다. 이것이 나중에 화진이 어려움에 처했을 때 윤여옥이 적극적으로 도모하고 주선하여 화진의 뜻에 맞게 일을 처리하는 원동력이 된다.

산동에서 혼례를 치른 화진과 윤옥화, 남채봉이 소흥의 화씨 집안으로 돌아온다. 이로부터 화씨 형제간의 갈등이 본격적으로 전개되어 작품의 중심 줄거리를 이룬다. 성 부인이 지방관이 된 아들 성준을 따라 떠나자 화춘은 심씨를 졸라 미리 정을 통한 조녀를 첩으로 들였다. 조녀는 심씨 방에 주물(呪物)을 묻고서 들키게 만들어 화춘의 부인 임씨를 쫓아내고 정실이 된다. 집안의 맏며느리로서 조녀는 윤 부인과 남 부인이 지닌 화씨 집안의 보배, 홍옥 팔찌와 청옥 노리개를 달라고 요구한다. 온화하고 원만한 성격의 윤 부인은 선선히 내어 준 반면, 결백하고 강직한 남 부인은 정색을 하고 주지 않는다. 또 심씨 앞에 모여 한담을 하던 중 조녀가 임 부인을 헐뜯자 남 부인은 조녀를 '낭자'라 칭하면서 꾸짖는다. 이러한 일로 인해 조녀는 범한과 흉계를 꾸며 남 부인을 해치려 든다. 범한이 남 부인 필체를 위조하여 화진과 공모해 심씨를 죽이려 했다고 무고해 결국 화진을 평민으로, 남 부인을 첩으로 강등하라는 칙명을 받아 낸다. 그러고 나서는 조녀와 심씨가 갖은 구박을 하며 그들을 괴롭힌다.

이럴 즈음 윤 부인이 구석진 곳에서 남 부인을 붙잡고 우니 남 부인은, "우리가 이 집에 들어온 것이 불가의 이른바 원업(怨業)이니 명대로 하다가 명이 다하면 돌아갈 것이어늘 어찌 구구한 영욕을 마음에 두겠어요. 우리 형제 군자를 만난 후로 군자 하루에도 몇 번이나 역경을 만났으나 조금도 원망하는 빛이 없으니 우리 비록 여자나 어찌 감동치 않겠어요."라며 오히려 윤 부인을 위로한다. 그러자 윤 부인이, "우리 부모 우리 형제를 기를 때 사랑이 바다 같고 정이 태산 같아 밥을 적게 먹으면 염려하고 잠을 혹 늦게 자면 급히 오셔서 물으셨다. 우리를 보낼 때는 옷을 잡고 차마 이별을 못 하셨으니 지금 우리 부모는 하늘에 빌어 말하기를 '우리 딸들이 병이나 없는가.' 하시리라. 우리 불초하여 부모의 은혜를 갚지 못하고 호랑이 굴에 들어와 위태함이 조석에 있고 그대가 더욱 혹독한 형벌을 받으니 어찌 슬프지 아니하랴."라며 탄식한다. 윤옥화와 남채봉이 겪는 고난은 운명이지만 그것을 견뎌 내기 위해 서로 위로하고 도와야 한다. 부모가 자기들을 키워 준 은덕이 있고 함께 자라며 정을 나누고 마음을 통하여 친밀한 관계를 맺었으니 이러한 가족의 우애가 고난 극복의 큰 힘이 될 터이다. 이 대화에서 자매간 서로에 대한 깊은 이해와 사랑, 부모의 은덕에 보답하려는 효성스런 마음이 잘 나타나 있다.

조녀는 독약이 든 죽을 보내 남 부인을 죽게 만들어 시신을 물속에 던지게 한다. 이때 관음의 계시를 받은 여승 청원이 약을 먹여 살려 내어 사천 지방의 암자로 가서 머물도록 한다. 한편, 자객이 심씨 방에 들어와 시녀 난향을 죽이는 사건이 일어나는데 문틈에 걸린 주머니 속에서 심씨를 죽이려고 화진이 남 부인과 모의한 편지가 나왔다. 심씨와 화춘은 그 편지를 증거로 관청에 고소하여 화진은 옥에 갇힌다. 이번에는 장평이 화춘을 꾀는데, 화진의 옥사가 심씨 모자의 뜻대로 안 되어 오히려 화춘이 벌을 받게 되었으니 윤 부인을 엄숭의 아들 엄세번의 후처로 들여보내면 벌 대신 상을 받으리라고 사주한다. 이에 화춘과 심씨는 핑계를 대어 윤 부인을 황성으로 가게 한다. 이러할 때 윤여옥이 절강에 이르러 옛 시녀들로부터 음모를 알게 된다. 그는 누이 대신 여장을 하여 엄세번 집으로 들어갈 계략을 세우고 화씨 집에 몰래 들어간다.

윤옥화를 만나 계략을 말하자 그녀는 윤씨 집안의 외아들로서 사지(死地)에 들면 안 된다며 말린다. 윤여옥은 "남씨 누이가 이미 죽었고 저저마저 죽는다면 이 아우는 의리상 인간 세상에 홀로 있을 수 없습니다. 저저가 내 계략을 들어주지 않으면 내 마땅히 바로 내당에 들어가 이조가 도적년을 잡아 저며서 먹은 후에 화씨 집 문 앞에서 낯가죽을 벗기고 눈알을 도려내겠습니다."는 끔찍한 말을 하여 윤옥화를 놀라게 한다. 성품이 어진 윤옥화를 설득하기 위해 일부러 심한 말을 한 것이나 이 말에서 윤여옥의 대범한 성격과 함께 누이들에 대한 염려, 조녀를 향한 분노가 드러난다.

윤여옥이 윤옥화로 변장하여 심씨와 화춘, 조녀, 엄세번 등을 농락하는 사건은 작품에서 가장 해학적이고 통쾌한 대목이라 할 수 있다. 윤옥화를 담장 너머로 내보낸 후 윤여옥이 역할을 대신하여 화씨 집안에 소동을 일으킨다. 가마를 대령하자 넙죽 올라타 심씨 앞에 가서는 요청에 흔쾌히 응하고 남채봉을 사리에 어둡고 배운 것이 없다며 흉보기도 하여 예전의 윤옥화와 달라진 모습을 보인다. 조녀가 방으로 들어오자 베개에 기대앉아 엄세번의 정실부인이 될 사람을 모욕했다면서 '조녀의 목덜미를 잡아당겨 손바닥을 뒤집어 뺨을 후려치니 그 소리가 대나무 쪼개지듯 하였다. 조녀가 더듬거리며 말소리를 내지 못하니 복어가 독이 올라 배와 등이 불룩해진 꼴 같았다.……그 목덜미를 쳐들고 정당의 북쪽 계단에 이르니 조녀가 크게 당황하여 애걸하자 공자가 손을 뒤집어 던지니 개구리가 땅에 뻗어 버린 꼴이었다.'

이렇게 조녀에게 분풀이를 하고 나서 윤여옥은 가마를 타고 엄세번의 집으로 들어간다. 엄세번을 만나 전 남편 화진을 옥에서 풀어 준 후에나 혼인하겠다고 요구하니 엄세번이 엄숭에게 말해 화진을 사천 성도로 귀양 가도록 한다. 그를 여자인 줄만 안 엄세번이 자기 여동생 월화와 한 방에 자게 한다. 윤여옥이 월화를 범하려다가 예법을 지켜 그만두자 월화가 그를 군자로 여겨 한평생 의탁할 뜻을 밝힌다. 이렇게 두 사람은 인연을 맺게 되고 윤여옥은 월화의 도움으로 엄세번의 집에서 탈출한다.

윤여옥은 옥에서 나온 화진을 위로하던 차에 남 부인이 살아 있다는 소식을 듣고 '일희일비하며 두 줄기 눈물이 넘쳐흘렀다.' 이 모습을 본 화진은 '다른 집안사람의 남매는 능히 이와 같거늘 우리 형제는 어찌 그러할까.'라며 비감해한다. 여기서 윤씨 집안 형제자매와 화씨 집안 형제 사이의 대비가 극명하게 드러난다. 이는 두 집안의 가족애와 형제 우애를 의도적으로 대비시켜 주제를 선명히 하려는 작가 의식의 발로라 하겠다.

성도로 귀양 간 화진은 정자에 쓰인 시를 보고 곽선공이 사천으로 모셔 온 남표 부부를 찾아 만난다. 그들에게 딸 남채봉 소식을 전하고 사위로서 장인 장모를 대한다. 돌아오는 길에 은진인을 만나 병법과 도술을 배운다. 그사이에 서산해의 난이 일어나자 예전에 화진의 성품과 능력을 알아본 유성희가 천거하고 서계, 하춘해, 윤여옥 등이 동조하여 화진을 백의종군시키라는 칙령을 받아 낸다. 한편, 범한과 조녀는 도망가고 장평이 화진에 대한 무고 사건의 전말을 관청에 고한다. 이로 인해 도리어 화춘이 옥에 갇히게 된다. 종군하러 가던 화진은 도중에서 자형인 유성양을 만나 그 소식을 전해 듣고는, "형님이 사지에 빠진 것은 불초한 아우의 죄라 형님이 죽으면 인간 세상에서 저 혼자 차마 자식으로 뵐 수 없습니다."라고 한다. 그리고 "조정에서 알아주지 않으니 모두 가형에게 시원한 마음을 가질 것인데 이제 그 지극한 원통함에 대해 누가 다시 한마디 해 주겠습니까. 아아, 윤 장원이 내 마음을 안다면 오히려 할 만할 텐데요."라며 윤여옥에게 부탁할 것을 청한다. 이에 윤여옥을 비롯하여 유성양, 임 부인의 오빠 임 어사 등이 나서서 화진의 귀환까지 화춘에 대한 처결을 미루도록 한다. 이 대목에서도 화진과 윤여옥이 지기로서 뜻이 통하였음이 나타난다. 서로의 처지와 마음을 알아주어 적극적으로 일을 주선하는 것이다.

이후의 사건은 화진이 중국 남방에서 일어난 서산해의 난을 평정하는 이야기와 더불어 심씨와 화춘이 개과천선하는 이야기로 전개된다. 화진은 은진인에게 받은 강태공의 병법서 『육도』, 지형을 그린 족자, 태상노군의 부적 등을 활용하여 서산해와의 전쟁을 연승으로 이끈다. 안남 왕과 협력해 기만전술을 써서 서산해의 일족을 죽이고, 여성 자객 이팔아를 복종시키며, 서산해 군의 내습을 준비했다가 역공하여 물리친다. 결국 서산해를 죽여 반란을 평정하고 안남과도 우호 관계를 맺고 개선한다. 돌아오는 도중에 촉 땅에서 일어난 채백관의 난까지 간단히 평정한다. 그곳에서 상봉한 남채봉과 남표 부부를 모시고 상경하던 중에 범한의 목을 베어 온 누급과 조녀를 결박하여 황성으로 보내 처단하도록 한다.

이러한 전쟁담과 번갈아서 심씨와 화춘이 개과천선하는 이야기가 비중 있게 그려진다. 옥에 갇힌 화춘이 스스로 잘못을 뉘우쳐, “내가 어둡고 불초하여 이런 무리에게 빠져 성스러운 아우와 어진 아내로 하여금 원한을 품고 있을 곳을 잃게 만들었으니 내 죄는 죽어 마땅하구나.” 라고 자책하면서 화진을 부르짖고 눈물을 흘린다. 심씨도 잘못을 깨달아, “내가 형옥(화진의 자)을 박대한 것은 돌아가신 상공의 사랑이 크게 기울었고 상춘정의 일이 뼛속까지 사무쳤기 때문이었다. 십여 년 간 형옥의 지극한 정성은 한결같아 끝내 탓하고 원망하는 기색을 보이지 않으니 참으로 효자로다. 돌아가신 상공의 기대와 편애는 진실로 이런 까닭이었으니 이제 내 일은 날로 패망하고 형옥의 억울함은 날로 드러나니 천도를 속일 수 없구나.”라고 한다. 결국 화춘은 화진이 개선하며 올린 상소에 의해 풀려난다. 화진이 돌아오자 심씨와 화춘은 화진의 효성과 우애를 칭찬하고 자신들의 잘못을 사과한다. 이렇게 두 사람이 개과천선한 후에 임 부인과 윤, 남 부인이 차례로 집안에 들어와 흩어졌던 가족이 다시 모인다. 그리하여 온 가족이 함께 복록을 누림으로써 행복한 결말로 마무리된다.

〈창선감의록〉은 부모 자식 간의 자애와 효도, 형제자매 간의 우애를 교훈으로 내세운 작품이다. 중세 시대 일부다처제와 가부장제하에서 가족 구성원들이 어떻게 처신하는 것이 올바른지에 대해 장대한 서사 전개를 통해 말하고 있다. 중세 사회의 가족 이념이 반영된 작품이라서 오늘날의 독자가 받아들이기 어려운 부분도 있겠으나 예나 이제나 가족의 윤리와 사랑은 인간적인 삶의 기본 덕목임은 부정할 수 없다. 한평생 살면서 가족이 서로 화목하고 우애하는 것보다 소중한 행복이 어디 있겠는가. 이를 교훈으로 제시한 점에 작품이 지닌 보편적인 의의가 있다고 하겠다.

# 1.5 흥부전

〈흥부전(興夫傳)〉은 조선 후기에 나온 판소리계 소설의 대표작 중 하나인데 작자는 알 수 없다. 작품의 내용은 놀부, 흥부의 형제 관계와 흥부네 부부 관계의 두 축을 중심으로 사건을 전개하여 당대의 가족 문제를 다루고 있다. 여기서는 두 관계의 서사 전개에서 드러나는 인물의 성격과 주제에 초점을 맞추어 작품을 살펴보겠다. 이를 통해 작품에 그려진 가족 관계의 양상과 의미에 대해 생각해 보고자 한다.

> 화설. 경상 전라 양도 지경에서 사는 사람이 있으니 놀부는 형이요 흥부는 아우라. 놀부 심사가 무거하여 부모 생전 분재 전답을 홀로 차지하고 흥부 같은 어진 동생을 구박하여 건넛산 언덕 밑에 내떨고, 나가며 조롱하고 들어가며 비양하니 어찌 아니 무지하리.[7]

작품의 서두 부분이다. 놀부는 형, 흥부는 아우라고 분명히 밝히고 부모가 살아 있을 때 나누어 준 재산과 논밭을 형 놀부가 독차지했다고 하였다. 그리고 건너편 산언덕 밑으로 쫓아낸 후 지나다니며 조롱하고 빈정대었다는 데에서 놀부의 흥부에 대한 태도가 드러난다. 부모는 형의 못된 성품을 잘 알았기에 동생을 챙겨서 재산도 분배하였는데 부모

---

7 김태준 역주, 『흥부전/변강쇠가』, 고려대 민족문화연구소, 1995, 16-93면; 「흥부전」 『영인 고소설판각본전집』3, 인문과학연구소, 1973, 575-587면 참조.

가 돌아가자 형이 동생 몫까지 가로챈 것이다. 그리고는 심하게 구박을 했으니 부모 생전에 동생을 더욱 아꼈던 것에 대한 보복일 가능성이 크다.

놀부의 '무거한 심사'는 심술 타령으로 표현되었는데 그중에 '집에서 몹쓸 노릇 하기, 우는 아이 볼기 치기, 갓난아이 똥 먹이기'가 들어 있다. 이는 놀부의 가족 관계와 가족에 대한 태도를 엿볼 수 있는 사항이다. 집에서 하는 '몹쓸 노릇'이란 가장으로서 하인은 물론이고 가족인 아내와 자식에 대해서도 폭력과 욕설을 다반사로 하는 것을 의미한다고 생각된다. 자녀 양육에 있어서는 갓난아이, 어린아이가 울거나 보채는 것을 못 참아 하며 아이의 볼기를 때린다거나 갓난아이가 싸 놓은 똥을 입에다 넣기까지 한다. 이로써 놀부의 집안은 권위적이고 폭력적인 가장 아래에 가족들이 숨죽이고 사는 형국임을 짐작할 수 있다.

이에 비해 흥부네는 비록 가난하기는 하나 우애가 많은 가족이다. 수숫대로 엉성하게 지은 집에서 살며 '어린 자식 젖 달라고 자란 자식 밥 달라니 차마 설워 못 살겠네. 가난한 중 웬 자식은 풀마다 낳아서 한 서른 나마' 된다. 아이들 방도 옷도 없어 한 방 안에 몰려 멍석 하나에 머리만 내놓고 지낸다. 그런데도 "어머니, 우리 열구자탕에 국수 말아 먹으면 [좋겠소.]……우리 벙거짓골 먹으면……우리 개장국에 흰밥 조금 먹으면……대추 찰떡 먹으면" 하면서 맛있는 음식을 찾으니 흥부 아내는 "애고 이 녀석들아, 호박국도 못 얻어먹는데 보채지나 말려무나." 라며 안타까워한다. 자식이 서른 명, 멍석 하나로 아이들의 옷을 삼는 것 등은 과장되었다고 하겠으나 부부 사이가 좋아 '풀(기운)'이 날 때마다 성관계를 하여 아이를 낳았고 아이들은 내면의 욕망을 드러내어 어머니를 조를 만큼 왁자지껄한 가족 분위기를 만들어 낸다. 부자이나 억압적인 놀부네 가족에 반하여 가난하나 자발적인 흥부네 가족인 것이다.

그런데 흥부는 인후한 마음에 물욕이 없어 가족의 궁핍을 도외시한다. 참다못한 흥부 아내가 "애고, 여봅소. 부질없는 청렴 맙소. 안자 단표(簞瓢) 주린 염치 삼십 조사(早死)하였고 백이숙제 주린 염치 청루 소년 웃었으니 부질없는 청렴 말고 저 자식들 굶겨 죽이겠으니 아주버님네 집에 가서 쌀이 되나 벼가 되나 얻어 옵소."라며 흥부를 놀부 집으로 떠밀어 보낸다. 집안의 자녀 양육을 도맡아 하는 어머니로서 흥부 아내는 굶주리는 자식들을 그대로 둘 수 없어 남편을 다그쳐 형님네에 가서 무엇이든지 얻어 오라고 한 것이다.

흥부가 건너가 놀부 집에 이르러 뜰아래에서 문안을 한다. '놀부 심사 무거하여 형제끼리 내외하여 구박이 태심'하기 때문에 마루에 오르지 못한 것이다. 형 놀부가 동생 흥부를 '내외'한 것은 형제 관계를 무시한 채 자기 집의 안과 밖 사람을 구분지은 것으로 볼 수 있다. "쌀이 많이 있다 한들 너 주자고 섬을 헐며, 돈이 많이 있다 한들 피목 궤에 가득 든 것을 문을 열며……"로 나열되는 놀부의 거절 사설에서 '고루 벗은 집안, 새끼 낳은 검정 암캐, 새끼 낳은 돼지, 네 필의 큰 농우' 등 놀부가 생각하는 집안은 가족을 비롯하여 하인, 개, 돼지, 소를 포함한다. 혈연으로 맺어진 동생 흥부는 놀부의 집안사람이 아닌 것이다. 이에 흥부를 내외한다는 것은 동생을 남으로 여겨 자기와는 아무 관계가 없는 사람으로 취급함을 뜻한다. 이러한 생각을 가진 놀부로서는 식량을 얻으러 온 '염치없는 흥부 놈'을 '몽둥이를 지끈 꺾어 존자 승의 메질하듯 원 화상의 법고 치듯 아주 쾅쾅 두드리'는 것이 당연한 행동이다. 흥부는 형에게 두들겨 맞으면서 "우리 형제 어찌하여 이다지 극악한고." 라며 탄식한다. 형제 관계가 끊겨 남보다도 못하게 된 상태를 '극악하다'[8]고 하였다.

---

8 '극악하다'는 '극악(極惡)하다'로서 형제 관계가 극히 나쁘게 된 상태를 의미한다고 볼 수

남편을 형님네로 보내고 눈이 빠지게 기다리는 흥부 아내는 울며 보채는 아기를 달래며, "아가 아가, 울지 마라. 어제 저녁 김 동지 집 용정 방아 찧어 주고 쌀 한 되 얻어다가 너희들만 끓여 주고 우리 양주(兩主) 어제 저녁[부터] 이때까지 그저 있다."라고 한다. 이 말에서도 흥부 부부가 합심하고 노력하여 자식들을 돌보는 모습이 나타난다. 결국 빈손으로 돌아온 흥부에게 장자 집에 가서 짚 한 뭇을 얻어 오도록 하여 그것으로 짚신을 삼아 팔아서 겨우 끼니를 넘긴다. 형 집에서는 얻지 못한 것을 남에게서 구하는 모습에서 남남보다도 못한, '극악한' 형제 관계가 다시 한 번 부각된다.

이제 흥부 아내가 나서서 "우리 품이나 팔아 봅세."라면서 품팔이를 하여 살림을 꾸리는 노력을 본격적으로 한다. 흥부 아내부터 품을 팔아 '용정 방아 키질하기, 매주가에 술 거르기, 초상집에 제복 짓기, 제사 집에 그릇 닦기, 신사 집에 떡 만들기, 언 손 불고 오줌 치기, 해빙하면 나물 뜯기, 춘모 갈아 보리 놓기' 등을 하고, 이어서 흥부가 '정이월에 가래질하기, 이삼월에 부침(농사)하기, 일등 전답 못논 갈기, 입하 전에 면화 갈기, 이 집 저 집 이엉 엮기, 더운 날에 보리 치기, 비 오는 날 멍석 겯기, 원산 근산 시초 베기, 무곡(貿穀) 주인 역인(役人) 지기, 각 읍 주인 삯 길 가기, 술만 먹고 말 짐 싣기, 오 푼 받고 마철 박기, 두 푼 받고 똥재 치기, 한 푼 받고 빗자루 매기, 식전에 마당 쓸기' 등을 한다. 흥부 아내가 적극 나서고 흥부가 뒤따라 호응하는 양상이다. 형 놀부에게 거절당한 후에 부부가 더욱 합심하고 노력해서 가족을 부양하는 것이다. 이렇게 '온 가지로 다 하여도 끼니가 간 데 없'는 가난한 형편이 지속된다.

---

있다. 이와 함께 '그악하다(모질고 사납다)'로서 형제 관계 중에서 형이 동생에게 하는 행태를 말하는 것으로도 이해된다. 두 가지의 해석이 다 가능하다고 본다.

결국에는 흥부가 매품팔이에 나서려고 하자 흥부 아내가 "부모 혈육을 가지고 매 삯이란 말이 웬 말이오." 하며 말린다. 그래도 매품 팔러 감영에 갔으나 이미 다른 사람이 매 맞고 간 뒤였다. 그저 돌아와 서럽게 우는 남편을 보고 흥부 아내는 다음과 같이 말한다.

> 울지 마오. 제발 덕분 울지 마오. 봉제사(奉祭祀) 자손 되어 나서 금화금벌(禁火禁伐) 눠라 하며, 가모(家母) 되어 나서 낭군을 못 살리니 여자의 행실 참혹하고, 유자 유녀(有子有女) 못 차리니 어미 도리 없는지라. 이를 어찌 할꼬. 애고 애고 설운지고.

이 말에서 흥부 아내의 성품과 의식이 잘 드러난다. 조상을 모시고 남편과 자식을 건사하면서 집안 살림을 꾸리는 '가모'로서의 책임 의식을 분명히 하는 것이다. 흥부와 흥부 아내는 어려운 형편에도 서로 아끼고 위로하면서 부부 관계가 원만하고 건실하게 맺어져 있었던 것이다. 위와 같이 말한 그녀는 '"이런 설움 저런 설움 다 후려쳐 버려두고 이제 나만 죽고 지고." 하며 두 주먹을 불끈 쥐어 가슴을 쾅쾅 두드리'면서 심하게 서러워하고 자책을 한다.

이러한 흥부 아내의 형상은 다른 고전 소설에서 서술자가 나서서 인물을 평가하는 것과 비교하면 사건 전개 속에서 우러나오는 양상을 보인다. 〈심청전〉의 곽씨 부인은 '현철(賢哲)하고 음전(말이나 행동이 곱고 우아함. 또는 얌전하고 점잖음.)한' 인물로 칭송되고, 〈춘향전〉의 월매는 '반백이 넘었는데 소탈한 모양이며 단정한 거동이 표표정정(表表亭亭, 우뚝 솟아 얼핏 눈에 띄도록 두드러지다.)하고 기부(肌膚, 살)가 풍영하여 복이 많은' 인물로 묘사되었다. 이에 비해 흥부 아내는 인물에 대한 소개 또는 묘사가 나오지 않을 뿐 아니라 성씨나 이름조차 언급되지 않는다. 자식들이 맛있는 것 달라고 보챌 때에 그들을 달래면서 등장한 후에 남편 홍부에게 어떤 행동을 하도록 권하고 생활 전선에 앞장서는 모습으로 그려진다. 그렇게 진행되다가 이 대목에 이르러 그녀의 본성과 생각이 표현된 것이다. 그리하여 홍부와는 서로 의지하고 협력하는 부부 관계를 맺고 남편의 내조자, 자녀의 양육자, 그리고 집안을 일으키는 자로서 지대한 역할을 하였음이 사건 전개를 통해 드러날 따름이다.

자책하는 홍부 아내를 홍부가 오히려 위로하면서 "우리도 마음만 옳게 먹고 되는 때를 기다려 봅세."라고 말한다. 이러한 일이 있고 나서 새봄이 돌아왔다. 바야흐로 부부가 기다리던 '되는 때'가 도래하여 제비 다리 고쳐 주고 보답을 받는 이야기가 전개되는 것이다. 놀부의 반대 모방의 이야기와 함께 작품에서 가장 인상적이고 널리 알려진 내용이다. 여기서는 보은(報恩) 박, 보수(報讎) 박의 환상적인 이야기를 가족 관계, 형제 관계와 관련된 현실적인 의미를 드러내는 방향으로 해석해 보고자 한다.

홍부가 제비 다리를 고쳐 주고 제비 황제가 보낸 박 씨를 심어 박통에서 나온 온갖 보화를 얻어 부자가 되는 것은 이제까지 그가 살아 왔던 삶의 자세가 인생의 어느 시점에서 효용을 얻게 된 것으로도 볼 수 있다. 홍부 부부가 '옳은 마음', 바르고 착한 마음을 갖고 온갖 품팔이를 하면서 가족을 부양하며 살아가던 중에 제비와 만나서 인생 역전에 성공한 것이다. 제비와의 만남과 재회의 과정에서 홍부는 아내와 함께 상황에 대처하는데, 이는 예전부터 해 왔던 부부의 일상적인 협력 관계의 연장이다.

구렁이의 침입으로 제비 새끼 한 마리가 '공중에서 뚝 떨어져 대발 틈에 발이 빠져 두 발목이 자끈 부러져 피를 흘리고 발발 떠'는 것을 보자, 홍부는 '펄떡 뛰어 달려들어 제비 새끼를 손에 들고 자닝히 여겨' 아내를 부른다.

> "여봅소 아기 어미, 무슨 당사실 있습나?" "애고, 굶기를 부자의 밥 먹듯 하며 무슨 당사실이 있단 말이오." 하고 천만의외 실 한 님 얻어 주거늘 흥부가 칠산 조기 껍질을 [얻어][9] 벗겨 제비 다리를 싸고 실로 찬찬 동여 찬 이슬에 얹어 두니

둥지에서 떨어진 제비 새끼를 보고 놀란 흥부가 아내를 불러 당사실(명주실)을 찾아 달라고 부탁하고, 또 조기 껍질을 얻어다가 제비의 부러진 다리를 동여매어 치료해 준다. 흥부 부부가 힘을 합치고 정성을 다해서 제비를 치료하는 모습이다.

이듬해 제비가 박 씨를 물고 와 흥부 집 위에서 넘논다. 제비를 먼저 본 흥부 아내가 "여봅소. 거년(去年) 갔던 제비 무엇을 입에 물고 와서 넘노옵네."라고 흥부에게 알린다. 제비가 박 씨를 흥부 앞에 떨어뜨리니 그것을 주어 들고 부부가 '금옥 사설'을 주고받으며 흥겨워한다. 흥부 아내가 "이것이 아마 금인가 보외."라고 하면 흥부가 "금은 이제 없나니 초한 적에 진평이가 범아부를 쫓으려고 황금 사만 근을 흩었으니 금은 이제 절종되었습네." 하며 대답하는 식으로 옥, 야광주, 유리 호박, 쇠, 대모 산호 등을 들어 사설을 이어 간다. 〈춘향전〉에서는 이 도령이 춘향을 상대로 금이냐 옥이냐 하고 부르면 춘향이 흥부가 한 것과 비슷한 대답을 하는 사설로 나온다. 두 작품의 금옥 사설을 같이 읽어 보면, 박 씨를 두고 부부가 주고받는 금옥 사설은 이 도령이 이 사설로써 춘향에 대한 호감과 애정을 나타낸 것처럼 흥부 부부애의 표현으로 치환되는 느낌을 준다.

박 씨를 심고 칠월이 되어 열매가 맺으니 흥부가 "여봅소, 비단이

9 '얻어'를 보충한 것은 뒤에 놀부가 제비 다리 고칠 때 '조기 껍질을 얻어 찬찬 동여'라고 나오는 것을 참조한 것이다.

한 끼라 하니 한 통을 따서 속으란 지져 먹고 바가지는 팔아 쌀을 팔아다가 밥을 지어 먹어 봅세."라고 하자, 흥부 아내가 "그 박이 유명하니 한로(寒露)를 아주 맞춰 견실커든 따 봅세."라면서 박 타는 때를 늦추어 잡는다. 흥부가 박 타는 일을 서둘러 하려는 것을 아내가 말려서 시기를 미룬 것이다. 그사이에 호박은 견실해질 터인데 부부는 열매가 잘 여무는 것을 생각하였겠으나 서사적 맥락에서는 박 속의 온갖 보화가 더욱 풍부해지는 것이다. 그렇게 해서 팔구월이 되자 잘 익은 박을 '따 놓고 양주가 켠다. "슬근슬근 톱질이야. 당기어 주소 톱질이야."'라면서 부부가 함께 톱질하여 박통을 켠다.

첫째 박통에서 청의 동자 한 쌍이 나와 죽은 사람 살리는 환혼주, 소경 눈 뜨이는 개안수, 벙어리 말하게 하는 개언초, 그리고 불로초, 불사약까지 주고 간다. '값으로 의논하면 억만 냥이 넘으니 매매하여 쓰'라고 한 데에서 약효뿐 아니라 재산으로서의 가치를 보증하였다. 둘째 통에서 온갖 살림살이 세간들이 나온다. 자개 함롱, 반닫이, 용장, 봉장, 궤, 뒤주 등의 가구, 선단 이불, 대단 요, 원앙금침, 잣베개 등의 침구, 용목 쾌상, 벼루 집, 화류 책장, 가께수리, 용연 벼루, 앵무 연적 등의 문방구, 노구 새옹, 곱돌 솥, 왜솥, 전 솥, 꽃무늬 그릇, 밥상, 안성 유기 그릇 등의 부엌살림이 모두 나온다. 셋째 통에서 집과 곡식, 옷감이 나온다. 목수들이 명당자리에 안방, 대청, 행랑, 몸채, 분합문, 물림간, 살미살창, 가로닫이, 마구간, 곳간, 뜰, 채마밭 등을 만들어 주니 벽장, 곳간, 장롱 안에 돈, 곡식, 옷감이 가득 찬다. 모단, 대단, 이광단, 궁초, 숙초, 쌍문초 등의 비단 이름이 나열된 끝에 흥부 아내가 "여봅소, 이녁이나 내나 옷이 없으니 비단으로 윈 몸을 감아 봅세."라고 말한다. 박에서 큰 재물을 얻은 부부의 기쁨과 환호가 표출된 것이다. 넷째 통에서는 양귀비가 나온다. 이에 앞서 흥부 아내가 그 박을 타지 말라고 했는데도 기어코 타서 일이 벌어졌다. 흥부의 첩으로서 양귀비가 나오니 흥부 아내는 “애고 저 꼴을 누가 볼꼬. 내 언제부터 켜지 말라 하였지.”라며 못마땅해하나, 이 말에 바로 이어서 서술자가 ‘이렇듯 호의호식 태평히 지낼 제’라고 하고는 놀부의 이야기로 넘어간다. 부자 된 면모로서 흥부가 처첩을 거느린 모양새를 취한 정도이기에 첩으로 인해 부부 관계가 깨어지거나 하는 일은 일어나지 않는다.

흥부 부부는 박을 타 재물이 나오는 것을 보고 “우리 일을 생각하니 엊그제가 꿈이로다. 부지 허명(不知虛名) 고대[하던] 천 냥을 일조에 얻었으니 어찌 아니 즐거우랴.”라며 기뻐한다. 이 진술을 형제 관계의 측면에서 이해한다면, 동생 흥부네는 ‘엊그제’까지 가난했으나 어떤 계기를 통해 부자가 된 반면 형 놀부네는 부자였다가 가난해지는 것이라 할 수 있다. 인생사 꿈과 같이 번복이 심할진대 형제의 살림이 항상 일정하게 유지될 수 없다. 흥부네는 성실하고 부지런히 살다가 기회를 얻어 부자가 된 반면에 놀부네는 고집스럽고 탐욕이 지나쳐서 빈털터리가 된 것이다. 제비의 보은 박과 보수 박 이야기는 형제의 서로 다른 인생 경로를 환상적이고 압축적으로 그려 낸 것으로 볼 여지가 있다.

놀부는 흥부가 부자 되었다는 말을 듣고 ‘건너가 이놈을 욱대겼으면 반을 나를 주리라.’ 생각하고 흥부 집으로 간다. 문 밖에서 흥부를 부르니 흥부가 달려 나와 놀부의 손을 잡고 “형제끼리 내외한단 말은 불가사문어인국(不可使聞於隣國, 이웃 나라에 소문나게 해서는 안 될 만큼 인륜에 어긋나는 짓.)이니 어서 들어가사이다.”라며 집 안으로 이끈다. 놀부는 여전히 동생을 ‘내외’하고 흥부는 그러는 형을 말려 형제 관계를 회복하려고 한다.

흥부에게 부자 된 사연을 듣고 화초장 하나를 지고 돌아온 놀부는 동지섣달부터 제비를 기다린다. 봄이 되어 제비를 몰아다가 자기 집에 제비 집을 짓도록 한다. 제비 새끼의 다리를 일부러 부러뜨린 후 치료해 주고는 강남 갔다가 돌아올 때 박 씨를 가져오기 바란다. 제비 황제가 사연을 듣고 노하여 “이놈이 제 전답 재물이 유여하되 동기를 모르고 오륜에 벗어난 놈을 그저 두지 못할 것”이라며 보수 박을 보낸다. 이로써 놀부 집에 재앙이 닥치게 된다.

놀부네에서 박 타는 모습은 흥부네와는 상당히 다르다. 흥부 부부가 함께 톱질한 것과 달리 놀부는 돈을 주고 째보를 고용하여 박을 켠다. 흥부 부부가 서로 말을 주고받으며 흥겨워하는 반면 놀부 아내가 애타게 말려도 놀부는 제 고집대로 끝까지 박을 타게 한다. 놀부네 박 타는 모습에서 작품 서두의 심술 타령에 나온 가족 관련 사항을 구체적으로 확인할 수 있다. 첫째 박에서 가얏고장이가 나와 백 냥을 뜯어 가고 둘째 박에서 노승이 나와 오백 냥을 가져가자 옆에서 지켜보던 놀부 아내가 말리면서 “제발 덕분에 켜지 마오. 그 박을 켰다가는 패가망신할 것이니 덕분에 마오.”라며 애걸한다. 이에 대해 놀부는 “이 소사한(좀스럽고 간사한) 계집년이 무슨 일을 아는 체하여 방정맞게 날뛰느냐.” 하며 윽박지르고 무시한다. 뒤에 가서 양반들이 나와 문서를 내놓고 ‘삼대가 우리 종’이라며 속량 값으로 오천 냥을 받아가자 놀부 아내는 “애고 애고 원수의 박일네. 난데없는 상전이라고 속절없는 속량은 무슨 일인고. 이만 냥 돈을 이름 없이 풀 쑤었으니 나의 못할 노릇 그만하오.”라며 땅을 치고 울부짖는다. 그래도 놀부는 속량한 돈은 아깝지 않다면서 아내를 물리친다. 이렇듯 놀부 부부는 권위와 아집으로 똘똘 뭉친 가부장에 어떠한 합리적인 제안도 인정받지 못하는 억눌린 아내의 관계로 나타나는 것이다.

흥부 박이 네 통인 데 비해 놀부 박은 열세 통이다. 박에서 나온 인물은 순서대로 가얏고장이, 노승, 상제(喪制), 무당, 등짐꾼(등짐장수), 초란이, 양반, 사당 거사, 왈짜, 소경, 장비(張飛) 등이고 열두 번째는 보통 박, 열세 번째에서는 똥 줄기가 나온다. 이들이 등장할 때마다 놀부의 재산이 축나서 결국에는 빈털터리가 된다. 게다가 왈짜들에게는 흠씬

두들겨 맞고, 거인 장비는 놀부더러 자기를 때리라고 시켜서 놀부의 진을 빼고 몸이 망가지게 만든다. 재산을 모두 잃고 건강까지 해쳐 말 그대로 패가망신하는 것이다. 이럴 지경까지 놀부가 벌을 받는 것은 '동기를 모르고 오륜에 벗어'났다는 제비 황제의 말과 '부모에게 불효하고 형제 불화'하였다는 장비의 말에 이유가 명시되어 있다. 인륜을 저버리고 형제 관계를 깨뜨린 것이 패가망신에 이르는 큰 죄이다.

이렇게 거지가 된 놀부는 처자식을 이끌고 흥부 집으로 간다. 작품의 마지막 문장이 '뻔뻔한 놈이 처자를 이끌고 흥부를 찾아가니라.'인데 서술자는 흥부를 찾아가는 놀부를 뻔뻔한 놈으로 규정하였다. 놀부는 양식을 꾸러 온 흥부를 두들겨 패어 쫓아내었고, 부자 흥부네 재산의 반을 빼앗아 오려는 요량으로 흥부 집으로 갔으며, 이제 패가망신하여 처자식을 데리고 흥부 집으로 들어가고 있다. 형으로서 동생을 내외하여 남보다 못한 관계로 만들어 버렸는데 인생사 역전되어 동생에게 의탁하려는 것이다.

이와 같이 〈흥부전〉은 형제 관계와 부부 관계가 중심이 되어 현실적이고도 환상적인 사건이 전개되었다. 부부는 가족 구성의 뿌리이고 형제는 부모 자식 관계에서 파생된 가족 관계의 줄기이다. 흥부네처럼 부부 관계가 원만하여 힘을 합쳐 어려움을 헤쳐 나가기도 하고 놀부네처럼 가부장의 권위 아래 아내는 억눌려 지내야만 하는 부부 관계도 있다. 작품은 부부 관계의 서로 다른 모습을 대비하여 가족 구성 중에서 부부가 갖는 중요성을 일깨우고 있다. 또한, 형제 관계는 부모와의 관계로부터 나와 가족 내적인 것과 함께 가족 파생, 가문 형성에 중요한 의의를 갖는다. 작품은 부모 사후에 형제간 재산 분할부터 형제끼리 돕고 사는 문제까지 형제 관계의 여러 국면을 그려 내었다. 인물의 성품도 중요하게 다루었으나 형이 유산을 독차지하고 동생을 쫓아낸 재산 문제를 집중적으로 부각시켰다. 제비의 보은, 보수 이야기도 흥부를 부자 되게 하고 놀부를 거지로 만드는 경제적인 상벌인 만큼 형제간 재산권과 상부상조의 문제를 윤리와 경제가 결합된 주제로 그려 낸 것이다. 그리하여 인생사에 우여곡절이 많고 때에 따라 극적인 흥성과 몰락이 올 수도 있으니 형제 사이에 서로 돕고 살아야지 하는 작자의 목소리가 쟁쟁히 울리는 듯하다.

# 2

# 사랑의 기쁨

## 2.1 서동요

〈서동요(薯童謠)〉는 서동과 선화 공주의 사랑 이야기 속에 들어 있는 4행 향가이다. 『삼국유사』「무왕」에 기록된 그 이야기는 신라 시대의 대표적인 연애담으로 널리 알려져 있다. 백제 수도의 남쪽 연못가에 살면서 마를 캐어 파는 일을 하던 서동(薯童)이 신라 진평왕(?~632)의 셋째 공주 선화가 아름답다는 말을 듣고 머리를 깎고 서라벌로 간다. 거리의 아이들에게 마를 주어 친해지자 이 노래를 지어 부르게 한다. 아이들이 부른 노래는 서라벌에 퍼지고 궁중까지 알려졌다. 그러자 신하들이 극간하여 공주를 서라벌에서 멀리 떨어진 곳으로 귀양 보냈다. 공주가 귀양지에 이를 즈음 서동이 나타나 시위해 가겠다고 하였다. 공주는 어디서 온 누구인지 몰랐으나 괜히 믿음직하게 여겨 기뻐하였고 함께 가다가 정을 통한 후에야 그의 이름이 서동인 줄 알았다. 그래서 노래의 징험을 믿게 되었다.[10] 이렇게 결연한 두 사람의 뒷이야기는 서동이 등극하여 무왕(?~641)이 되고 선화 왕비의 발원으로 미륵사를 창건하는 것으로 이어진다. 향가 작품의 감상에 초점을 맞추고자 하여 이 부분에 대한 설명은 생략한다.

두 사람의 사랑이 이루어질 수 있었던 데에는 향가가 중요한 역할을 하였다. 배경 기사에 분명히 기술되었듯이 노래의 징험, 즉 노래에서 시사한 징조를 실제로 경험하였다고 할 만큼 두 사람의 결연에 향가가 크

---

10 『삼국유사』2, 기이2, 「무왕」.

게 기여한 것이다. 사실 서동과 선화 공주는 여러 면에서 맺어지기 어려웠다. 서로 만난 적이 없는 사이인데다가 백제와 신라, 평민과 공주의 국적 및 신분 차이가 너무 컸다. 이러한 두 사람이 사랑에 빠지고 혼인에 이른 것은 기적 같은 일이다. 사랑이 이루어지는 데 큰 역할을 한 것이 이 노래이다.

작품을 찬찬히 살펴보면 그럴 만도 하다고 생각된다. 서동은 비록 마를 캐는 일을 생업으로 하는 사람이었으나 '기량난측(器量難測)', 그릇과 헤아림이 측량할 수 없을 정도로 뛰어난 인물이었다. 백제 사람으로 신라에 와서 그 나라의 공주를 유혹하려고 했으니 이것만으로도 그의 뜻과 성격을 짐작할 수 있다. 국경을 넘기 위해 머리를 깎고 중의 복색을 한 것이나 서라벌 거리의 아이들에게 마를 주어 환심을 산 것, 나중에 국경 근처까지 귀양을 간 공주의 행차 앞에 문득 나타난 것 등이 모두 용의주도한 기획하에 행한 일들이다. 이러한 인물이 지은 작품일진대 그 속에는 계획한 일을 이루려는 뜻이 담겨 있을 터이다. 4행의 짧은 형식으로 지은 것도 아이들이 부르기 좋게 하려는 의도이겠다.

善化 公主主隱
他 密只 嫁良 置古
薯童 房乙
夜矣 卯乙 抱遣去如

| | |
|---|---|
| 善化 公主니믄 | 선화 공주님은 |
| 눔 그스기 어러 두고, | 남 그윽이 성숙해 있다가, |
| 맛둥 바올 | 맛둥이 서방을 |
| 바미 몰 안고거다. | 밤에 무턱 안을 거다. |

첫머리에 사랑과 유혹의 대상인 '선화(善化/善花) 공주'를 발화한 것부터가 의도적이다. 화자 자신을 내세우기 전에 상대를 먼저 지칭하여 작품이 시적 대상의 상황, 성향, 행동 등을 나타내려는 것임을 시사하였다. 이는 작자가 백제에 있을 때 신라 진평왕의 셋째 공주에 대하여 들은 소문, 그리고 서라벌에 와서 거리의 아이들과 친해지면서 얻은 신라 궁중의 정보와 시중의 여론 등을 두루 참조하여 작품을 구성한 것임을 말해 준다. 한 번도 본 적 없는 공주이지만 여러 정보를 수집하여 얻은 대상에 대한 인식 내용을 나타내었다. '선화 공주' 뒤에 '님은'의 존칭을 붙인 것이 당연한 말처럼 보이나 따지고 보면 공주의 존귀함과 화자의 존경심을 표함으로써 이어질 내용이 속된 사랑의 노래가 되지 않게 하려는 의도라고 하겠다.

제2행에서 선화 공주의 성격과 현 상황이 어떠한지를 말하였는데 그 핵심은 시집갈 때가 되었다는 것에 있다. 화자의 추정으로 공주는 '남 그윽이 성숙해 있'는 상태이다. 여기서 '남'은 일차적으로 신라 궁중의 왕족과 신하들을 말하지만 더 나아가 궁중 소식에 귀를 기울이는 귀족과 평민을 망라한다고 할 수 있다. 이들이 눈치 채지 못하는 사이에 공주가 성숙해 있는 것이다. 물론 일국의 공주 신상에 대해 주변 사람들이 무심할 리 없다. 그러니까 남몰래, 어느새 성숙했다는 것은 청소년과 성인의 경계에 있어 어떻게 보면 소녀이고 또 어떻게 보면 성인인 나이에 접어들었음을 말하는 것이다. 여기에 화자의 의도가 개입하는데, 주변 사람들이 소녀로 보는 공주가 자기에게는 성인으로 여겨진다는 뜻을 은근히 나타낸 것이다. 원문의 향찰 '가(嫁)'의 훈인 '얼다'가 지닌 미묘한 뉘앙스를 적절히 활용하여 공주가 시집갈 나이가 되었다는 의미로 사용하였다.

이렇게 제1, 2행에서 선화 공주에 대해 말한 다음 제3행에서 드디어 화자를 드러내어 '맛둥이 서방을'이라 하였다. 이는 작자의 실명을 작품에 표현한 것이기도 하다. 나중에 선화 공주와 서동이 결연하고 공주가 노래의 징험을 믿게 되었다고 했을 때의 그 상대를 지시하는 말이다. 공주는 불쑥 나타난 서동을 보고 괜히, 그냥 좋아져서 기뻐하였고 함께 가다가 정을 통한 다음에야 그의 이름을 알았다. 그러고 나서 생각해 보니 서동이라는 이름이 노래 속에 들어 있었던 것이다. 이름뿐 아니라 서동이 선화 공주와 맺어질 것이라는 노래의 내용까지 포함하여 노래의 징험이 실현되었음을 깨달은 것이다.

제4행 맨 앞에 나온 '밤'은 제2행에서 '남 그윽이 성숙해 있'던 상황의 연장에서 나온 시어이다. '남 그윽이'가 지니는 은밀함과 '성숙해 있다, 시집갈 나이가 되다'가 갖는 성적 욕망이 '밤'이라는 시간에 수렴되었다. 그렇다고 이 밤이 음란하거나 천박한 성행위의 시간을 내포한 말은 아니다. 이미 제1행에서 선화 공주의 고귀함을 나타냈으므로 오히려 그 고귀함의 이면에 놓인 성적 욕망을 지적함으로써 역전이나 비약의 대비적 효과를 꾀하였다. 고귀한 신분의 공주일지라도 혼자 있는 밤이 되면 성숙한 몸의 상태에서 자연스럽게 나오는 성적 충동을 의식할 수밖에 없다는 의미이다.

그리하여 작품은 '무턱 안을 거다'라는 성적 표현으로 마무리된다. 여기에 쓰인 '무턱'이 화자가 얻고자 하는 사랑의 모습을 집약하고 있다. 앞에서 언급했듯이, 서동과 선화 공주의 사랑은 국적과 신분의 제약으로 인해 이루어지기 힘든 것이었다. 제약을 넘어서기 위해서는 어떤 식으로라도 초월과 비약의 수단을 마련해야 한다. 무턱, 덥석 하는 결연이 아니고서는 성사될 수 없는 사랑인 것이다. 그러므로 '무턱'은 두 사람의 사랑의 본질을 나타내는 동시에 결연을 가능케 하는 열쇠 말이 된다. 이는 배경 기사에서 귀양 가던 선화 공주가 서동을 만났을 때 '우이신열(偶爾信悅)', 우연히 믿고 기뻐하였다고 기술한 것과 통한다. 이 사랑은 무턱대고 우연히 이루어졌기에 충동적, 맹목적, 낭만적 사랑의 양상을 띤다. 그러나 서동을 무턱, 우연히 사랑하게 된 선화 공주에 비해 서동은 용의주도한 기획에 따라 사랑을 성취하였다. 그래서 사랑에 빠진 두 사람의 정서와 의식의 차이가 긴장감을 일으키는 것이 작품의 주요한 매력이라 할 수 있다.

그 뒤를 이어 '안을 거다'라고 하여 공주가 실제로 취할 만한 행동을 표현하였다. 남몰래 성숙해 있는 공주가 밤에 서동을 보기만 한다면 무턱 안을 거라는 말이다. 은밀함, 성숙함, 밤 시간 등의 조건이 갖추어졌으니 공주의 이러한 행동은 자연스러울 수 있다. 그 상대는 바로 화자 자신이기에 작품 전체가 주도면밀한 의도에 의해 짜였음을 알 수 있다. 그렇다고 방탕 음란한 성적 욕망의 표현이라 할 수는 없다. 고귀한 '선화 공주님'과 그를 흠모하는 '맛둥이 서방'이 만났으니까 가능한 행동이다. 화자로서는 '나 같은 사람을 보면 금세 반할걸?'이라 할 만큼의 높은 자부심을 내비친 것이다. 그러므로 작품은 청춘 남녀의 생기발랄한 사랑의 에너지를 표출하고 있다. 존귀한 공주에 기량 난측한 화자가 만난다면 이런저런 장애를 훌쩍 뛰어넘어 기적 같은 사랑을 이루리라는 희망에 찬 노래이다.

작품에 표현된 선화 공주는 불미스런 소문으로 인해 궁에서 쫓겨난 음탕하고 가련한 여성이 아니다. 어느새 성인이 되어 좋은 상대를 만나 사랑하고 시집가려는 마음에 두근대는 여성의 모습이다. 이러한 성격은 배경 기사의 후반부에서, 출궁될 때 모후가 준 순금 한 말을 가지고 살림을 꾸리는 의지와 생활력, 서동이 마를 캐던 곳에서 사금(砂金)을 알아보는 지혜, 비록 버림받았으나 채취한 황금을 부왕에게 바치는 효성, 미륵불을 만난 후 큰 절을 짓는 신앙심 등의 성격과 잘 어울린다. 비록 요약적이고 설화적인 진술이지만 이러한 배경 기사와 향가 작품을 통해 신라 진평왕의 공주였다가 백제의 왕비가 된 선화의 낭만적 결연과 그 후의 인격적 성장, 국가적 공헌의 일생을 짐작할 수 있다.

〈서동요〉는 남몰래 어느새 성숙한 선화 공주의 욕망을 포착하여 사랑을 이루려는 뜻을 표현한 향가 작품이다. 생기발랄한 청춘 남녀의 충동적, 낭만적 사랑이 짧은 형식에 묘미 있게 표현되었다. 사랑을 성취하기 위한 화자의 용의주도함, 무턱 우연히 상대를 사랑하게 되는 시적 대상의 인물 형상이 서로 긴장감을 일으켜 작품의 매력을 높이고 있다. 서동과 선화 공주의 국적, 신분을 초월한 사랑 이야기를 가능하게 만든 사랑의 노래이다.

## 2.2 헌화가

〈헌화가(獻花歌)〉는 『삼국유사』「수로 부인」에 실려 있는 4행 향가이다. 신라 성덕왕대(702~737) 강릉 태수로 부임하는 순정공의 행차가 동햇가에 이르러 점심을 먹을 때, 절벽 위에 핀 철쭉을 갖고 싶다는 공의 아내 수로의 요청에 응하여 어느 노인이 꽃을 꺾어 바치면서 지어 부른 노래이다.[11] 작품의 내용이 남녀 간 사랑의 정서를 담고 있어 사랑 노래 또는 구애의 노래라고 할 수 있다. 그런데 이렇게 규정하면 여러 사람 앞에서 시골 노인이 서라벌 귀족 부인에게 구애한 것이 되어 납득이 가지 않기에 노인이 민간에 유포된 구애의 노래를 가져왔거나 그것을 본떠 지었다고 설명하기도 한다. 그러나 작품의 시어와 내용이 배경 기사의 기록과 밀접하게 연관되고 노인과 부인이라는 특이한 화소가 이야기 자체의 특징이라 보면 노인이 지었다는 기록을 그대로 믿어도 될 것이다. 민요의 수용이기보다는 어느 노인이 수로 부인을 위해 지은 개인 창작의 서정시인 것이다.

작품의 특이점이자 흥미 요소는 노인이 귀족 부인에게 사랑의 감정을 담아 노래하였다는 데에 있다. 이 점을 이해하려면 창작의 상황을 살펴보아야 한다. 수로 부인은 곁에서 시위하던 종자들에게 꽃을 꺾어 달라고 명하였다. 그러나 그들은 사람의 발자취가 닿을 수 없는 곳이라면서 물러났다. 이 장면은 서라벌 고위 귀족의 행차를 구경하던 지방민

---

11 『삼국유사』2, 기이2, 「수로 부인」.

들에게도 고스란히 노출되었다. 이러할 때 수로의 심정과 태도는 어떠했을지 추측해 볼 만하다. 절벽 위의 꽃을 갖고자 하는 욕망, 좌우 종자를 다그치는 태도, 그들의 물러남에 실망하는 기색 정도를 생각할 수 있다. 태수 부인의 공식 행차에서 사적 욕망을 충족하려고 당당히 시종에게 명하는 점에서 고고한 자세를 알 수 있고, 문득 꽃을 원했다가 종자의 대답에 금세 실망하는 데서 불같은 성격도 짐작할 수 있다.

노인은 서라벌 귀족의 행차를 구경하던 지방민 틈에서 수로 부인의 요청과 종자들의 회피를 지켜보았다. 행차가 머물러 점심을 먹던 곳을 우연히 지나가다가 그 광경을 본 것이다. 소를 끌었으니 아마도 농사를 짓던 참일 것이다. 종자들은 물러나고 구경하는 사람 중에서 나서는 이가 없는 어정쩡한 상황에서 스스로 하겠다고 나선 것이다. 그냥 지나쳐도 되었으나 부인의 모습과 태도를 보고 꽃을 꺾어다 바치기로 결심하였다. 장정들도 오를 수 없다고 한 절벽을 노인이 올라갔으므로 보통 사람이 아니라 도사, 고승, 신선 등이라 설명하기도 하나 그 지방에 살면서 지리에 익숙한 사람이라면 아이든 노인이든 절벽 길을 잘 탈 수 있으므로 기록된 것처럼 지역 노인으로 보면 순탄하게 이해된다.

노인이 꽃을 꺾어 와서 바치며 지어 부른 향가는 다음과 같다.

紫布 岩乎 邊希
執音乎 手 母牛 放敎遣
吾肸 不喩 慚肸伊賜等
花肸 折叱可 獻乎理音如

| | |
|---|---|
| 딛ᄇᆡ 바호 ᄀᆞᆺᄒᆡ | 자줏빛 바위 가에 |
| 움온 손 암쇼 노히시고, | 움킨 손에서 암소를 놓게 하시니, |
| 나ᄒᆞᆯ 안디 븟그리시ᄃᆞᆫ | 나를 아니 부끄러워하신다면 |

곶ᄒᆞᆯ 것가 바도리-다. 꽃을 꺾어 바치리이다.

제1행의 '자줏빛 바위 가'는 짙은 붉은색의 철쭉이 만발해 있는 절벽 아래를 말한다. 순정공의 행차가 머물러 점심을 먹던 곳으로서 이야기와 노래의 배경이 되는 장소이다. 그곳에서 수로 부인이 절벽 위에 핀 꽃을 보고 갖고자 하였으나 좌우의 종자들이 절벽을 오를 수 없다며 물러났다. 배경 기사에 기술된 이야기의 공간적 배경을 그대로 지칭하여 노래 속으로 가져온 것이다.

장소가 지닌 의미를 그곳에 있던 사람들과의 관련 속에 생각해 볼 수 있다. 이 장소를 바라보는 시선은 두 가지이다. 서라벌에서 출발하여 강릉으로 가는 부임 행차에 속한 인물들은 그곳을 낯선 장소로 인식하였을 것이다. 반면, 행차가 잠시 멈춰 선 그곳의 인근에 살고 있는 지역민에게는 익숙한 장소이다. 그 장소의 언저리에 절벽이 있고 그 위에 철쭉이 만발하였다. 절벽 위의 철쭉에 대해 행차의 인물과 지역민의 서로 다른 시선이 가 닿는다. 그곳 사람들에게는 생활 중에 늘 접하는 절벽과 철쭉인 데 비해 행차의 대열에 있는 사람에게는 색다른 자연 풍광 속의 꽃으로 여겨졌을 것이다.

애초에 사람들의 시선은 행차가 멈춘 지점을 향해 있었다. 지역민은 서라벌 귀족의 부임 행차를 구경하고 있었던 것이다. 그런데 그 행차의 주인공 격인 수로 부인이 절벽 위의 철쭉에 시선을 주고 그것을 갖고 싶다고 말하자 지역민의 시선도 수로를 따라 절벽 위를 향하게 되었다. 수로의 시선을 따라서 그들 곁에 있던 장소를 새삼스레 바라본 것이다. 너무 익숙해서 평소에 무심히 지나친 절벽 위가 지금 지나가는 서라벌 귀족 부인 수로의 시선에 의해 새로워진 것이다. 그리하여 '자줏빛 바위 가'는 서로 다른 시선이 교차하는 중에 뭔가 흥미로운 사건이 일어날 기대를 주는 장소로 작품 첫머리를 장식하고 있다.

제2행의 '움킨 손에서 암소를 놓게 하시니'는 그 장소에서 화자가 나서야만 했던 상황을 진술한 것이다. 보통 때 같았으면 귀족 행차를 구경만 하고 말았을 텐데 수로의 요청에 종자들이 물러서는 바람에 화자가 나설 수밖에 없게 되었다. 수로의 상황을 지켜보던 지역민 중 누군가 나서서 도와줄 만도 했으나 워낙 고귀한 신분이어서 감히 엄두도 못 내었던 것 같다. 그래서 암소를 끌고 지나가던 화자가 스스로 나섰다. 아무도 나서지 않는 것에 대해 민망한 마음이 들었고 꽃을 갖고 싶어 하는 부인의 소원을 이루어 주기 위해서 나선 것이다.

이러한 상황과 마음이 제2행에서 '~게 하시니'라는 사역형의 문장으로 표현되었다. 사실 수로 부인의 명령은 좌우 종자에게 한 것이라서 화자에게는 해당되지 않는 것이었다. 그런데 종자들이 할 수 없다며 물러서자 그것이 자신에게 한 요청이라 생각되어 안타깝고 애매한 상황을 그냥 지나칠 수 없었다. 이러한 태도는 다른 지역민과 구별되는 화자만의 특징을 드러낸다. 고관의 귀족 부인을 어려워하여 나설 엄두를 못 내는 사람들에 비해 화자는 나설 만한 어떤 이유나 배경이 있었을지도 모른다.

이 차별성이 노인의 정체를 추정하는 실마리가 될 수 있다. 즉석에서 4행 향가를 지을 줄 알고, 귀족 부인의 취향을 존중해 주며, 절벽을 타고 꽃을 꺾어 올 만큼의 정력도 지닌 인물이다. 이런 점들을 두루 고려할 때 노인은 예전에 서라벌의 귀족 문화에 속해 있었으나 지금은 이 지역에서 은둔자로 살고 있는 인물일 듯싶다. 고상한 품격과 미의식을 지닌 귀족 출신이 인생의 어느 시기에 시골 농부의 삶을 택하여 이제 노인이 된 사람이지 않을까 한다.

제3행에서는 시상을 전환하여 부인이 '나를' '부끄러워'할지 모른다는 염려와 경계심을 나타내었다. 제1행의 공간적 배경, 제2행의 시적 상황을 그려 내면서 시적 대상과의 거리감을 떨치고 나섰지만 화자의 마음에는 부담감이 남아 있다. '암소'를 끌고 가던 화자였으니 '꽃'을 원하는 부인에게 부끄러운 사람일 수 있다. 여기서 암소와 꽃이 지닌 의미와 심상의 차이가 드러난다. 지방 평민과 서라벌 귀족의 신분적 거리, 사물에 대한 실용적이고 일상적인 감각과 세련되고 심미적인 감각의 차이, 노인과 부인 사이의 연령적인 차이 등을 내포하는 것이다.

그러나 화자는 '나를 아니 부끄러워하신다면'이라고 가정함으로써 부담감을 넘어서고자 하였다. 부인이 자기를 부끄럽게 여기기보다 너그럽게 받아 주리라 믿었던 것이다. 이마도 암소와 꽃에 공통된바 생명력이라는 상징적 의미를 공유했기 때문일 것 같다. 화자는 수로 부인이 서라벌의 세련미, 인공미에 대비되는 지방의 자연미, 소박미를 맛보려고 했음을 알아차렸다. 그 미의식은 지방민의 삶과 자연에 밀착된 생명력에서 나온 것이므로 화자는 부인에게 그것을 느끼게 하고 싶었을 것이다.

제4행의 '꽃을 꺾어 바치'는 일은 부인에 대한 부담감과 거리감을 넘어선 다음에야 이루어졌다. 화자가 꺾어 바친 꽃은 제2행의 '암소'를 '움킨' 그 '손'에 의한 것이다. 고삐를 움켜쥐고 암소를 끈 손으로 부인이 원하는 꽃을 꺾어 바쳤다. 지방민에게 두 가지 일은 다른 것이 아니라서 생활 속에서 암소도 끌고 꽃도 꺾는다. 노인의 손은 아름다움이 생활 속에 있음을 말해 준다.

제1행에서 제4행까지 시상 전개는 멀리서 가까이로 다가가는 흐름을 이룬다. 화자는 늘 가까이 있던 생활 속 아름다움을 멀리 고귀한 귀족 부인에게 헌정하였다. 수로 부인은 멀리 탐스럽게 핀 자연의 꽃을 화자의 손을 거쳐 갖게 되었다. 화자와 수로 부인의 심리가 교차하면서 부인에 대한 화자의 공경과 사랑의 정서를 나타내었다. 귀족 행차를 멀리서 구경하다가 애매한 상황을 보고 자진해서 나섰고 자기를 부끄러워할지도 모른다는 의구심을 떨쳐 낸 후에 꽃을 꺾어 바친 것이다. 화자와 시적 대상의 심리적, 정서적 거리감이 점차 해소되어 꽃을 꺾어 바치면서 화자는, '부인은 이 꽃만큼이나 아름답고 사랑스러우십니다.'라는 뜻을 전할 수 있었다.

이로써 작품이 사랑의 노래, 존경심을 담은 은근하고 정겨운 사랑의 시임을 알 수 있다. 청춘 남녀 사이의 열정적이고 충동적인 사랑과는 다른, 그윽하고 공감어린 사랑이 그려져 있다. 꽃이 만발한 바닷가 절벽, 몰고 가던 암소, 부끄러워하는 얼굴빛, 수로 부인에게 헌정되는 꽃 등 작품에 가득한 시각적 심상이 대체로 붉은 색조인 것도 이러한 사랑의 주제를 적절하게 수놓고 있다. 시적 대상인 수로 부인이 막연히 아름다운 미인이 아니라 시적 상황 속에 있던 그 여성이기에 붉은색 심상으로 그려진 것이다. 노인도 작품에서 당당하게 '나'를 내세울 만큼 자의식이 강한 사람인데 그의 예지로 알아차린 수로 부인의 성격에 자기 같은 노인의 헌정도 기꺼이 받아 주리라 믿었다. 그렇기 때문에 꽃을 바치고 아름다운 시도 지어 부를 수 있었던 것이다.

〈헌화가〉는 화자와 시적 대상의 심리와 개성이 섬세하게 어우러진 서정시이다. 서라벌과 지방, 귀족과 평민, 인공미와 자연미 등의 거리를 넘어서 아름다움에 대한 공감을 바탕으로 존경과 사랑의 정서를 나타내었다. 수로 부인의 고귀함과 미의식에 대한 존경, 헌정된 꽃의 아름다움에 부인의 그것을 겹친 찬미의 뜻이 담긴 품격 높은 향가 작품이다.

## 2.3 쌍화점

〈쌍화점(雙花店)〉은 『악장가사』에 전 4연, 『고려사』「악지」에 제2연 '삼장(三藏)'만 한역되어 전하는 고려 가요이다. 충렬왕대(1274~1308) 행신 오잠(吳潛/오기吳祁, 1259~1336), 김원상(金元祥, ?~1339), 환관 석천보(石天補), 석천경(石天卿) 등이 궁중 연향에 쓰일 곡들을 만들어 남장한 가무희에게 가르친 노래 중의 한 곡이다. 고려 가요 가운데 남녀상열지사의 대표작으로 거론된 만큼 성적인 사랑의 주제가 그려져 있는데 뭔가 조심스럽고 은밀한 남녀 관계가 소재로 쓰였다. 게다가 일정한 장소에서 벌어진 사랑의 사건에 대해 소문이 나지 않게 입단속을 하는 데에서 성적인 문제 못지않게 소문의 주제가 비중 있게 다루어졌다. 그리하여 성관계와 소문, 즉 사건과 말의 긴장 관계 속에 의미 구조가 짜여 있다. 이에 사랑의 사건과 말의 전파라는 문제가 어떤 방식으로 형상화되어 향유자의 미감을 자아내는지 유의하면서 감상해 볼 수 있다.

각 연의 짜임새가 같으므로 제1연을 분석하면 그 결과를 다른 연들로 확대할 수 있다.

| | |
|---|---|
| 雙花店솽화뎜에 雙花솽화 사라 가고신딘 | 쌍화점에 쌍화 사러 가려니까 |
| 回回휘휘 아비 내 손모글 주여이다 | 회회 아비 내 손목을 쥐더이다. |
| 이 말ᄉᆞ미 이 店뎜 밧긔 나명 들명 | 이 말이 이 점 밖에 나면 들면 |
| 다로러거디러 | |

| | |
|---|---|
| 죠고맛감 삿기 광대 네 마리라 호리라 | 조그마한 새끼 광대 네 말이라 하리라. |
| 더러둥셩 다리러디러 다리러디러 | |
| 다로러거디러 다로러 | |
| 긔 자리예 나도 자라 가리라 | 그 자리에 나도 자러 가리라. |
| 위위 다로러거디러 다로러 | |
| 긔 잔 ᄃᆡᄀᆞ티 덦거츠니 업다[12] | 그 잔 데같이 덤불져 거친 곳이 없다. |

여음구를 제외하고 보면 원문은 제1~4행 전반부와 제5·6행 후반부의 결합으로 되어 있다. 제1, 2행에서 화자가 쌍화점에 갔다가 손목을 잡힌 사건을 말하고 제3, 4행에서 새끼 광대에게 말이 밖으로 새어 나가지 않도록 입단속을 하였다. 이러한 4행의 전반부에 2행의 후반부가 첨가되어 한 화자의 독백에서 두 화자의 대화로 옮겨 갔다. 그런데 전반부에서 말한 사건과 입막음이 어떻게 처리되었는지는 말해지지 않은 상태에서 제2화자가 등장하여 동참 의사를 밝히고 제1화자가 그에 대해 경계하는 발화가 나온다. 전반부와 후반부 사이에 의미 맥락상의 비약이 개재한 것이다.

의미의 비약은 전·후반부보다 작은 단위인 세 군데의 여음구 앞뒤 행에서도 나타난다. 첫 번째 여음구의 앞뒤 행은 쌍화점 밖으로 말이 나간다고 가정하고 그 가정이 실현된 것을 전제로 새끼 광대에게 입단속을 하였다. '가정－실현－입단속'의 전개에서 실현 부분이 생략된 자리에 여음구가 들어가 있다. 두 번째 여음구는 작품 전·후반부를 나누

12 김명준, 『악장가사 주해』, 다운샘, 2004, 부록 25-27면. 앞으로 『악장가사』 소재 작품 원문은 이 책에서 인용한다.

는 동시에 그 앞뒤 행에서 의미의 비약을 가져왔다. 갑자기 제2화자가 등장하여 동참 의사를 밝힌 것이다. 제1화자가 새끼 광대를 단속한 이후의 일이 어떻게 되었는지를 생략한 채로 제2화자가 나왔으므로 입단속에도 불구하고 제2화자가 어떻게 알았는지가 궁금한 문제로 남는다. 세 번째 여음구의 앞뒤 행에서는 그 자리에 자러 가겠다는 말에 그곳같이 '덦거츠니' 없다고 대답하였다. 동참을 허용하는지 거부하는지는 건너뛴 채로 장소의 성격을 종합적으로 말한 것이다.

이러한 시상 전개 끝에 제6행 '긔 잔 ᄃᆡᄀᆞ티 덦거츠니 업다'가 나왔다. 제1화자가 제2화자에게 대답한 말로서 '그 잔 데같이 덦거츤 곳이 없다', 곧 '그 잔 데가 가장 덦거츨다'라는 최상급의 표현이다. 중세어 자료에서 '덦거츨다'는 '무예(蕪穢), 울울(鬱鬱), 무(茂), 성(盛)' 등에 대응하고 '덦겁다, 덦거츨다'와 서로 통하는 말이다. 그런데 '덦겁다'는 '덤+ㅅ+겁+다'로서 어근에서 파생된 형용사이고 '덦거츨다'는 '덤+ㅅ+거츨다'의 복합어이다. '덤/덥'은 '덤불, 더부룩하다'의 어근에 해당한다. 따라서 '덦거츨다'는 '덤불져 거칠다, 더부룩이 거칠다', 한자어로는 '무성(茂盛)히 무예(蕪穢)하다'로 풀이할 수 있다.

'덦거츨다'의 중세어 용례는 주로 약초, 솔, 댓가지, 뽕나무 등 풀이나 나무의 상태를 지시한다. 이 작품에서는 사람 사는 곳을 표현한 말이니 비유로 쓰인 것이다. 작품에 그려진 쌍화점은 회회 아비와 새끼 광대가 거하고, 익명의 사람들이 드나들고, 회회 아비가 내 손목을 잡는 사건이 일어났고, 새끼 광대에게 말이 퍼지지 않도록 입단속을 한 곳이다. 이렇게 그곳 사람들의 행태를 두고 '덤불져 거친 곳'이라고 표현했다면 그것은 사람들이 무더기로 드나들고 행동과 말이 거칠고 말이 수북이 퍼지는 곳이라는 의미로 이해할 수 있다. 쌍화점은 사람들의 행동과 말이 덤불져 거친 곳이다.

제5행에서 제2화자가 등장하여 동참 의사를 밝히자 제6행에서 제1

화자가 그 자리에 가도 좋은데 그곳은 사람들이 많이 드나들고 행동과 말도 거치니까 조심하라고 한 것이다. 두 화자는 서로 정보를 교환하면서 은밀히 모의했는데 먼저 경험한 제1화자가 제2화자의 동참을 허용하면서도 주의를 당부하였다.

이러한 시상 전개로 볼 때, 후반부에서 두 화자의 대화가 나온 것을 되짚어 보면 전반부까지도 대화의 일부임을 알게 된다. 제1연의 제1행에서 시작하여 제6행까지 노래가 진행되면서 전반부는 독백체, 후반부는 대화체로 여겨진다. 그런데 후반부 2행의 대화까지 들은 후 전반부를 돌이켜 생각하면 전반부 4행이 제1화자가 제2화자에게 한 말임을 인식할 수 있다. 작품 전체로는 동일한 구조의 반복을 통해 제1연이 끝나고 제2연으로 가서 대화의 양상이 좀 더 드러나고 제3연, 제4연으로 넘어가면 더욱 분명히 인식된다. 이렇게 하여 작품 전체를 대화의 맥락에서 이해할 수 있다.

제1화자: "쌍화점에 쌍화를 사러 갔다가 손목 잡히는 사건을 겪었다.(제1, 2행)
말이 나가면 조그만 너라고 입단속을 하였다."(제3, 4행)
제2화자: "거기에 나도 자러 갈 거다."(제5행)
제1화자: "그곳은 덤불져 거친 곳이야. [그러니 조심해.]"(제6행)

위와 같이 따옴표로 묶어 보면 제1연은 쌍화점에 가서 벌어진 사건과, 말이 새지 않도록 입단속을 한 것을 두고 두 화자가 대화한 내용임이 드러난다. 제1화자는 제1, 2행에서 자신이 겪은 사건을 간략히 말해주었다. 사건에 대한 자세한 설명이나 이후의 일에 대해서는 건너뛰고 제3, 4행에서 말이 나지 않게 단속했다고도 하였다. 이렇게 제1~4행은 제1화자가 사건과 입단속을 압축해서 제2화자에게 전달한 내용이라 할 수 있다. 후반부의 제5행은 그 말을 들은 제2화자가 사건의 핵심인 '손목을 잡히다'를 성관계의 의미인 '자다'로 받아들여 자기도 동참하겠다고 말하였다. 그러자 제6행에서 제1화자가 그 장소의 성격을 요약해 주면서 경계를 하였다. 작품 전반부와 후반부 사이, 제3행과 제4행 사이, 제5행과 제6행 사이에서 일어난 의미의 비약은 두 화자가 대면하여 대화하는 상황에서 맥락을 건너뛰어도 의사소통에는 지장이 없기 때문에 그렇게 된 것이다.

제1화자가 '새끼 광대'의 입을 단단히 단속했으면서도 제2화자에게는 자신이 겪은 사건을 요약적으로 말해 준 것에서 두 화자의 관계가 시사된다. 새끼 광대같이 '조그마한' 존재에게 입단속을 한 것은 그에 대한 경고와 소문에 대한 경계심의 표출인 데 비해 단속했다는 사실까지 알려 준 것은 제2화자와의 관계가 친밀하고 동료애로 엮여 있음을 말해 준다. 두 화자는 아마도 공동의 지역에 살면서 유사한 직업에 종사하는 동료로 여겨진다. 쌍화점에 가서 쌍화를 산 것을 비롯하여 절에 가 연등을 켜고, 우물에서 물을 긷고, 술 가게에서 술을 사는 것으로 보아 두 화자는 기녀 또는 여자 하인이 아닐까 싶다. 직업 동료로서 절친한 사이이므로 조그마한 이에게는 입단속을 하면서도 제2화자에게 귀띔해 준 것이다. 그리하여 두 화자 사이에 비밀스런 공조, 은밀한 동참의 관계가 형성되었다.

제1연에 대한 분석과 이해를 제2, 3, 4연으로 확대하여 작품 전체의 의미 구조를 살펴볼 수 있다.

| | |
|---|---|
| 三藏寺삼장ᄉᆞ애 브를 혀라 가고신딘 | 삼장사에 불을 켜러 가려니까 |
| 그 뎔 社主샤쥬ㅣ 내 손모글 주여이다 | 그 절 사주 내 손목을 쥐더이다. |
| 이 말ᄉᆞᆷ미 이 뎔 밧긔 나명 들명 (여음구) | 이 말이 이 절 밖에 나면 들면 |
| 죠고맛간 삿기 上座샹좌ㅣ 네 마리라 ᄒᆞ리라 | 조그마한 새끼 상좌 네 말이라 하리라. |
| (여음구) | |

| | |
|---|---|
| 긔 자리예 나도 자라 가리라 (여음구) | 그 자리에 나도 자러 가리라. |
| 긔 잔 ᄃᆡᄀᆞ티 덦거츠니 업다 | 그 잔 데같이 덤불져 거친 곳이 없다. |
| | |
| 드레우므레 므를 길라 가고신ᄃᆡᆫ | 두레우물에 물을 길러 가려니까 |
| 우믓 龍룡이 내 손모글 주여이다 | 우물의 용이 내 손목을 쥐더이다. |
| 이 말숨미 이 우믈 밧씌 나명 들명 (여음구) | 이 말이 이 우물 밖에 나면 들면 |
| 죠고맛간 드레바가 네 마리라 호리라 (여음구) | 조그마한 두레박아 네 말이라 하리라. |
| 긔 자리예 나도 자라 가리라 (여음구) | 그 자리에 나도 자러 가리라. |
| 긔 잔 ᄃᆡᄀᆞ티 덦거츠니 업다 | 그 잔 데같이 덤불져 거친 곳이 없다. |
| | |
| 술 ᄑᆞᆯ 지븨 수를 사라 가고신ᄃᆡᆫ | 술 팔 집에 술을 사러 가려니까 |
| 그 짓 아비 내 손모글 주여이다 | 그 집 아비 내 손목을 쥐더이다. |
| 이 말숨미 이 집 밧씌 나명 들명 (여음구) | 이 말이 이 집 밖에 나면 들면 |
| 죠고맛간 싀구 바가 네 마리라 호리라 (여음구) | 조그마한 시궁 박아 네 말이라 하리라. |
| 긔 자리예 나도 자라 가리라 (여음구) | 그 자리에 나도 자러 가리라. |
| 긔 잔 ᄃᆡᄀᆞ티 덦거츠니 업다 | 그 잔 데같이 덤불져 거친 곳이 없다. |

같은 구조의 각 연에서 '성관계 장소 – 상대방'이 제1연 쌍화점 – 회회 아비에서 제2연 삼장사 – 사주, 제3연 두레우물 – [우물] 용, 제4연 술 팔 집 – [술집] 아비 등으로 확대된다. 각 연의 장소와 상대는 바뀌지만 말의 전파를 조심하라는 의미는 반복적으로 제시된다. 이렇게 소문의 주제가 그려짐으로써 회회 아비같이 현실적 인물과 함께 용과 같은 환상적 존재가 등장하고 광대, 상좌뿐 아니라 두레박, 시궁 박과 같은 의인화된 사물도 나올 수 있다. 소문 속에서는 실제의 인물뿐 아니라 허구

의 인물도 언급될 수 있기 때문이다. 이로써 제1화자가 한 말의 내용이 제1, 2연의 현실 세계에서 제3연의 환상 세계로 확장된다.

제3, 4연의 환상적 존재, 의인화된 사물은 제1화자의 의식 속에 있는 관념이 언어적 표현을 얻은 결과이다. 그러니 용에게 손목을 잡혔다는 사건은 화자의 말로만 알려지는 것이고 실제로 용이 나타났는지는 현실에서 확인할 수 없다. 또한 두레박, 시궁 박과 같은 사물에게 말을 걸어 입단속을 했다는 것도 화자의 말로만 전해졌을 뿐이다. 이렇게 제3연에서 환상 세계로 나아가고 제4연도 그 연장에 있음으로 해서 전체 4연이 구조적 짜임새를 갖춘다. 전 4연을 기승전결의 구조로 보면 전(轉)의 단계인 제3연에 이전까지의 현실 세계에서 용이 나오는 환상 세계로 넘어갔고 결(結)에 해당하는 제4연이 술집 아비와 시궁 박을 통해 현실과 환상이 섞인 세계까지 보여 준다. 제1, 2연이 현실을 다루고 제3연에서 환상이 등장한 후에 제4연에서 현실과 환상이 복합됨으로써 4단 구조가 이루어진 것이다.

제1연에서 쌍화점의 주인 회회 아비라는 이국적 인물이 등장하고 제2연에서 삼장사의 사주라는, 유흥과는 거리가 먼 종교적 인물이 등장하였다. 기와 승의 단계에서는 이국적, 종교적 인물을 통해 노래가 불리는 현장과는 비교적 거리가 먼 상황을 설정한 것이다. 이는 연행 현장의 유흥성을 넓고 멀리 확장하여 즐기려는 작자와 청중의 의도에 따른 것으로 보인다. 그렇지만 아직은 현실적 배경과 맥락 속에 일어난 사건과 입단속의 대상이다. 그러다가 제3연에 와서 현실에서 환상 세계로 더 멀리 확장한다. 용이라는 환상적 존재, 두레박이라는 의인화된 사물을 통해 화자가 겪은 사건의 상대와 입막음의 대상을 현실 밖까지 넓혀 놓았다. 제3연의 전환을 통해 연행 현장의 유흥적 분위기는 더 고조되었을 것이다. 그리고 제4연에서 제1, 2연의 현실과 제3연의 환상적 상황을 혼합하여 술집 아비라는 현실의 인물과 시궁 박이라는 의인화된 사물을 엮어서 표현하였다. 기와 승의 현실성, 전의 환상성을 아우르면서 시상을 마무리한 것이다. 마지막 연에 술이 나옴으로써 노래가 끝나면서 좌중의 술판 분위기가 한층 무르익었을 것도 충분히 짐작할 수 있다.

그런데 말의 전파는 장소 간의 연결 속에 이루어진다. 각 연이 '쌍화점, 삼장사, 두레우물, 술 팔 집' 등 장소에서 시작하고 있는 것도 이와 관련된다. 사건이 벌어진 이 장소들은 원래 일상생활을 영위하는 곳이다. 사람들이 먹고, 공양하고, 물 긷고, 술 마시고 하면서 살아가는 장소이다. 화자는 일상 속에 그 장소에 가서 그곳의 인물과는 손님과 주인의 관계로 만났다. 그런데 그때 그곳에서 특별한 사건이 일어났다. 평상시라면 주객 관계일 뿐이겠으나 뭔가 특별한 배경과 조건하에 성관계까지 맺게 된 것이다. 그러려면 화자와 상대방이 성적인 분위기에 젖어 감정이 고조되어야 할 텐데 일상 속에 들어온 비일상의 시간, 가령 연등회나 팔관회같이 고려 사회 축제의 시간 속에서 일상적 장소의 성격이 급격히 변했기 때문에 일어난 일일 가능성이 크다.

이 장소들은 두 화자가 사는 데에서 갔다 올 수 있는 곳이다. 장소의 '밖'은 그곳과 길이 통해 있는 여러 장소를 포함하는 공간이다. 쌍화점 등이 위치한 일정한 공간 주변의 여러 곳과 연결되어 있다. 쌍화점의 주인이 회회 아비인 점에서 외국 상인과의 교류나 외국인의 정착이 활발한 곳으로 여겨진다. 따라서 그 장소가 소속된 공간은 도시의 규모로 볼 수 있다. 삼장사는 시주하는 각 가정과 궁전에, 두레우물은 그곳에 물을 길러 오는 각 가정에, 술 팔 집은 술을 사러 오는 각 가정과 기관에 연결되어 있다. 이 장소들도 쌍화점과 대등하게 공간적 배경을 이루고 있으므로 도시 속 장소라 하겠다. 그곳에서 성적인 사건이 벌어지고 소문이 퍼져 나가는 것이다.

이렇게 각 연의 장소는 도시 속 공간에 속하여 주변의 다른 장소들과 관계망을 이룬다. 장소와 장소가 연결됨으로써 제1화자의 귀떰이 제

2화자에게 호기심과 욕망을 불러일으켜 그 자리에 동참하려는 뜻을 갖게 하였다. 공간적 관계망은 두 화자에게만 해당하지 않고 이 노래를 듣고 즐기는 청중에게 전달된다. 작품 속 장소가 나타내거나 배후의 더 많은 장소들이 연행 현장에 적용되어 청중 각자가 자리한 곳까지 무엇인가 은밀하고 향락적인 사건이 일어날 법한 분위기를 조성한다. 그리하여 청중은 남녀의 성관계에 동참하는 것 같은 유흥을 즐기는 한편 장소 바깥으로 소문이 퍼지는 것을 경계한다. 향락과 경계, 욕망과 절제 사이의 긴장 속에서 노래를 즐기는 것이다.

이에 더하여 엿보기와 엿듣기의 은밀한 쾌감을 자극하는 것도 작품의 묘미이다. 각 연의 '조그마한' 이들은 화자와 상대의 성관계를 엿보았으므로 화자가 그에게 입막음을 한 것이다. 그들은 연이 진행됨에 따라 '새끼 광대, 새끼 상좌, 두레박, 시궁 박'으로 확대된다. 현실적 인물에서 의인화된 사물로 넘어가는 것이다. 이들의 시선이 가 닿는 곳에는 남몰래 벌이는 성적 유희의 현장이 자리한다. 여기에 각 연이 제1화자가 귀띔하고 제2화자가 동참하겠다는 은밀한 대화인 점이 덧붙는다. 작품 속에서 두 여성 화자가 남몰래 주고받는 말을 노래가 연행되는 자리의 청중이 엿듣고 있다. 두 화자의 성적 쾌락과 호기심에 동조하고 몰입하면서도 작품에서 중요하게 다룬 소문의 주제에도 신경을 쏟는다. 이러한 작품 속 엿보기와 작품 밖 엿듣기는 구조상의 환상적, 비현실적 설정, 장소들의 도시적 관계망과 어우러져 성적이면서도 미적인 쾌감을 한껏 고조한다. 향락적인 연행 현장에서 불리기에 적합한 미적 자질을 갖추고 있는 것이다.

〈쌍화점〉은 일정한 장소를 중심으로 성관계와 소문, 사건과 말의 긴장된 관계를 중심으로 시상이 전개된 작품이다. 어느 곳에서 은밀하게 벌어진 사건과 그에 관한 말의 전파가 근간을 이루면서도 행간과 전·후반부에서 의미 맥락상 비약이 이루어졌다. 말이 압축적이고 은밀하여 비약된 사건과 의미에 대해 궁금증을 자아낸다. 동일 구조의 연이 반복되면서 각 연의 제1~4행은 제2화자에게 건넨 제1화자의 귀띔임이 인지된다. 각 연 첫머리에 나온 장소들은 관계망으로 연결되어 말의 전파를 가능하게 하고 연행 현장의 청중에게도 자극을 준다. 향락적이고 비밀스런 분위기, 공모와 동참을 권하는 유혹, 욕망하면서 절제하는 긴장감 등이 작품에 몰입하게 만든다. 이러한 성격과 면모로 인해 궁중 연향의 유흥에 적합한 작품으로서 남녀상열지사의 대표작이 된 것이다.

## 2.4

# 구운몽

남녀 결연과 애정의 문제는 고전 소설에서 즐겨 다루었던 주제이다. 〈운영전(雲英傳)〉처럼 애정 소설이라 불릴 만한 작품도 있고 〈조웅전(趙雄傳)〉 같은 영웅 소설 속에 남녀 결연이 비중 있게 그려진 작품도 있다. 그런데 애정의 주제는 대체로 갈등, 이별, 수난 등 결연 과정의 어려운 고비들을 중심으로 사건이 전개되어 사랑의 기쁨과 즐거움이라 할 만한 주제를 담은 작품은 그리 많지 않다. 남녀 간 직접적 접촉, 본능적인 욕망의 발현, 신분이나 이념을 넘어서려는 의지 등 남녀 결연 자체가 유교 이념이 지배하는 중세 체제에 저항하는 의미가 있는 만큼 중세 소설에 그려진 애정 주제는 주로 갈등과 고난의 과정으로 형상화된 면이 크다.

이에 비해 〈구운몽(九雲夢)〉에서 양소유와 여덟 여성의 결연은 비극적인 요소가 거의 없이 사랑의 밝은 면모를 그려 내었다는 점에서 특이한 경우라 할 수 있다. 결말에서 남녀 정욕이 허망하다는 깨달음을 얻어 이전까지의 애정 주제를 무화하기는 하나 성진의 꿈속 인물인 양소유의 결연과 가문 구축의 과정은 조화롭고 화기애애하고 웃음 넘치는 분위기에서 전개되어 그 자체로 의미를 지닌다.

양소유와 여덟 여성의 결연 하나하나가 흥미롭고 특색이 있으나 사랑의 기쁨이라는 주제를 중세의 이념 및 체제를 배경으로 잘 나타낸 것은 양소유와 정경패·가춘운의 결연담이라 할 수 있다. 양소유의 배필이 되는 여덟 여성은 두 명씩 친근한 관계를 맺고 있다. 이는 한문본에서 성진이 팔선녀에게 복숭아꽃 가지를 던지니 '네 쌍의 붉은 꽃이 즉시 밝은 구슬로 변하였다.(四雙絳萼 卽化爲明珠)'고 하여[13] 여덟 개를 네 쌍으로 표현한 것에서 시사된 바 있다. 그리하여 재상가 외동딸 정경패와 그녀의 몸종 가춘운, 천자의 누이 이소화와 궁녀로 전락한 진채봉, 기녀가 되어 한 남자를 섬기기로 약속한 계섬월과 적경홍, 토번 원정길에 차례로 만난 자객 심요연과 용녀 백능파의 짝이 이루어진 것이다. 이에 양소유와 정경패, 양소유와 가춘운의 결연을 한데 묶어 살펴보는 것이 중세 체제를 배경으로 한 사랑 이야기를 작품의 맥락에 따라 감상하기에 적합한 방법이다.

양소유와 여덟 여성은 전생에서 성진과 팔선녀로 인연을 맺은 사이이다. 그러므로 그들은 현세에서 전생 인연, 천생연분을 이루어 가는 과정을 밟는 것이어서 어느 하나 어긋나지 않고 여덟 번의 인연이 모두 성취된다. 그래서 뻔한 결말에 이르기까지 예비된 과정을 통과할 뿐이라 할 수도 있으나 남녀 결연이 갖는 성격과 분위기, 인물의 의식과 행동이 과정에 따라 섬세하고 다채롭게 그려져 있어 각 사건마다 특색 있는 흥미를 자아낸다.

남악 형산에서 수도하던 성진은 육관 대사의 명에 따라 용궁에 들어가 용왕에게 사례한다. 그 시간에 위 부인의 여덟 시녀가 대사에게 와서 부인의 인사를 전하고 폐백을 드린다. 팔선녀가 절을 나서자 '이때 정히 춘삼월에 온갖 꽃이 골짜기에 가득하였으니 붉은 안개 낀 듯하고 새 짐승의 백 가지 소리 생황을 주하는 듯하니 봄기운이 사람의 마음을 태탕(駘蕩)케 하'[14]는 분위기와 정서에 휩싸인다. 마침 성진도 용궁에서 '사람의 기운을 화창케 하'는 술을 마시고 돌아오는 중이었다. 팔선녀와 성진

13 정규복·진경환 역주, 『구운몽』, 고려대 민족문화연구소, 1996, 23면.

14 김만중 원작, 김병국 교주·역, 『구운몽』, 서울대출판문화원, 2009, 15면. 이하에서 인용 면수의 표시는 생략한다.

의 마음과 기운이 시원스레 넓어진 상태에 있었던 것이다. 성진은 화끈거리는 얼굴을 씻고자 냇가에서 세수하는데 '홀연 기이한 내 코를 거슬러 향로 기운도 아니요 화초 향내도 아니로되 사람의 골속에 사무쳐 정신이 진탕(震盪)하여 가히 형언치 못'한다. 마음과 기운이 태탕, 화창한 중에 다시 정신이 진탕해진 것이다. 이러한 마음의 동요 상태에서 냄새의 근원을 찾아 올라가 석교 위에서 팔선녀와 만난다.

그들이 나눈 대화는 통성명과 길을 빌리자는 부탁 정도였으나 이미 흔들린 마음은 수도자에게 치명적인 장해가 되고 말았다. 선방에 돌아와 '남아가 세상에 나 어려서 공맹의 글을 읽고 자라 요순 같은 임금을 만나, 나면 장수 되고 들면 정승이 되어 비단 옷을 입고 옥대를 띠고 옥궐에 조회하고, 눈에 고운 빛을 보고 귀에 좋은 소리를 듣고, 은택이 백성에게 미치고 공명이 후세에 드리움이 또한 대장부의 일이라.'면서 회의(懷疑)가 생기는 것은 필연적인 수순이다. 부귀공명을 이루는 것이 대장부의 일이라는 의지에 더해 '눈, 귀'의 감각적 쾌락에 대한 욕망까지 드러내었다. 이러한 마음을 낸 것 자체가 청정한 도량을 더럽힌 것이기에 죄를 얻어 인간 세상에 환생한다. 그리고 애초에 바랐던 공명과 쾌락을 이루고 누리는 과정의 하나로서 정경패, 가춘운과 결연하는 이야기가 펼쳐진다.

양소유의 배필이 되는 여덟 여성 중에서 정경패는 제1 정실부인으로서 위상이 가장 중하다. 서사 전개상 그녀와의 만남은 일찍부터 준비되었다. 상경 도중 구사량의 난을 만나 남전산으로 피난했을 때 도인이 거문고와 퉁소를 주면서 "지음(知音) 만나기는 옛사람의 어려워하던 바라."고 말한다. 이 말은 양소유와 정경패의 만남이 지음의 관계에서 출발한다는 점을 시사한다. 이후 양소유는 여장을 하고 정 사도 집에 들어가 도인이 준 거문고를 탔고 정경패는 한 곡 한 곡마다 유래와 의미를 말하며 연주에 대한 비평을 하였다. 이러한 모습은 두 사람이 지음의 관계로 맺어짐을 상징적으로 보여 준다.

다른 방향에서도 준비가 이루어졌는데, 이듬해 상경할 때 낙양에서 만난 계섬월이 정경패의 소문을 듣고 추천한 것이다. 그리고 장안에 와서 어머니의 편지를 전하여 혼사를 의논할 때 두 연사도 정경패를 지목한다. 이처럼 남전산 도인, 계섬월, 두 연사 등이 예견하거나 추천한 끝에 양소유는 정경패와의 만남을 시도한다. 여러 차례 준비를 거쳐 두 사람의 만남이 이루어짐으로써 이 결연의 서사적 비중이 아주 크다는 것을 알 수 있다.

그런데 만남이 평범하지 않고 예의와 파격 사이에서 줄타기 하듯이 진행되어 소설적 흥미를 고조한다. 정경패를 한번 만나게 해 달라고 조르면서 양소유가, "소자가 감히 자랑하는 것이 아니라 금춘 과거는 소자의 주머니 가운데 것이거니와 평생에 어리석은 발원이 있어 처자의 얼굴을 보지 못한 후는 구혼을 않으려 하나니"라고 말하자, 두 연사가 웃고 "재상가 처자를 어이 서로 볼 리 있으리오."라며 그의 지나친 부탁을 제지한다. 양소유가 말한 평생의 발원이란 전생에서 성진이 '눈에 고운 빛을 보고' 싶다고 한 것과 관련된다. 전생 인연을 눈으로 직접 확인하려는 의지를 드러낸 것이다. 그러나 이는 외간남자가 재상가 규수를 대면하는 일로서 당대의 규범에 어긋나는 것이다. 이렇게 파격을 도모함으로써 예의와 규범으로부터 일탈을 꿈꾸는 당대인의 욕망을 대변하면서 서사적 긴장감을 유발하고 있다.

예의와 파격 사이에서 절충안으로 마련된 것이 양소유의 여장이다. 거문고 켜는 여자 도관으로 변장한 양소유가 정 사도 집에 들어가 최 부인을 뵙고는 정경패를 나오게 하여 음률에 대한 비평을 부탁한다.

> 소저를 나오라 하니 향기로운 바람이 패옥 소리를 끌더니 소저가 나와 부인 곁으로 모 꺾어 앉거늘 생이 예하여 뵈고 눈을 고정하여 보니 눈이

> 부시고 정신이 요란하여 가히 측량치 못할러라. ……"빈도가 정히 소저의 가르침을 들으려 하더니 당상이 너무 넓어 들으심이 자세치 못할까 하나이다." 부인이 시녀를 명하여 연사의 자리를 내어서 드리라 하니 시녀가 자리를 옮겨 부인 곁에 놓으니, 가까이서 소저 앉은 데 멀지 아니하나 도리어 옆을 당하여 전에 바라볼 제만 못하니 생이 애달파 하되 감히 다시 청치 못하더라.

'눈을 고정하여' 정경패의 자태를 보고, 당상에서 떨어져 있어 좀 더 가까이 오도록 부탁했다가 그녀의 옆쪽을 보게 되어 애달파 하는 모습이다. 천하의 미색을 접한 시각에 취하여 어쩔 줄 몰라 하는 모습이 해학적으로 그려졌다.

이렇게 좌정하고 나서 양소유가 거문고 곡조를 타고 한 곡이 끝날 때마다 정경패가 비평한다. 그녀의 음악에 대한 조예를 보여 주는 것인 동시에 두 사람 사이에 음악으로 교감하는 양상이다. 그리하여 서로 마음이 맞는 지음의 관계가 형성되고 나아가 천정배필의 관계를 확인한다. 양소유는 '예상우의곡'에서 시작하여 지음 고사의 주인공 백아의 '수선조', 공자의 뜻이 담긴 '의란조'를 거쳐 순임금의 '남훈곡'까지 여덟 곡을 연주하여 옛 곡조의 수준과 의미를 최상으로 끌어올린 후 아홉 번째로 사마상여가 탁문군을 유혹하던 '봉구황곡'을 탐으로써 은근한 정을 표한다. 그것을 눈치 챈 정경패가 자리를 뜨자 그는 들켰을까 봐 당황하여 서둘러 물러난다.

외간남자가 여장을 하고 들어가 재상가의 규수를 대면한 것, 더욱이 처음 보는 상대에게 사랑의 곡을 연주하여 욕망을 드러낸 것은 남녀 관계에서 지켜야 할 예의와 규범의 선을 크게 넘어선 것이다. 그렇게 할 수 있었던 배경으로 전생의 발원과 전생 인연의 확인, 그리고 풍류 재사로서의 다정다감한 인성 등을 꼽을 수 있다. 서사 세계 속에 짜 놓은 인과 관계에 따라 이루어진 남주인공의 파격적 행동인 셈이다.

그런데 무례함에 대한 정경패의 반응이 이채롭다. 여도관이 남자임을 깨달은 그녀는 그 자리를 피해 가춘운에게 와서 하소연한다.

> "내 일생 이내 몸 아끼기를 옥같이 하여 발자취 중문에 이르지 아니하고 친척이 낯을 보기 적은 것은 춘랑이 아는 바이라. 일조에 간사한 사람에게 속음이 되어 반일을 수작하여 씻기 어려운 욕을 보니 낯을 들고 어이 사람을 대하리오."……"이 사람이 남자일작시면 얼굴이 이미 아름답고 기상이 호상하고 음률을 정통하니 가히 그 재주가 없지 않은 줄을 알리로소이다." 소저 왈, "진정 상여라고 하더라도 나는 결단하여 문군이 되지 아니하리라." 춘운 왈, "소저야, 우스운 말 마소서. 문군은 과부요 소저는 처녀요, 문군은 유의하여 좇았고 소저는 무심하여 들었으니 소저는 어이 문군과 서로 비기시나이까." 두 사람이 저물도록 담소가 자약하더라.

속임수에 당한 것을 수치스럽고 원통하게 여기긴 하지만 가춘운과 대화하는 중에 어느 정도 마음이 풀어져 '담소가 자약하다.' 양소유의 행동이 법도를 지나친 것은 분명하나 상대방과 주위 사람은 그의 '얼굴, 기상, 재주' 등을 높이 평가하고 그러한 인물이 취한 행동임을 인정하는 선에서 용납한다. 파격적인 행동을 너그럽게 포용하는 분위기인 것이다.

그러나 정경패로서는 양소유에게 당한 일이 규수의 몸가짐에 흠이 된 점을 떨쳐 버릴 수 없었다. 꺼림칙한 부분을 짚고 넘어가야 할 때 속임수로 되갚아 준 것이 가춘운을 통한 양소유 농락 사건이다. 이로써 두 사람의 결연 이야기는 다른 인물로 심화, 확대되어 간다.

가춘운과의 결연 이야기는 예의범절과 관련해 일정한 명분을 얻는 데에서 시작한다. 장원 급제한 양소유가 청혼하여 혼약을 맺고 정 사도 집 화원 별당에 머물 즈음, 정경패는 우연히 가춘운의 시를 엿보아 자기

곁을 지키며 한 남편을 섬기려는 뜻을 확인한다. 어머니 최 부인이 예비 사위 접대에 수고하는 것을 죄송하게 여겨 가춘운을 양소유의 시첩으로 들이기를 권유하자, 정 사도는 양소유의 적적함을 달래기에는 좋으나 정식 혼인 전에 첩부터 들이는 예를 차리기가 어렵다고 말한다. 이에 정경패가 지난번 속은 것을 설치(雪恥)하려는 계략을 아뢴다. 이렇듯 가춘운의 진심, 어머니의 수고를 덜려는 효도, 양소유의 풍류 기상, 혼례 전 시첩 들이기의 비례를 우회하는 방책 등의 명분을 얻은 다음에 양소유에게 되갚는 일을 실행에 옮긴다.

가춘운을 불러 계획을 말하니, "소저의 말씀을 어이 순종치 않으리까마는 타일에 낯을 들기 어려울까 하나이다."라고 대답한다. 양소유를 속인 후에 남편으로 대하기가 힘들겠다고 걱정한 것이다. 이에 대해 정경패는, "사람을 속이고 부끄럽기가 오히려 사람에게 속고 부끄럽기보다 나을까 하노라."고 말한다. 여기서 그녀의 성격이 잘 드러나는데 정숙, 현명하면서도 비례를 단호히 배격, 응징하는 태도를 보인 것이다. 작품이 여성 독자를 고려하여 창작된 점을 생각하면 정경패의 이러한 엄정, 단호한 성격과 설치, 보복의 행동은 독자의 요구에 부응하는 것이라 할 수 있다.

이제 양소유와 가춘운의 결연 과정이 흥미롭게 전개된다. 서술자는 정경패의 동선에 따라 서술하면서 내용은 감추고 계략만을 나타낸 다음, 초점을 양소유에게로 옮겨 사건을 전개하였다. 이로써 독자는 앞으로 펼쳐질 사건의 배후에 정경패의 계략이 자리 잡고 있음을 어렴풋이 짐작하며 양소유와 가춘운의 이야기를 따라가게 된다. 그리하여 새로운 결연의 이야기이면서 숨겨 둔 계략의 내용이 밝혀지는 과정이 되어 서사적 긴장과 흥미가 고조된다.

양소유가 정 사도 집 화원 별당에서 지내던 어느 날 정경패의 사촌 오빠인 정십삼이 찾아와 장안성의 남쪽 종남산으로 유람을 가자고 청한다. 두 사람이 술병을 들고 산속에 들어가 무릉도원 같은 경치를 감상하더니 하인이 와 부인이 아프다고 고하여 정십삼은 먼저 가 버린다. 혼자서 호젓하게 흥을 즐기며 계곡을 따라 들어가던 중 시냇물에 떠내려 오는 계수나무 잎에 시구가 적힌 것을 본다. 괴이하게 여겨 상류로 올라가니 작은 집이 있는데 여동이 먼저 보고 알린다. 곧이어 미인이 나와 양소유를 반갑게 맞이한다. 자기는 요지 왕모의 시녀인데 그와는 전생 인연이 있음을 말하고 하늘로 올라갈 마지막 날에서야 만났다고 한다. 이에 서로 정을 통하고 꿈같은 하룻밤을 보낸다. 새벽이 밝자 떠나야 할 날이라 하여 서로 시를 주고받은 후 이별한다.

정십삼이 신선의 음악이 들린다는 둥 하며 기분을 띄운 데에다 취흥에 들뜬 마음에 계곡을 따라 들어가 서왕모 시녀라는 선녀를 만나 하룻밤을 지낸 것이다. 이에 대한 서술은 신선 세계를 동경하는 초월적 취향에 부합하도록 분위기를 연출하고 있다. 양소유의 풍류 기질에 신선 추구의 취향을 더하여 한껏 멋스러운 분위기와 흥취를 즐기게 하는 것이다. 이러한 감흥에 흠뻑 빠진 양소유는 선녀를 잊지 못해 밤새 잠도 못 이루고 다음날 그 장소에 다시 간다. 그러나 정자는 비었고 사람의 자취가 없으니 '종일토록 배회하여 눈물을 뿌리고' 돌아온다.

며칠 후 정십삼이 지난번에 먼저 자리를 뜬 것을 사과하며 함께 성 남으로 놀러 나가자고 청한다. 두 사람이 잔을 주고받은 곳 근처에 반쯤 무너진 무덤이 있으니 정십삼이 장여랑의 무덤이라 일러 준다. 그리고 무덤에 술을 올렸는데 그 주변에서 비단에 적힌 시를 얻는다. 그것은 선녀를 이별할 때 소매를 떼어서 쓴 양소유의 시였다. 이로써 그녀가 장여랑의 혼백임을 알고는 '머리털이 송연'해졌으나 '얼굴 고움이 저렇듯 하고 정이 많음이 저렇듯 하니 신선과 귀신을 분변지어 무엇하리오.' 라고 생각하고 가만히 다시 만날 것을 기원한다. 선녀든 귀신이든 애정으로 만난 사이니 상관할 것 없다는 태도이다.

그날 밤 소복을 입은 여인이 창밖에 나타나 자신이 귀신임을 고백하고 유명이 달라 모실 수 없음을 아뢴다. 이에 양소유는, "귀신을 싫어하는 자는 세속 어리석은 사람이라. 사람이 귀신 되고 귀신이 사람 되니 피차를 어이 분변하리오. 나의 정이 이렇듯 하거늘 그대는 차마 어찌 [나를] 버리리오."라고 대답한다. 앞의 생각에 이어지는 말이지만 귀신에게 혹해서 사리 분별력을 잃었음을 자백하는 것에 다름 아니다. 가춘운이 "첩의 참된 것을 알고자 하실진대 백골 두어 조각에 푸른 이끼 끼었을 뿐"이라며 피하려 하자, 다시 "부처의 말에 이르되 사람의 몸이 지수풍화(地水風火)로 거짓 것을 만들었다 하니 뉘 참된 것이며 거짓 것인 줄 알리오."라며 우기고는 여인을 이끌어 동침한다. 이러한 양소유의 말과 행동은 훗날 여러 여성과 담소하며 이 일을 회상할 때 정경패가 '색중아귀(色中餓鬼)'라고 조롱하는 빌미가 된다. 그만큼 가춘운에 흠뻑 빠진 양소유의 행태가 잘 그려져 있다.

새벽에 나가려는 가춘운에게 밤마다 만날 수 있느냐고 묻자, "귀신과 사람이 서로 접하기는 오직 정성에서 나오니 낭군이 만일 첩을 사렴하면 첩이 어찌 낭군께 의탁하지 않으리까."라고 대답한다. 이 말을 그대로 믿은 양소유는 화원에서 고요히 마음을 모아 다시 만나기를 염원한다. 이 모습도 양소유의 미혹됨을 보여 주어 독자의 웃음을 자아낸다. 이렇게 지내던 중 정십삼이 두진인을 데려와 관상을 보고 귀신이 씌었다고 알려 주나 양소유는 완강히 부정한다. 두 사람이 왔다 간 그날 밤 창밖에서 장여랑이 부적 때문에 더 이상 모실 수 없다면서 흐느끼고는 영별을 고한다. 이상하게 여긴 양소유가 상투에 든 부적을 찾아 정십삼의 짓임을 알고 분개한다.

그리움으로 인해 밥도 못 먹고 초췌해지니 정 사도 부부가 불러 본다. 화원에서 여자를 만났느냐고 묻는 말에 부인하였으나 정십삼이 들어와 다 지켜보았다며 다그치자 사실대로 고한다. 이에 정 사도가 장여랑을 부르니 병풍 뒤에서 가춘운이 나온다. 이를 본 양소유는 "사람이냐 귀신이냐. 어이 귀신이 백주에 뵈느냐."고 기겁을 하니 좌중의 사람이 한바탕 웃는다. 정 사도가 가춘운의 본색을 말해 주고 정십삼이 '네게서 난 자 네게 돌아온다.'는 말로 이 일의 기획자가 정경패임을 넌지시 알린다. 사건의 전말을 알고 난 양소유가 묻는다.

> "춘랑이 실로 혜힐하거니와 사람을 섬기려 하며 먼저 속임이 부녀의 도리에 어떠하냐?" 춘운이 꿇어 대답하되, "다만 장군의 호령을 듣고 천자의 조서를 듣지 못하였나이다."

이 문제는 앞서 정경패의 제안을 받을 때 가춘운이 염려했던 것이다. 그때 정경패는 속는 것보다 속이는 것이 덜 부끄럽다고 분명히 말했다. 여기서는 가춘운이 전쟁에 임한 군사로서는 천자보다 장군의 명이 우선이라고 답하였다. 두 말은 속임수 놀이를 전쟁 놀이와 연결 지어 남녀 결연이 유희적인 맥락에서 성사됨을 알려 준다. 여성 독자의 입장에서는 실제 전투를 하지는 못하더라도 남편과 아내 사이의 속이고 되속이는 갈등을 전쟁이라는 놀이의 틀에서 바라보며 사건을 따라 즐길 수 있다.

양소유와 가춘운의 결연을 정경패의 기획이라는 점에서 보면 제1 정실부인이 되는 그녀의 역할이 훨씬 부각된다. 예비 사위를 거두어 먹이는 어머니의 일을 시첩을 들여 대신하게 하려는 실제적인 목적에 규수로서 외간남자와 대면한 부끄러움을 씻고자 하는 내면의 목적을 더하고, 애초 속임수에 당했으니 그와 비등한 속임수로 되갚는다는 방법론적 경쟁까지 갖추어 매우 짜임새 있는 사건이 된 것이다. 이러한 서사적 흥미 속에는 풍류 재사인 예비 남편의 신선 취향과 다소 엽기적인 욕망을 충족시킴으로써 예의에서 살짝 벗어난 파격이 주는 효용을 최대한 살렸다는 의미도 있다. 말하자면, 가춘운의 위선위귀(爲仙爲鬼)는 사대부적 풍류와 취향을 잘 아는 정경패의 예비 남편에 대한 서비스이기도 하였던 것이다. 혼인이라는 경사스런 일과 예비 사위이자 신랑에 대한 후대와 배려가 깔려 있으므로 속이고 되속이는 일이 갈등을 유발하기보다 해소하는 쪽으로 정리되고 사건에 가담한 모든 인물이 한바탕 웃음으로써 마무리될 수 있었다.

이렇게 양소유와 정경패, 가춘운의 결연은 파격의 아슬아슬함에 배려와 조화의 우아함이 더해진 즐거움을 맛보는 과정이었다. 그런데 태후의 늑혼 압력이 가해져 위기가 찾아옴으로써 시련의 시간을 맞게 된다. 통소 소리에 청학 한 쌍이 내려와 춤춘 사건으로 황녀 이소화와 양소유가 천정배필임을 확신한 태후가 그의 약혼을 물리도록 명한다. 양소유는 예의와 윤리에 어긋난 부당한 명이라고 거부하다가 옥에 갇히고, 정경패는 빙폐를 돌려준 후 근신하고 가춘운도 시첩의 자리를 떠나 정경패 곁으로 가 버린다. 이 시련 속에서 정경패와 가춘운이 취한 마음 자세와 태도는 아래의 발원문에 잘 나타나 있다.

> 제자 경패 삼생의 죄 중하여 날 제 여자의 몸이 되고 또 다시 형제 없고 양가에서 폐백을 받아 몸을 허락하였더니 양씨가 금련에 뽑히니 조명이 엄하신지라 어찌 양씨를 좇음을 생각하리오. 하늘 뜻이 사람과 다르고 그 덕을 두세 가지로 하기는 의리에 못할 것이니 길이 부모 슬하에 의지하여 여년을 마치리다.……부모 신후에 맹세하여 공문에 들어가 분향하고 경을 외워 부처의 은혜를 갚으리다.……춘운……일이 그릇되니 지아비를 떠나고 주인에게 돌아와 사생고락을 맹세하여 한가지로 하려 하니, 엎디어 바라건대 부처는 우리 두 사람의 사정을 슬피 여겨 세세생생에 계집의 몸을 면하게 하시고 나의 죄악을 없이 하고 지혜와 복을 더하여 좋은 땅에 환도하여 소요로 화락하게 하소서.

부모를 모시고 살다가 그들이 돌아가시면 불문에 귀의하겠다는 발원이다. 여자로 태어난 것에 대한 깊은 원한과 함께 혼인에 이르지 못한 사이이나 한 번 정한 배필에 대한 정절 의식이 뚜렷하다.

이 난관을 돌파하는 것은 이소화의 기지와 실행이다. 늑혼 사건은 정경패에게 고난을 안겼지만 황실로서도 공신과 재상가를 대접하는 예가 아니어서 곤혹스러운 일이었다. 이에 이소화가 태후와 의논하여 예의에 어긋하지 않는 방향에서 본인이 직접 정경패를 만나 보고 그 인품과 자질을 확인한 후 혼사를 결정하기로 한다. 그리하여 양갓집 규수이 소저로 변신하여 정 사도 집과 통하여 정경패를 만난다. 황녀가 일반규수로 변장한 것도 파격이라서 또 다시 예의 규범의 선을 넘나드는 사건이 펼쳐지는 것이다.

정경패를 만난 이소화는 그녀의 인품과 학식에 감복하여 금세 지기의 사이가 된다. 친근한 관계를 맺은 후에 궁궐로 인도하여 태후를 알현하도록 한다. 결국 태후의 허락으로 두 사람이 영양 공주와 난양 공주로서 함께 양소유에게 시집가도록 결정된다. 갈등이 원만하게 마무리된 후 혼인의 경사를 축하하는 여성 당사자 사이의 시연(詩宴)이 벌어진다. 벽도화 가지에 까치가 앉아 우는 것을 보고 시제를 주어 정경패, 이소화, 진채봉, 가춘운이 차례로 '희작시'를 짓도록 하는 것이다. 각자의 지위와 분수에 맞게 혼인의 기쁨과 황실의 은혜를 기리는 시를 지어 태후의 칭찬을 받는다.

이러한 여성 사이의 화기와 조화는 토번을 정벌하고 개선한 양소유를 속이는 일에 합심하는 배경이 된다. 이소화의 혼사 문제로 염려가 컸던 태후가 양소유에게 보복하겠다는 뜻에 따라 또 한 번의 속임수 놀이가 펼쳐진다. 정 사도 집에 돌아온 양소유를 보고는 사도 부부, 정십삼 등이 침울해하고 그를 맞이한 가춘운이 정경패의 죽음을 알린다. 그렇게 명분을 세운 다음 태후에게 두 공주가 있어 함께 양소유에게 시집

보낸다고 하여 황실 혼인이 성사된다. 혼례를 마치고 영양 공주, 난양 공주, 진채봉과 차례로 신혼 밤을 보낸 후 함께 모여 담소한다. 그 자리에서 양소유는 영양의 용모와 말소리가 정경패와 흡사하다고 여기고 그녀 생각에 슬픈 기색을 띤다. 눈치를 챈 영양이 캐어묻자 아래와 같이 대답한다.

> "내 귀주를 속이지 않으리니 소유가 정가에 정혼하였을 적 정씨 여자를 보았더니, 이제 영양의 용모와 성음이 저와 방불한 고로 옛일을 생각하니 얼굴에 나타남을 깨닫지 못하여 부인을 의심하게 하니 지극 마음이 편치 못하나이다."

이 말에 영양은 낯을 붉히며 안으로 들어가 나오지 않는다. 진채봉에게 말을 전하여, '정녀가 남녀의 혐의를 돌아보지 아니하고 안색을 자랑하며 언어로 수작하니……첩이 비록 용렬하나 그윽이 부끄러워하나이다. 노나라 추호가 황금으로써 뽕 따는 계집을 희롱하니 그 아내 물에 빠져 죽으니 진실로 행실 없는 사람으로 짝하기를 부끄러워함이라.'고 한다. 영양 공주의 관점에서 양소유와 정경패의 첫 만남을 비판한 것이다.

양소유와 영양 공주가 주고받은 말에서 이 속임수 놀이의 또 다른 목적을 알아차릴 수 있다. 곧, 태후의 뜻에 더하여 정경패가 애초에 받은 부끄러움을 여러 여성 인물 앞에 드러내 밝히고 다시 한 번 설치하려는 것이다. 그만큼 외간남자와 한나절을 같이 있었던 일은 정경패의 마음에 걸리는 문제였다.

영양, 난양, 진채봉이 차례로 자리를 떠 홀로 된 양소유는 '부마 되기 과연 어렵도다.'며 앙앙불락한다. 밤중에 배회하다가 영양의 방에 여자들이 모여 쌍륙 치며 담소하는 것을 엿보게 된다. 그 자리에 가춘운이 함께 있는 것을 의아해하는데 위선위귀의 일을 회상하며 색중아귀라고 비꼬는 말을 듣고 비로소 영양이 정경패임을 안다. 반가운 마음이 앞섰으나 꾹 참고 정경패의 귀신이 씌어 헛소리를 하는 등 되속이기에 들어간다. 결국 태후가 걱정하여 두 공주에게 병문안을 가 실토하도록 하니 그제야 양소유가 정좌하고 그간의 사정을 알게 된다.

이렇게 속이고 되속이는 과정을 거쳐 늑혼 문제의 후유증과 외간남자를 대면한 수치를 모두 털어 낼 수 있었다. 위선위귀의 사건 때 그러했듯이 이번에도 남녀 간의 사랑과 상호 배려가 바탕에 깔려 있다. 한 집안의 가장인 양소유는 정경패에 대한 정을 잊지 못해 기색에 드러내었고 정경패는 꺼림칙한 점을 태후의 은혜와 동료 여성의 포용으로 해소함으로써 서로 본심을 열어 결연을 완성한 것이다.

정경패는 제1 부인이 되어 제2 부인 이소화와 함께 첩들을 거느리고 양씨 가문을 화목하게 이끌며 부귀영화를 누린다. 서로 지기의 사이로서 처첩 구분 없이 형제같이 지내고 관음보살 앞에서 함께 극락왕생하기를 발원한다. 이를 앞에서 본 고난 중의 발원과 연결해 보면 고난이나 기쁨이나 발원의 의미가 현실 초월로 귀결하는 맥락을 이루고 있다. 이는 양소유가 성진으로 돌아와 '이 필연 사부가 나의 염려를 그릇함을 알고 나로 하여금 이 꿈을 꾸어 인간 부귀와 남녀 정욕이 다 허사인 줄 알게 함이로다.'라고 인식하는 것과 같은 맥락이다.

작품의 결말은 이렇게 허무 의식과 초월 의지로 귀착하지만 양소유와 정경패, 양소유와 가춘운의 결연은 사랑의 기쁨을 서사화한 것이다. 작자가 이 작품을 통해 말하고자 한 인생의 즐거움 중 하나가 남녀 결연의 아기자기한 사랑 이야기이다. 인물의 말과 행동을 찬찬히 음미하면서 사건 전개를 따라가면 저절로 웃음이 나온다. 고전 소설에서 드물게 보는 중세적 사랑의 향연이라 하겠다.

## 2.5

# 춘향전

〈춘향전(春香傳)〉은 한국 문학의 대표작으로 다방면의 심도 있는 연구, 다양한 장르의 재창작, 여러 언어로 번역 등 상당한 성과가 축적되었다. 한국인에게 가장 익숙한 고전 소설이자 연애 이야기이고 외국인에게는 한국의 전통 문화를 접하는 관문이기도 하다. 그러기에 두고두고 이모저모 살피고 이해하고 느끼고 하는 작업이 지속되어야 한다. 여기서는 춘향과 이 도령이 기쁨에 넘쳐 사랑을 나누는 대목에 중점을 두어 감상하고자 한다. 작품 후반부 변 사또에 대한 날카롭고 가열한 저항의 주제가 돋보이나 그에 못지않게 '사랑가'를 중심으로 한 전반부의 사랑 대목이 주는 의미도 심중하다. 이에 사랑을 탐닉하는 청춘 남녀의 욕망, 그로부터 나오는 말과 행동을 통해 인생살이에서 얻는 즐거움의 한 국면을 살펴보려는 것이다.

춘향과 이 도령의 사랑은 흔히 신분을 초월한 사랑으로 일컬어진다. 서로 다른 신분의 남녀가 만나 사랑하고 고난을 겪은 후에 결실을 맺는 이야기인 것이다. 중세의 엄격한 신분제 사회에서는 이루어질 수 없는 일이기에 그 사랑은 비현실적, 낭만적인 것이라고 생각되고 낮은 신분의 여성이 양반 사대부 자제를 사랑한 것은 신분 상승의 욕구에 의한 것으로 설명되기도 한다. 이러한 해석은 현실주의적, 공리주의적 관점에 따른 것으로 수긍이 가는 면이 있으나 허구의 소설로 구현된 청춘 남녀의 사랑 이야기는 그것 자체로 인간의 본성을 밝히는 문학적 의의를 지니고 있다. 작품에서 시대 상황에 따른 신분적 제약이 중요하게 인식되는 한편으로 사랑을 즐기는 청춘의 욕망과 지향이 화사하고 아름답게 그려져 있다. 양쪽을 균형 있게 살펴서 사랑의 양상을 음미할 필요가 있다.

두 사람의 사랑은 단오를 맞아 이 도령이 광한루에 나와 경치를 구경하다가 그네를 뛰는 춘향을 보고 반하는 데에서 시작한다. 방자를 보내어 불러오게 했으나 춘향이 거절하고 집으로 돌아가자 다시 그리로 보내 설득한 끝에 광한루에서 만난다. 그리고 그날 저녁 이 도령이 춘향 집에 가서 월매의 허락을 받은 후에 첫날밤을 보낸다. 그 후로 춘향 집에서 매일 만나 사랑을 나누며 정이 깊어지는 양상을 '사랑가'로 포괄하여 그려 내었다. 두 사람의 사랑이 이루어지기까지 일정한 요인이 작용하는데 여기서는 장소, 통인과 방자, 월매 등 세 가지 점에 주목하여 살펴보고자 한다.

첫째, 결연 과정에서 장소성이 중요한 의미를 갖는다. '놀기 좋은 삼춘'에 이 도령은 글공부를 잠시 접고 경치 좋은 곳을 찾아 나선다. 방자가 서울 자하문 밖 칠성암을 필두로 평양 연광정, 양양 낙선대, 보은 운장대 등 조선 팔도의 절경을 나열한 후, 남원의 동서남북에 펼쳐진 경처(景處)를 말하자 이 도령이 그중에서 광한루를 지목한다. 조선의 주요 명승지에 필적하는 광한루에서 사랑의 사건이 벌어지는 것이다. 한껏 몸치장하고 통인, 방자 거느려 나귀 타고 큰길로 가서 광한루에 올라 주변 풍경을 감상한다. 이 대목의 서술이 이른바 '적성가'의 노랫말이다. 당나라 시인 왕발의 〈임고대(臨高臺)〉에 남원 지역의 적성과 같은 명칭이 나오므로 그 시 구절을 따와 '적성 아침 날에 늦은 안개 띠어 있고 녹수에 저문 봄은 화류동풍 둘러 있다(赤城暎朝日 綠樹撓春風). 자각단루분조요(紫閣丹樓紛照耀)요 벽방금전상영롱(璧房錦殿相玲瓏)은 임고대를 일러 있고 요헌기구하최외(瑤軒綺構何崔嵬)는 광한루를 이름이라.'[15]면서 감흥을 나타낸다. 이 도령은 글공부하는 사람이라 광한루에서 바라보는 경치에서 옛 시를 떠올리는 것은 자연스러운 일이다.

그런 다음에는 눈에 보이는 광경을 묘사하는데, '백백홍홍 난만 중에 앵무 공작 날아들고, 산천경개 둘러보니 예굽은 반송솔 떡갈잎은 아주 춘풍 못 이기어 흐늘흐늘, 폭포 유수 시냇가의 계변화는 뺑긋뺑긋, 낙락장송 울울하고. 녹음방초승화시라 계수·자단·모란·벽도에 취한 산색 장강 요천(蓼川)에 풍덩실 잠겨 있고.'라 하고, 또 '어떠한 일 미인이 봄 새 울음 한가지로 온갖 춘정 못 이기어 두견화 질끈 꺾어 머리에도 꽂아 보며 함박꽃도 질끈 꺾어 입에 함숙 물어 보고……'라고 한 다음, '광한 진경 좋거니와 오작교가 더욱 좋다. 방가위지(方可謂之) 호남의 제일성이로다. 오작교 분명하면 견우직녀 어디 있나?'라고 한다. 봄날의 생동하는 자연과 그 속에서 노니는 미인의 모습을 그림처럼 묘사하여 그러한 풍경 안에 들어 있는 이 도령 역시 흥취가 일어 직녀를 찾는 견우가 되는 것이다.

내아에서 내온 술 한 잔에 취흥까지 오른 중에, 동문 밖 장림(長林) 숲의 버드나무에 줄을 매고 그네를 뛰는 춘향을 발견한다. '수화 유문, 초문 장옷, 남방사 홑단치마 훨훨 벗어 걸어 두고'로 시작하여 '시냇가 반석 상에 옥비녀 떨어져 쟁쟁하고 "비녀, 비녀." 하는 소리 산호차를 들어 옥반을 깨치는 듯. 그 태도 그 형용은 세상 인물 아니로다.'로 마무리되는 그네뛰기 장면은 생명감 넘치는 자연과 어우러진 활달한 동작을 통해 춘향의 대담하고 자유롭고 생기발랄한 성격이 잘 드러나 있다. 춘향의 인물 형상에서 가히 압권의 장면이라 할 수 있다. 이 도령이 풍경을 바라보며 서 있는 광한루와 춘향이 그네를 뛰고 있는 장림이 연결됨으로써 사랑의 사건이 시작된다.

---

15 송성욱 풀어 옮김, 백범영 그림, 『춘향전』, 민음사, 2011, 9-248면 ; 구자균 교주, 『춘향전』, 교문사, 1984, 2-215면 ; 한국어문학회 편, 「열녀춘향수절가」, 『한국고전소설선』, 형설출판사, 1993, 197-238면 참조.

두 사람 간에 밀고 당기는 곡절을 겪고 춘향이 광한루로 와서 이 도령을 만난다. 서로 인사를 나눈 후 이 도령이 금석뇌약을 맺으려 한다 하니 춘향이 마지못한 듯이 응하고 방자를 통해 자기 집을 알려 준다.

> 저기 저 건너 동산은 울울하고 연당은 청청한데 양어생풍(養魚生風)하고, 그 가운데 기화요초 난만하여 나무나무 앉은 새는 호사를 자랑하고, 암상에 굽은 솔은 청풍이 건듯 부니 노룡이 굼니는 듯. 문 앞에 버들 유사 무사(有絲無絲) 양류지요 들쭉·측백·전나무며 그 가운데 행자목은 음양을 좇아 마주 서고, 초당 문전 오동·대추나무, 깊은 산중 물푸레나무, 포도·다래·으름 넌출 휘휘친친 감겨 담장 밖에 우뚝 솟았는데, 송정(松亭)·죽림 두 사이로 은은히 보이는 게 춘향 집이니이다.

광한루에서 바라보는 춘향의 집은 동산 아래 연못에 물고기가 뛰놀고 화초와 나무가 많이 심어져 있다. 문 앞에 버드나무, 들쭉나무 등과 행자목 두 그루가 서 있고 안쪽의 초당 앞에는 오동나무가 있으며 담장 밖으로 덩굴 식물의 줄기가 넘어왔다. 광한루에서 보면 송정과 죽림 사이로 보이는 집이다. '생어양풍, 난만, 호사, 굼니다, 휘휘친친 감기다' 등 역동적인 심상에 '음양, 감기다'의 성적 상징, '송정, 죽림'의 이념적 상징이 혼합된 묘사이다.

이러한 춘향 집을 이 도령이 밤에 방문한다. 월매는 그를 대문, 중문, 후원을 돌아 춘향의 방인 초당으로 인도한다. 낮에 먼발치로 본 그 집 안을 가까이에서, 밤 풍경으로 살피고 묘사한다. 등롱을 가린 버드나무, 이슬 떨어지는 벽오동, 바람에 굼니는 반송, 속잎이 빼어나는 파초, 맑은 이슬 맺힌 연꽃 등이 그려진다. 이에 더하여 금붕어·학·두루미·삽살개·쌍오리 등 동물의 움직임이 묘사된다. 여러 폭의 풍경화, 정물화, 동물화 등을 합쳐 놓은 듯한 풍경 묘사로써 앞으로 진행될 청춘 남녀의 사랑의 장소로 그윽하면서도 생동하는 기상을 그려 낸 것이다. 이렇듯 광한루－춘향 집－초당으로 이어지는 공간의 이동과 초점화, 장소에 대한 역동적인 묘사를 통해 두 사람의 사랑이 친밀하고 생기발랄하게 전개되도록 이끌어 간다.

둘째, 통인과 방자가 사랑의 매개자를 넘어 갈등 요인의 완충자 역할을 한다. 방자는 이 도령을 풍자하는 인물로 중요하게 거론되어 왔는데 사랑의 사건 전개에서는 통인과 함께 이 도령과 춘향 사이를 소통, 매개하고 있다. 그러는 중에 두 사람의 사랑에 내재한 미묘한 부분을 지적하고 있는 점이 주목된다. 이 도령이 그네 뛰는 처자가 누군지 묻자 통인이, '이 고을 기생 월매 딸 춘향'이라고 하니 '엉겁결에 하는 말이 "장히 좋다. 훌륭하다."'며 좋아한다. 이 도령이 쉽게 여기는 기색을 보이자 통인이 다시 춘향을 소개한다. "제 어미는 기생이오나 춘향이는 도도하여 기생 구실 마다하고 백화초엽에 글자도 생각하고 여공 재질이며 문장을 겸전하여 여염 처자와 다름없나이다." 은근히 제지하는 말이었으나 이 도령은 아랑곳없이 방자를 불러 "기생의 딸이라니 급히 가 불러오라."고 한다. 이에 방자가 통인의 취지를 이어 좀 더 자세히 말한다.

> 설부화용이 남방에 유명키로 방(方) 첨사·병부사·군수·현감 관장님네 엄지발가락이 두 뼘가웃씩 되는 양반 오입쟁이들도 무수히 보려 하되 장강의 색과 임·사의 덕행이며 이·두의 문필이며 태사의 효순심과 이비의 정절을 품었으니, 금천하지절색(今天下之絶色)이요 만고여중군자(萬古女中君子)오니 황공하온 말씀으로 초래하기 어렵네다.

춘향이 '기생'의 딸이고 '천하지절색'이긴 하나 '여염 처자'요 '여중군자'이니 함부로 생각해서는 곤란하다고 아뢴 것이다. 이렇듯 통인과 방자는 이 도령의 춘향에 대한 관심이 기생 딸로 보고 접근해서는 안 된다고 경계하였다. 그럼에도 이 도령은 "잔말 말고 불러 오라."고 하니 방자가 부르러 가서 춘향의 핀잔을 받고 다음과 같이 말한다.

> 계집아이 행실로 추천(鞦韆)을 할 양이면 네 집 후원 담장 안에 줄을 매고 남이 알까 모를까 은근히 매고 추천하는 게 도리에 당연함이라. 광한루 멀잖고 또한 이곳을 논지할진댄 녹음방초승화시라 방초는 푸르렀는데 앞내 버들은 초록 장(帳) 두르고 뒷내 버들은 유록 장 둘러 한 가지 늘어지고 또 한 가지 펑퍼져 광풍을 겨워 흐늘흐늘 춤을 추는데, 광한루 구경 처에 그네를 매고 네가 뛸 제 외씨 같은 두 발길로 백운 간에 노닐 적에 홍상 자락이 펄펄, 백방사 속곳 가래 동남풍에 펄렁펄렁 박속같은 네 살결이 백운 간에 희뜩희뜩. 도령님이 보시고 너를 부르시지 내가 무슨 말을 한단 말인가.

여자의 '행실'과 '도리'를 문제 삼아 이 도령의 눈에 띄게 만든 춘향의 행위를 꾸짖고 있다. 그런데 방자의 이 말은 '담장 안에 줄을 매고 남이 알까 모를까 은근히 매고 추천'하는 것과 '광한루 구경 처에 그네를 매고……박속같은 네 살결이 백운 간에 희뜩희뜩'하는 것과의 선명한 대비로써 중세 윤리에 맞는 여자의 행실과 남자의 성적 욕망을 일으키는 여자의 행동이 서로 부딪치지 않도록 미리 완충하는 의의가 있다. 그리하여 춘향이, "네 말이 당연하나 오늘이 단오일이라 비단 나뿐이랴? 다른 집 처자들도 예 와 함께 추천하였으되 그럴 뿐 아니라 설혹 내 말을 할지라도 내가 지금 시사가 아니어든 여염 사람을 호래척거(呼來斥去)로 부를 리도 없고 부른대도 갈 리도 없다."라고 스스로 변명할 수 있게 하였다. 방자가 춘향이 지닌 정절 관념과 욕망 추구 사이에서 완충할 여지를 마련해 준 것이다. 그리하여 통인과 방자는 이 도령의 경솔하고 저돌적인 접근과 춘향의 자유분방한 성격이 당대의 사회 윤리에 저

촉될 만한 면을 사전에 주의시키고 욕망과 이념 사이의 갈등이 조금씩 완화되도록 하여 사랑이 맺어지게 하는 역할을 한다.

셋째, 월매가 춘향과 이 도령의 사랑이 갖는 위험성을 경계하고 다짐을 받고 허락함으로써 사랑을 위한 안정된 환경을 조성한다. 초당 안에 들어와 사면에 붙은 서화를 둘러보고 이 도령이 "우연히 광한루에서 춘향을 잠깐 보고 연연히 보냈기로 탐화봉접 취한 마음 오늘 밤에 온 뜻은 춘향 어미 보러 왔거니와 자네 딸 춘향과 백년언약을 맺고자 하니 자네의 마음이 어떠한가?"라고 한다. 이 말에도 '탐화봉접'과 '백년언약' 사이의 미묘한 긴장 관계가 나타나는데, 월매는 일시적인 욕망 충족이어서는 안 된다는 단호한 뜻을 담아 하소연을 한다.

> 자하골 성 참판 영감이 보후(補後)로 남원에 좌정하였을 때 소리개를 매로 보고 수청을 들라 하옵기로 관장의 영을 못 이기어 모신 지 삼 삭 만에 올라가신 후로 뜻밖에 포태하여 낳은 게 저것이라. 그 연유로 고목(告目)하니 젖줄 떨어지면 데려갈란다 하시더니 그 양반이 불행하여 세상을 버리시니 보내들 못하옵고 저것을 길러낼 제 어려서 잔병조차 그리 많고 칠 세에 『소학』 읽혀 수신제가 화순심을 낱낱이 가르치니 씨가 있는 자식이라 만사를 달통이요 삼강 행실 뉘라서 내 딸이라 하리오.

월매의 이 말은 춘향의 내력에 대한 소개이자 이 도령의 '탐화봉접' 욕구에 대한 경고이다. 그러니 이 도령은 "춘향도 미혼전이요 나도 미장전이라 피차 언약이 이러하고 육례(六禮)는 못할망정 양반의 자식이 일구이언을 할 리 있나."라며 미혼 남녀의 언약, 양반 사대부로서의 체면을 내세워 다짐을 한다. 이에 월매는 "내 딸 심곡 내가 알제. 어려부터 절곡(切曲)한 뜻이 있어 행여 신세를 그르칠까 의심이요 일부종사(一夫從事)하려 하고 사사(事事)이 하는 행실 철석같이 굳은 뜻이 청송·녹죽·

전나무 사시절을 다투는 듯……도련님은 욕심 부려 인연을 맺었다가 미장전 도련님이 부모 몰래 깊은 사랑 금석같이 맺었다가 소문 일어 버리시면 옥결 같은 내 딸 신세 문채 좋은 대모·진주·고운 구슬 구멍노리 깨어진 듯"이라고 한다. 이 말도 춘향의 성격과 의지에 대한 소개이자 이 도령의 '미장전 피차 언약'에 대한 의심이다.

사실 이 사랑은 이 도령과 월매의 말 속에 '육례를 못할망정'과 '부모 몰래'에 요약되어 있는, 정식 혼인에 이를 수 없는 사랑이라는 점이 가장 큰 걸림돌이었다. 이에 이 도령이 "청실홍실 육례 갖춰 만난대도 이 위에 더 뾰쪽할까. 내 저를 초취(初娶)같이 여길 테니 시하(侍下)라고 염려 말고 미장전도 염려 마소."라며 간곡히 허락을 청한다. 한참을 생각하던 월매는 몽조도 있었고 다짐도 받았기에 '흔연히 허락'한다.

이렇듯 월매는 춘향과 이 도령의 사랑에 서술상의 편의와 사랑의 지향성을 제시하는 역할을 한다. 춘향의 출생, 자라온 내력, 성격, 의지 등을 말해 주어 춘향의 입을 빌리지 않더라도 이 도령이 그녀에 대해 잘 알도록 하였고, 두 사람의 사랑이 양반 사대부 자제의 욕구 충족을 위한 것이어서는 안 되고 정식 혼인에 맞먹는 결연이 되어야 한다는 점을 다짐받은 것이다.

위와 같이 생동하는 장소성을 배경으로 하여 통인과 방자의 완충자 역할, 월매의 인도자 역할 등이 결연 과정에 도움을 주어 춘향과 이 도령의 사랑은 맺어질 수 있었다. 신분이 다른 처지에 육례를 치를 수 없는 결연이라는 한계 속에서도 이제 청춘 남녀의 사랑은 불같이 타오른다. 두 사람이 첫날밤을 보낸 후 매일 밤 벌이는 성희(性戲)가 '사랑가'로 표현되었다. 하루하루 정이 쌓이는 과정을 시간의 진행 없이 한 장면에 집약한 것인데, 이는 사랑하며 겪는 사건들이 장소를 바꾸어 다른 모습으로 벌어질 여지가 별로 없는 서사적 상황에서 적절한 서술 방식이라 할 수 있다. 사또 자제가 대낮에 젊은 여자를 데리고 여기저기 놀러 다닐 수 없는 바에야 초당의 춘향 방에서 밤마다 벌어지는 사건을 묘사함으로써 두 사람이 만나는 시간의 경과와 더불어 시간 가는 줄 모르고 사랑에 탐닉하는 그들의 심리와 행동이 나타나도록 한 것이다.

여러 사설이 엮여 있는 사랑가의 일차적인 매력은 청춘 남녀가 서로의 몸을 탐닉하면서 성적 유희를 즐기는 데 있다. 이미 첫날밤의 성관계 묘사에서 이러한 면모가 잘 드러난다. 이 도령이 춘향의 허리를 안고 치마를 벗기려 하고 춘향은 몸을 이리저리 비튼다. 치마, 바지, 속곳을 벗기니 춘향이 굼실대고, 실랑이 끝에 옷끈을 발가락에 걸고 기지개를 켜 옷이 발 아래로 미끄러지자 춘향의 흰 알몸이 드러나 이불 속으로 들어가니 이 도령이 좇아 들어가 저고리를 벗기고 마주 안고 눕는다. 두 사람의 성관계는 '삼승 이불 춤을 추고 샛별 요강은 장단을 맞추어 청그렁 쟁쟁, 문고리는 달랑달랑, 등잔불은 가물가물. 맛이 있게 잘 자고 났구나.'라는 생동감 넘치는 환유로 서술되었다.

이러한 몸성의 묘사는 사랑가의 '춘향 어르는 사설'로 이어진다. '도령님 춘향 옷을 벗기려 할 제 넘놀면서 어른다. 만첩청산 늙은 범이 살진 암캐를 물어다 놓고 이는 없어 먹든 못하고 흐르릉 흐르릉 아웅 어르는 듯, 북해 흑룡이 여의주를 입에다 물고 채운 간에 넘노는 듯……춘향의 가는 허리를 후려쳐다 담쑥 안고 기지개 아드득 떨며 귓밥도 쪽쪽 빨며 입술도 쪽쪽 빨면서 주홍 같은 혀를 물고 오색단청 순금장 안에 쌍거쌍래 비둘기같이 꾹꿍끙끙 으흥 거려 뒤로 돌려 담쑥 안고 젖을 쥐고 발발 떨며 저고리, 치마, 바지, 속곳까지 활씬 벗겨 놓으니 춘향이 부끄러워 한편으로 잡치고 앉았을 제 도령님 답답하여 가만히 살펴보니 얼굴이 복찜하여 구슬땀이 송실송실 앉았구나.'로 그려진 것이다. '얼굴이 복찜하여 구슬땀이 송실송실 앉은' 춘향에게서 육체적 사랑의 기쁨이 몸에 우러난 모습이 잘 나타나 있다.

몸성의 묘사와 함께 두 사람의 정이 깊어 가는 친밀성의 주제가 표현되었다. 사랑가 중의 '태도 보기, 금옥, 먹으려느냐' 사설은 춘향의 사랑스럽고 예쁘고 귀여운 모습에 대한 이 도령의 무한한 애정을 표현한다. '저리 가거라 가는 태도를 보자. 이만큼 오너라 오는 태도를 보자. 방긋 웃고 아장아장 걸어라 걷는 태도 보자.'의 태도 보기 사설은 이 도령의 시각에서 춘향의 어여쁜 자태를 한껏 즐기는 것이다. "네가 금이지야?" "금이라니 당치 않소. 팔년풍진 초한 시절에 육출 기계(六出奇計) 진평이가 범아부를 잡으려고 황금 사만을 흩었으니 금이 어이 남으리까." "그러면 진옥이냐?" "옥이라니 당치 않소. 만고 영웅 진시황이 형산의 옥을 얻어 이사의 명필로 수명우천 기수영창(受命于天旣壽永昌)이라 옥새를 만들어서 만세 유전하였으니 옥이 어이 되오리까." 이렇게 금, 옥, 해당화, 밀화·금패(錦貝)·호박·진주, 대모·산호, 반달, 불여우 등으로 진행되는 금옥 사설은 이 도령의 춘향에 대한 애정, 춘향의 답변에서 드러나는 교양과 지식이 어우러져 우아한 대화의 양상을 띤다. "네가 무엇을 먹으려느냐? 생율(生栗)·숙율(熟栗)을 먹으려느냐? 둥글둥글 수박 윗봉지 대모 장도 드는 칼로 뚝 떼고 강릉 백청을 두루 부어 은수저·반(飯)간자로 붉은 점 한 점을 먹으려느냐?" "아니 그것도 내사 싫소." "그러면 무엇을 먹으려느냐? 시금털털 개살구를 먹으려느냐?" "아니 그것도 내사 싫소."로 이어지는 사설은 마치 어머니가 사랑스런 아이에게 귀하고 맛있는 것을 먹이려는 다정함이 배어난다. 이렇듯 태도 보기 사설, 금옥 사설, 먹으려느냐 사설은 두 사람의 사랑이 점점 깊어 친밀해지는 양상을 표현하고 있다.

몸을 탐닉하고 성희를 즐기는 사랑가는 유희적 성격의 사랑 놀이 노래로서 향유되는데 그중에 '정 자, 궁 자' 사설은 언어유희의 말놀이라고 할 수 있다. '너와 나와 유정하니 어이 아니 다정하리. 담담장강수유유(澹澹長江水悠悠)에 원객정. 하교(河橋)에 불상송강수(不相送江樹) 원함정. 송군남포(送君南浦) 불승정……'의 정 자 사설, '좁은 천지 개태궁. 뇌성벽력 풍우 속에 서기 삼광 풀려 있는 엄장하다 창합궁. 성덕이 넓으시사 조림(照臨)이 어인 일고 주지객(酒池客) 은성하던 은왕의 대정궁……'의 궁 자 사설은 각운에 맞추어 한시구, 고사, 건물명, 인명 등을 나열하여 말놀이의 재미를 즐기는 것이다. 말롱질에 이어 나오는 '타고 놀자 사설' 역시 '~타고'의 각운에 따라 '헌원씨 습용 간과(習用干戈) 능작 대무(能作大霧) 치우 탁록야에 사로잡고 승전고를 울리면서 지남거를 높이 타고. 하우씨 구년지수 다스릴 제 육행 승거(陸行乘車) 높이 타고. 적송자 구름 타고. 여동빈 백로 타고……'로 이어지는 말놀이이다.

이와 함께 몸 놀이라 할 수 있는 업음질과 말롱질이 묘사되었다. '잡상(雜常)스럽다, 우습다'는 춘향의 핀잔에도 불구하고 이 도령은 알몸으로 서로 업고 노는 업음질, 방 안을 기어 다니며 볼기짝을 치며 노는 말롱질을 제안한다. 상대를 업고 '좋은 말'을 한 것이 앞에서 본 금옥 사설, 먹으려느냐 사설이고, 말롱질에 이어지는 것이 타고 놀자 사설이다. 성적 쾌락을 탐닉하는 몸짓으로 서로에 대한 애정을 표현하고 이 사랑이 잘 이루어지기를 기원한 것이다. 그러는 중에 춘향이 이 도령을 업고 하는 축원의 말에 사랑의 염원이 두드러진다. '부열이를 업은 듯. 여상이를 업은 듯. 흉중 대략 품었으니 명만일국(名滿一國) 대신 되어 주석지신 보국 충신 모두 헤아리니, 사육신을 업은 듯. 생육신을 업은 듯. 일 선생 월 선생 고운 선생 업은 듯……' 이렇게 명재상, 충신, 학자 들을 나열하여 이 도령의 성공을 기원한다.

사랑가의 여러 사설들을 묶는 중심 주제는 그 첫머리에 나온 '생전 사랑'과 '사후 기약' 사설로 표현된 사랑의 축원이라 할 수 있다. 사랑가의 시작은 '사랑 사랑 내 사랑이야. 동정칠백월하초(洞庭七百月下初)에 무산같이 높은 사랑. 목단무변수(目斷無邊水)에 여천창해(如天滄海)같이 깊은 사랑. 옥산(玉山) 전 달 밝은데 추산천봉(秋山千峯) 완월(玩月) 사랑 ……화우(花雨) 동산 모란화같이 펑퍼지고 고운 사랑. 연평 바다 그물같이 엉키고 맺힌 사랑. 은하 직녀 직금같이 올올이 이은 사랑. 청루 미녀 침금같이 혼솔마다 감친 사랑……'으로 펼쳐지는 생전 사랑 사설이다. 높고 깊고 아름답고 끈끈한 사랑을 묘미 있는 비유로 찬미하고 있어 사랑가의 핵심 대목이라 할 수 있다. 이를 이어서 '너는 죽어 글자 되되 따 지 자, 그늘 음 자, 아내 처 자, 계집 여 자 변이 되고, 나는 죽어 글자 되되 하늘 천 자, 하늘 건 자, 아비 부, 사내 남, 아들 자 몸이 되어 계집 여 변에 다닥 붙이면 좋을 호 자로 만나 보자.'로 시작하여 음양수－원앙조, 인경－인경 마치, 방아 확－방앗고, 독매(맷돌) 위짝－밑짝, 명사십리 해당화－나비의 짝으로 나아가는 사후 기약 사설이 나온다. 천지 음양의 이치에 따른 사랑의 영원성을 축원하는 내용으로 앞의 생전 사랑 사설과 연결되어 천생연분으로 맺은 사랑이 영원하기를 바라는 뜻이 나타나 있다. 이후에 나오는 정 자－궁 자－업음질－금옥－먹으려느냐－말롱질－타고 놀자 등의 사설은 모두 이러한 염원과 축원 속에 표현된 사랑의 말과 행동이라 할 수 있다.

이와 같은 구성과 내용을 갖춘 사랑가는 춘향과 이 도령이 인간 본연의 애정에 몸을 맡겨 함께 즐기는 모습을 그려 낸 것이다. 온몸으로 사랑의 기쁨을 누리고 즐기면서 그 사랑이 축복받고 영원하기를 축원하는 마음이 드러나 있다. 사랑가에 나타난 청춘 남녀의 열정과 환희, 몰입과 동화, 축복과 찬미 등의 정서와 의식은 두 사람의 백년가약을 성사시킨 실질적인 내용이라 할 수 있다.

사랑가에 표현된 사랑의 기쁨과 활력이 있었기에 뒷날 변학도의 강압에도 춘향이 당당히 맞서 저항하며 "유부겁탈하는 것은 죄 아니고 무엇이요."라고 외칠 수 있었다. 춘향의 저항은 '충신불사이군(忠臣不事二君) 열녀불경이부(烈女不更二夫)'의 유교 윤리에 바탕하고 있으나 이 도령과 만나 맺어지고 함께하며 깊어진 사랑의 힘이 결정적인 역할을 했다고 할 수 있다. 두 사람이 온 마음과 몸으로 즐긴 사랑 놀이가 원천이 되고, 그 후에 겪은 이별의 아픔, 한없는 기다림이 흘러들어 춘향의 저항으로 분출된 것이다.

이에 '사랑가'는 춘향과 이 도령의 사랑에서 중심이 되는 내용이자 〈춘향전〉이 표현한 사랑과 저항의 주제를 포섭하는 대목이기도 하다. 청춘 남녀의 사랑에 축원의 뜻을 담아 생동감 넘치게 그려 냄으로써 문학적 의의를 확보하였을 뿐 아니라 독자로 하여금 인생에서 사랑의 가치에 대해 음미해 보고, 사랑을 하고 있는 모습을 즐겁게 감상할 수 있게 한다. 그리하여 사랑가는 사랑의 기쁨을 생동하고 다채롭게 표현한 대목으로 향유되어 왔고 앞으로도 줄곧 그렇게 향유될 것이다.

# 3

# 소통과 친교

3.1

## 찬기파랑가

〈찬기파랑가(讚耆婆郞歌)〉는 경덕왕대(742~765) 충담(忠談)이 지은 10행 향가이다. 경덕왕이 충담을 맞이하여 차를 청해 마신 후에 "짐이 일찍이 듣건대 스님의 〈찬기파랑사뇌가〉가 그 뜻이 심히 높다던데 과연 그러한가?"라고 묻자 충담이 "그렇습니다."라고 대답하였다.[16] 임금에게 알려질 정도로 당시에 작품의 명성이 자자했던 것이다. 그런데 이 기록 외에는 관련 자료가 없으므로 작품 자체의 분석을 통해 뜻이 높다는 평가의 구체적인 내용을 살필 수밖에 없다.

작품의 내용을 통해 보면 이 노래는 화랑 기파가 세상을 떠난 후 그의 문도(門徒)가 모여 추모 의식(追慕儀式)을 거행하는 자리에서 지어져 불린 것으로 추정된다. 기파가 생전에 품은 뜻과 이룬 업적을 기리고 그것이 문하의 화랑도(花郞徒)에게 계승, 발전되기를 바라는 의도에서 지은 것이다. 이에 화랑과 낭도, 스승과 제자, 지도자와 추종자, 죽은 자와 산 자 간에 소통의 주제가 담겨 있는 점에 유의하여 작품을 감상해 볼 수 있다.

咽嗚(→鳴)爾 處米

---

16 『삼국유사』2, 기이2, 「경덕왕 충담사 표훈대덕」, 朕嘗聞師讚耆婆郞詞腦歌 其意甚高 是其果乎 對曰 然.

露 曉邪隱 月羅理
白 雲音 逐于 浮去隱 安支 下沙是
八陵隱 汀理也中
耆郞矣 皃史是史 藪邪
逸烏 川理叱 磧惡希
郞也 持以支如賜烏隱
心未 際叱肹 逐內良齊
阿耶 栢史叱 枝次 高支 好雪是
毛冬 乃乎尸 花判也

| | |
|---|---|
| 목메 바라ᄆᆡ | 목메며 곁하매 |
| "이슬 새배야."ㄴ ᄃᆞ라리 | "이슬에 새벽이야."던 달이 |
| 힌 구룸 조추 뻐간 알히 하사이 | 흰 구름 좇아 떠나간 안식처만이 |
| 바ᄅᆞᆫ 믌ᄀᆞᆺ자리여ᄒᆡ. | 바탕한 물가에. |
| 耆郞ᄋᆡ ᄌᆞᅀᅵ이시 수햐 | 기랑의 모습인 무리들이 |
| 逸烏 나릿 쟉별아ᄒᆡ | 일오(逸烏) 냇물의 자갈밭에서 |
| 郞야 디니다시온 | 낭이 지니셨던 |
| ᄆᆞᅀᆞᄆᆡ ᄀᆞᆺᄒᆞᆯ 좇ᄂᆞ아져. | 마음의 끝을 좇고 있구나. |
| 아야, 자싯 가ᄌᆞ 놉기 됴ᄒᆞ리. | 아아, 잣나무 가지 높아서 좋으리. |
| 모다 ᄂᆡ올 花判야. | 모두 해내야 할 화랑의 서원(誓願)이여. |

제1구(제1~4행)는 기파의 임종(臨終)을 상기하고 그가 남긴 유언을 기억하는 내용이다. 기파가 임종할 때 문도들이 '목메며 곁하'였다. 그들은 죽음을 맞이한 스승 곁에서 애통하며 그의 마지막을 지키고 있었다. 그때 기파는 "이슬에 새벽이야."라고 말하여 슬퍼하는 그들을 오히려

위로하였다. 이 말은 인생을 이슬로, 죽음을 새벽으로 은유한 것이다. 인간의 죽음이란 이슬에 새벽빛이 비추는 것, 이슬 같은 인생이 스러져 새벽빛의 세계로 나아가는 것이라는 생각을 표현한 것이다. 인간의 삶과 죽음에 대한 기파의 사상이 간결하게 요약된 말이다.

기파의 유언을 떠올리고 나서 '달이 / 흰 구름 좇아 떠나'갔다고 하여 기파의 죽음을 그려 내었다. 앞의 유언에 바로 이어서 기파를 '달'로 비유하고 그 달이 '흰 구름'을 좇아 떠나갔다고 하여 유언 속의 '새벽'이 달이 흰 구름을 따라가 도달한 세계라는 점을 시사하고 있다. 달은 동쪽에서 떠서 서쪽으로 지는 천체이고 흰 구름의 흰색은 서방을 상징하는 색이다. 그러므로 달이 흰 구름을 따라 떠나갔다는 말은 기파가 임종하여 서방 정토(西方淨土)로 갔다는 의미이다.

기파의 임종을 추억한 다음에 '안식처만이 / 바탕한 물가에'라고 하여 지금 추모 의식이 거행되는 곳을 지목하였다. 기파의 서거 이후 어느 정도의 시간, 가령 1주기가 되어 그가 임종한 곳에 문도가 모여 행사를 치르고 있다. '안식처'는 기파가 인생의 말년을 보내며 안식, 수도했던 거처를 말하는데 그곳은 '물가'에 있었다. 제1행부터 제4행까지 기파가 임종한 과거에서 지금 추모제를 행하는 현재로 오면서 이 노래를 듣는 청중에게 과거의 기억을 현재에 되살리도록 하였다. 이를 통해 문도가 지금 여기에 모인 이유와 공유하는 이념의 토대를 확인하고자 한 것이다.

제2구(제5~8행)는 현재 거행되고 있는 추모 의식의 참석자, 장소, 의의 등을 나타내었다. 제5행 '기랑의 모습인 무리들이'는 추모제에 참석한 사람들을 말한 것이고 제6행 '일오 냇물의 자갈밭'은 제4행의 '물가'를 좀 더 구체적으로 표현하여 추모 의식의 장소를 특정한 것이다. 제1구에서 문도가 기파의 임종을 지키며 들었던 유언을 상기한 데서 나아가 제2구는 이 자리에 모인 '무리들'을 기파의 '모습'과 연결하고 유지

(遺志)의 계승이라는 사명감을 고취하기 위해 모임의 참석자와 장소를 명시하였다.

추모제에 참석한 문도를 '기랑의 모습인 무리들'이라고 표현하여 추모의 유래와 이유를 밝혔다. 기파의 문하에서 배우고 익힌 문도는 스승의 사상, 인품, 업적을 받들며 본받아 따랐다. 이제 기파는 이 세상에 없지만 생전에 그가 했던 말과 행동, 품은 뜻 등은 고스란히 문도에게 전해졌다. 그의 '모습'이 제자 한 사람 한 사람에게서 나타나는 것이다. 그리하여 이 자리가 기파의 은덕을 입은 문도의 모임이고 스승의 뜻을 계승, 발전시키고자 다짐하는 취지임을 드러내었다.

장소에 대해 '물가'에서 '일오 냇물'로 특정한 것은 추모 의식이 거행되는 곳을 구체화하는 한편으로 의식이 갖는 의의를 상징적으로 나타내기 위한 것이다. '일오'라는 지명에 '냇물'이라는 흐르는 물의 심상을 결합하여 실제의 장소가 역사적인 의의를 지녔음을 인식하게 하였다. 기파의 말년 거처이자 추모제 장소인 일오의 냇물은 끊임없이 흘러갈 것이고 이는 곧 역사의 흐름이 될 것이다. 이러한 의미를 담아 '일오 냇물'이라 표현함으로써 스승에서 문도로, 위대한 화랑에서 여러 화랑과 낭도로, 선대에서 후대로 흘러가는 이념과 규범의 계승 및 실천을 다짐하도록 하였다.

참석자와 장소를 지목하고 나서 제7, 8행에 '낭이 지니셨던 / 마음의 끝을 좇고 있'다고 하였다. 이미 제2행에서 '이슬에 새벽'이라는 기파의 생각을 드러내었는데 이 핵심 사상을 포함하여 크고 넓은 기파의 생각과 뜻을 '마음'으로 표현하였다. 지금 문도들은 그 '마음의 끝'을 '좇고 있'다. 스승의 사상과 가르침을 문도가 본받아 따랐고 추모의 자리에서도 그에 대한 존경과 배움은 지속되고 있다. 기파의 '마음의 끝'이 향한 곳이 제1구에서 '새벽, 달, 흰 구름' 등으로 비유된 서방 정토이므로 문도 역시 궁극적으로 그곳을 지향할 것이다. 참석자가 한마음 한뜻으로 기리고 추구하는 것으로써 추모제의 의의가 표명된 것이다.

이렇게 제8행에서 추모의 의의가 드러난 데는 제1, 2구의 입체적인 시상 전개가 중요한 역할을 하였다. 제1구의 제1, 2행에서 임종 시 했던 기파의 유언을 상기하였고 제3, 4행에서 그의 안식처가 놓인 물가를 지칭하였다. 내면을 표출한 기파의 말에서 그가 머문 외부 장소로 시상의 초점을 옮긴 것이다. 제2구의 제5, 6행에서는 외부의 장소를 좀 더 구체화하였고 제7, 8행에서 기파의 마음을 좇는다고 말하였다. 시상을 추모 대상의 내면–외부–외부–내면으로 이동하면서 기파의 내면과 외면을 아울러 조명한 것이다. 그리하여 외면으로 드러난 추모제의 장소성과 역사성을 추모 대상의 내면 의식과 연결하여 감지하도록 하고 있다.

제3구(제9·10행)는 문도의 시선을 한곳으로 모아 추모와 다짐의 뜻을 분명히 하였다. 지금 문도가 모여 추모하는 곳은 생전의 기파가 수도했던 마지막 장소인데 그 주변에는 물가의 자갈밭과 흐르는 물 외에 '잣나무'가 서 있다. 잣나무는 하늘을 향해 직선으로 쭉 뻗은 모습, 사시사철 늘 푸른 빛, 줄기 둘레에서 뻗은 나뭇가지 등이 기파의 내면과 외면을 아울러 닮아 있다. 더욱이 잣나무를 지칭하는 '백(柏)'에 포함된 흰 백(白) 자가 서방을 상징함으로써 기파의 지향을 다시 한 번 나타낸다. 제1, 2구에 나온 유언, 안식처, 물가, 일오 냇물의 자갈밭, 마음의 끝 등 기파에 대한 기억들이 수렴하는 사물로 잣나무를 제시하여 그가 지향한 바의 상징적 의미를 선명한 심상으로 나타낸 것이다.

기파의 마음이 담긴 잣나무를 보며 화자는 그것이 '높아서 좋으리'라고 감탄하였다. 이러한 감탄을 통해 기파의 고상한 이상과 뜻이 문도의 가슴에 스며들도록 한 것이다. 그리하여 화자와 더불어 잣나무를 보고 기파의 마음을 떠올리는 문도들로 하여금 기파가 생전에 추구했던 이념을 되새기고 그 실천에 동참하도록 이끈다. 이렇게 잣나무의 심상으로써 기파의 이념을 집약하여 표현한 다음에 제10행에서 '모두 해내야 할 화랑의 서원이여.'라고 하였다. 이는 기파의 지향을 하나의 완성된 이념형으로 제시하여 참석자에게 지금 여기서 거행되는 추모제의 의의를 각인시킨다.

마지막 행에 나온 '화판(花判)', 즉 '화랑의 서원'은 제1, 2구를 통해 드러난바 서방 정토에 왕생하려는 기파의 지향이 불교 교리에만 근거를 둔 것이 아님을 말해 준다. 작자인 충담은 화랑도에 속한 승려인 승랑(僧郞)의 신분이었다. 그러므로 화랑의 이념인 화랑도(花郞道, 풍월도)와 불교의 정토 신앙이 습합된 사유 체계를 지닌 인물이라 할 수 있다. 산수를 유람하고 가악(歌樂)을 즐기고 도의를 연마하는 신라 화랑(국선)의 전통은 진흥왕대로부터 왕조 말기까지 이어졌는데 화랑도가 불교와 습합되어 보편적인 이념의 형태를 취할 수 있었다. 이러한 사상적 배경에서 이 작품과 같이 서방 정토의 왕생이 화랑도가 추구하는 서원의 하나로 정립된 것이다.

아마도 기파는 화랑으로서 일생 동안 신라의 전통 사상과 그에 기반한 활동을 했을 것이다. 그러는 중에 불교 교리도 함께 탐구하였고 인생의 말년에 이르러서는 서방 정토에 왕생하려는 뜻이 그의 중심 사상을 이루었을 것이다. 그리하여 죽음에 임해서도 의연하게 인생은 이슬, 죽음은 새벽이라고 말할 수 있었다. 이러한 기파의 사상과 활동, 수도의 자세는 문도에게 계승, 실천되어야 할 지상 명령으로서 '모두 해내야 할' 과업이다. 결국, 지금 이곳에서 문도들이 모여 추모하는 의의가 바로 기파의 '마음의 끝'을 좇아 '화랑의 서원'을 완수하는 데 있는 것이다.

〈찬기파랑가〉는 기파를 추모하는 자리에서 그의 이념을 요약, 제시하고 참석자에게 화랑의 서원을 다짐하도록 한 작품이다. 작자 충담은 서거한 화랑과 그의 문도 사이에서 이념의 소통과 실천을 이루기 위해 이 향가를 지어 불렀다. 스승과 제자, 위대한 화랑과 화랑도, 죽은 자와 산 자 사이의 소통을 위해 향가가 사용된 것이다. 10행의 짧은 형식 속에 불교의 정토 사상과 습합한 화랑도의 이념을 담아내어 추모의 정과 심오한 뜻이 어우러져 감화력을 높이고 있다. 이념을 생경하게 전달하지 않고 '냇물, 잣나무' 등의 시어를 통해 심상으로 그려 내어 생생하게 느껴지도록 표현하였다. 그리하여 주제, 형식, 표현 등 시적 구성의 모든 면에서 '그 뜻이 심히 높다'는 평가에 적합한 작품임을 이해할 수 있다.

## 3.2

# 하처난망주

〈하처난망주(何處難忘酒)〉는 고려 예종(1079~1122, 재위 1105~1122)이 곽여(郭輿/璵, 1058~1130)를 찾아갔다가 못 만나고 쓴 5언 배율 20구의 한시 작품이다. 백거이(白居易, 772~846)의 5언 율시 〈권주(勸酒)〉 14수 중 앞 7수인 〈하처난망주〉에서 각 수의 제1구 '하처난망주'와 제7구 '차시무일잔(此時無一盞)'을 따와서 작품의 제1구과 제19구로 사용하였다. 그렇긴 하지만 예종이 곽여의 처소인 동산재(東山齋)를 찾았다가 부재중이라 못 만난 심회를 읊은 것이어서 백거이의 시와는 주제와 내용이 다르다.

『파한집』과 『고려사』 「열전」의 기록을[17] 아울러 살펴 작품의 창작 배경을 정리해 볼 수 있다. 예종이 곽여에게 도성(개경) 동쪽 약두산의 한 봉우리를 하사하고 거기에 별서(別墅)를 지어 살게 하였다. 그 집이 동산재인데 예종이 편액을 써 준 허정당(虛靜堂)과 양지재(養志齋)가 있었다. 어느 날 예종이 환관 수십 명을 거느리고 도성 북문을 빠져나와 신분을 감추어 종실의 열후(列侯)라고만 하고 미행(微行)해서 동산재에 이르렀다. 마침 곽여가 도성에 가서 돌아오지 않은 때였다. 왕은 한참을 배회하다가 벽에 〈하처난망주〉 시를 써 놓고 귀환하였다. 도성에서 돌아온 곽여가 한탄하며 화답시를 썼는데 『동문선』에 〈동산재응제시(東山

---

17 이인로 지음, 박성규 역주, 『역주 파한집』, 보고사, 2012, 137-138면 ; 동아대 고전연구실, 『역주 고려사』8, 태학사, 1987, 401-404면. 원문은 189-190면.

齋應製詩)〉라는 제목으로 실려 있다.[18]

이 일화는 예종이 곽여를 얼마나 아끼고 존경했으면 예고도 없이 그의 처소에 행차하여 만나려고 했는지가 잘 나타나 있다. 임금과 신하의 신분을 넘어서 인격적인 만남을 가졌던 면모가 여실하다. 제목만 전하는 『예종창화집(睿宗唱和集)』이 편찬될 정도로 두 사람은 문학과 담론으로 소통하며 돈독한 군신 관계를 이루었다. 그리하여 후대의 신하된 이들에게 선망의 대상이 되었다.

예종의 작품은 다음과 같다.

| | |
|---|---|
| 어디서 술 잊기 어려웠나. | 何處難忘酒 |
| 진인을 찾아왔다가 못 만나고 돌아가네. | 尋眞不遇廻 |
| 서재의 창은 저녁 빛 되비쳐 밝고 | 書窓明返照 |
| 옥화로 연기는 남은 재에 덮였는데 | 玉篆掩殘灰 |
| 고승의 방은 지키는 이 없고 | 方丈無人守 |
| 신선의 사립문 종일 열려 있도다. | 仙扉盡日開 |
| 정원에 꾀꼬리 늙은 나무에서 지저귀고 | 園鶯啼老樹 |
| 뜰의 학은 푸른 이끼에서 조는데 | 庭鶴睡蒼苔 |
| 도(道)의 맛을 뉘와 같이 얘기할까 | 道味誰同話 |
| 선생은 가서 돌아오지 않으니. | 先生去不來 |
| 깊은 생각에 느낌이 일어나 | 深思生感慨 |
| 고개를 돌려 다시 서성이다가 | 回首重徘徊 |
| 붓을 들어 벽에 시를 써 남기니 | 把筆留題壁 |
| 난간 잡고 대에서 내려가기 싫구나. | 攀欄懶下臺 |
| 읊기를 돋우는 태도가 다채롭고 | 助吟多態度 |

18 『동문선』11, 오언배율(한국고전번역원, 『한국고전종합DB』).

발길 닿는 곳은 티끌세상과 끊겼는데　觸處絶塵埃
더운 기운은 숲속에서 덜어지고　暑氣蠲林下
훈훈한 바람이 전각 모퉁이에 드네.　薰風入殿隈
이럴 때 한 잔 술이 없다면　此時無一盞
번잡한 생각 무엇으로 씻어 낼까.[19]　煩慮滌何哉

의미상 제1·2구의 서사, 제19·20구의 결사, 나머지 각 4구씩 네 단락의 본사로 구성되어 있다. 서사는 백거이의 유명한 시구를 가져온 다음에 '진인'인 곽 처사를 찾아왔다가 못 만나고 돌아가게 된 상황을 말하였다. 본사에서 주인 없는 곳에 배회하며 느낀 정서를 진술한 끝에 결사는 다시 백거이의 시구를 가져와 지금의 아쉽고 어수선한 마음을 나타내었다.

본사의 첫째 단락은 동산재의 방 안 모습을 그렸다. 저녁 무렵 비낀 햇빛이 서재의 창에 발갛게 물들고, 옥화로에 전자(篆字) 모양으로 피어오르던 연기도 타고 남은 재에 덮여 버렸다. 처사의 방은 텅 비었는데 방 안에서 바라본 사립문은 열려 있다. 주인 없는 서재를 둘러보고 허전한 느낌을 표현하는 한편으로 '방장(方丈), 선비(仙扉)'와 같이 고승이나 신선의 처소에 와 있는 듯한 감회도 내비쳤다.

둘째 단락은 동산재의 정원을 서성이며 주변 풍경을 보고 주인을 생각한 것이다. 정원 주변에 늙은 나무가 있고 뜰에는 이끼가 덮였는데 노란 꾀꼬리가 나무 위에서 지저귀고 흰 학은 뜰에서 고개를 떨구었다. 고목의 누런 갈색과 이끼의 창창한 파랑, 고목 위의 노란 새와 이끼 위의 흰 새로써 고색창연한 색채감이 뚜렷이 드러나고 새의 소리와 몸짓

19 이인로 지음, 박성규 역주, 앞의 책, 138-140면. 이 책의 번역과 주석을 참조하여 필자가 번역하여 인용한다.

을 통해 나른하고 적막한 느낌을 풍긴다. 이런 풍경을 보며 이 집의 주인인 '선생'을 생각한다. 처사를 늘 선생이라 칭했던 화자는 그와 더불어 '도미(道味)'에 대해 얘기하고 싶어 왔으나 만나지 못해 매우 아쉬워하는 것이다. '도미'는 앞 단락의 '방장, 선비'와 연결되어 화자가 찾아온 이유를 말해 주는 동시에 만약 주인을 만났다면 나누었을 화제(話題)를 시사하는 시어이다. 만남의 의의이자 작품의 주제를 함축한 말이다.

셋째 단락은 주인을 못 만나 배회하다가 시를 남기는 화자의 행동을 그렸다. 주인 없는 집과 정원을 거닐며 주인과 함께했으면 좋았으리라는 생각과 그를 그리워하는 마음이 깊어지니 자연스레 '감개(感慨)'가 일어난다. 집 주변을 서성이며 느낀 바에 처사에 대한 사모의 마음이 더해져 아쉬움과 감흥이 커지는 것이다. 그래서 조금 전에 거닐었던 정원을 다시 둘러보며 서성이다가 누대에 오른다. 착상을 시로 옮겨 직접 벽에 써 놓고 한참 동안 음미하며 내려갈 줄 모른다. 시에 담긴 화자의 뜻이 간곡하다는 점이 잘 드러나는 대목이다.

넷째 단락은 동산재에서의 감흥을 뒤로한 채 그곳을 빠져나오는 모습을 표현하였다. 시를 지은 후에도 집과 주변 풍경이 여전히 흥취를 돕고 어디나 맑고 깨끗하여 속세의 티끌이 없다. 차마 떠나고 싶지 않은 마음을 억누르고 돌아서는 길에 숲속을 지나니 여름철 더위가 덜어지고 동산재의 전각 모퉁이를 돌아 나오니 향기 품은 바람이 불어온다. 그리하여 결사에서 이럴 때 번거로운 생각을 씻어 내려면 한 잔 술이 필요하다고 탄식한 것이다.

이 작품은 문치(文治)의 군주답게 작자 예종이 지닌 소통의 의지와 시적 취향을 잘 보여 준다. 20년 연상의 신하와 '도미'에 대한 담론을 나누며 마음을 통하려는 국왕의 뜻이 시적 상황에 대한 묘사와 어우러져 진정성 있게 전달된다.

곽여의 화답시는 다음과 같다.

| | |
|---|---|
| 어디서 술 잊기 어려웠나. | 何處難忘酒 |
| 헛되이 지내서 보배의 수레 돌아갔네. | 虛經寶輦廻 |
| 고관 댁 조그만 잔치에 따라가 | 朱門追小宴 |
| 단약(丹藥) 부뚜막에 찬 재만 떨어졌는데 | 丹竈落寒灰 |
| 향음(鄕飮)은 밤새 이어지고 끝났더니 | 鄕飮通宵罷 |
| 대궐 문은 새벽이 되어서야 열렸다네. | 天門待曉開 |
| 의장(儀仗)은 봉래 섬 지름길로 귀환하고 | 仗還蓬島徑 |
| 나막신은 도성의 이끼 묻었는데 | 屐惹洛城苔 |
| 나무 아래 푸른 옷의 동자 이르기를 | 樹下靑童語 |
| 구름 사이로 옥제(玉帝) 오셨다네. | 雲間玉帝來 |
| 오궁(鼇宮)이 많이 적막한데 | 鼇宮多寂寞 |
| 용의 수레 한참을 서성이었으니 | 龍馭久徘徊 |
| 뜻이 있으매 붓을 뽑으시어 | 有意仍抽筆 |
| 주인 없이 홀로 대에 오르셨도다. | 無人獨上臺 |
| 일월을 우러러 뵙지 못하고 | 未能瞻日月 |
| 티끌세상 향한 것이 한스러워 | 却恨向塵埃 |
| 머리 긁고 계단 아래 서서 | 搔首立階下 |
| 근심스레 바위 모퉁이에 기대네. | 含愁倚石隈 |
| 이럴 때 한 잔 술이 없다면 | 此時無一盞 |
| 어찌 이 마음을 위로할까. | 豈慰寸心哉 |

이 작품도 앞의 시와 같은 구성을 취하였는데 서사의 '하처난망주'와 결사의 '차시무일잔'을 똑같이 가져오고 각 대구의 운자도 그대로 사용하였다. 예종의 시 구절 하나하나에 화답하려는 작자 곽여의 정성이 형식 면에서 드러나 있다.

서사에서 시간을 헛되이 보내어 보배의 수레, 임금 행차가 돌아가게 만들었음을 탄식하였다. 그리고 본사 첫째 단락에서 헛되이 보낸 시간이 어떠했는지를 진술하였다. 임금의 행차에 비해 하찮기 그지없는 고관 댁 잔치에 참석한 바람에 주인 없는 동산재의 단약을 다리는 부엌에 온기가 사라졌다. 잔치의 향음례는 밤새도록 이어졌는데 그동안 임금은 동산재를 방문하였다가 새벽녘에 대궐 문으로 돌아갔다는 것이다. 앞뒤의 구가 대를 이루어 화자의 행동반경과 임금의 그것을 대조하였다. 화자가 동산재를 비웠어야 할 사정을 곡진하게 변명한 것이기도 하다.

둘째 단락에서 길이 서로 엇갈린 사이에 임금이 행차하였음을 동자에게서 들었다고 하였다. 봉래 섬과 도성의 두 장소를 오가는 길이 엇갈려 행차의 의장은 봉래 섬의 지름길로 환궁하고 화자는 도성에 다닌 흔적인 이끼를 나막신에 묻히고 집으로 왔다. 조바심치며 문 밖을 나와 나무 아래에 있던 동자가 '옥제(玉帝)'가 오셨다가 돌아갔다는 소식을 황급히 전한다. 앞 단락의 '단조(丹竈)'와 이 단락의 '봉도(蓬島), 청동(靑童)'으로써 동산재를 신선의 거처로 수식하고, 앞 단락에서 대궐 문을 '천문(天門)'이라 한 것을 이어서 임금을 옥황상제로 지칭함으로써 천상계의 옥황이 신선의 땅에 이르렀다는 의미를 부여하였다.

셋째 단락은 임금이 누대에 올라 시를 쓴 정황을 떠올려 본 것이다. '단조, 봉도, 청동'에 이어 '오궁(鼇宮)'이라 하여 동산재가 신선의 거처임을 말하였다. 신선이 사는 오궁은 봉래 섬에 있는데 단약 부뚜막이 설치되고 청의동자가 신선을 모신다는 설정이다. 이곳에 용이 끄는 수레를 타고 옥황상제가 하늘에서 내려와 한참을 서성거렸다. 이를 통해 화자는 임금이 동산재를 방문한 뜻이 자신과 함께 고상한 담론을 나누려고 한 것이었음을 시사하고 있다. 그렇게 되지 못하자 임금은 시의(詩意)를 일으켜 붓을 들고 누대에 올라 시를 써 놓았다. 임금이 시를 쓸 때 느꼈을 법한 쓸쓸하고 허전한 심정은 '주인 없이 홀로'라는 말로 표현하였다.

넷째 단락은 임금을 뵙지 못한 일을 한탄하고 송구스런 마음을 어찌 할 줄 몰라 하는 모습을 그렸다. 화자는 도성의 잔치에 참석한 탓에 천상의 일월을 우러러 뵙지 못한 잘못을 한스럽게 여긴다. 임금이 동산재의 두세 채 건물을 둘러보았을 것이므로 전각의 계단 아래에 서서 그때의 상황을 생각해 본다. 그리고 정원석 또는 사립문 밖 바위에 기대어 수심어린 눈으로 임금이 떠나간 길을 바라본다. 한탄스럽고 송구한 마음을 어떻게 해야 좋을지 몰라 걱정이 쌓이는 것이다. 이러한 마음을 위로받기 위해 결사에서 한 잔 술이 필요하다고 하였다.

이 작품은 예종의 시에 화답하면서 형식적, 내용적 안배를 정성스레 한 것이다. 불시에 임금이 방문한 뜻을 헤아려 보고 그에 응하지 못한 잘못을 한탄하고 송구스러워 하였다. 임금과 만날 기회를 스스로 놓쳐버린 것을 후회하고 그와 만났으면 나누었을 고상하고 멋스러운 대화를 생각하며 못내 아쉬워하였다. 도성과 동산재를 티끌세상과 신선 세계로 대비하고 임금의 왕림을 옥황상제가 천상에서 내려온 것으로 표현함으로써 작품의 주제와 분위기를 초월적인 것으로 이끌어 갔다. 그리하여 비록 임금을 만나 소통하지는 못했으나 작품 자체가 그 만남에서 나누었을 화제, 즉 앞의 시에 나온 '도미'의 흥취를 한껏 풍김으로써 화답의 의의를 충족하고 있다.

예종과 곽여가 주고받은 시는 돈독한 군신 관계의 면모를 잘 보여준다. 서로 뜻이 맞고 기질이 통하여 임금과 신하의 신분적 차이를 잊을 만큼 지기(知己)의 관계를 맺었던 것이다. 사대부라면 벼슬을 얻고 신하가 되어 임금을 보필하는 데 충성을 다해야 하는데, 임금이 자신의 정성과 노력을 알아주지 않으면 낙담하고 위축되는 반면에 잘 이해해 준다면 모든 것을 얻은 것처럼 즐거울 것이다. 임금 역시 수많은 신하를 거느리고 나라를 통치하면서 자기의 뜻에 맞는 신하를 얻어 신뢰하고 의지하면서 국정을 운영하면 안심이 될 것이다. 군신 관계의 원만하고 돈독함은 중세 어느 시대에나 바라 마지않는 것이었으나 그것이 실현된 예는 흔치 않다. 더욱이 돈독한 군신 관계를 빌미로 신하가 전횡을 부린다거나 하면 오히려 나라가 위태롭게 된다. 그러므로 군신 관계의 돈독함과 중용의 처신은 아주 힘든 것이지만 그래도 중세 국가의 질서 유지와 안정을 위해 없어서는 안 될 것이었다. 예종과 곽여의 경우가 그러한 군신 관계의 한 모범을 보여 주었기에 후대 사람들이 두고두고 칭송했던 것이다.

## 3.3

# 재 너머 성 권농 집에

재 너머 성 권농(成勸農) 집의 술 닉닷 말 어제 듯고

누은 쇼 발로 박차 언치 노하 지즐ᄐᆞ고

아ᄒᆡ야 네 권농(勸農) 겨시냐 정 좌수(鄭座首) 왓다 ᄒᆞ여라[20]

조선 시대 대표적인 국문 시인인 정철(鄭澈, 1536~1593)이 지은 시조이다. 향촌의 한가한 풍경을 배경으로 친구와 술을 반겨 찾는 심정을 표현하였다. 조선 중기 사대부의 풍류와 흥취가 잘 형상화되어 교과서에 자주 실리는 작품이라서 널리 알려져 있다. 그래서 오히려 작품의 소재, 주제, 정서 등에 대해 개략적이고 도식적인 이해에 그칠 염려가 있다. 화자의 정서와 의식이 어떠한 시적 상황에서 어떻게 구체화되었는지 좀 더 세밀하게 분석하여 이해하는 것이 작품을 깊이 있게 감상하는 방법이 될 수 있다.

작품은 초장과 중장, 중장과 종장 사이에 연결 어미 '-고'가 들어가 각운을 맞추고 있다. 율격을 고려한 의도적인 시어 구사라고 할 수 있는데 더욱 흥미로운 것은 연결 어미가 하는 역할이다. 앞뒤의 구절을 대등하게 연결하는 어미이므로 겉으로는 앞의 행동과 뒤의 그것이 나란히 이어지게 하는 말로 보인다. 그런데 '-고'의 앞뒤 사건은 시간적, 공간적으로 비약이 일어난다는 점이 시상 전개상 중요한 의미를 갖는다.

화자는 고개 너머에 있는 친구 집에 술이 익었다는 말을 어제 들었

---

20 심재완 편저, 『교본 역대시조전서』, 세종문화사, 1972, 910면.

다. 이것이 초장의 사건이다. 그리고는 누운 소를 발로 박차 언치를 놓아 지질러 타고 간다. 이것이 중장의 사건이다. 두 사건을 연결하면 어제 소식을 듣고 오늘 소를 타고 간다는 것이다. 어제 듣고는 오늘 새벽같이 일어나 집을 나서는 모습이다. '-고'로 연결되어 있으나 초장에서 하룻밤이 훌쩍 지나가서 중장의 사건이 나왔다. 그런 다음에 소를 타고 간 화자가 친구 집 문 앞에 이르러 시동(侍童)을 부르며 자기가 왔다고 주인에게 여쭈라고 한다. 이것이 종장의 사건이다. 중장에서 소를 탔다고만 하였는데 종장 첫머리에 벌써 시동을 부르는 말이 나왔다. 중장에서 종장으로 넘어가면서 화자의 집에서 친구 집으로 공간 이동이 일어났다. '-고'로 연결되었을 뿐인데 중장의 공간을 훌쩍 건너뛰어 종장의 공간으로 이행한 것이다.

이와 같이 초장에서 중장으로, 중장에서 종장으로 넘어가면서 '-고'라는 대등의 연결 어미를 사용했으나 시적 문맥으로 보면 시간적 비약, 공간적 이동이 순식간에 일어나는 의미를 형성하고 있다. 이러한 시행의 구성이 작품의 독특한 면모를 보여 준다. 시행을 바꾸면서 문득 시간을 넘어가고 공간을 건너뛰는 것이다. 초장에서 중장으로 시간이 급격히 바뀌고 중장에서 종장으로 공간이 순간 이동을 하면서 화자의 행동이 속도감 있게 표현되었다. 시행이 바뀜에 따라 시상이 빠르게 전환되는 양상이다.

이 속도감은 청자/독자가 느끼는 것이지만 사실은 화자의 마음을 대변한 것이다. 친구를 만나 함께 술을 마시며 한담을 나누고 싶은 마음이 얼마나 급하고 간절한지가 시행의 구성을 통해 나타났다. 빨리 친구를 만나고 싶다는 마음의 표현은 그와의 관계가 오래고 편안하며 뜻이 통한다는 의미를 내포한다. 화자가 품은 어떤 생각이나 근심도 그에게 말할 수 있고 이해와 위로를 받을 수 있는 관계임을 전제한 것이다.

작품의 또 다른 묘미는 이야기가 있는 그림 같은 심상에서 맛볼 수 있다. 고개를 사이에 두고 두 친구가 살고 있다. 한 친구 집에 술이 익자 그 소식을 들은 다른 친구가 급한 마음에 누워 있는 소를 발로 박차 올라타고 친구 집으로 향한다. 집 앞에 이르기도 전에 큰 소리로 시동을 불러 자기가 왔음을 주인에게 아뢰라고 한다. 농촌 마을을 배경으로 인물들이 느긋하게 움직이면서도 친구와 술 마시고 싶은 마음만은 무척 바쁘다. 한가한 농촌 풍경과 화자의 급한 마음이 대조를 이루며 심상을 만들어 낸다.

이러한 그림 속에 세 인물과 한 동물이 나온다. '성 권농'과 '정 좌수'는 농촌에서 고만고만한 벼슬 이름을 단 촌로(村老)로서 서로 친구 사이이다. 벼슬만 보면 농촌에 사는 양반 사대부일 뿐이나 사실 이 명칭이 가리키는 작자 정철과 친구 성혼(成渾, 1535~1598)은 당대 유력한 문인이자 정치가이다. 실질은 슬쩍 감추고 명칭만 내세워 농촌 생활과 풍경에 젖어 있는 인물로 설정한 것이다. 실질과 명칭 사이의 어긋남이 인물의 인상과 역할에 긴장감을 부여한다. 한편, 정 좌수가 부르는 '아이'는 성 권농의 시동인데 두 사람의 친밀한 관계를 누구보다도 잘 아는 인물이다. 그러기에 정 좌수가 허물없이 그를 부를 수 있고, 그는 부름에 응해 즉각 주인에게 아뢸 태세를 갖추고 있다.

동물인 소 한 마리도 등장한다. 이 소는 아마도 하루 종일 논밭에 나가 일을 하고 곤한 잠에 빠져 있었을 듯하다. 그런데 평소에 소를 부리는 하인이 아니라 집주인이 새벽같이 일어나 깨우는 것이다. 보통 때의 하인 같으면 좀 더 자도록 놓아두었겠으나 오늘은 주인의 성화에 잠을 깨고 말았다. 주인은 그러한 소에게 좀 미안했던 것 같다. '언치 놓아 지질러 타'면서 그러한 마음을 소에게 전하지 않았을까 싶다. 소 등에 언치를 놓고 올라타서는 엉덩이로 지그시 누르면서, "이놈아 좀 더 자고 싶지? 미안해. 마음이 급해서 그러니 어서 가자꾸나." 이러지 않았을까. 그리하여 농촌 풍경을 배경으로 인물과 동물이 함께 움직이는 한 폭의 그림을 이루어 느긋한 분위기와 급한 마음이 교차하는 시상을 심상화하고 있다.

여기서 작품의 종장이 주는 시적 효과에 대해 생각해 볼 만하다. 농촌의 한가함에 화자의 급한 마음이 대비된 중에 친구를 만나 술 마시며 한담하는 모습이 그려지긴 하나 사실 친구와 술을 마시는 장면은 작품에 나타나 있지 않다. 종장은 화자가 친구 집 문을 앞에 두고서 시동을 부르며 자기가 왔다고 아뢰라는 말을 하는 데에서 멈추고 있다. 한 편의 이야기가 펼쳐지다가 결정적인 대목에서 그친 듯한 느낌인데 이것이 작자가 의도한 시적 효과로 보인다. 친구를 만나기 바로 전에 멈추도록 시상을 짜서 표현한 것이다. 그리하여 친구와 더불어 술 마시며 마음의 시름을 풀고 농촌 일이나 세상사를 논하는 등의 장면은 모두 청자/독자의 상상에 맡겨졌다.

이러한 멈춤의 미학이 작품의 품격을 한층 높여 준다. 화자는 얼른 친구와 만나 술을 마시며 회포를 풀려고 한다. 그것이야 물론 좋지만 그것을 기대하는 지금의 이 마음이 얼마나 즐겁고 흥겨운지 모른다. 친구와 술을 마시며 무슨 이야기를 나누든 그것은 둘째 문제이다. 어제 친구 집에 술이 익었다는 말을 들은 순간부터 오늘 그 집 문 앞까지 온 시간 동안의 즐거운 기대감만으로 충분한 것이다. 이 기분을 느긋하게 즐기는 한편 지긋이 간직하고 싶은 마음에서 종장의 표현이 나온 것이라 할 수 있다.

이 멈춤은 친구 집 문을 열고 들어가 반갑게 친구를 만나 술을 내와서 한 잔 두 잔 마시는 이후의 일을 더욱 의미 있게 만들어 준다. 자칫 일상의 평범하고 상투적인 만남이 그려질지 모르는 상태에서 그 만남의 자리를 감상자의 상상 속으로 넘겨 버렸으니 각자의 의식, 취향, 상태 등에 따라 다양한 느낌과 모습의 친교를 그려 보게 된다. 이렇게 멈춤으로써 작품 너머로 풍성하고 오래가는 여운을 남긴다.

이 시조는 조선 시대 농촌의 한가한 풍경을 배경으로 사대부의 풍류와 흥취를 그림처럼 그려 내었다. 두 친구의 선비다운 풍모만이 아니라 아이와 소까지도 제 역할을 하면서 멋들어진 분위기를 고취하였다. 머릿속에 한 폭의 풍경화가 흐뭇한 느낌으로 그려지게 하는 것이다. 그러면서도 시적인 긴장감은 처음부터 끝까지 유지하고 있다. 소를 타고 고갯길을 넘어가는 느긋한 풍경을 배경으로 친구와 얼른 만나 술을 마시고 싶어 안달이 난 마음이 그려짐으로써 시상의 흐름이 긴장감 있게 펼쳐진다. 그러다가 친구 집 문 앞에서 멈춤으로써 작품이 펼쳐 보인 그림은 긴 여운을 남긴다. 절친한 친구 사이의 소통과 친교의 모습이 운치 있게 그려진 품격 높은 작품이다.

## 3.4

# 마장전

〈마장전(馬駔傳)〉은 박지원(朴趾源, 1737~1805)이 지은 한문 단편 소설이다. 표기와 분량을 나타내려고 한문 단편이라 했으나 소설사적으로는 전계 소설(傳系小說)로 분류할 수 있다. 인물의 일대기를 서술한 전(傳)의 오랜 전통 속에서 작가 의식에 기반한 허구적 서사 구성을 갖춘 소설군에 속한 것이다. 이 작품은 제목부터 기존의 전과는 이질적인 면모를 보인다. 사람의 이름 끝에 '~전'을 붙여 일대기의 주인공을 나타내는 전 양식에 비해 '마장'(말 거간꾼)이라는 일반 명사를 제목으로 삼았다. 작품에 등장하는 송욱, 조탑타, 장덕홍 세 인물의 이름 중 하나로 제목을 짓는 대신에 작품 첫머리에 나온 단어를 제목으로 쓴 것이다. 그리하여 인물의 일대기라는 전의 기본 성격을 의도적으로 해체하여 인물인 듯, 직업인 듯, 혹은 인생살이의 한 방법인 듯한 애매한 뜻을 제목에서부터 풍기도록 하였다.

작품의 내용도 일반적인 전과는 달리 인물의 일생이 중심이 된 것이 아니라 사람 간의 사귐이라는 주제를 두고 서술자의 진술, 등장인물의 대화, 평자의 논평 등 세 부분의 논설적 서술을 한데 묶어 놓았다. 세 단락은 각각의 시점에서 교제(交際)의 주제를 다루고 있으나 그것을 관통하는 것은 인간관계를 둘러싼 세태에 대한 풍자와 관계의 틈새에 대한 통찰이라고 할 수 있다.

첫 번째 단락은 '말 거간꾼이나 집주릅이 손뼉을 치고 손가락으로 가리켜 보이는 짓이나, 관중과 소진이 닭·개·말·소의 피를 바르고 맹세했던 일은 신뢰를 보이기 위한 것이다.'[21]라는 진술로 시작한다. 18세기 조선의 거간꾼과 춘추 전국 시대(B.C. 770~221) 여러 나라를 연합한 중국 인물을 거론하여 사람의 사귐에서 상대에게 믿음을 주는 행위를 말하였다. 그리고서 '어렴풋이 헤어지잔 말만 들어도 가락지를 벗어 던지고 수건을 찢어 버리고 등잔불을 돌아앉아 벽을 향하여 고개를 떨구고 울먹이는 것은 믿을 만한 첩임을 보이기 위한 것이다. 가슴속의 생각을 다 내보이면서 손을 잡고 마음을 증명해 보이는 것은 믿을 만한 친구임을 보이기 위한 것이다.'고 하였다. 앞의 경우보다 좀 더 비근한 예로 첩과 친구를 들어 믿음의 행위를 다시 한 번 말하였다.

이렇게 거간꾼, 관중·소진, 첩, 친구 등 네 경우에서 신뢰를 얻기 위한 일반적인 행위를 말하고 나서 그 이면에 이득을 얻으려고 겉모양을 꾸미고 술수를 쓰는 행위에 대해 서술한다. '콧잔등까지 부채를 가리고 좌우로 눈짓을 하는 것은 거간꾼들의 술책이며, 위협적인 말로 상대의 마음을 뒤흔들고 상대가 꺼리는 곳을 건드려 속을 떠보며 강한 상대에겐 협박을 하고 약한 상대는 짓눌러서 동맹한 나라들을 흩어 버리거나 분열된 나라들을 통합하게 하는 것은 패자(霸者)와 유세가들이 이간하고 농락하는 권모술수이다.'라는 것이다. 앞서 언급한 거간꾼과 관중·소진이 쓰는 이 같은 방법은 신뢰보다는 이득이나 패권을 얻기 위한 술책, 권모술수일 따름이라고 하였다. 이어서 심장병을 앓는 남편에게 약의 분량을 속여서 달여 준 첩의 예화를 들어 앞서 말한 첩의 행위 이면의 진실을 시사하였다. 그리고 '귀에 대고 소곤거리는 것은 지극한 말(至言)이 아니요, 남에게 누설하지 말라고 신신당부하는 것은 깊은 사귐(深交)이 아니요, 정이 얼마나 깊은지를 드러내는 것은 두터운 벗(盛友)이

21 신호열·김명호 역, 「마장전」(한국고전번역원, 『한국고전종합DB』), 2004. 이 번역을 인용하는데, 부분에 따라서는 약간 고쳐 문맥과 의미를 좀 더 분명히 하였다.

아니다.'고 하여 앞에 서술한 친구의 행위가 구체화된 모습에서 거짓된 사귐의 방법이 나타남을 비판하였다. 이처럼 작품의 도입부는 인간관계의 네 가지 경우를 들어 사귐은 서로 신뢰를 얻는 것이어야 하는데 역사의 사례나 당대의 세태는 그렇지 못해 패권과 이익을 얻기 위해 술수를 부린다고 하였다.

두 번째 단락이 작품의 본문을 이룬다. 서울의 광통교에서 세 사람이 '사귐에 대해 논란을 벌였다(論交).' 조탑타와 장덕홍이 말한 사귐은 다음과 같다.

> 내가 아침에 일어나 바가지를 두드리며 밥을 빌다가 포목전에 들렀더니 포목을 사려고 가게로 올라온 자가 있었네. 그는 포목을 골라 혀로 핥아보기도 하고 공중에 비쳐 보기도 하면서 값은 부르지 않고 주인에게 먼저 부르라고 하더군. 그러더니 나중에는 둘 다 포목은 잊어버린 채 포목 장수는 갑자기 먼 산을 바라보며 구름이 나왔다고 흥얼대고, 사러 온 사람은 뒷짐을 지고 서성대며 벽에 걸린 그림을 보던데.

> 꼭두각시놀음에 장막을 드리우는 것은 노끈을 당기기 위한 것이렷다.

조탑타가 본 것은 포목을 매매하는 두 사람의 태도이다. 사려는 사람과 팔려는 사람은 서로 이익이 되게끔 값을 흥정한다. 그러다가 각자 엉뚱한 짓을 하면서 상대의 의중을 떠보는 태도를 취한다. 먼 산의 구름을 보며 흥얼대거나 벽에 걸린 그림을 감상하는 것은 상대가 먼저 값을 부르면 그에 대해 값을 깎으려는 의도가 깔린 의뭉한 행동이다. 이를 들은 송욱은 '사귐의 태도(交態)'를 보았을 뿐이라고 한다.

장덕홍은 조탑타와 송욱의 대화를 듣고 위의 두 번째 인용문과 같이 말하였다. 이 말은 사귐의 한 양상을 인형 조종에 비유한 것인데 조탑타가 말한 사건의 의미와 비슷한 뜻을 지니고 있다. 꼭두각시놀음은 인형을 조종하여 사람처럼 말하고 행동하게 하는 연희이다. 인형을 움직이게 하는 줄을 장막으로 가려 주어 인형들이 사람 행세를 하는 데 관객의 시선을 집중시키도록 한다. 앞의 사건에 견준다면 인형을 움직이는 줄이 포목을 매매하면서 이익을 챙기려는 의도에, 인형들이 사람 행세를 하는 것은 먼 산의 구름을 흥얼대거나 벽의 그림을 감상하는 따위의 행동에 해당한다. 이에 송욱은 '사귐의 겉모습(交面)'을 본 것이라 하였다.

송욱은 두 사람이 말한 것에 대해 사귐의 태도, 겉모습이지 '[그] 도에 있어서는 아니라(於道則未也)'고 거듭 단언한다. 그리고는 '군자의 사귐(君子之交)'에 세 가지, '그것에 대처하는 것(所以處之者)'에 다섯 가지의 방법이 있다고 하였다. 그는 먼저 은유적으로 군자가 사귀는 방법의 한 가지로 "팔이 밖으로 펴지지 않는 것은 술잔을 잡았기 때문이지."라고 한다. 그러자 장덕홍이 같은 방식으로 『주역』「중부괘」의 구절을 인용하여 "우는 학이 그늘에 있으니 그 새끼가 화답한다. 내게 좋은 벼슬이 있으니 내가 너와 더불어 같이한다."고 하여 나머지 두 가지를 말한다. 자기가 한 말의 의미를 알아차린 장덕홍을 칭찬하면서 송욱은 위의 비유에 대해 다음과 같이 설명한다.

> 술잔이 입과 더불어 약속한 것도 아니건만 팔이 저절로 굽혀지는 것은 응당 그럴 수밖에 없는 형세이다. 학과 그 새끼가 울음으로써 서로 화답하는 것은 바로 명예를 구하는 것이 아니겠느냐. 벼슬을 좋아하는 것은 이익을 구하는 것이다. 그러나 붙따르는 자가 많아지면 형세가 갈라지고, 도모하는 자가 여럿이면 명예와 이익이 제 차지가 없다. 그러므로 군자는 오랫동안 이 세 가지를 말하기를 꺼려 왔다.

군자가 사귀는 세 가지 도란 다름 아니라 형세(勢), 명예(名), 이익(利)

를 좇는 방법이다. 앞서 조탑타의 말에 사귐의 태도만 보고 그 도는 아니라 하고, 장덕홍의 말에 사귐의 겉모습만 보고 그 도는 아니라 하였기에 송욱은 이제 사귐의 진정한 도에 대해 말하리라 여겨졌다. 그런데 오히려 세·명·리를 좇는 군자의 세 가지 도를 말함으로써 상품 거래인, 인형 조종자 등 평민과 천민에 더하여 양반 사대부의 사례를 들어 사귐의 태도, 겉모습과 다를 바 없는 사귐의 '도'를 말한 것이 되었다. 사귐의 도리를 말할 것처럼 하다가 도리어 시정인만도 못한 양반 사대부의 사귐의 술수를 거론한 이 대목에서 풍자적 서술의 효과가 뚜렷이 나타난다.

그리고 군자의 교제법 세 가지와 대처법 다섯 가지를 희화화하여 아래와 같이 말한다.

> 너는 남과 더불어 교제할 때, 상대방의 기정사실이 된 장점을 칭찬하지 말라. 그러면 상대방이 싫증을 느껴 효과가 없을 것이다. 상대방이 미처 생각하지 못한 것을 깨우쳐 주지 말라. 장차 행하여 거기에 미치게 되면 낙담하여 실망하게 될 것이다. 사람이 많이 모인 자리에서 남을 제일이라고 일컫지 말라. 제일이란 그 위가 없단 말이니 좌중이 모두 썰렁해지면서 기가 꺾일 것이다. 그러므로 교제에 처하는 데에 방법이 있다. 상대방을 칭찬하려거든 겉으로는 책망하는 것이 좋고, 상대방에게 사랑함을 보여 주려거든 짐짓 성난 표정을 드러내 보여야 한다. 상대방과 친해지려거든 뚫어질 듯 쳐다보다가 부끄러운 듯 돌아서야 하고, 상대방으로 하여금 나를 꼭 믿게끔 하려거든 의심하게 만들어 놓고 기다려야 한다. 대저 열사는 슬픔이 많고 미인은 눈물이 많으니 영웅이 잘 우는 것은 남을 감동시키자는 것이다. 이 다섯 가지 방법은 군자가 은밀하게 사용하는 권도(權道)이기는 하지만 처세에 있어 통용될 수 있는 도이다.

세·명·리를 좇는 군자의 교제법을 비틀어서 사귐에 있어 하지 말아야 할 세 가지를 제시하였다. 칭찬하지 말고 깨우치지 말고 일컫지 말라(無譽·毋醒·無稱)는 것이다. 칭찬하고 깨우치고 일컬어 주는 것은 상대의 환심을 사기 위한 일반적인 방법인데 그것을 말라고 한 것은 그만큼 세태가 그러한 방법에 익숙하여 더 이상 교제의 효과를 볼 수 없기 때문이다. 나아가 교제에 대처하는 다섯 가지 방법은 본인의 의도에 반대되거나 상대의 감정을 흔들어 놓는 표정, 행동을 하는 것이다. 다섯 가지 모두 진정을 나타내기보다 태도와 겉모습을 꾸미는 것이므로 앞에서 조탑타, 장덕홍이 말한 사귐의 태도, 겉모습과 마찬가지의 행동일 따름이다. 상품을 매매하거나 관객을 위해 인형을 조종하는 것에 비해 형세와 명리를 추구하는 의도를 감춘 것이어서 군자의 방법은 더욱 위선적이라 할 수 있다.

조탑타가 송욱의 말을 이해할 수 없다고 하자 장덕홍이 부연 설명한다. '잘한 일을 가지고 성토하여 책망하면 이보다 더한 칭찬이 없을 것이다. 사랑하는 마음이 있다 보니 노여움이 생기는 것이요, 꾸지람을 하는 과정에서 정이 붙는 것이므로 가족에 대해서는 이따금 호되게 다루어도 싫어하지 않는 법이다. 친한 사이일수록 거리를 둔다면 이보다 더 친한 관계가 어디 있겠는가. 이미 믿는 사이인데도 오히려 의심을 품게 만든다면 이보다 더 긴밀한 관계가 어디 있겠는가. 술이 거나해지고 밤이 깊어 뭇사람은 다 졸고 있을 때 말없이 서로 바라보다가 그 남은 취기를 타서 슬픈 심사를 자극하면 누구든 뭉클하여 공감하지 않는 자가 없다.' 다섯 가지의 위선적, 감정적 행동에 대해 역설과 비약으로써 합리화하고 있다.

장덕홍의 말에도 설득되지 못한 조탑타는 자기가 믿는 교제의 정도, 즉 '충으로써 사귐에 처하고 의로써 벗을 얻음(忠而處交 義而得友)'이 어떠냐고 묻는다. 장덕홍은 얼굴에 침을 뱉으며 비루한 말이라고 욕하고,

“가난한 놈이란 바라는 것이 너무도 많기 때문에 한없이 의(義)를 사모한다.……재물을 모아 놓은 자는 자신이 인색하단 말을 부끄러워하지 않으니 남이 자기에게 바라는 것을 끊자는 것이다. 천한 자는 아낄 것이 없기 때문에 충심(忠心)을 다하여 어려운 것도 회피하지 않는다.……수레를 타고 다니는 자가 갓신에 덧신을 껴 신는 것은 그래도 진흙이 묻을까 염려해서이니 신 바닥도 아끼거늘 하물며 제 몸일까 보냐.”라고 말한다. 유교의 덕목인 충의가 부귀한 자에게서 사라지고 빈천한 자에게서나 찾을 수 있다는 것이다. 세태에 대한 역설적 풍자가 잘 드러나는 대목이다. 이 말을 듣고 조탑타는 “내 차라리 세상에 벗이 없을지언정 군자의 사귐은 하지 않겠다.”고 하였다. 송욱이 제기한 ’군자의 사귐‘이 결국 배척되고 마는 것이다.

세 번째 단락은 결말부인데 보통의 전에 비해 분량이 많고 본문에 견줄 만한 내용이 서술되었으므로 비중 있게 살펴보아야 한다. 단락 첫머리에 ‘골계 선생 우정론’이라 하여 결말부 전체를 아예 논설문으로 처리하였다. 이 우정론은 친구의 사귐에 국한되지 않고 군신, 상하 관계를 포함한 인간관계 전반의 교제론이라 할 수 있다.

> 사귐에 있어서 떨어진 틈이란 것이 있다. 연나라와 월나라처럼 멀리 떨어져 있어야 틈이 있는 것이 아니요 산천이 가로막고 있어야 틈이 있는 것도 아니다. 무릎을 맞대고 함께 앉아 있다 하여 반드시 밀접한 사이가 아니요 어깨를 치고 소매를 붙잡는 관계라 하여 반드시 마음이 일치하는 것도 아니다. 그런 사이에도 틈은 있게 마련이다.……그러므로 중히 여길 것도 틈이 아니고 무엇이며 두려워할 것도 틈이 아니고 무엇이랴. 아첨도 그 틈을 파고들어가 영합하는 것이요 참소도 그 틈을 파고들어가 이간질하는 것이다. 따라서 사람을 잘 사귀는 이는 먼저 그 틈을 잘 이용하고 사람을 잘 사귈 줄 모르는 이는 틈을 이용할 줄 모른다.

위 내용은 평자의 인간관계론인 '틈새론'이라 할 수 있다. 사람 사이에 틈이 있다는 사실을 인식하고 그것을 적절히 활용하여야 사람을 잘 사귈 수 있다. 여기서 틈새란 개인과 개인 사이의 거리를 지칭하는데 개인이 모여 이루는 인간 사회의 본질적인 한 국면을 특정한 것이다. 이 용어에는 유동적인 인간관계, 변화하는 사회 현실에 대한 인식이 반영되어 있다. 틈새의 운용에 따라 인간관계를 가깝게 할 수도 멀게 할 수도 있으니 아첨이나 참소는 바로 이러한 틈새로 인해 가능해진다.

이어서 참소와 아첨의 방법이 어떤 경우에 효과를 내는지를 말한다. 강직하고 외골수인 사람에게는 우회적인 방법을 쓰지 않더라도 한마디만 합치되지 않아도 제풀에 막혀 버리므로 열 번 찍어 안 넘어가는 나무 없다는 속담, 아랫목에 알랑대기보다 아궁이에 아양 떨라는 격언과 같이 직접 대놓고 설득하라고 한다. 또한 아첨에도 등급이 있어 명예와 이익에 담담하며 교유하려는 뜻이 없는 척하여 저절로 아첨하는 것이 상급, 간곡히 말하고 진정을 드러내며 틈을 이용하여 뜻을 통하는 것이 중급, 얼굴빛을 살피고 하는 말마다 좋다 하고 행하는 것마다 찬미하는 것이 하급이다.

이렇게 서술하고 나서 다음과 같이 결론을 맺는다.

> 관중이 제후를 아홉 번이나 규합하였고 소진은 육국을 합종시켰으니 천하의 큰 사귐이라 이를 만하다. 그러나 송욱과 탑타는 거리에서 걸식하고 덕홍은 저자에서 미친 듯 노래하며 다녀도 오히려 말 거간꾼의 술수를 부리지 않았거늘 하물며 군자로서 글 읽는 사람일까 보냐.

도입부에서 예로 든 관중·소진을 '큰 사귐(大交)'이라 인정하고 거지, 광인인 세 사람이 말 거간꾼의 술수를 부리지 않았다고 칭찬하였다. 세 사람에 비추어 보아 양반 사대부가 사귐의 태도와 겉모양만 꾸미면서 군자의 세 가지 교제법, 다섯 가지 대처법과 같은 방법으로 사귀어서야 되겠는가라며 반성을 촉구한 것이다.

〈마장전〉은 인간관계에서 사귐의 주제를 다루면서 18세기 조선의 인정세태를 풍자적으로 그려 내었다. 작자가 속한 양반 사대부 계층의 위선적, 외식적(外飾的) 인간관계를 비판하고 반성하는 한편, 거리의 세 인물을 통해 사대부가 신봉하는 충의의 덕목이 오히려 가난하고 천한 하층민에게서 실현되는 역설적 상황을 말하여 근대로 나아가는 역사의 방향성을 시사한다. 인생의 주요 문제인 사람 사귀는 방법이 형식적으로 흐르는 것을 경계하고 사람 사이의 틈에 대한 인식과 활용을 일깨우는 작품의 주제 의식은 오늘날의 인간관계에서도 여전히 유효한 의의를 지닌다.

## 3.5 구복 여행

〈구복 여행(求福旅行)〉은 가난한 사람이 하늘에 복을 타러 가는 길에 두서너 인물의 문제를 같이 가지고 가 문제 해결을 하고 복을 얻는다는 이야기로 전국적인 분포를 보이는 유형의 설화이다. 각 편에 따라 주인공이 가난한 것이 아니라 게으른 것으로 설정되기도 하고 도중에 만나는 인물이 두 명, 세 명, 네 명도 된다. 두 명의 경우는 대개 과부/처녀와 이무기/이시미/용으로 고정되어 있고 병든 아이를 둔 부자, 열매가 열리지 않는 배나무 주인, 매일 저녁 중들이 죽는 절의 중,[22] 곧은 낚시로 큰 고기를 낚으려는 동자[23] 등이 더해져 서너 명이 되지만 설화의 일반적인 구조상 세 명이 우세하다. 인간의 복은 하늘에 달렸다는 운명론적 관념을 바탕으로 하면서도 운명을 주관하는 하늘 또는 신이 인간의 막힌 운수를 열어 주는 이야기이므로 세상과 하늘, 인간과 신 사이 소통의 문제로 해석할 여지가 있다. 복 없는 주인공이 복을 타러 하늘로 가는 여정, 도중에 만난 인물들이 재액(災厄)에 걸린 사연, 하늘의 해답으로 인물들이 액을 면하는 동시에 주인공이 복을 받는 것으로 전개되는 내용을 통해 운수의 막힘과 열림이라는 주제가 드러난다. 여기서는 소통의 주제가 좀 더 잘 나타나는 채록본을 택하여 살펴보기로 한다.

---

22 『한국구비문학대계』7-12(경북 군위군 편2), 한국정신문화연구원, 재판; 2002, 549면.

23 신동흔 엮음, 『세계 민담 전집 – 한국편』, 황금가지, 2003, 13-14면.

1979년 구술 당시 69세인 이홍권이 어릴 때 고향인 황해도 봉산에서 어느 중에게 들은 이야기라고 한다.[24] 서당에 다니는 한 아이가 아침밥도 못 먹고 도시락도 싸 오지 못해 친구들에게 따돌림을 당한다. 홀어머니에게 왜 이리도 [살림이] 어렵냐고 묻자 아버지가 돌아가셔서 그렇다 하고, 그러면 복은 '어디서' 주냐고 하니 '하느님'이 준다고 대답한다. 서당 선생님에게도 물으니 같은 대답이 돌아왔다. 어디서라는 물음에 하느님이라고 대답한 것은 두 가지 의미가 복합된 듯한데 어디서에 대해서는 하늘, 누가에 대해서는 하느님이 대응될 터이다. 하늘이 준다고 한 각 편이 가장 많고 이 경우처럼 하느님, 그 밖에 옥황, 대장, 노파 등 신적 존재를 설정한 예도 보인다. 하늘이 아니라 일정한 장소를 말한 각 편도 있는데[25] 이는 아마도 풍수설의 영향에 따른 변이일 것이다. 이를 종합하면 하늘이라 불리는 어떤 섭리, 하느님으로 대표되는 섭리의 주재자가 인간의 복을 관장한다는 생각이 깔려 있다.

그럭저럭 몇 해가 지나 아이가 열네 살이 되자 '하느님한테 복 타러 간다.'고 보따리 걸머지고 떠났다. '복 빌러 간다.'고 한 각 편도 있는데 복을 비는 것과 복을 타는 것은 의미상 차이가 있다. 비는 행위는 신에게 간청하거나 신의 것을 달라고 하여 얻는 것인 데 비해, 타는 행위는 제 몫을 받거나 선천적으로 지니는 것을 의미한다. 이야기 후반부에서 주인공 아이에게 복이 돌아오는 것을 보면 그는 제 몫의 복을 지녔다고 하겠으니 '빌다'보다 '타다'가 원형에 가까울 것이다.

복 타러 가는 길에 부자, 과부, 용을 만난다.

---

24 『한국구비문학대계』1-1(서울 도봉구 편), 한국정신문화연구원, 재판; 2002, 467-473면.

25 『한국구비문학대계』5-7(전북 정주시·정읍군 편), 한국정신문화연구원, 재판; 2002, 203면. '나 복 타러 갈란디 동쪽으로 가아요, 남쪽으로 가아요?' ; 206면. '뽀뻐라 나무 없나? 거가 복 타는 디다이.……복 있는 방에 들어간게'

"너 하느님한테 복을 타러 간다니 우리 아이가 누워서 여태 나서 여태 크는데 열네 살 먹어서 일, 일어 못 난다 그기야. 아, 이거 하느님은 잘 알겠으니까 하느님한테 좀 물어다 다고."

그래 그 집서 몇, 얼마든지 묵어 가지구서 떠나는 거에요. *[원문의] 각주: 뒤 내용으로 보아, 여자가 숙식을 제공하는 대신 왜 남편 복이 없느냐 하는 것을 하느님께 물어다 달라고 한 것 같음.

"내가 하늘에 올라가두 내 맘대루 댕길 수가 없어, 댕길 수가 없어서. 근디 올라가믄 하느님은 다 알꺼야. 근데 그거 좀 물어다 다고. 그럼 내가 올려다 준다."

과부의 부탁이 생략된 것은 구술 과정에서 실수로 탈락된 듯하고, 이무기가 용이 되지 못하는 것 대신에 용이 하늘에서 마음대로 다닐 수 없음을 문제로 낸 것은 사건 전개상 주인공이 하늘로 올라가는 것까지는 용이 도와주어야 하기 때문에 변형시킨 것으로 보인다.

세 인물의 문제가 지닌 공통점은 결핍과 제약이다. 부잣집 자식은 태어나서 열네 살이 될 때까지 병으로 누워 있고, 과부는 뒤에 나오듯이 남편 '천(千)을 얻어도 못 산다.'고 하는 상황에 처했으며, 용은 하늘에 오를 수는 있어도 그곳에서 마음대로 돌아다닐 수 없다. 선천적인 병으로 앓아누웠고, 천생연분의 배필을 못 만나고, 움직이는 데 제약을 받는 것이다.

이러한 문제는 주인공의 복 타러 가는 여정과 대비된다. 복이 없는 점에서는 주인공 아이도 이들과 같은 문제를 안고 있으나 스스로 복을 타러 길을 떠나 이곳저곳을 다니고 있다는 점에서 차이가 난다. 부잣집 자식이 누워 있는 것, 용이 마음대로 돌아다니지 못하는 것에 반해 아이는 계속해서 움직이며 어디를 들러서 하늘을 향해 가는 것이다. 배나무에 열매가 열리지 않는 문제가 나온 각 편도 여럿 있는데 이 역시 한 곳에 박혀 있는 나무가 설정되어 있다. 이렇듯 얽매여 있는 모습과 움직이는 모습의 대비를 통해 복의 유무(有無)가 이와 관련이 있음을 시사한다.

아이는 용의 등에 올라 하늘에 가서 하느님을 만난다. "하느님이 복 준대서 왔습니다."고 하자, "아, 복은 너의 집이 다 가 있어. 내려가."라는 답변이 돌아온다. 아이의 복은 이미 제 집에 마련되어 있다는 것이다. 복이 없어 궁핍하게 살았던 아이가 하늘에 와서 들으니 이미 복을 받았다고 한다. 이에 대해 애초에 지닌 복을 본인이 이제껏 알지 못한 것이라고 이해되지만 그보다도 아이의 구복 여행 자체가 복을 얻는 과정이었다고 해석하는 편이 더 적절하다. 그가 하늘을 향해 움직여 간 행적 속에서 숨겨져 있던 복이 차차로 생겨난 것이다. 얽매여 있는 것에 반하여 계속 움직여 나가는 모습이 부각된 서술 방식 자체가 이러한 의미를 드러내고 있다.

복을 얻게 된 또 다른 원인으로 도중에 만난 세 인물의 문제를 함께 가지고 하늘에 이른 점을 들 수 있다. 주인공 아이는 복 없는 자신의 문제에 더하여 다른 사람들의 문제도 맡아서 해결책을 찾고자 하였다. 이는 그가 어려움 속에서도 남의 문제를 귀담아듣고 그것을 해결해 주려고 진심으로 애쓰는 인물임을 보여 주는 것이다. 이렇듯 계속해서 움직이는 것과 남의 문제까지 떠맡아 노력하는 것 두 가지가 이미 복을 받았다는 하느님의 대답을 듣게 된 원인이라 할 수 있다.

아이 외에 세 인물에 대해 하느님에게서 받은 문제 해결책은 다음과 같다.

“욕심이 많아, 용. 그 여의줄 두 개 가지면 맘대루 대니는데 세 개씩 가졌어. 그래 그건 하나 버리면 맘대루 댕겨.”

“당신은 여의주를 가졌으니 여의주를 가진 냄편을 얻어야 살지, 천(千)을 얻어도 못 산다, 그기야.” 그렁께 이 여자 그때 끌끌 웃드니, 웃드니 울드래는 기야. 그래, “여의주 내라. 여의주가 어드래냐(어떤 것이냐)?” 이제 그 남자가 물을 꺼 아냐? 그러니까 여의주를 내노니까 제 해와 똑같거든.

“저 당신네 봇장(들보) 저걸 때려 내시오. 응, 자개 물른 거 때려 내믄 금방 일어날 테니 때려 내시오.”……때려 내니께 금이그덩. 금이 땅에 놓자마자 그저 “아바지야.” 소리치면서 일어나서 펄펄 뛰그던.

첫 번째 인용은 하느님이 직접 한 말이고 두 번째와 세 번째는 주인공이 과부와 부자에게 한 말인데 이는 구술 과정에서 하느님의 말을 생략하는 대신 주인공이 그것을 전하도록 구성한 것이다.

이 세 가지 해결책은 버리고 맞추는 것이라 할 수 있다. 세 개의 여의주 중에서 하나를 버리면 용이 자유로울 수 있고, 황금 들보를 떼어 내어 남을 주면 부잣집 자식이 병이 나아 일어나 움직일 수 있다. 과부가 지닌 여의주와 똑같은 여의주를 주인공이 가지고 있어서 배필로 삼을 수 있다. 앞의 두 가지는 욕심과 재물을 버리는 것이고 뒤의 것은 서로에게 맞는 것을 찾아 결합하는 것이다.

이를 보면 복을 받는 방법은 우선 복이 들어오는 길을 막고 있는 방해물을 제거하는 것이다. 용이 마음대로 다닐 수 없는 것은 여의주를 세 개씩이나 가지고 있어서이다. 두 개면 족한데 더 가지고 있으므로 제약을 받은 것이다. 하느님은 그것을 ‘욕심’이라고 지칭하였다. 욕심은 재앙을 가져오는 것이어서 있는 복도 달아나게 만든다. 용이 하늘에서 제 마음껏 활개 치기 위해서는 욕심을 내려놓아야 한다. 이와 마찬가지로 인간에게 욕심은 복을 없애는 지름길이므로 욕심을 줄이고 절제하여, 있는 복은 사라지지 않도록 하고 없는 복은 들어오도록 해야 한다. 욕심을 물리쳐 인간과 신, 존재와 운명 사이에 소통의 길을 열어야 한다.

욕심과 함께 재물을 버려야 복을 받을 수 있다. 부잣집의 황금 들보는, '저기에 물린 것'이라 말해진 것처럼, 세게 물려 있는 재물을 상징하는 것으로 보인다. 재물은 돌고 도는 것이어야 하는데 한 곳에 고정되어 부잣집 들보처럼 물려 있는 금으로 있으면 오히려 재앙이 될 수 있다. 쌓아만 두고 유통하게 하지 않는다면 그 재물은 쓸모없는 것이 되고 만다. 재물이 많은 부자라고 해서 꼭 복 있는 사람은 아니다. 이 작품처럼 귀한 자식이 태어날 때부터 병들어 누워만 있는 처지라면 아무리 재산이 많아도 하루하루의 삶이 불행할 것이다. 재물을 흐르게 하는 것은 복이 막힌 길을 여는 일이 된다.

막힌 것을 없애는 것과 함께 복의 통로를 뚫는 것이 복을 받는 방법이다. 그것은 서로에게 맞는 것을 찾아 소통하는 길이다. 과부가 가진 여의주와 똑같은 여의주를 주인공이 가지고 있어서 두 사람은 부부가 되었다. 여의주로 상징되는 어떤 인격, 가치관, 환경 등이 두 사람의 결연에 동기 부여를 하였다. 주인공이 전한 하느님의 말을 듣고 과부가 '깔깔 웃더니, 웃더니 울더라.'고 한 데서 기왕의 불행에 대한 회한과 새로 얻은 행운에 대한 기쁨을 동시에 나타내고 있다. 그녀는 부자이지만 남몰래 지닌 자신만의 여의주에 꼭 맞는 것을 가진 배필을 여태껏 만나지 못했다. 하느님의 말이 그녀에게는 불행을 떨쳐 내고 행복을 얻는 방법을 알려 주었기에 희비가 교차하는 심정에서 자신이 지닌 여의주를 주인공에게 내보인 것이다. 이처럼 두 사람의 결연은 각자 지닌 소중한 것이 잘 맞아서 이루어졌다. 그러니 복을 받기 위해서는 서로 간의 소통이 매우 중요한 것이다.

두 사람이 부부가 된 이후에 과부는 재산을 주인공의 홀어머니 집에 수시로 보낸다. 부부가 함께 부잣집에 이르러 병든 자식을 낫게 한 후에 부자로부터 받은 돈도 부친다. 그렇게 하고서 옛 집을 찾아가니 살던 집은 쑥대밭이 되어 있었으나 과부가 보낸 돈으로 어머니가 새 집을 짓고 살고 있었다. 몸에 있는 증거를 통해 아들임을 확인하고 모자가 상봉한다. 그러고는 서당 선생님에게도 집을 지어 준다. 이렇게 해서 복은 하느님이 준다고 가르쳐 주었던 어머니와 선생님에게 보답하였다.

이러한 결말을 통해 주인공의 선한 성품과 그의 부인이 된 과부의 덕성이 잘 드러난다. 하늘로부터 받은 복을 보은을 위해 베푸는 행동이 이야기의 종착점이 된 것이다. 그리하여 막힌 통로를 뚫고 복의 길을 여는 것에 달리 특별한 방법이 있는 것이 아니라 사람이 착한 마음을 갖고 성실히 살아간다면 얻을 수 있는 것임을 넌지시 알려 준다.

〈구복여행〉은 복 없는 주인공이 복을 타러 하늘로 가는 길에 다른 이의 문제도 함께 가져가 결국 모두가 복을 받는 이야기이다. 사건 전개를 통해 인간의 선한 마음과 부지런히 움직이는 행동이 복을 이끌어 온다는 교훈을 전한다. 제약을 당해 제 자리에 붙박여 있는 모습에 대비되어 하늘을 향해 계속해서 움직여 나가는 주인공의 행동이 결국 제 몫의 복을 타게 되는 결과를 가져온다. 복이 들어오는 통로를 막고 있는 욕심, 재물 등의 방해물을 버리고 서로에게 맞추어 가며 꾸준히 노력하다 보면 복을 받게 된다는 것이다. 막힌 운수를 뚫고 하늘과 통하여 복을 받는다는 낙천적인 주제가 따뜻하게 가슴에 와닿는 작품이다.

# 4

# 완상과 유흥

4.1

# 정석가

〈정석가(鄭石歌)〉는 『악장가사』에 전편이, 『시용향악보』에 제1연이 수록되어 전하는 고려 가요이다. 대부분의 고려 가요가 그렇듯이 원문만 있고 창작 배경을 알려 주는 기록이 없어서 작품 자체만 놓고 그 성격과 의미를 살펴야 하는 형편이다. 이 작품은 경쇠 전문 악사가 궁중 연향에서 반주 악기인 경쇠의 재료들을 소재로 삼아 지은 것으로 생각된다. 경쇠 제작의 재료가 되는 광물들을 가지고 각 연을 구성하여 '경쇠의 노래'라 할 만한 내용을 갖추고 있다. 그리하여 악기 경쇠의 여러 종류를 완상하고, 그 소리들의 차이를 음미하고, 작품에서 설정한 상상의 세계에서 노닐고, 작품의 주제에 공감하고, 연행 현장의 흥취를 만끽하는 등의 방식을 복합하여 이 노래를 즐겼으리라 여겨진다.

제목의 '석(石)'과 제1연의 '돓(돌)'이 오목한 주발 모양의 경쇠를 지칭하고 제5연까지 각 연 제1행의 '돓, 셰몰애(가는 모래), 옥, 므쇠(무른 쇠), 므쇠(무쇠)'를 경쇠의 여러 재질로 볼 수 있다. 제4연과 제5연의 '므쇠'는 성조의 차이에 따라 구분되었을 것으로 본다. 이러한 광물적 소재는 제6연의 '구슬'과도 연관된다. 전 6연의 구성에서 반복구를 제외하면 제1연은 2행, 나머지는 4행으로 구성되었고 제2~5연은 2-1-1행, 제6연은 2-2행의 의미 구조를 이룬다. 제2~5연의 각 연 제4행에는 '有德유덕ᄒᆞ신 님(믈) 여히ᄋᆞ와 지이다'의 후렴구가 붙어 있다. 전체적으로 제1연의 도입부, 제2~5연의 전개부, 제6연의 결말부로 짜인 작품이다.

| | |
|---|---|
| 딩아 돌하 當今당금에 계샹이다 | 딩아 경쇠여, 지금에 계십니다. |
| 先王션왕 聖代셩ᄃᆡ예 노니ᄋᆞ와 지이다[26] | 선왕 성대에 노닐고 싶습니다. |

제1연의 제1행은 '딩아~ [하고 울리는] 경쇠여, [님이 여기] 지금에 계십니다.'라고 하였다. 제목의 '정석(鄭石)'은 정(鉦, 요령)과 돌(石, 경磬쇠)의 합성어를 의인화한 말로 보이는데 이 경쇠를 '돌하'라고 부르면서 지금 이곳에 님이 계신다고 한 것이다. 화자가 연주하는 경쇠를 호칭하면서 임금이 좌정한 자리에서 연주하는 것임을 환기하고 있다. 제2행의 '선왕(先王)의 성스러운 시대에 노닐고 싶습니다.'는 '돌하'라고 부른 경쇠를 가지고 이렇게 놀이를 하는 의의를 말한 것이다. 선왕부터 이어진 성대를 찬미하는 데 의의가 있다는 것이다. 이는 뒤의 각 연 제4행 '유덕하신 님을 여의고 싶습니다'와 연결되어 찬미와 송축, 신의와 충성의 의미를 형성한다.

제1연은 경쇠를 불러 대상화하고 그것을 가지고 노는 것이 선왕의 성대를 찬미하는 의의가 있음을 말하였다. '돌'(경쇠)을 제재로 노래한다는 점을 밝힘으로써 이어지는 연들이 그와 관련된 소재들을 취한 내용이라는 점도 나타내었다.

| | |
|---|---|
| 삭삭기 셰몰애 별헤 나ᄂᆞᆫ | 사각사각[한] 가는 모래 벼랑에 |
| 구은 밤 닷 되를 심고이다 | 구운 밤 닷 되를 심겠습니다. |
| 그 바미 우미 도다 삭 나거시아 | 그 밤이 움이 돋아 싹[이] 나야 |
| 有德유덕ᄒᆞ신 님믈 여히ᄋᆞ와 지이다 | 유덕하신 님을 여의고 싶습니다. |

제2연의 제1, 2행은 '[사경(沙磬)의 재료인] 사각사각한 가는 모래 벼

26 『악장가사』.

랑에 / [연향에 쓰인] 구운 밤 닷 되를 심겠습니다.'라고 하였다. 현장의 연주 악기인 사경과 음식상 위의 구운 밤에서 착상을 얻어 시적 상황을 구성하였다. 밤을 굳이 '닷 되' 심는다고 한 것은 오행(五行) 사상에서 나왔을 것이다. 오음의 음률, 오색의 음식처럼 궁중 연향의 공연과 상차림에서 오행의 숫자가 고려되었을 텐데 이러한 관념하에 군밤 닷 되를 모래 벼랑의 오방(五方)에 심는다는 것이다. 그리고 제3행 '그 밤이 움이 돋아 싹[이] 나야'라는 불가능한 일을 가정하였다. 군밤을 모래 벼랑에 심는다는 것도 납득할 수 없는데 군밤에서 움이 돋는다는 것은 있을 수 없는 일이다. 겹겹의 조건을 달아서 절대 불가능한 일을 가정한 것이다.

연향의 현장성을 고려하면 이러한 설정은 효과가 컸을 듯하다. 노랫말 속의 군밤은 청중 앞의 상에 놓인 먹는 밤과 청각과 시각의 대비를 이룬다. 알밤을 심어 움이 돋아 싹이 났다 해도 오랜 시간이 흘러야 나무로 성장하고 나무에서 밤톨을 얻어 요리하여 지금 눈앞의 상에 올릴 수 있으니, 오랜 시간과 현재의 대비도 상정된다. 이렇게 감각적, 시간적 대비가 더해져 불가능성의 의미는 극대화된다. 이런 다음 제4행 '유덕하신 님을 여의고 싶습니다.'라며 이별은 절대로 불가능하다고 말함으로써 음식과 가무를 즐길 수 있게 한 연향의 주재자에 대한 송축과 다짐을 표현하였다.

| | |
|---|---|
| 玉옥으로 蓮련ㅅ고즐 사교이다 | 옥으로 연꽃을 새기겠습니다. |
| 바회 우희 接柱졉듀ᄒᆞ요이다 | 바위 위에 접붙이겠습니다. |
| 그 고지 三同삼동이 퓌거시아 | 그 꽃이 세 동(묶음)이 피어야 |
| 有德유덕ᄒᆞ신 님 여ᄒᆡᄋᆞ와 지이다 | 유덕하신 님 여의고 싶습니다. |

제3연의 제1, 2행은 '[옥경(玉磬)의 재료인] 옥으로 [원지(園池)의] 연꽃을 새깁니다. / [석가산의] 바위 위에 접붙이겠습니다.'라고 하였다. 이

번에는 옥과 함께 궁중 원지를 소재로 가지고 왔다. 연향의 장소는 참석자의 흥취를 돋우기 위해 주변 풍경이 아름다운 곳이 선택될 것이다. 건물에 딸린 정원이 가꾸어져 있다면 연향 중에 경치를 감상하며 즐길 수 있다. 이에 연회석의 풍경을 이루는 원지의 연꽃과 석가산의 바위를 소재로 삼은 것이다.

옥으로 연꽃을 새기는 것은 정교한 솜씨가 요구되는 공예가의 일이고, 꽃가지를 나무에 접붙이는 일은 능숙한 원예사가 하는 일이다. 궁중 연회를 장식하기 위해서는 공예가, 원예사와 같은 전문 직업인의 도움이 있어야 한다. 화자가 경쇠 전문 악사라서 두 직업인에 대해 예인으로서 공감하는 바가 컸을 것이므로 이들이 노랫말의 배경에 놓일 수 있었다.

제3행에서 '그 꽃이 세 동(묶음)이 피어야'라며 불가능한 일을 가정하였다. 세 묶음의 꽃은 원지의 석가산 둘레에 들어가고 나온 세 군데, 또는 삼신산을 본뜬 석가산이라면 봉래·영주·방장의 세 곳에 무더기로 핀 모습을 말한 것이다. 숫자 3은 제2연의 5처럼 전통적인 관념의 반영으로 전통 정원의 조성에 기초가 되는 삼재(三才) 사상, 혹은 삼신산의 3과 연관될 것이다. 그러고는 유덕하신 님 운운의 제4행을 반복하여 음식에서 풍경으로 관심을 옮겨 연향의 흥취를 고조하면서 칭송과 찬미, 충성과 공경의 의미를 강화하였다.

| 므쇠로 텰릭을 ᄆᆞᆯ아 나ᄂᆞᆫ | 무른쇠로 철릭을 말라 |
|---|---|
| 鐵絲텰ᄉᆞ로 주롬 바고이다 | 철사로 주름 박겠습니다. |
| 그 오시 다 헐어시아 | 그 옷이 다 헐어야 |
| 有德유덕ᄒᆞ신 님 여희ᄋᆞ와 지이다 | 유덕하신 님 여의고 싶습니다. |

제4연의 제1, 2행은 '[철경(鐵磬)·금경(金磬)·동경(銅磬)의 금속 재료

중 강도가 무른] 무른쇠로 [무사의 옷인] 철릭을 말라 / 철사로 주름 박겠습니다.'라고 하였다. '철릭'을 말한 것은 연회장 주변을 지키는 무사를 끌어들인 발상이다. 노래와 연주를 하고 있는 화자의 눈에 무사들은 특별한 느낌을 주었을 것이다. 흥겹고 들뜬 분위기에 대비하여 엄격한 자세로 경계를 보는 그들을 통해 오히려 연향의 색다른 매력을 느꼈을지 모른다.

구사된 표현을 보면 '무른쇠'로 된 천을 '마르고' 쇠로 된 실로 '주름 박는', 바느질하는 여성으로서 재봉사가 상정되어 있다. 제3연의 공예가, 원예사에 이어 여기에 무사와 재봉사가 시적 상황의 배경에 자리 잡았다. 이들은 연회의 향유자가 아니라 그것을 가능하게 만든 사람들이다. 중간층에서 하층에 속하는 남녀를 상정하여 연향의 계층적, 공간적 배경을 확대하고 있는 양상이다.

제3행에서 '그 옷이 다 헐어야'라고 가정하였다. 이 행만 떼어 놓고 보면 누구나 '옷'을 입기 때문에 연회에 참석한 모든 이에게 해당하는 일이 된다. 남녀 불문하고 우아하고 화려한 복장으로 참석했을 텐데 노랫말을 들으며 자기가 입은 옷이 '무른쇠'로 만들어져 '다 헐게' 되는 것을 상상할 수 있다. 무른쇠 철릭이 그러하듯이 참석자의 머릿속에 그려진 무른쇠 옷도 헐어 버릴 수 없다고 공감했을 것이다. 그리하여 제4행으로 넘어가면 철릭 입은 무사만이 아니라 옷을 입은 참석자 모두가 님에 대한 충성을 바치는 의미가 된다. 찬미와 충성의 의미가 또 한 번 증폭되는 것이다.

| | |
|---|---|
| 므쇠로 한쇼를 디여다가 | 무쇠로 황소를 지어다가 |
| 鐵樹山텰슈산애 노호이다 | 철수산에 놓겠습니다. |
| 그 쇠 鐵草텰초를 머거아 | 그 소가 철초를 먹어야 |
| 有德유덕ᄒᆞ신 님 여희아와 지이다 | 유덕하신 님 여의고 싶습니다. |

제5연의 제1, 2행은 '[철경·금경·동경의 금속 재료 중 강도가 센] 무쇠로 [가축인] 황소를 지어다가 / [방목지인] 철수산에 놓겠습니다.'라고 하였다. 음식상의 군밤을 가져온 데 이어 황소를 소재로 삼았는데 이로써 소를 잡아 잔치하는 모습이 배경으로 그려진다. 무쇠를 가지고 식용에 쓸 황소를 만들어 쇠로 된 나무와 풀이 무성한 산에 방목한다는 것이다.

제3행 '그 소가 철초를 먹어야'는 방목지에서 소를 사육하는 일과 연관되어 있다. 불가능의 표현이므로 무쇠 황소가 쇠 나무, 쇠 풀을 다 먹어 치울 수 없다는 뜻이다. 그런데 황소가 풀을 먹는다는 것은 가축으로 길러진 황소가 요리되어 연회의 음식상에 오르는 것을 떠올리게 만든다. 앞에서 상정된 공예가, 원예사, 무사, 재봉사에 더하여 요리사까지 문면의 배후에 있는 것이다.

이에 제4행 님과 여읠 수 없다는 말은 연회에 소를 잡아 손님을 대접한 주인을 칭송하고 경배하는 뜻으로 진전되었다. 모두가 배불리 먹고 즐길 수 있도록 한 님을 영원토록 따르고 모시겠다는 다짐이 무쇠 황소의 비유로부터 유도된 것이다.

| | |
|---|---|
| 구스리 바회예 디신ᄃᆞᆯ | 구슬이 바위에 떨어진들 |
| 긴힛ᄃᆞᆫ 그츠리잇가 | 끈이야 끊어지겠습니까? |
| 즈믄 ᄒᆡᄅᆞᆯ 외오곰 녀신ᄃᆞᆯ | 천 년을 홀로 지낸들 |
| 信신잇ᄃᆞᆫ 그츠리잇가 | 신이야 끊어지겠습니까? |

제6연은 제2~5연의 2-1-1행 구성과 달리 2-2행으로 되어 있다. 이는 도입부인 제1행의 2행 구성으로써 연행의 현장성과 선왕 성대의 찬미를 표현한 것에서 나아가 비유와 진술의 2-2행으로 확장한 것이다. 그러면서 제2~5연의 제4행에서 반복 제시한 칭송과 찬미, 충성과

공경의 의미를 집약하고 있다.

제1, 2행은 '[장식품의] 구슬이 바위에 떨어진들 / 끈이야 끊어지겠습니까.'라고 하였다. 여기서는 비유의 소재로 연회 참석자에게 속한 물건을 택하여 제1연 '돌'과 통하고 제3연 '옥'과는 직접 관계가 있는 '구슬'을 가져왔다. 이제까지 군밤, 연꽃, 철릭, 황소 등 음식, 풍경, 주변인을 취한 데에서 연회의 향유자나 공연자가 지닌 장식품을 소재로 삼은 것이다. 연회에 참석한 귀족 여성 또는 공연하는 기녀의 것일 '구슬'이 건물의 널찍한 섬돌이나 정원의 조경석에 떨어지는 상황을 설정하였다. 이는 제4연의 남성 무사에 여성 귀족/기녀를 대비한 것이고 '철사'와 연결 지어 '끈'을 가져온 것이다.

제3, 4행 '천 년을 홀로 지낸들 / 신(信)이야 끊어지겠습니까.'로써 비유의 의미를 인간사에 적용해 진술하였다. 이는 제1연의 '선왕 성대에 노닐고 싶습니다.'와 제2~5연의 '[절대 불가능한 일이 일어나야] 유덕하신 님을 여의고 싶습니다.'를 아우르는 말이다. '천 년'이라는 시간성, '홀로'라는 공간성을 합쳐서 '신'의 의미로 수렴하였다. 칭송, 찬미, 충성, 공경, 경배 등의 핵심이 님을 믿고 따르는 신의에 있음을 천명한 것이다.

〈정석가〉는 경쇠의 재료들을 소재로 연향의 유흥적 분위기를 반영하면서 님에 대한 찬미와 충성의 뜻을 표현한 작품이다. 제1연에서 연행의 현장성과 함께 경쇠를 연주하며 노래하는 의의를 밝혔다. 제2~5연은 경쇠의 재료가 되는 가는 모래, 옥, 무른쇠, 무쇠 등을 소재로 연회석의 군밤과 황소 요리, 주변 원지의 연꽃과 석가산의 바위, 무사의 철릭 등 연회 장소의 사물들을 연관 지어 표현하였다. 제6연에서 연회 참석자의 장식품인 구슬을 비유로 삼아 님을 믿고 따르겠다는 뜻을 천명하였다. 이러한 구성, 표현, 주제로써 궁중 연향의 흥취를 고조하는 한편 님에 대한 찬미와 다짐을 나타내었다. 기발한 발상과 유려한 표현이 돋보이는 고려 시대의 송가(頌歌)로서 당대 연향의 분위기를 느껴 볼 수 있게 하는 작품이다.

## 4.2 한림별곡

〈한림별곡(翰林別曲)〉은 고려 고종대(1213~1259) '한림 제유(翰林諸儒)', 한림원의 여러 유생들이 지은 경기체가이다. 전 8연으로 되어 있는데 제1연에 나온 여덟 문사가 돌아가며 한 연씩 지었을 것으로 추정된다. 그들은 유원순(兪元淳/승단升旦, ?~1232), 이인로(李仁老, 1152~1220), 이공로(李公老, ?~1224), 이규보(李奎報, 1168~1241), 진화(陳澕, 1180?~?), 유충기(劉沖基, ?~?), 민광균(閔光鈞, ?~?), 김양경(金良鏡/인경仁鏡, ?~1235)인데, 대부분 금의(琴儀, 1153~1230)를 좌주로 모신 문생들이다. 과거제 실시 이후 고려의 문신은 시험 주관자인 지공거를 좌주로 한 문생이 되어 서로 사제 관계를 맺는 관습을 이루었다. 이 작품은 좌주와 문생이 모여 연회를 베푼 자리에서 지어져 불린 것이다.

고려 고종대에 창작된 이 작품은 조선 중기까지 문신의 하례연에서 불렸으니 노래의 생명력이 상당히 오래 지속하였다. 이황(李滉, 1501~1570)이 '뽐내면서 방탕하고 거만하게 희롱한다(矜豪放蕩 褻慢戲狎).'고 비판한 데서 보듯이 시대에 따라 달라진 향유 문화 속에도 명맥을 이어 갔던 것이다. 오늘날의 관점에서 보면, 방탕하고 희롱하는 양상보다 문사로서의 긍지와 자부심, 중세적 인문 교양과 미적 감각, 유흥의 정취와 향락적 분위기 등이 그것대로 의미 있게 여겨진다. 이에 작품의 각 연을 따라 감상하면서 고려 시대 문사들의 흥겨움에 공감해 보고자 한다.

전체 8연은 내용 면에서 앞 6연과 뒤 2연으로 나누어 볼 수 있다.

제1연 문사의 이름과 글쓰기의 장기, 제2연 책 읽고 외우기, 제3연 글씨 쓰기, 제4연 술 마시기, 제5연 꽃 감상, 제6연 음악 감상 등이 나열식으로 제시되었다. 문사들의 장기와 관심사, 연회에서의 자랑거리와 즐길거리를 나열함으로써 유흥의 다채로운 양상을 압축적으로 표현한 것이다. 이어지는 제7연의 신선 세계와 정원 산책, 제8연의 그네뛰기는 유흥을 위한 연회의 행사를 그린 것이어서 앞의 연들에 비해 연행의 현장성이 두드러진다. 기녀를 분장시킨 신선 놀이 연출, 기녀의 그네뛰기 공연이 그려져 놀이로써 연회의 흥취를 한껏 고취하는 내용이라 할 수 있다.

> 원슌 문(元淳文) 인노 시(仁老詩) 공노 ᄉᆞ륙(公老四六)
> 니 정언(李正言) 딘 한림(陳翰林) 솽운 주필(雙韻走筆)
> 튱긔 ᄃᆡᄎᆡᆨ(冲基對策) 광균 경의(光鈞經義) 량경 시부(良鏡詩賦)
> 위 시댱(試場)ㅅ 경(景) 긔 엇더ᄒᆞ니잇고
> 엽(葉) 금 ᄒᆞᆨᄉᆞ(琴學士)의 옥슌문ᄉᆡᆼ(玉笋門生) 금 ᄒᆞᆨᄉᆞ(琴學士)의 옥슌문ᄉᆡᆼ(玉笋門生)
> 위 날조차 몃 부니잇고[27]

제1연은 당대의 명유, 문사들이 한자리에 모인 성대한 모임의 광경을 칭송하였다. 문사로서 그들은 여러 가지 글을 썼겠으나 여기서는 각자의 장기가 된 문체 하나씩만 지목하여 나열하였다. 이는 오랜 문필 경력 속에 사람들에게 인정받은 것이므로 이 모임은 어느 한 차례의 '시장'(과거 시험장)을 지칭한 것은 아니다. 여러 번 '시장'이 열렸고 여러 벼슬을 거친 인물들의 장기가 여론에 의해 형성된 즈음의 모임이다. 그

27 『악장가사』. (→○)는 『고려사』 「악지」의 표기이다. 원문의 '元淳文원슌문' 식 표기를 '원슌 문(元淳文)' 식으로 고쳐 인용한다.

리하여 서로에 대한 존경, 좌주인 금의에 대한 감사의 마음을 바탕으로 각자의 장기인 글을 지목하여 문사로서의 자긍심을 한껏 드높이고 있다.

당·한셔(唐漢書) 장·로ᄌᆞ(莊老子) ᄒᆞᆫ·류문집(韓柳文集)

니·두집(李杜集) 난ᄃᆡ집(蘭臺集) ᄇᆡᆨ락텬집(白樂天集)

모시 샹셔(毛詩尙書) 쥬역 츈츄(周易春秋) 쥬·ᄃᆡ 례긔(周戴禮記)

위 주(註) 조쳐 내 외옰 경(景) 긔 엇더ᄒᆞ니잇고

엽(葉) 태평광긔(大平廣記) ᄉᆞᄇᆡᆨ여 권(四百餘卷) 대평광긔(大平廣記) ᄉᆞᄇᆡᆨ여 권(四百餘卷)

위 력남(歷覽)ㅅ 경(景) 긔 엇더ᄒᆞ니잇고

진경셔(眞卿書) 비ᄇᆡᆨ셔(飛白書) ᄒᆡᆼ셔 초셔(行書草書)

뎐류셔(篆籒書) 과두셔(蝌蚪書) 우셔남셔(虞書(→世)南書)

양슈필(羊鬚筆) 셔슈필(鼠鬚筆) 빗기 드러

위 딕논 경(景) 긔 엇더ᄒᆞ니잇고

엽(葉) 오ᄉᆡᆼ 류ᄉᆡᆼ(吳生劉生) 량 션ᄉᆡᆼ(兩先生)의 오ᄉᆡᆼ 류ᄉᆡᆼ(吳生劉生) 량 션ᄉᆡᆼ(兩先生)의

위 주필(走筆)ㅅ 경(景) 긔 엇더ᄒᆞ니잇고

문사의 지식과 교양은 책을 통해 얻고 글씨를 통해 드러난다. 제2연의 서적들은 『당서』·『한서』·『춘추』의 역사서, 한유·유종원·이백·두보·반고·백거이의 문집, 『모시』·『상서』·『주역』·『주례』·『(소대小戴)예기』의 경서, 『장자』·『노자』의 제자백가서 등에 더하여 『태평광기』 같은 설화 소설집을 망라하였다. 제1행에 '당·한셔'를 이어 '장·로ᄌᆞ'가 나와 당시 노장 사상이 퍼져 있었음을 짐작할 수 있고 제3행 유교 경전보

다 제1, 2행 당나라 문인의 문집들을 앞에 내세운 점에서 고려 과거제에서 명경과보다 진사과가 우선했던 역사상을 엿보게 한다. 더욱이 400여 권을 통독할 만큼 『태평광기』를 즐겼고 그것을 자랑하고 있는 것은 당대 독서 문화의 한 특징이라 할 만하다.

제3연의 글씨는 안진경체, 우세남체와 같은 해서와 함께 전서·주서·행서·초서를 말하고 특이한 서체인 비백서·과두서도 언급하였다. 다양한 해서 중에서도 안진경, 우세남의 서체가 당시에 유행하고 전서에서 초서까지 여러 서체가 두루 쓰인 정황이 보인다. 제5, 6행에서 '오싱 류싱' 두 선생의 붓 휘두르는 솜씨를 칭송하였는데 두 사람은 당대 최고의 명필이었겠으나 누군지는 알 수 없다.

황금쥬(黃金酒) 빅ᄌᆞ쥬(柏子酒) 숑쥬 례쥬(松酒醴酒)
듀엽쥬(竹葉酒) 리화쥬(梨花酒) 오가피쥬(五加皮酒)
잉무잔(鸚鵡盞) 호박빅(琥珀盃)예 ᄀᆞ득 브어
위 권샹(勸上)ㅅ 경(景) 긔 엇더ᄒᆞ니잇고
엽(葉) 류령 도즘(劉伶陶潛) 량 션옹(兩仙翁)의 류령 도즘(劉伶陶潛) 량 션옹(兩仙翁)의
위 취(醉)혼 경(景) 긔 엇더ᄒᆞ니잇고

제4연에서 문사들의 회합이 글, 책, 글씨의 지식과 교양을 나누는 자리만이 아니라 마시고 노는 자리임을 나타내었다. 여기서 말한 술들이 모임에 모두 나온 것은 아닐 터이나 황금주에서 오가피주까지 술 이름 하나하나 불릴 때 그 색깔, 냄새, 맛이 상상되었을 것이다. 누런 쌀로 만든 황금주, 잣 술, 솔 술, 단 맛의 예주, 댓잎 술, 배꽃 필 때 담그는 술, 오가피 술 등, 아직 독한 증류주가 보급되지 않은 시기의 발효주들이라서 오히려 각자의 매력을 지닌 술들이다. 연회에 나온 술 이외의

술맛을 상상한 탓인지 제5, 6행에는 은유법을 써서 유령·도잠처럼 취한 모습을 그려 놓았다. 죽림칠현의 유령, 〈도화원기〉의 도잠과 같은 은일과 신선 추구의 경향이 이 모임에도 드리워져 있다.

여덟 문사들의 장기와 관심사를 펼쳐 보이고 나서 모임의 유흥을 돋우는 시·청각적 배경을 제재로 삼았다.

홍모단(紅牧丹) ᄇᆡᆨ모단(白牧丹) 뎡홍모단(丁紅牧丹)
홍쟉약(紅芍藥) ᄇᆡᆨ쟉약(白芍藥) 뎡홍쟉약(丁紅芍藥)
어류 옥ᄆᆡ(御柳玉梅) 황ᄌᆞ장미(黃紫薔薇) 지지 동ᄇᆡᆨ(芷芝冬柏)
위 간발(間發)ㅅ 경(景) 긔 엇더ᄒᆞ니잇고
엽(葉) 합듁도화(合竹桃花) 고온 두 분 합듁도화(合竹桃花) 고온 두 분
위 샹영(相映)ㅅ 경(景) 긔 엇더ᄒᆞ니잇고

아양 금(阿陽琴) 문탁 뎍(文卓笛) 종무 듕금(宗武中琴(→笒))
ᄃᆡ어향(帶御香) 옥긔향(玉肌香) 솽개야(雙伽耶)ㅅ고
금션 비파(金善琵琶) 종디 ᄒᆡ금(宗智稽琴) 셜원 당고(薛原杖鼓)
위 과야(過夜)ㅅ 경(景) 긔 엇더ᄒᆞ니잇고
엽(葉) 일지홍(一枝紅)의 빗근 뎍취(笛吹) 일지홍(一枝紅)의 빗근 뎍취(笛吹)
위 듣고아 ᄌᆞᆷ드러지라

제5연은 연회석의 앞뜰이나 실내를 장식한 꽃, 제6연은 연회에서 두루 연주되는 음악을 나열하여 연향의 흥취를 표현하였다. 제5연 제1, 2행을 채운 꽃은 모란과 작약이고 이어서 제3행에 수양버들, 옥매화, 노란 장미, 자줏빛 장미, 지초, 동백, 제5행에 협죽도 꽃이 나온다. 다른 꽃들에 비해 모란과 작약의 종류를 세분한 데서 당대의 취향이 두 꽃으

로 몰렸음을 짐작할 수 있다. 이 꽃들도 한자리에 모두 핀 것은 아닐 테니 모임의 현장에 피어 있는 꽃을 단서로 연상하여 나열한 것이다. 제5, 6행의 협죽도 꽃을 두 화분에 담아 서로 어울리게 한 것은 실내의 풍경을 그린 것으로 보인다. 이렇듯 제5연은 '홍모단'을 필두로 한 꽃의 향연이 펼쳐져 붉은색이 감도는 화사하고 들뜬 분위기를 조성하고 있다.

제6연의 인명-악기로 나열된 것에서 인명에 해당하는 인물이 역사상 누구인지 알기가 어렵다. '옥긔향'이 『고려사』「열전」 '최이전'에 기록된바 최이의 애첩이라는 것, '금션'이 『악학궤범』〈정읍사〉의 한 구절 '금선조(金善調) 어긔야 내 가논 ᄃᆡ 점그ᄅᆞᆯ셰라'의 해당 인물이리라는 점, 'ᄃᆡ어향'은 『진찬의궤』의 〈헌선도〉에 '화기인온대어향(和氣氤氳帶御香)'에도 나온다는 것 정도만 확인된다. 옥기향을 고려하면 대어향, 일지홍도 기녀일 텐데 이들 모두 또는 일부가 모임에 참석하여 연주했을 수 있다.

그 밖의 인명은 기존 자료에 나오지 않으나 『화랑세기』에 김유신의 조모 '아양' 공주, 제7대 풍월주 '설원'이 보여[28] 혹시라도 '아양 금, 셜원 댱고'의 인명과 관련되지 않을까 조심스레 추측해 본다. 전통적인 연주법과 연주자, 악기 이름이 삼국과 신라 시대를 거쳐 고려 시대로 전해졌을 법하기 때문이다. 현재로서는 제4행 '과야ㅅ 경'으로 인해 제6연의 이름들이 당대의 악기 연주자일 가능성이 크지만 전래된 연주자의 이름일 수도 있지 않을까 싶다.

제6연까지 연회를 이루는 다채로운 제재들이 다루어진 다음에 제7, 8연에 연회에서 연출된 행사가 그려진다.

---

28 신재홍, 『화랑세기 역주』, 태학사, 2009, 70면, 39-43면.

봉ᄅᆡ산(蓬萊山) 방댱산(方丈山) 영쥬 삼산(瀛洲三山)

ᄎᆞ 삼산(此三山) 홍류각(紅樓閣) 쟉약 션ᄌᆞ(婥妁仙子)

록발 ᄋᆡᆨᄌᆞ(綠髮額子) 금슈댱리(錦繡帳裏) 쥬렴 반권(珠簾半捲)

위 등망 오호(登望五湖)ㅅ 경(景) 긔 엇더ᄒᆞ니잇고

엽(葉) 록양록듁ᄌᆡ뎡반(綠楊綠竹栽亭畔)애 록양록듁ᄌᆡ뎡반(綠楊綠竹栽亭畔)애

위 뎐 황ᄋᆡᆼ(囀黃鶯) 반갑두셰라

당당당(唐唐唐) 당츄ᄌᆞ(唐楸子) 조협(皂莢) 남긔

홍(紅)실로 홍(紅) 글위 ᄆᆡ요이다

혀고시라 밀오시라 뎡 쇼년(鄭少年)하

위 내 가논 ᄃᆡ ᄂᆞᆷ 갈셰라

엽(葉) 샥옥 셤셤(削玉纖纖) 솽슈(雙手)ㅅ길헤 샥옥 셤셤(削玉纖纖) 솽슈(雙手)ㅅ길헤

위 휴슈 동유(携手同遊)ㅅ 경(景) 긔 엇더ᄒᆞ니잇고

제7연은 삼신산, 오호를 상징한 석가산과 연못에서 산 위의 붉은 누각에 선녀 형상의 기녀가 노니는 모습을 연출한 것이고, 제8연은 나무에 홍실을 매어 기녀가 그네 타는 광경을 노래한 것이다. 제7연의 삼신산과 오호의 상징성은 제2연 '장·로ᄌᆞ', 제4연 '류령 도ᄌᆞᆷ 량 션옹'과 연결된 것인데 삼신산 위 누각의 창에 비친 선녀의 형상을 연출하여 신선 세계의 주제를 연극적 놀이 형태로 표현하였다. 이러한 광경은 아마도 당대에 유행하던 산대희(山臺戲)의 연출 장면을 본뜬 것으로 짐작된다. '홍류각 쟉약 션ᄌᆞ'라는 구절은 제5연 '홍쟉약'의 음과 색깔을 이어받아 연극적인 상황을 구성하여 신선 세계의 분위기를 나타낸 것으로 볼 수 있다. 이러한 연못의 주변에 버들과 대나무 숲이 조성되었는데 화자는

그곳의 정자에서 꾀꼬리 소리를 들으면서 풍경을 즐기고 있다. 작품의 분위기상 문사들 각자 기녀를 데리고 정자와 숲속을 산책하는 모습으로 여겨진다.

제8연은 당추자(호두)나무와 주엽(쥐엄)나무에 붉은 그넷줄을 매어 두고 기녀가 그네 타는 모습을 바라보는 것이다. 그네는 두 나무에 매였기에 이쪽과 저쪽 그네를 탄 기녀들이 '내 가논 ᄃᆡ ᄂᆞᆷ 갈세라'라며 서로 경쟁하듯이 그네뛰기 하는 모습을 표현하였다. 제5, 6행에서 옥을 깎은 듯 곱고 여린 두 손이 그네의 양쪽 줄을 잡고 오락가락하는 곳의 아랫길로는 나머지 기녀들이 문사들과 각자 손잡고 노니는 모습을 그렸다. 그리하여 제7, 8연은 문사들이 연회에서 기녀와 어울려 노는 흥취를 도선적(道仙的), 탈속적 취향과 분위기 속에서 읊은 것이라 할 수 있다.

〈한림별곡〉은 13세기 전반 무신 집권기의 문사들이 좌주 문생으로 모여 한바탕 연회를 베풀며 지어 부른 흥취 넘치는 작품이다. 문사로서의 지식과 교양, 취향과 유흥이 전 8연에 다채롭게 그려져 있다. 제6연까지 문사의 교양과 연회의 볼거리, 들을 거리를 표현한 것에서 제7, 8연에 연극적 상황과 놀이를 연출함으로써 정취와 감흥을 고조하는 쪽으로 나아갔다. 중세 문인 사대부의 품위를 유지하면서 기녀와 어울려 노는 모습이 그려져 있어 당대 유흥 문화의 양상이 잘 나타난 작품이다.

## 4.3 어부사시사

〈어부사시사(漁父四時詞)〉는 윤선도(尹善道, 1587~1671)가 1651년 그의 나이 65세에 보길도 부용동에서 지내며 지은 연시조이다. 춘하추동 네 계절에 10수씩 배치되어 전 40수로 이루어졌는데 각 작품의 행 사이에 여음구가 붙어 있어 형식적 특징을 보여 준다. 워낙 유명한 작품이어서 많은 연구와 감상이 축적되어 왔다. 여기서는 화자의 '어부생애(漁父生涯)'에서 얻은 인생의 즐거움과 유쾌함에 대해 시간, 자연, 인간 사이의 관계를 고려하여 감상해 보고자 한다.

먼저 40수 전체의 구성과 화자의 성격, 시적 분위기를 살펴서 개별 작품 감상의 사전 이해로 삼는다. 이 작품은 고려 가요 〈어부가〉를 계승했으므로 그 작품에 들어 있던 여음구를 약간 조정해서 붙여 놓았다. 배를 출항하여 바다에서 작업하고 나서 포구로 돌아오는 일정에 맞춘 여음구를 각 계절의 10수에 동일한 순서로 배치한 것이다. 제1, 2행 사이에 붙은 'ᄇᆡ 떠라–단 드러라–돋 ᄃᆞ라라–이어라–이어라–돋 디여라–ᄇᆡ 셰여라–ᄇᆡ ᄆᆡ여라–단 디여라–ᄇᆡ 브(븟)텨라'는 배를 띄우고, 닻을 들어 올리고, 돛을 달고, 노를 젓고, 또 젓고, 돛을 내리고, 배를 세우고, 배를 잡아매고, 닻을 내리고, 배를 붙이는 일을 시키는 말이다. 어부들끼리 뱃일을 하면서 서로 호령하는 말이 여음구가 되었다. 다음의 제2, 3행 사이에는 '지국총 지국총 어ᄉᆞ와'라는, 노 젓는 소리에 어부의 기합 소리를 연결한 의성어가 붙었다. 출항에서 귀환까지 배의 운항을 나타낸 앞의 여음구에 덧붙어 운항 중에 들리는 노동의 소리가 반복된다. 이러한 여음구가 주는 청각적 효과로 인해 각 작품은 배의 움직임을 배경에 둔 시상의 전개를 따라 배 위에서 듣는 듯한 현장감을 자아낸다.

여음구와 개별 작품에 나타나는 것처럼 화자는 자기 집 하인 또는 동네 어부를 데리고 바다로 나가 낚시를 하거나 경치를 완상하는 사람이다. 뱃일과 고기잡이는 그들의 몫으로 미루고 배 타고 바다에 나가 누릴 수 있는 온갖 것들에 관심을 둔다. 그러므로 화자의 여유와 쾌락은 다른 사람의 노동에 의지해서 얻은 것이다. 조선 시대 재지사족(在地士族)의 일반적인 생활 양태인 만큼 이러한 전제 조건을 염두에 두고 작품을 이해할 필요가 있다.

춘하추동 사계에 걸쳐 40수를 이루었다는 점도 중요하다. 시간의 흐름 속에 자연은 색과 모양을 수시로 바꾼다. 자연에 깃들어 사는 인간은 그 변화에서 여러 가지 감흥을 얻는 동시에 자신이 지닌 정서와 의식을 투영하여 감상한다. 시간이 흐를수록 사람은 나이를 먹고 늙어 가지만 자연은 봄이 가고 한 해가 지나면 다시 봄이 온다. 인간의 존재적 시간과 자연의 순환적 시간이 부딪치는 어름에서 흥과 쾌락의 의미가 심화, 확장된다. 그러기에 자연 속에서 느끼는 감흥이 마냥 즐거울 수만은 없다. 작품 곳곳에 세상과의 거리감, 인간사에 대한 울분, 마음에 품은 지조 등이 나타나는 것도 이러한 두 가지 시간의 부딪침에서 나온 필연적인 현상이다.

이러한 점들을 고려하면서 개별 작품을 감상해 보기로 한다. 사계절의 감흥을 표현한 서정시이므로 당연히 시상의 중심은 시간 감각에 있다. 봄, 여름, 가을, 겨울의 계절감이 두드러지지만 그 속에는 아침, 낮, 저녁, 밤의 하루 일과에 따른 느낌이 담겨 있고, 좀 더 세밀히 보면 장마, 풍랑, 폭설처럼 각 계절 중의 일정한 시간대가 시적 배경을 이루기도 한다. 또한, 작품의 소재가 되는 자연 현상은 어느 계절에 특징적인 것이 있기 마련이어서 그 소재에 집중하여 계절감을 부각한 작품도 있다. 봄의 안개, 여름 바람, 가을 달, 겨울의 눈 개인 풍경 등이 집중 조명된 다음의 예가 그러하다.[29]

우ᄂᆞᆫ 거시 벅구기가 프른 거시 버들 숩가
어촌(漁村) 두어 집이 ᄂᆡᆺ 속의 나락들락
말가ᄒᆞᆫ 기픈 소희 온간 고기 뛰노ᄂᆞ다 – 춘사(春詞) 4 –

마람 닙희 ᄇᆞ람 나니 봉창(篷窓)이 서ᄂᆞᆯ코야
녀ᄅᆞᆷ ᄇᆞ람 뎡ᄒᆞᆯ소냐 가ᄂᆞᆫ 대로 ᄇᆡ 시겨라
븍포 남강(北浦南江)이 어ᄃᆡ 아니 됴흘러니 – 하사(夏詞) 3 –

흰 이슬 빋견ᄂᆞᆫᄃᆡ ᄇᆞᆯ근 ᄃᆞᆯ 도다 온다
봉황루(鳳凰樓) 묘연(渺然)ᄒᆞ니 청광(淸光)을 눌을 줄고
옥토(玉兎)의 띤ᄂᆞᆫ 약(藥)을 호ᄀᆡᆨ(豪客)을 먹이고쟈 – 추사(秋詞) 7 –

간밤의 눈 갠 후(後)에 경믈(景物)이 달란고야
압희ᄂᆞᆫ 만경 류리(萬頃琉璃) 뒤희ᄂᆞᆫ 쳔텹 옥산(千疊玉山)
션계(仙界)ㄴ가 불계(佛界)ㄴ가 인간(人間)이 아니로다 – 동사(冬詞) 4 –

각 계절의 10수는 대개 제1, 2수에 어촌 포구에서 배를 띄어 바다로 나갔다가 제9, 10수에 밤이 되어 집으로 돌아오는 광경을 그리고 있다. 그러므로 위의 제3, 4, 7수는 바다 위나 기착지에서 보는 풍경을 읊은

29 윤선도 저, 이형태 외 역주, 『고산유고』, 소명출판, 2012에 실린 원문을 옮긴다. 이 책의 주석과 함께 한국고전번역원, 『한국고전DB』의 이승현 번역 및 주석(2015)을 참조하였다.

것이다.

춘사 제4수는 봄이 되어 따뜻해진 날씨에 바닷물에서 올라오는 'ᄂᆡ'(안개)의 퍼짐과 흐름에 따라 어촌과 바다 풍경이 변하는 모습을 포착하였다. 봄 안개가 짙었다가 옅었다가 하면서 바람 따라 흐르는 중에 멀리 어촌을 바라보니 물오른 버들 숲의 연녹색에 겹쳐 뻐꾸기 울음소리가 들려온다. 눈을 돌려 화자가 앉은 배 옆으로 바닷속을 들여다보니 맑은 물에 온갖 고기가 뛰놀고 있다. 만물이 소생하는 계절에 연비어약(鳶飛魚躍)의 생동감을 느끼는 것이다.

하사 제3수는 여름에 뜸(비·바람·볕을 막기 위해 짚·띠·부들 따위로 거적처럼 엮어 만든 물건)으로 덮은 배를 타고 나가 바람 부는 대로 다니는 모습을 그렸다. 햇볕을 막기 위해 뜸(봉篷)을 설치했으나 여름이라 무더웠는데 강가에 떠 있는 마름 풀잎에 일렁이는 바람이 봉창 안까지 밀려들어 시원함을 느낀다. 마름의 흔들림에 바람의 기운을 감지하였고 방향이 일정치 않은 여름 바람에 배를 맡겨 어디에 가더라도 상쾌한 느낌을 받는다.

추사 제7수는 가을밤 휘영청 밝은 달빛을 따라 시상을 펼친다. 밤이슬이 희게 빛나는 것을 보며 달이 돋아 그 빛이 비스듬히 비치어 흰 빛이 도드라졌음을 감지한다. 그래서 눈을 들어 밤하늘의 달을 쳐다보고 그의 마음을 헤아려 본다. 맑은 빛은 봉황 새긴 누각에 제일 먼저 비추어야 할 터이나 그곳이 아득히 멀기에 누구를 택할지 달이 망설이는 듯하다. 그래도 달 속의 옥토끼가 찧는 불사약은 호기로운 손님을 먹이려고 할 것 같다. 이렇게 생각하면 달의 맑은 빛과 옥토끼의 약이 봉황루에 계신 임금에게 바쳐져야 할 것이나 그곳이 너무 먼 관계로 호객인 화자의 차지가 되었으니 못내 송구스럽다. 이러한 마음을 품은 채로 달빛 비추는 그윽한 분위기와 약에서 풍기는 듯한 주변의 향취에 빠져들어 간다.

동사 제4수는 하룻밤 사이에 온 세상이 눈으로 덮인 겨울 풍경을 그려 내었다. 간밤에 내린 눈으로 경치가 확 바뀌어 있어 감탄이 절로 나온다. 앞뒤 좌우를 둘러보며 감상하니 바다 물결은 눈부신 겨울 햇빛을 받아 찰랑이고 첩첩한 산은 눈으로 덮여 구슬처럼 반짝인다. 황홀한 풍경 속에 있으니 지금 이곳은 신선이나 부처가 사는 초월의 공간인 듯이 여겨진다.

이처럼 사시사철 자연과 기후의 변화에 민감한 즐거움을 누리기도 하나 어부 생활의 실질적인 쾌락은 배 타고 바다에 나가 낚시하고 노는 데에 있다. 바다로 둘러싸인 어촌에 사는 화자로서는 생활상의 필요든 여가의 유흥이든 바다에서 노는 흥취야말로 즐거움의 원천이 된다.

년닙희 밥 싸 두고 반찬으란 장만 마라
청약립(靑蒻笠)은 써 잇노라 녹사의(綠蓑衣) 가져오냐
무심(無心)ᄒᆞᆫ ᄇᆡᆨ구(白鷗)ᄂᆞᆫ 내 좃ᄂᆞᆫ가 제 좃ᄂᆞᆫ가　　　　－하사 2－

고은 볃티 쬐얀ᄂᆞᆫᄃᆡ 믉결이 기름 ᄀᆞᆮ다
그믈을 주어 두랴 낙시ᄅᆞᆯ 노흘 일가
탁영가(濯纓歌)의 흥(興)이 나니 고기도 니즐로다　　　　－춘사 5－

은슌 옥쳑(銀脣玉尺)이 몃치나 걸렫ᄂᆞ니
로화(蘆花)의 블 부러 ᄀᆞᆯᄒᆡ야 구어 노코
딜병을 거후리혀 박구기예 브어 다고　　　　－추사 5－

하사 제2수는 배 타고 나갈 준비로 분주한 마음을 표현하였다. 여름이니만치 연잎에 싼 밥으로 도시락을 삼고 소나기를 만날까 봐 삿갓과 도롱이를 준비한다. 반찬은 고기 잡아 회를 쳐 먹으면 되니까 장만할 필요가 없다. 하인더러 이렇게 시키다가 문득 보니 갈매기는 무심하게 '내' 주변을 오락가락하고 있다. 나의 분주한 태도가 한가한 자연, 여유로운 뱃놀이에 대비되어 머쓱해지나 출항의 흥과 기대만큼은 어쩌지 못한다.

춘사 제5수는 바다에 나가서 즐기는 모습이다. 봄의 고운 햇볕이 쬐니 바다 물결이 기름같이 반지르르 윤기가 돈다. 그물을 풀고 낚싯줄을 놓아 물속에 넣고는 '탁영가', 즉 굴원의 〈어부사(漁父辭)〉 한 구절인 "창랑지수청혜(滄浪之水淸兮)어든 가이탁오영(可以濯吾纓) 하고, 창랑지수탁혜(滄浪之水濁兮)어든 가이탁오족(可以濯吾足) 하리라."를 읊으니 물결 너머로 노랫소리가 울려 퍼져 내면의 흥이 절로 일어난다. 이 같은 흥취에 비하면 그물질, 낚시질이야 잊어도 상관없는 일일 따름이다.

추사 제5수는 바다에서 고기를 잡아 갈대밭이 있는 섬의 해변에 배를 대고 구워 먹는 장면을 연출하였다. 은빛 주둥이에 한 자 길이의 옥색 물고기, 모양 좋은 큰 생선이 그물에 몇 마리나 걸렸는지 물어 본다. 배를 대고 주변의 갈대를 잘라 불을 지펴 생선을 굽는다. 물고기의 은빛 주둥이, 옥색 비늘과 갈대꽃의 은회색이 겹치면서 가을빛을 느낀다. 이에 하인더러 질병을 기울여 술을 따라 박구기(작은 박으로 만든 국자)에 부어 달라고 한다. 가을 정취에 젖고 기름진 안주로 술을 마셔 취하는 즐거움을 만끽하고 있다.

자연에서 즐거움을 누리는 방식은 사람마다 조금씩 다르다. 각자의 취향과 시선, 안목과 교양 등에 따라 좀 더 예민하게 받아들이는 풍광이 있다. 중세 시인으로서 화자는 축적된 문학적 교양을 바탕으로 자연을 감상하고 있다.

> 밤ᄉᆞ이 풍낭(風浪)을 미리 어이 짐쟉ᄒᆞ리
> 야도횡쥬(野渡橫舟)를 뉘라셔 닐럿ᄂᆞᆫ고

간변유초(澗邊幽草)도 진실(眞實)로 어엳브다 – 하사 9 –

숑간 셕실(松間石室)의 가 효월(曉月)을 보쟈 ᄒᆞ니
공산 락엽(空山落葉)의 길흘 엇디 아라볼고
ᄇᆡᆨ운(白雲)이 좃차오니 녀라의(女蘿衣) 므겁고야 – 추사 10 –

하사 제9수는 밤사이에 풍랑의 영향을 받은 강변 풍경을 보고 옛 시를 떠올렸다. 풍랑으로 배가 가로놓인 모습이 마치 위응물의 〈저주서간(滁州西澗)〉에 표현된 것과 흡사하다. '유독 시냇가에 풀이 난 게 좋은데 / 위에는 꾀꼬리가 울창한 나무에서 울어댄다. / 비 내린 봄 시내 저녁 되자 빨라지고 / 나루터에 사람 없이 배만 가로놓였구나.'[30]의 끝 행이 생각난 것이다. 그랬더니 냇가의 그윽한 곳에 나 있는 풀이 보이는데 이 또한 그 시의 첫 행에 해당한다. 그리하여 화자는 옛 시인의 표현에 공감하면서 현재의 감흥을 음미하고 있다.

추사 제10수는 귀항하여 집으로 가는 길에 느낀 바를 말하였다. 소나무 사이 석축의 방에 가서 새벽달을 보려는데 낙엽이 길을 덮어 더듬더듬 가고 있다. 밤하늘을 쳐다보니 흰 구름이 화자를 좇아온다. 문득 이백의 〈백운가송유십육귀산(白雲歌送劉十六歸山)〉에 나온 흰 구름이 떠오른다. '초 땅의 산, 진 땅의 산에 모두 흰 구름 / 흰 구름이 곳곳에서 그대를 길이 좇아오네. / 그대를 길이 좇으니 그대 초산으로 들어가면 / 구름도 그대 좇아 상수를 건너리. / 상수 가에 여라 옷 입고 / 흰 구름에 누울 만하리니 그대 얼른 돌아가게나.'[31]에서 흰 구름이 유씨(劉氏)를

---

30 형당퇴사 엮음, 류종목 외 옮김, 『당시삼백수』2, 소명출판, 2010, 306면의 번역을 약간 수정하였다. 원문은 獨憐幽草澗邊生 上有黃鸝深樹鳴 春潮帶雨晚來急 野渡無人舟自橫.

31 이백 지음, 이영주 외 역주, 『이태백시집』2, 학고방, 2015, 326면의 번역을 약간 수정하였다. 원문은 楚山秦山皆白雲 白雲處處長隨君 長隨君君入楚山裏 雲亦隨君渡湘水 湘水上女蘿

좇았듯이 지금 화자를 좇아오는 중이다. 그 시에 나온 여라(이끼류) 옷도 생각나서 자기도 여라 옷을 입은 은자 같은 사람인지라 몸이 흰 구름에 감싸이니 여라 옷이 오히려 무겁게 느껴진다. 이끼로 만든 옷을 입고 흰 구름에 둘러싸여 사는 은자의 삶을 추구하는 것이다.

작품에 표현된 배의 운항, 사계절의 변화와 더불어 인생의 시간도 흘러간다. 배 타고 노는 중에도 세상사, 인생사에 대한 생각이 끼어든다. 그리하여 삶에 대한 성찰과 감회를 담은 인생론적 발화가 나오게 된다.

> ᄆᆞᆰᄀᆞ의 외로온 솔 혼자 어이 싁싁ᄒᆞᆫ고
> 머흔 구룸 ᄒᆞᆫ(恨)티 마라 셰샹(世上)을 ᄀᆞ리온다
> 파랑셩(波浪聲)을 염(厭)티 마라 딘훤(塵喧)을 막ᄂᆞᆫ또다 –동사 8–

> 어와 져므러 간다 연식(宴食)이 맏당토다
> ᄀᆞᄂᆞᆫ 눈 ᄲᅳ린 길 블근 곳 흣더딘 ᄃᆡ 흥 치며 거러 가셔
> 셜월(雪月)이 셔봉(西峯)의 넘도록 숑창(松窓)을 비겨 잇쟈 –동사 10–

동사 제8수는 물가의 소나무를 보며 느낀 감회를 소나무의 입장에서 표현하였다. 물가에 홀로 서 있는 소나무가 아주 씩씩하게 보인다. 이에 화자는 저 소나무라면 사람들에게 무슨 말을 해 줄까 헤아려 본다. 험한 먹구름을 한스러워하지 말 것이라, 그것이 세상의 모습을 가려 준다. 거친 파도 소리를 싫어하지 말 것이라, 그것이 세상의 먼지와 소음을 막아 준다. 이렇게 말할 것 같은 소나무에게서 속세의 부조리와 다툼에서 벗어나 자연의 거친 환경에 적응해 사는 자세와 뜻을 배우는 것이다.

---

衣 白雲堪臥君早歸.

동사 제10수는 하루, 그리고 사계절의 끝자락에서 노년기의 화자가 지향하는 삶의 자세를 드러내었다. 감탄사로 시작하여 스스로 다짐하는 말로 맺음으로써 감화력을 높이고 있다. 날이 저물어 가니 편히 쉼이 마땅하다는 말은 『주역』 「수괘(隨卦)」의 '군자는 저물어지면 들어와 편히 쉰다. 군자는 낮에 스스로 힘써서 쉬지 않다가 저물녘이 되면 안에 들어와 거하며 편히 쉬어 몸을 안정하니 기거함에 때를 따라 적절히 맞춘다.'[32]와 관련된다. 선비인 화자는 자강불식(自强不息)의 자세로 살고 있으나 노년의 나이, 하루가 끝나는 밤, 한 해를 마무리하는 겨울을 당하여 편안히 쉬고 싶다. 나이와 하루와 시절의 흐름에 맞추어 쉬어야 할 때는 쉬어야 한다. 그렇게 쉬러 가는 발길은 가는 눈 덮이고 붉은 동백꽃 흩어진 길을 흥에 겨워 걷는 것이다. 길을 걸어가서는 소나무 둘러선 집 창문에 기대어 눈 덮인 풍경과 어울리는 달이 서쪽 봉우리를 넘어갈 때까지 앉아 있다. 황혼 빛을 배경으로 흰 색과 붉은 색의 선명한 대비를 거쳐 밤하늘의 겨울 달빛을 따라 자연의 색감이 흐르는 속에 화자는 느긋하고 조용하게 자연을 완상하며 편히 휴식한다.

위와 같은 작품들이 〈어부사시사〉 40수를 채우고 있다. 연작의 끝에 작자의 후서(後敍)가 붙어 있어 작품의 의의를 대변해 준다.

> 맑은 강 넓은 호수에 조각배를 띄우고 물결을 따라 출렁일 때에 사람들에게 한목소리로 노래하며 노를 젓게 한다면 또한 하나의 쾌사(快事)일 것이다. 또 훗날 창주(滄洲)에서 거처할 일사(逸士)가 반드시 나의 이 마음과 뜻이 부합하여 백세의 세월을 넘어 느낌이 일지 않으리라고는 못할 것이다.

---

32 고정희, 『고전시가와 문체의 시학 – 윤선도와 정철의 경우』, 월인, 2004, 152면 각주. 君子以嚮晦入宴息 君子晝則自强不息 及嚮昏晦 則入居於內 宴息以安其身 起居隨時 適其宜也. 이를 번역해 인용하였다.

작품에 대한 작자의 자부심이 나타나 있을 뿐 아니라 우리에게 '쾌사'에 동참하기를 요구하는 듯이 여겨진다. 배 위에서 들으면 더할 나위 없겠으나 그렇지 않더라도 아름다운 우리말로 표현한 자연의 풍광과 정취, 그 속에서 노니는 흥취와 생동감을 문학 작품으로 감상하는 것은 참으로 즐겁고 유쾌한 일이다. 훌륭한 문학 유산을 남겨 주어 그것을 누릴 수 있으니 고맙기 그지없다.

## 4.4 매화사

〈매화사(梅花詞)〉는 안민영(安玟英, 1816~?)의 개인 시조집인 『금옥총부(金玉叢部)』에 실려 있는 8수의 연시조이다. 이 책은 우조, 계면조 등 음악의 곡조에 맞추어 가사를 배열한 것인데 그에 따라 여덟 수는 한데 묶이지 않고 곡조별로 따로 떨어져 수록되었다. 제1수에 붙은 설명에 의하면, 1870년 겨울 박효관(朴孝寬, 1800~?)의 운애 산방에서 박 선생, 오 선생, 평양 기녀 순희, 전주 기녀 향춘과 함께 노래와 거문고 연주를 하였다. 박 선생이 매화를 좋아해서 손수 분재하여 길러 새 순이 돋은 것을 책상에 두었는데 바야흐로 몇 송이는 반쯤 피고 은은한 향기가 풍겨서 이 노래를 지었다고 한다.[33] 이처럼 창작 상황을 구체적으로 밝히고 있어 작품을 이해하고 감상하기에 좋은 참고가 된다.

작자의 설명을 토대로 작품에 나오는 소재들을 분석하여 창작의 정황을 재구해 볼 수 있다. 인왕산 필운대 근처 운애 산방이 작품이 지어진 장소인데 이는 다시 건물, 방 안, 방 밖으로 나누어 볼 수 있다. 건물과 관련된 시어로 '창(제1수), 합리(제5수), 산창(제6수), 동각(제8수)', 그리고 '져 건너(제7수)'가 나온다. '져 건너'를 건물과 연관 지어 이해하는 것은 화자가 지금 있는 방 안에서 '저 건너'를 바라볼 때의 그곳은 마루

---

33 안민영 원저, 김신중 역주, 『역주 금옥총부』, 박이정, 2003, 65면. 余於庚午(1870, 고종 7)冬與雲崖朴先生景華 吳先生岐汝 平壤妓順姬 全州妓香春 歌琴於山房 先生癖於梅手裁 新筍置諸案上 而方其時也 數朶半開 暗香浮動 因作梅花詞 羽調一篇八絶.

나 뜰을 사이에 둔 건물로 생각되기 때문이다. 방 안은 '옥인·이삼 백발옹·거문고·노래·잔(제1수), 매화·촉(제2수), 잔(제4수)'이 있고 방 밖은 'ᄃᆞᆯ(제1수), 눈(제2수), 눈(제3수), 눈·ᄃᆞᆯ(제4수), 달(제5수), ᄇᆞ람·눈·찬 기운(제6수), 나부산·눈·광ᄃᆡ등걸(제7수), 척촉·두견화·눈(제8수)'이 있다. 이 중 '나부산'은 중국의 산이어서 화자가 실제로 보고 있는 산은 아니고 분재의 산 모양 돌, 혹은 매화 그림의 화제(畫題) 속 지명 정도로 추측된다. '척촉·두견화'도 실제로 핀 꽃들이 아니라 비교의 대상일 뿐이지만 매화와 비교되는 꽃들이 보통 이화(李花, 오얏꽃), 도화(桃花, 복사꽃)로서 대개 땅에서 자라 키가 큰 나무의 꽃인 점을 고려하면 작품에서 굳이 철쭉과 진달래를 지목한 것은 분재 매화에 대응하는 분재 철쭉, 분재 진달래를 말하는 것이 아닐까 한다. 이것들은 아직 꽃이 피지 않고 앙상한 나뭇가지로만 화분에 담겨 있었을 터라 화자가 가지만 보고 매화와 혼동할 법하다고 생각된다.

이렇게 보면 작자는 운애 산방의 방 안에서 두 선생, 두 기녀와 함께 노래와 거문고를 연주하고 술을 잔에 따라 마시며 책상 위의 매화를 감상하는 상황에서 시조를 지은 것이다. 방 밖에는 쌓인 눈 위로 차가운 바람이 불지만 대체로 맑은 날씨여서 밤하늘에 달이 둥그렇게 떠 있다. 저 건너 방이나 동쪽 누각에 놓인 몇 개의 분재, 아니면 벽에 걸린 매화 그림과 견주면서 매화를 감상하니 더욱 흥겨워진다. 대강 이 정도의 상황에서 지어졌으리라 짐작하고 작품을 감상해 보기로 한다.

> 매영(梅影)이 부드친 창(窓)에 옥인 금차(玉人金釵) 비겨신저
> 이삼(二三) 백발옹(白髮翁)은 거문고와 노ᄅᆡ로다
> 이윽고 잔(盞) 드러 권(勸)ᄒᆞ랼 제 ᄃᆞᆯ이 ᄯᅩᄒᆞᆫ 오르더라[34]

34 진동혁 역주, 『시조Ⅲ』, 고려대 민족문화연구소, 1996, 211-214면. 원문의 한자어에 음을

전 8수의 서사 역할을 하는 제1수는 창작의 정황을 형상화하고 있다. 창작 배경과 제2, 3수를 참고하면, 초장의 '매화 그림자가 부딪친 창에 옥인의 금비녀 비꼈구나'는 황혼 무렵 방 안에 켠 촛불이 책상 위 매화와 기녀 머리에 꽂힌 비녀를 비추어 창호지 창문에 그림자를 지게 한 모습을 표현한 것이다. 매화와 기녀의 비녀를 창문에 비친 그림자로 표현함으로써 음영으로 그려진 액자 그림이 방 안에 드리운 듯한 분위기를 연출하고 있다. 중장에서 '두세 [명] 백발노인은 거문고와 노래로다'라고 하여 초장의 회화적 심상에 이어 음영에 대비되는 흰색, 액자 그림에 더해지는 청각적 심상이 나타난다. 종장의 '잔 들어 권하려 할 때 달이 또한 오르더라'로써 술잔을 권할 즈음 창 밖에 떠오른 달을 의식하였다. 이로써 운애 산방의 방 안에 몇 사람이 모여 음악을 연주하고 매화와 달을 감상하면서 풍류와 유흥을 즐기는 모습을 그려 내었다.

어리고 성긘 매화(梅花) 너를 밋지 아녓더니
눈 기약(期約) 능(能)히 직혀 두세 송이 픠엿고나
촉(燭) 잡고 갓가이 사랑ᄒᆞᆯ 제 암향(暗香)좃ᄎᆞ 부동(浮動)터라

빙자옥질(氷姿玉質)이여 눈 속에 네로구나
가만이 향기(香氣) 노아 황혼월(黃昏月)을 기약(期約)ᄒᆞ니
아마도 아치 고절(雅致高節)은 너ᄲᅮᆫ인가 ᄒᆞ노라

눈으로 기약(期約)터니 네 과연(果然) 픠엿고나
황혼(黃昏)에 ᄃᆞᆯ이 오니 그림ᄌᆞ도 셩긔거다

---

달고, '하'와 'ᄒᆞ'의 혼용은 'ᄒᆞ'로 통일하여 인용한다. 이 책에는 제5수가 빠져 있어 안민영 원저, 김신중 역주, 앞의 책, 112면에서 보충하였다.

청향(淸香)이 잔(盞)에 ᄯᅥ 잇시니 취(醉)코 놀녀 ᄒᆞ노라

황혼(黃昏)의 돗는 달이 너와 긔약 두엇더냐
합리(閤裡)의 ᄌᆞ든 ᄭᅩᆺ치 향긔 노아 맛는고야
ᄂᆡ 엇지 매월(梅月)이 벗 되는 쥴 몰낫던고 ᄒᆞ노라

제2~5수는 시상과 시어가 서로 얽혀 있어 한 묶음으로 본사 1을 이룬다고 할 수 있다. 제2수 중장은 제4수 초장에서 어구만 약간 바뀌어 반복되고 제3수 중장은 제5수 초·중장으로 확대되면서 반복된다. 또한, 제2수의 '눈 기약'과 제3수의 '황혼월'은 제4수 초·중장으로 이어진다. 제4수 종장 '취하고 놀려 하노라'의 취흥은 제1수의 술잔을 권하는 데에서 더 나아간 것이고, 제5수 종장에 '내'가 나옴으로써 제1수의 인물 구성에서 빠진 참석자로서 화자를 드러내었다. 그리하여 제2~5수는 매화와 눈, 매화와 달이라는 중심 소재를 교차하면서 시상을 중복, 확장하는 가운데 제1수의 풍류와 유흥의 분위기를 심화하는 내용으로 구성되었다.

제2수에서 본격적인 매화 감상과 그로부터 얻은 소회를 나타내었다. '어리고 성긴 매화'로 보아 감상의 대상이 된 분재 매화는 나무줄기에서 가지가 새로 나와 꽃봉오리가 성글게 맺힌 것이다. '너를 믿지 않았더니'로 추측컨대 화자는 이전에 이곳을 들를 때마다 이 분재를 눈여겨보았던 것 같다. 과연 꽃을 피울까 싶었는데 드디어 두세 송이를 피워 낸 것을 보고 '눈 기약 능히 지켜' 그리하였다며 감탄한다. 이러한 마음에서 '촛대 잡고 가까이' 다가가 살펴보니 은은한 향기조차 풍겨 난다. 여기서 매화의 개화를 '눈 기약', 즉 눈 오는 한겨울에 핀다는 오래된 기억과 믿음에 결부하여 의미 부여를 했다는 점이 중요하다. 이 중심어는 본사 1을 넘어 본사 2의 제6~8수에서 본격적인 의미 구현이 이루어진다.

'눈 기약'을 이어받아 제3수 초장은 '빙자옥질이여, 눈 속에 너로구나'라며 눈 속에 피는 매화에 어울리는, 얼음과 옥같이 투명하고 고결한 자질을 부여한다. 또한 제2수 종장의 암향부동을 연장하여 '가만히 향기 놓아'라고 말하고 나서 제1수 종장에서 떠오른 달의 시간성을 분명히 하여 '황혼[에 뜬] 달을 기약하니'라 하였다. 이 중장의 '황혼월'과 관련되어 매화의 또 다른 자질로서 종장에 '아치 고절'을 들어 칭송한다. 눈 기약이 빙자옥질과, 달 기약이 아치 고절과 맺어짐으로써 매화와 눈, 매화와 달이 중심 소재로 부각되면서 시적 의미와 가치를 갖는다. 두 관계 중에서 전자가 고절(高節), 후자가 아치(雅致)에 더 비중이 두어져 의미의 분화 양상도 보인다.

제4수는 제2수의 눈 기약이 초장에서, 제3수의 달 기약이 중장에서 확장되어 '눈으로 기약터니 네 과연 피었구나 / 황혼에 달이 떠오니 그림자도 성기었도다'로 표현되었다. 그러면서 제2수 끝의 암향부동과 제1수 종장의 술잔 권유를 포괄하면서 '맑은 향이 잔에 떠 있으니 취하고 놀려 하노라'고 하여 앞의 풍류와 유흥에 취흥까지 더한다.

제5수는 제3수의 달 기약을 초·중장에서 구체적으로 확장하여 '황혼에 돋는 달이 너와 기약 두었더냐 / 합(閤) 안에 자던 꽃이 향기 놓아 맞는구나'라고 하였다. 종장에서는 제3수의 아치, 제4수의 취흥을 달 기약에 결부하여 매화와 달이 주는 흥취에 젖어 '내 어찌 매화와 달이 벗되는 줄 몰랐던고'라며 감탄한다. 이로써 달 기약이 갖는 의미가 아치, 취흥에 더해 어울림과 조화에 있음을 나타내었다.

이와 같이 제2~5수는 매화를 감상한 소회를 눈 기약과 달 기약으로 압축하여 전자는 빙자옥질과 고절의 의미로, 후자는 아치와 취흥, 어울림과 조화의 의미로 제시하고 있다. 눈 기약이 오래된 역사와 관념의 소산이라면, 달 기약은 창작의 현장에서 얻은 흥취와 풍류의 표현이다. 둘 사이의 교차와 결합을 통해 매화에 대한 정서와 소회를 드러낸 것이다.

ᄇᆞ람이 눈을 모라 산창(山窓)에 부딋치니
찬 기운(氣運) ᄉᆡ여 드러 즘든 매화(梅花)를 침노(侵擄)ᄒᆞᆫ다
아무리 얼우려 ᄒᆞ인들 봄ᄠᅳᆺ이야 아슬소냐

져 건너 나부산(羅浮山) 눈 속에 검어 웃뚝 울통불통 광ᄃᆡ등걸아
네 무ᄉᆞᆷ 힘으로 가지(柯枝) 돗쳐 곳조ᄎᆞ 져리 퓌엿는다
아모리 석은 ᄇᆡ 반(半)만 남아슬망정 봄ᄠᅳᆺ즐 어이ᄒᆞ리오

동각(東閣)에 숨은 ᄭᅩᆺ치 척촉(躑躅)인가 두견화(杜鵑花) ᄂᆡ가
건곤(乾坤)이 눈이여늘 제 엇지 감히 퓌리
알괘라 백설 양춘(白雪陽春)은 매화(梅花)밧게 뉘 이시리

제6~8수는 본사 1의 눈 기약과 달 기약 중에서 전자의 의미를 좀 더 구체화한 것으로서 본사 2에 해당한다. 이는 제4, 5수에서 취흥과 어울림으로 기운 주제를 매화에 대한 전통적인 의미 쪽에 비중을 두어 작품 전체의 주제적 균형을 맞추려 한 것으로 보인다. 이 세 수는 서로 관련을 맺어 눈 기약의 의미에 대해 제6수는 외적인 방해, 제7수는 내적인 힘, 제8수는 '백설 양춘'의 주제어로 드러내었다. 이를 통해 매화에 관념을 부여하여 전통적인 의미를 계승한 면모를 보여 준다.

제6수는 제5수까지의 시상을 전환하여 방 밖의 상황에 주목하였다. '바람이 눈을 몰아 산방의 창에 부딪치니'라고 하여 제1수의 '매화 그림자가 부딪친 창에'의 '부딪치다'라는 시어를 다시 쓰면서도 방 안에서 보는 관점을 바꾸어 밖으로부터 방 안으로 몰아치는 '바람'을 말하였다. 같은 부딪침인데도 방 안에서 창에 비친 매화 그림자를 직접 보는 것과 방 밖에서 방 안으로 불어와 문과 창에 부딪치는 바람을 느끼는 것의 서로 다른 감각이 드러난다. 그리하여 이전까지의 풍류스럽고 취흥이

도도한 분위기에서 일변하여 중장처럼 '찬 기운 새어 들어 잠든 매화를 침노한다'는 심각한 상황을 맞게 된다. 시상의 전환을 통해 긴장감을 고조하여 매화의 형상과 의미를 심화한 것이다. 그리고 종장에서 '아무리 얼리려 한들 봄뜻이야 빼앗을쏘냐'라고 하여 화자가 중점을 둔 '봄뜻', 겨울을 지나 봄을 맞으려는 강인한 의지를 말하였다. 이 봄뜻은 제2수에서 시작된 눈 기약을 이어받아 그 의미를 구체화한 말이다. 바람과 눈에 찬 기운이 '침노하'는 엄하고 모진 외적 조건을 견뎌 내는 매화의 의지와 고절을 이 말로 압축한 것이다.

제7수는 '저 건너 나부산'으로 시작하여 제6수보다도 시상 변화가 더 크게 느껴진다. '나부산'은 중국 수나라 때 조사웅이 꿈에 매화의 정령인 나부 소녀를 만났다는 나부지몽(羅浮之夢)의 배경이 되는 산이지만, 이어지는 '검어 우뚝 울퉁불퉁 광대등걸'과 연결해 보면 화자가 실제로 보고 있는 매화나무와 함께 있는 소재로 생각된다. 이에 대해 두 가지 가능성을 상정할 수 있다. 하나는 매화 분재에 장식으로 놓은 산 모양의 돌 또는 바위를 가리켰을 수 있다. 제6수까지 화자가 가까이 보고 있던 매화에서 눈을 돌려 '저 건너'를 바라보았으므로 이는 다른 분재의 매화와 돌을 말한다고 보는 것이다. 다른 하나는 마루나 안뜰 건너 벽에 걸린 매화도의 화제(畵題)에 나온 산 이름을 지칭하면서 그림에 그려진 노매(老梅), 고매(古梅)를 묘사한 표현으로 이해하는 것이다.

둘 중 어느 것이든 이어지는 중장의 '네 무슨 힘으로 가지 돋치어 꽃조차 저리 피었느냐'로 의미가 수렴된다. 울퉁불퉁 뒤틀리고, 종장의 묘사처럼 나무줄기가 '썩은 배 반만 남'은 고목나무에 가지가 돋아 꽃까지 핀 모습에서 '네 무슨 힘으로'라면서 그 내면의 생명력에 감탄하고 있다. 그 '힘'은 곧 종장 '아무리 썩은 배 반만 남았을망정 봄뜻을 어찌하리오'의 '봄뜻'에서 나온 것이다. 제6수 종장의 '봄뜻'이 여기에 다시 한 번 쓰이면서 이 말이 본사 2의 핵심어로 자리 잡는다.

제8수는 제5수의 '합리(閤裡)에 자던 꽃'에서 '동각(東閣)에 숨은 꽃'으로 대상을 바꾸어 말하였다. 제7수에 이어 방 안의 것이 아닌 다른 장소에 있는 또 다른 분재를 지목한 것이다. 오행에서 동쪽은 봄에 해당하므로 동쪽 누각은 매화가 있기에 적합한 장소이다. 이를 건물의 배치로 생각해 보면 한옥의 본채 끝에 붙은 동쪽의 마루 누각일 것 같다. 이어서 '철쭉인가 진달래인가'라고 하여 동각의 매화를 이화, 도화가 아닌 철쭉과 진달래에 견주었다. 이러한 비교는 분재로 된 꽃나무를 대상으로 나란히 말했다고 생각된다. 거리를 두고 바라보는 분재 중에 매화, 철쭉, 진달래가 어느 것인지 분간하기 어려운 상황에서 언뜻 보이는 매화꽃을 말한 듯하다.

중장에서 '천지가 눈이거늘 제 어찌 감히 피리'라고 하여 철쭉이나 진달래는 꽃을 피울 수 없는 계절임을 분명히 하였다. 그리하여 종장의 '알 만한 일이구나, 백설 양춘은 매화밖에 누가 있으리'로써 동각의 꽃이 매화임을 단언하였다. 이러한 중·종장의 진술은 이제까지의 시상 전개에서 중심을 이룬 '눈 기약'과 '봄뜻'의 의미를 뚜렷이 나타낸 것이다. 어느 꽃과도 비교할 수 없는 매화만의 의미와 가치가 '백설 양춘', 흰 눈 속에서 볕 드는 봄을 맞이하는 것임을 말하였다. 매화에 부여된 오랜 관념으로서 고난과 역경 중에도 극복의 의지를 다지는 것, 압제와 시련 속에서도 절조를 잃지 않는 것의 의미를 드러낸 것이다. 그리하여 본사 1에서 취흥과 어울림으로 기울었던 주제를 본사 2에서 전통적인 절개와 지조의 상징으로 매화를 칭송함으로써 작품 전체의 의미 구조상 균형을 잡아 놓았다.

〈매화사〉는 19세기 조선 사회에서 향유된 가객 중심의 풍류와 유흥 문화를 배경으로 창작된 시조 작품이다. 분재 매화를 감상하면서 눈, 달 등과 관련지어 자태와 품격을 칭송하고 시적 문맥에 맞추어 상징적 의미를 드러내었다. 여덟 수가 서로 연결되고 변화하면서 매화의 형상과 의미가 잘 그려져 있다. 음악, 화초, 술, 어쩌면 그림까지 어우러진 가객, 문인의 취향이 반영되어 풍류와 유흥, 취흥과 어울림, '봄뜻'의 의미를 표현하였다. 각 수가 연결되어 주제를 변주, 심화하면서 매화의 형상과 의미를 구현한, 품격 높은 연작 서정시이다.

## 4.5 상춘곡

〈상춘곡(賞春曲)〉은 정극인(丁克仁, 1401~1481)이 태인(전북 정읍)에 살면서 지은 가사 작품이다. 봄의 경치를 구경하며 즐기는 것을 주제로 삼아 우리말과 한자어를 적절하게 구사하면서 시상을 전개하였다. 향촌 생활에서 느끼는 자연의 정취를 유려하게 그려 내어 조선 전기 가사 문학의 대표작으로 꼽힌다. 교과서에 빠진 적이 거의 없어 많은 이에게 익숙한 작품이고 잘 알려진 내용이어서 오히려 식상할 수도 있다. 그렇지만 자연에서 느끼는 정취는 예나 이제나 큰 감동을 주고 삶을 풍성하게 만드는 요인이 되므로 이 주제를 형상화한 작품은 그저 옛것에 머물지 않고 오늘날 우리의 삶에도 의미를 던진다. 두고두고 음미해 볼 만한 고전 문학인 것이다. 여기서는 자연을 즐기는 화자의 마음과 태도에 주목하여 작품을 감상해 보기로 한다.

작품은 구조적으로 서사, 본사, 결사의 세 단락으로 이루어졌다. 본사의 첫 구가 '엇그제 겨을 지나 새봄이 도라오니'이고 마지막 구가 '엇그제 검은 들이 봄빗도 유여(有餘)ᄒᆞᆯ샤'로 시어 및 시상에서 상응한다. 본사는 춘경(春景)의 감상과 취흥(醉興)의 즐거움을 소주제로 하여 두 부분으로 나누어지고 각각에는 이웃에 산수 구경 요청, 산봉우리에서의 촌락 조망이 덧붙어 있어 네 단락으로 구성되어 있다.

홍진(紅塵)에 뭇친 분네　　　이내 생애(生涯) 엇더ᄒᆞᆫ고

녯사ᄅᆞᆷ 풍류(風流)ᄅᆞᆯ 미ᄎᆞᆯ가 못 미ᄎᆞᆯ가
천지간(天地間) 남자(男子) 몸이 날만 ᄒᆞᆫ 이 하건마ᄂᆞᆫ
산림(山林)에 뭇쳐 이셔 지락(至樂)을 ᄆᆞᄅᆞᆯ것가
수간모옥(數間茅屋)을 벽계수(碧溪水) 앏픠 두고
송죽(松竹) 울울(鬱鬱) 리(裏)에 풍월주인(風月主人) 되여셔라[35]

서사는 대비적인 구도 속에 진술되었다. 불그스름한 먼지 날리는 속세와 푸른 시냇물, 울창한 송죽의 산림을 대비한 데에다가 옛사람과 이내 생애, 세상 남자들과 이내 몸의 비교가 더해진다. 속세에 묻힌 사람들과 산림에 묻혀 있는 자신을 대비하는 중에 옛사람의 풍류에 미치고 싶은 마음, 자기만 한 신분과 처지의 남자라도 자연 속의 지극한 즐거움은 자기만큼 모를 것이라는 자부심을 나타내었다. 이러한 뜻을 포괄하여 서사의 끝에 나온 '풍월주인'이 작품 전체의 주제를 함축한다.

풍월주인이 내포한 의미에 대해 음미해 볼 만하다. '풍월'은 자연 일반을 바람과 달로 대표한 것이니 환유적인 말이다. '주인'은 보통 소유주의 의미를 갖지만 '풍월'과 결합하면 그러한 뜻이 흐려진다. 자연을 소유한다는 관념은 동아시아 전통에서는 이질적이고 실존적으로도 부질없는 것이기 때문이다. 벽계수 앞, 송죽 울울한 속에 수간모옥을 지었다고 해서 그 집과 주변 사물이 모두 화자의 것이 되었다는 의미는 아니다. 시냇물이 흐르고 소나무와 대나무가 둘러선 곳에 초가집을 지어 놓고 그것을 즐긴다는 뜻이 강하다. 그렇다면 풍월주인은 자연을 주체적으로 누리는 사람, 자신의 취향과 적성에 맞게 감상하고 즐기는 사람 정도로 이해할 수 있다.

---

35 『불우헌집』2, 「가곡」(한국고전번역원, 『한국고전종합DB』). 원문의 한자어에 음을 달아 인용한다.

엇그제 겨을 지나 새봄이 도라오니
도화 행화(桃花杏花)ᄂᆞᆫ 석양(夕陽) 리(裏)예 픠여 잇고
녹양방초(綠楊芳草)ᄂᆞᆫ 세우(細雨) 중(中)에 프르도다
칼로 ᄆᆞᆯ아 낸가 붓으로 그려 낸가
조화신공(造化神功)이 물물(物物)마다 헌ᄉᆞ롭다
수풀에 우ᄂᆞᆫ 새ᄂᆞᆫ 춘기(春氣)ᄅᆞᆯ ᄆᆞᆺ내 계워
소ᄅᆡ마다 교태(嬌態)로다 물아일체(物我一體)어니
흥(興)이ᄋᆡ 다ᄅᆞᆯ소냐 시비(柴扉)예 거러 보고
정자(亭子)애 안자 보니 소요음영(逍遙吟詠)ᄒᆞ야
산일(山日)이 적적(寂寂)ᄒᆞᆫᄃᆡ 한중진미(閒中眞味)ᄅᆞᆯ
알 니 업시 호재로다

본사 전반부에서 화자는 봄의 경치를 완상하면서 계절에 따른 풍광의 변화에 경탄한다. 삭막한 겨울 풍경을 뒤로하고 새봄이 돌아온 자연의 경관을 보며 즐거워한다. '복사꽃 살구꽃은 석양빛 속에 피어 있고 / 녹색 버들 꽃다운 풀은 가랑비 속에 푸르도다'는 꽃들이 가장 예쁘게 보일 때와 버드나무와 풀이 푸르름을 더할 때를 시각적 심상으로 포착한 표현이다. 발그레하게 피는 봄꽃에 저녁의 노을빛이 비추고 파릇한 버들과 풀이 가랑비를 맞아 더욱 푸르게 보이는 모습이다. 식물들이 햇빛, 비 등의 기후에 조응하여 생명력을 키우며 변화하는 모습에서 봄날의 아름다움을 찾은 것이다.

이러한 풍경을 보며 '칼로 말라 낸가 붓으로 그려 낸가 / 조화의 신비한 공력이 사물마다 떠들썩하다'면서 감탄한다. 봄 경치를 조화옹이 '칼'과 '붓'을 써서 변화시킨 것으로 표현한 데는 유학자의 의식이 작동하고 있다. 이 두 가지는 대개 무(武)과 문(文)의 상징인데 조화옹이 천지에 조화를 부리는 것은 임금이 나라를 다스리는 것같이 문무를 통해서

라고 본 것이다. 자연의 변화에 경탄하는 데에도 중세 문인으로서 작자 의식이 드러난다.

식물들의 변화를 보는 중에 숲속 새들의 울음소리를 듣는다. 식물의 변화를 시각적으로 수용하고 나서 새소리를 통해 청각적 심상을 이끌어 온다. 움직이는 새와 파동을 이루는 소리는 동적인 심상을 이루어 화자 내면에 '흥'이 일어나는 것을 자극한다. 봄 경치의 변화가 시각적-청각적-역동적 심상을 얻으면서 그것을 보고 즐기는 화자의 마음을 온통 흥에 젖게 만든다. 이렇게 하여 나온 '물아일체'는 사물에서 느끼는 나의 감흥을 사물에 다시 투영하여 주체와 객체, 자아와 세계의 조응으로 인식한 상태를 나타낸다.

흥이 표출되는 양상은 화사하고 떠들썩한 자연 풍경에 비하면 소박하고 조용하다. 기껏해야 사립문 주변을 걸어 보고 초가집 근처에 가설한 정자에 앉아 보는 움직임이 고작이다. 그러면서 '소요음영', 이리저리 거닐며 시를 읊조리는데 조화옹의 솜씨에 경탄했던 앞부분의 태도에서도 꽤 잦아든 모습이다. 이렇게 된 것은 '한중진미', 한가함 속 참맛에 감흥이 집중되었기 때문으로 보인다. 봄 경치를 완상하는 화자의 태도는 향촌의 유학자, 은둔한 선비답게 인간의 마음에 조응하는 자연의 은근한 풍미를 음미하고 자연 친화적 삶과 문학을 통해 성찰하고 성숙하는 것으로 나타난다.

이바 니웃드라 산수(山水) 구경 가쟈스라
답청(踏靑)으란 오ᄂᆞᆯ ᄒᆞ고 욕기(浴沂)란 내일(來日) ᄒᆞ새
아ᄎᆞᆷ에 채산(採山)ᄒᆞ고 나조ᄒᆡ 조수(釣水)ᄒᆞ새

이 부분은 앞의 '알 이 없이 혼자로다'에서 곧바로 '이봐 이웃들아'가 나옴으로써 시상이 급하게 전환되어 이루어진 단락이다. 자아 내면의

흥이 넘쳐서 타자를 끌어들여 함께 도모하려는 욕구를 드러내었다고 할 수 있다. 선비라는 의식보다 향촌 사회의 일원으로서 이웃과 함께 봄을 완상하고자 한 것이다. 증점의 욕기 고사를 떠올린 면은 유학자의 면모이지만 들에 나가 풀 밟으며 산책하고('답청'), 산에 가 나물 캐고('채산'), 물가에서 낚시하는('조수') 일은 향촌의 봄철 행사일 뿐이니 '욕기' 또한 유교적 의미가 약화되어 물가에서 몸 씻는 일 정도로 이해된다. 이러한 활동을 하면서 산수 구경을 가자고 한 것이므로 본격적인 유람을 제안했다기보다 향촌 주변을 다녀 보자는 뜻이 강하다. 더욱이 그렇게 하자고 제안만 했지 실제로 이웃과 산수 구경을 나선 모습은 그려지지 않았다. 화자는 제 흥에 겨워 호기롭게 이웃을 부르며 봄의 흥취를 함께 느껴 보자고 말한 것이다.

ᄀᆞᆺ 괴여 닉은 술을 갈건(葛巾)으로 밧타 노코
곳나모 가지 것거 수 노코 먹으리라
화풍(和風)이 건ᄃᆞᆺ 부러 녹수(綠水)ᄅᆞᆯ 건너오니
청향(淸香)은 잔에 지고 낙홍(落紅)은 옷새 진다
준중(樽中)이 뷔엿거ᄃᆞᆫ 날ᄃᆞ려 알외여라
소동(小童) 아ᄒᆡᄃᆞ려 주가(酒家)에 술을 믈어
얼운은 막대 집고 아ᄒᆡᄂᆞᆫ 술을 메고
미음완보(微吟緩步)ᄒᆞ야 시냇ᄀᆞ의 호자 안자
명사(明沙) 조ᄒᆞᆫ 믈에 잔 시어 부어 들고
청류(淸流)ᄅᆞᆯ 굽어보니 써오ᄂᆞ니 도화(桃花)ㅣ로다
무릉(武陵)이 갓갑도다 져 ᄆᆡ이 긘 거인고

본사 후반부는 취흥을 주제로 다루고 있다. 전반부에서 내면의 흥을 '소요음영'의 움직임으로 드러내었으나 그것만으로는 화사한 봄 경치에

부응할 만큼 흥을 발산할 수가 없다. 흥취를 더 고양할 만한 것이 필요한데 향촌 사대부 남성 화자에게 술 말고는 다른 수단을 구하기 어렵다. 도시에서와 달리 향촌 생활은 논밭에서 난 곡식이 있어 술 담글 여건이 된다. 집집마다 술독에 발효주를 만들면 가까이 두고 마시면서 취흥에 젖을 수 있다. 이러한 면에서 술은 단순히 흥을 돋우는 수단에 그치지 않고 향촌 사회에서 남성 사대부가 누리는 생활 문화라는 의의를 지닌다.

후반부로 들어서는 네 행에서 취흥의 양상이 멋지게 표현되었다. 네 행의 의미 맥락을 고려하면 '수 노코 먹으리라' 뒤에 '홀식'나 'ᄒᆞᆫᄃᆡ'를 보충하여 이해하는 것이 좋을 듯하다. '갓 괴어 익은 술을 갈건으로 밭아 놓고 / 꽃나무 가지 꺾어 수(數) 놓고 먹으리라' 했는데 '온화한 바람이 건듯 불어 푸른 물을 건너오니 / 맑은 향은 잔에 지고 떨어지는 꽃잎은 옷에 진다'의 상황이 연출된 것이다. 네 행은 갈건야복(葛巾野服)의 화자가 갈건으로는 술을 밭고 야복에는 낙홍이 지는 모습으로 묶인다. 앞 두 행은 술을 준비하여 풍류스럽게 마시려는 뜻이, 뒤 두 행은 술을 마시는 중에 펼쳐진 풍류스러운 광경이 서로 관련되어 있다. 특히 후자에서 온화한 바람과 푸른 물이 맑은 향과 떨어지는 꽃잎으로 이어지고 향과 꽃잎이 잔과 옷에 지는 것으로 연결된다. '화풍, 녹수, 청향, 낙홍'의 명사들이 서로 어우러지고 '불다, 건너오다, 지다'의 동사들이 자연의 움직임을 그려 낸다. '녹수, 청향'은 술의 속성을 내포한 면을 통해 향이 잔에 지고 '화풍, 낙홍'은 붉은 심상의 취흥과 어우러져 꽃잎이 옷에 진다. 이로써 앞에 나온 '물아일체'의 또 다른 양상이 그려졌다. 자연의 향과 색이 술과 인간에 배어드는 중에 흥취가 고조되는 것이다.

이렇게 집에서 담근 술을 한 잔 두 잔 마시다 보니 술동이가 비어 버렸다. 이를 핑계로 시동을 데리고 주가에서 술을 받아서 마을 주변에 흐르는 시냇물을 찾아간다. 앞에서 혼자 '소요음영'하였듯이 이제도 '미음완보', 작은 소리로 읊으며 천천히 거닐다가 '시냇가에 혼자 앉아 / 고운 모래 깨끗한 물에 잔 씻어 부어 들고' 술을 마신다. 봄 경치를 완상할 때나 자연 속에서 취흥에 젖을 때나 화자는 혼자서 즐기고 있다. 선비이자 은자로서 옛 노래 또는 한시 구를 읊조리며 호젓이 자연의 풍광을 즐기는 모습이다.

술을 마시다가 시냇물을 굽어보니 물결에 복사꽃잎이 떠내려 온다. 이에 화자는 물이 흘러내리는 근원지가 무릉도원일지도 모른다는 생각을 한다. 옛사람 풍류에 미칠 만하다는 서사의 자부심을 여기서 다시 드러내어 취흥을 타서 도잠의 〈도화원기(桃花源記)〉에 그려진 것처럼 낙원을 찾아가는 행동을 취해 본다. 시냇물의 상류 쪽인 '저 산'을 무릉도원으로 지목하고 그리로 향하는 것이다.

송간 세로(松間細路)에 두견화(杜鵑花)를 부치 들고
봉두(峯頭)에 급피 올나 구름 소긔 안자 보니
천촌만락(千村萬落)이 곳곳이 버러 잇닉
연하일휘(煙霞日輝)는 금수(錦繡)를 재폇는 듯
엇그제 검은 들이 봄빗도 유여(有餘)홀샤

화자는 시냇물에 떠오는 복사꽃잎을 보고 무릉도원의 흥취를 더 가깝게 느끼려고 그 상류의 '산'으로 향해 갔다. 소나무 숲 사잇길을 걸어서 산봉우리에 오른다. 그런데 구름이 끼어 있는 봉우리에서 조망한 것은 낙원이 아니라 너른 들판 여기저기에 집들이 모여 있는 마을들이다. 취흥에 이끌려 산봉우리까지 이르렀으나 정작 시야에 들어온 것은 향촌 풍경이었던 것이다. 본사 전반부에 '이봐 이웃들아'라고 부르며 향촌 사회의 일원으로서 공동체 의식을 드러낸 것처럼 여기서도 취흥의 뒤에 자신이 살고 있는 향촌의 모습을 조망함으로써 그러한 의식을 다시 한

번 나타내고 있다.

무릉도원을 상기하는 '도화'에 비해 손으로 '부쳐 든' '진달래꽃'은 마을 주변의 산과 언덕에 흔하게 핀 꽃이다. 그 꽃을 들고 산봉우리에 '급히 올라 구름 속에 앉아 보'는 것으로써 낙원에의 동경을 현실에 대한 인식으로 의식의 방향을 돌려놓았다. 산에서 조망하는 풍경은 '여러 촌락이 곳곳에 벌여 있네 / 안개 노을 햇빛은 수놓은 비단을 지핀 듯'하다. 이곳저곳에 옹기종기 모여 있는 마을에 안개와 노을이 햇살과 어우러져 퍼지니 수놓은 비단이 [살얼음처럼] 지핀 듯이 아름다운 광경을 연출한다. 이에 '봄빛도 넉넉하'니 텅 빈 공간에 맨 흙만 드러나 있던 '엊그제 검은 들'에는 생명의 기운이 감돈다.

이렇게만 말하고 나서 결사로 넘어간다. 그러나 이 구절은 향촌 사회에서 바야흐로 농사철이 시작되었다는 현실 인식의 내용을 넌지시 드러낸다. 춘경과 취흥에 겨워하던 화자는 산에 올라 촌락들을 내려다보면서 이제 사람들이 들판에 나가 일하는 모습을 은연중에 떠올리는 것이다.

| | |
|---|---|
| 공명(功名)도 날 씌우고 | 부귀(富貴)도 날 씌우니 |
| 청풍명월(淸風明月) 외(外)예 | 엇던 벗이 잇ᄉᆞ올고 |
| 단표누항(簞瓢陋巷)에 | 홋튼 혜음 아니ᄒᆞᄂᆡ |
| 아모타 백년행락(百年行樂)이 | 이만 ᄒᆞᆫ들 엇지ᄒᆞ리 |

결사는 봄의 흥취를 진정하면서 자신의 삶에 대해 성찰하고 있다. 공명과 부귀가 꺼리므로 '청풍명월'밖에 다른 '벗'이 없다면서 본사에서 말한 '혼자'의 의미를 되새기고 서사의 '풍월주인'이 자연을 벗하는 사람임을 상기한다. 이는 달리 말해 부귀공명을 누렸으면 세상의 많은 친구를 얻었을 터이나 자신은 그러한 처지가 못 된다고 여긴 것이다. 그러니

한 도시락과 표주박으로 누추한 동네에서 살더라도 유학의 도리를 지키며 살겠다는 안회의 뜻에 공감하며 부귀공명으로 향하는 '흐트러진 마음 아니하네'라고 다짐한다. 오히려 자연을 벗하고 분수를 지키며 사는 것이 '백년행락', 즐거운 인생임을 자부한다. 그러면서 서사에서 '날만 한 이 많건마는'에 상응하여 '이만 한들 어떠하리'라고 하여 누구 못지않게 자족하는 삶임을 말하며 작품을 마무리하였다.

〈상춘곡〉은 봄의 경치를 완상하는 주제를 시상의 유려한 흐름과 시어의 조화로운 구사로 그려 낸 서정 가사의 대표작이다. 봄을 맞아 자연의 변화를 보며 일어나는 흥취, 뭇 생명들의 생기와 움직임, 자연 속에서 취흥에 젖어 낙원에 든 듯한 느낌, 향촌 사회의 일원으로 이웃과 마을을 생각하는 마음, 분수를 지키며 사는 삶에의 지향 등이 나타나 있다. 욕기, 단표누항 등 유학자로서의 이념을 은근히 드러내었으나 전반적으로 갈건야복의 은둔한 선비로서 향촌의 소박한 삶 속에 자연의 정취를 만끽하는 모습이 그려져 있다. 자연에서 느끼는 흥취와 자족적인 삶의 가치를 잘 표현한 작품이라 하겠다.

# 5

# 유람과 여행

## 5.1 혜성가

〈혜성가(彗星歌)〉는 신라 시대 화랑의 국토 순례, 산수 유람과 관련된 10행 향가이다. 진평왕대(579~632) 어느 때 제5 거열, 제6 실처(돌처), 제7 보동 등 세 화랑 집단이 떠나는 여행에 사람들의 이목이 집중되었다. 금강산을 유람하려고 했는데 불길한 혜성과 바다 저편 왜군이 출현하여 심각한 의혹이 생긴 것이다. 이에 융천(融天)이 재액을 불양(祓禳)하는 의식을 거행하며 이 향가를 지어 불러 흉조를 없애고 오히려 경사를 가져왔다.[36]

산수 유람은 화랑의 활동에서 중요한 의의를 지닌다. 『삼국사기』의 '도의를 서로 연마하고, 가악으로 서로 기뻐하고, 산수를 유람하며 즐긴다.(相磨以道義 相悅以歌樂 遊娛山水)'[37]는 진술에 화랑도의 수행에서 산수 유람이 차지하는 비중이 잘 나타난다. 귀족 청년이 지도자가 되어 무리를 거느리고 신라 국토의 명산대천을 여행하며 제사 지내고 풍류를 즐기고 무예를 연마함으로써 국가의 일을 담당할 만한 역량과 포부를 길렀다. 김유신이 천하를 두루 돌아다니며 동지를 규합한 것, 거득이 거사의 복장으로 비파를 들고 국토를 순행한 것, 응렴이 사방을 노닐며 사람 보는 안목을 얻은 것 등이 대표적인 예이다. 여기에 『화랑세기』의 기록까지 참조하면 화랑의 국토 순례, 산수 유람이 국가적인 행사였음을 알

---

36 『삼국유사』5, 감통7, 「융천사 혜성가 진평왕대」.

37 『삼국사기』4, 「신라본기」4, 진흥왕 37년.

수 있다.

신라 성지의 하나인 금강산은 수많은 화랑과 불승이 심신 수련, 종교 순례, 명승 유람 등을 위한 주요 목적지였다. 국선 부례가 그곳을 순유하다가 오랑캐에게 잡혀간 일, 국선 요원·예흔·계원·숙종이 그곳을 유람하면서 임금과 나라를 위한 뜻으로써 향가를 지은 일 등이 기록되어 있다. 그 주변에 남은 영랑 등 사선(四仙)의 유적과 전설은 고려와 조선 시대까지도 널리 회자되었다. 〈혜성가〉는 이러한 화랑도의 산수 유람의 전통 속에서 금강산을 여행하려던 차에 발생한 혜성 출현, 왜군 침입의 불길한 사건에 대응하여 지어진 작품이다.

배경 기사는 세 화랑이 금강산을 유람하고자 했다－혜성이 심대성을 범했다－화랑도가 의아하여 그만두려 하였다－융천이 향가를 불렀다－혜성의 변괴가 사라졌다－일본 군사가 돌아갔다－왕이 화랑도를 금강산으로 보냈다 순으로 기술되었다. 일련의 사건을 요약하면서 왜군의 침입은 생략했다가 결말부에 왜군 철수와 진평왕의 허락을 함께 말하였다. 이런 식으로 요약했으므로 혜성 출현과 동시에 발생한 왜군 침입에 대한 기술이 뒤로 밀려난 구성이 되었다. 사건의 요점은, 세 화랑 집단이 금강산 유람을 떠나는데 혜성과 왜군의 출현으로 그만두려 했다가 융천이 의식을 거행하고 향가를 지어 부름으로써 두 가지 변괴를 물리치고 길을 떠날 수 있었다는 것이다. 이에 〈혜성가〉는 화랑의 유람에 방해가 된 재액을 떨쳐 버리고 여행길을 열어 준 작품이 된다.

舊理 東尸 汀叱

乾達婆矣 遊烏隱 城叱肸良 望良古

倭理叱 軍置 來叱多

烽 燒邪隱 邊也 藪耶

三花矣 岳音 見賜烏尸 聞古

月置 八切爾 數於將來尸 波衣
道尸 掃尸 星利 望良古
彗星也 白反也[隱] 人是 有叱多
後句 達阿羅 浮去伊叱 等邪
此也 友(→攴)物北(→叱) 所音叱 彗叱只 有叱 故

녀리 샐 믌ᄀᆞᆺ
'乾達婆ᄋᆡ 노론 잣'ᄒᆞᆯ라 ᄇᆞ라고,
"여릿軍두 옷다,
홰 ᄉᆞ르라"ㄴ ᄀᆞ샤 수햐!
三花ᄋᆡ 오롬 보시올 듣고
ᄃᆞᆯ두 바디리 혀여렬 바ᄋᆡ,
'길 ᄡᅳᆯ 벼리' ᄇᆞ라고
"彗星야 ᄉᆞᆯᄫᆞ라"ㄴ 사ᄅᆞ미 잇다.
아야, ᄉᆞᄆᆞ라 ᄠᅥ갯 ᄃᆞ라.
이야 덜갓 바-ㅅ 彗ㅅ기 잇 닷.

옛날이 새려는 물가에서
'건달바의 논 성'을랑 바라보고,
"왜군도 온다,
횃불 사르라."는 변방의 무리여!
세 화랑의 산 보시려 함을 듣고
달도 다좇아 헤아리려는 바에,
'길 쓸 별' 바라보고
"혜성이야 사뢰라."는 사람이 있다.
아아, 거리낌 없이 떠나갈 것이라.
이야 떨어낼 바-의 혜성 따위가 있는 탓.

제5행 '세 화랑의 산 보시려 함'이 작품 문면에 요약적으로 표현된 배경 기사의 사건이다. 세 화랑이 금강산으로 떠나려고 할 때 제3, 4행 "왜군도 온다, / 횃불 사르라.", 제8행 "[임금께] 혜성이야 사뢰라."는 보고가 잇달아 전해졌다. 동햇가에서 방수(防戍)를 보는 군사와 천체를 관측하는 일관(日官)의 보고로 인해 왜군의 침입과 혜성의 출현 사실이 조정에 알려지게 되었다. 화랑도가 금강산을 유람하는 것은 신성한 장소에서 나라의 안녕과 태평을 기원하고 자신들의 심신을 수련하기 위한 경사스런 행사인데 이를 시행하고자 할 때 불길한 재액이 들이닥친 것이다.

이러한 상황에서 화자는 침착하고 합리적으로 대처해 대응책을 제시하고 있다. 동해에 나타난 것은 왜군이 아니라 '건달바의 논 성'(제2행)이고, 꼬리에 빛을 단 별은 혜성이 아니라 빗자루 모양의 '길 쓸 별'(제7행)이라고 선언한 것이다. 이 같은 단정적 진술은 사태를 주술적인 관점에서 파악한 것이기보다는 작자의 시국에 대한 인식과 천체 관측의 결과를 바탕으로 해서 나왔다고 생각된다.

왜군을 건달바의 성이라고 단정한 제1구(제1~4행)는 제1행 '옛날이 새려는 물가에서'를 배경으로 한다. 옛것들이 새로워지려는 이때에 왜군이 출현한 사건은 옛날에 속한 것이다. 새 해가 떠오르는 마당에 옛날의 것인 왜군은 건달바의 성인 신기루가 되어 사라지기 마련이다. 작품이 지어진 진평왕대에는 여러 방면의 제도 개혁과 함께 외적을 방어하기 위해 서라벌 주변에 성을 쌓았다. 이렇게 만반의 대비를 하고 있으므로 왜군의 침입은 걱정할 것 없다는 의미이다.

혜성을 길 쓸 별로 단정한 제2구(제5~8행)는 제6행 '달도 다좇아 헤아리려는 바에'의 시점을 배경으로 하였다. 세 화랑이 금강산을 유람한다는 소식에 달도 임박하여 염려해 준다는 뜻이다. 이는 세 화랑 집단의 순례 여행에 대해 달로 상징된 왕의 전폭적인 지원을 표현한 말로 보인다. 행사에 임하는 화랑과 후원하는 국왕의 뜻과 정성에 감응하여 혜성은 꼬리별의 모양대로 금강산 가는 길을 쓸려고 나타났다는 말이다.

인간의 의지와 정성이 천체 현상에 반영되기도 한다는 생각은 김유신의 예에 잘 나타난다. 진덕왕이 즉위하려는데 비담과 염종이 여왕은 나라를 잘 다스릴 수 없다며 반란을 일으켰다. 관군 진영과 대치하던 중 큰 별이 월성에 떨어지니 반란군은 관군이 패할 조짐이라 하여 환호성을 질렀다. 이때 유신이 "길흉은 덧없어서 오직 사람이 불러들이는 바입니다.……덕망이 요사함을 이긴다는 것을 안다면 별의 변괴는 두려워할 바가 아닙니다."라고 진언하고 허수아비에 불을 붙여 연에 날려 보내고 나서 별이 도로 올라갔다는 소문을 퍼뜨렸다. 별이 떨어진 곳에서 흰말을 잡고 "오직 하늘의 위엄은 사람이 바라는 바에 달렸나니 선을 선하게 여기시고 악을 악하게 여기셔서 신령으로서 부끄러움을 짓지 마옵소서."라고 축원한 후 군사를 독려하여 반란군을 무찔렀다.[38] 천체 현상은 천도를 드러내는데 인간의 선한 의지가 천도에 부합한다면 인간의 뜻에 따를 수 있다는 것이다.

한편, 합리적인 천문 관측의 결과도 화자의 단정에 근거가 되었다. 28수(宿)의 동방 7수는 각(角)－항(亢)－저(氐)－방(房)－심(心)－미(尾)－기(箕)의 순서로 서쪽에서 동쪽으로 벌여 있다. 배경 기사에서 혜성이 심대성을 '범했다'고 한 진술은 혜성이 심수 세 별 중 가운데의 심대성에 아주 가까이 접근한 것, 또는 심대성에 다가갔다가 방수를 지나 서쪽으로 이동한 것을 지시했다고 생각된다. 그런데 심수 옆의 방수 네 별은 남북으로 늘어서서 달의 운행 궤도를 판단하는 기준이 된다. 네 별 중 가운데 두 별 사이를 중도(中道)라 하는데 달이 그리로 지나면 안녕하고 화평하다고 해석된다.[39] 혜성이 심대성에 근접했거나 그로부터 이동했을 때 달도 근처에 있었으므로 '다좇아'라고 말할 수 있다. 작자는 달이 정상적인 궤도를 따라 방수의 가운데 두 별 사이인 중도로 지나고 혜성은 달의 운행에 앞서간 것을 관측하였다. 혜성은 심대성을 스쳐간('범한') 다음에 달의 궤도를 먼저 지나갔으므로 달의 정상적인 운행을 도와준 셈이라 판단한 것이다.

천체와 관련된 작품의 표현을 보면 '(옛)날이 새다', '달이 세 화랑의

---

38 『삼국사기』41, 「열전」1, 김유신 상 참조.

39 이문규, 『고대 중국인이 바라본 하늘의 세계』, 문학과지성사, 2000, 109-110면.

산 보심을 듣고 다좇아 헤아리다', '별이 길을 쓸다'의 날/해, 달, 별이 주체가 된 활동이 나타난다. 천체 운행의 핵심인 해·달·별, 즉 삼광(三光)이 주어가 되고 '새다, 듣고 다좇아 헤아리다, 쓸다'의 서술어가 그것에 연결되어 있다. 이로써 세 화랑의 금강산 유람을 둘러싸고 삼광의 운행이 이루어진 것을 종합하여 판단하는 양상이 드러난다. 작자는 삼광을 중심으로 천체가 정상적으로 운행하고 있다는 사실을 확인한 것이다.

이에 제3구(9·10행)에서 '떨어낼 것인 바의 혜성 따위가 있'다는 확신하에 화랑들에게 '거리낌 없이 떠나가라.'고 말한다. 천문을 살펴보았을 때 삼광이 정상적으로 운행하는 중이어서 재액이 일어날 조짐이 없으니 변방 군사와 일관의 보고에 괘념치 말고 금강산 여행을 떠나라는 것이다. 혜성이라고 보고된 별은 삼광의 상시 운행에 비하면 일시적인 현상이고 또 재액이라 하는 것 중에는 인간의 의지와 정성으로 불양할 만한 것이 있다. 이렇게 작자의 합리적인 상황 판단과 확신에 따라 경사스런 여행의 의의를 되살려 놓은 것이다. 작자의 이름이 '융천'인 것도 작품의 주제가 천체의 융합에 있기 때문에 명명된 것일 터이다.

작품에는 지상의 길이 천상에 조응한다는 의식이 전제되어 있다. '날'(제1행), '달'(제6행), '별'(제7행)은 천상에서 지상의 길을 비추는 천체들이다. 제1구에 날/해가, 제2구에 달과 별이 나옴으로써 해가 비추는 낮과 달·별이 비추는 밤을 번갈아 가는 지상의 여행길에 천체가 빛을 비추어 줌을 나타내었다. 또한 '옛날이 새려는', '달도 다좇아 헤아리려는', '길 쓸 별'과 같이 천체가 지상의 일에 우호적으로 활동하는 양상이 그려졌다. 일월성신이 지상의 길을 비추어 주어서 인간은 그 길을 따라 순조로운 여행을 할 수 있다. 천상의 질서가 지상의 일과 융화하는 바탕 위에서 화랑의 여행길은 천상의 가호 아래 순조로울 것임을 말한 것이다.

〈혜성가〉는 신라 진평왕대 세 화랑 집단의 금강산 유람 즈음의 불길한 조짐을 물리치고 경사스런 행사를 속개할 수 있게 한 작품이다. 화랑의 금강산 여행이 갖는 성스러운 의의를 되살려 천체의 질서에 부합하는 인간사가 이루어지도록 했으니 천상의 질서와 조응하려는 인간의 의지가 내포되어 있다. 작자의 이름처럼 천체와의 융합을 도모하여 천체의 굳건한 운행을 확인함으로써 인간에게 경사를 가져왔다. 작품을 통해 화랑의 산수 유람이 성스러운 국토 순례이자 인간의 선한 의지와 정성을 고양하는 수련의 길이었음을 알 수 있다. 오늘날 이 땅을 여행하는 우리에게 국토 순례의 숭고하고 신성한 의의를 일깨워 주는 작품이라 하겠다.

## 5.2

# 고산구곡가

〈고산구곡가(高山九曲歌)〉는 이이(李珥, 1536~1584)가 황해도 해주 고산의 석담(石潭)에 은거할 때 지은 10수의 연시조이다. 『율곡전서』「연보」에 따르면, 1571년 여름 석담에서 함께 공부하는 이들과 석담 구곡을 유상(遊賞)하고 제4곡에 송애(松崖)라는 이름을 붙이고 기(記)를 썼고 나머지 8곡과 임시 암자에도 모두 이름을 붙여 표시하고는 드디어 복거(卜居)할 계획을 정했다고 한다. 그리고 1576년 10월에 석담에 머물며 청계당(聽溪堂)을 지었고 1578년에는 주희가 무이 구곡(武夷九曲)의 제5곡 대은병(大隱屛) 아래에 무이 정사를 축조한 것을 본떠 그 집 동쪽에 은병 정사(隱屛精舍)를 세우고 후학을 양성하였다.[40] 이때 창작한 시조 작품이 〈고산구곡가〉이니 작자가 고산 석담에 은거하여 유학을 공부하고 제자를 교육하는 중에 아홉 번 굽이쳐 40리를 흘러 바다로 드는[41] 석담 구곡에서 유람을 하면서 얻은 감흥과 소회를 표현한 것이다.

작품 첫머리부터 '고산 구곡담'이라는 지명이 나오고 제1곡 '관암', 제2곡 '화암' 등의 지명이 계속하여 지칭된다. 제1수의 서사에 이어 나머지 9수가 일곡부터 구곡까지로 구성된 것은 주희의 〈무이구곡가〉를 본떠 지은 의도를 드러낸 것이다. 그러면서도 계절에 따라 석담 구곡의

40 『율곡전서』33·34, 「연보」상·하(한국고전번역원, 『한국고전종합DB』) 참조

41 위의 책, 流四十里九折而入海.

경치를 보고 흥겨워하며 즐기는 모습이 시상의 주된 흐름을 형성하는 한편, 교육자의 면모로서 좋은 경치를 알려 주어 학자들과 함께 즐기고자 하는 뜻도 나타내었다. 이러한 면들을 종합적으로 고려할 때 이 작품은 거주하며 이름 짓기, 상상하여 본뜨기, 노닐며 즐기기, 알려 주어 함께하기 등의 창작 배경, 의도, 취향에 의해 이루어졌다고 할 수 있다.

> 고산(高山) 구곡담(九曲潭)을 사ᄅᆞᆷ이 모로더니
> 주모 복거(誅茅卜居)ᄒᆞ니 벗님ᄂᆡ 다 오신다
> 어즈버 무이(武夷)를 상상(想像)ᄒᆞ고 학주자(學朱子)을 ᄒᆞ리라[42]

서사에서 화자는 '고산 구곡담'을 탐방하고 그곳이 마음에 들어 '띠를 베어 [초가집 짓고] 살 곳을 정한' 내력을 말하였다. 그러면서 그곳이 좋은 줄을 '사람이 모르더니', 살 곳으로 정하니 '벗님네 다 오신다'고 하여 혼자 은거하는 것이 아니라 벗들과 함께하는 것임을 밝혔다. 고산의 승경을 잘 모르는 사람들에게 알려 주는 것, 그곳에서 벗님네와 함께 지내고자 하는 것이므로 단출하게 혼자서 은거하는 것과는 양상이 다르다. 이 점이 자연을 즐기는 흥취를 그려 낸 다른 작품들과 구별되는 특징이라 할 수 있다.

또 다른 특징은 종장에서 '무이를 상상하고 주자를 배우리라'고 선언했다는 점이다. 무이산을 가 보지 못한 화자로서는 책에서 읽은 내용을 토대로 '상상하'여 본받고자 하였다. '학주자'는 문맥상 주희의 무이산 생활을 본받겠다는 뜻이면서도 주자학을 공부하고 실천한다는 의미도 지닌다. 창작 의도를 이렇게 밝힘으로써 전체 10수의 구성도 〈무이구

42 김대행 역주, 『시조 I 』, 고려대 민족문화연구소, 1993, 176-182면. 원문에 음을 달아 인용한다.

곡가〉에 맞추었음을 아울러 말한 셈이다. 그렇긴 하나 무이산을 상상한 것과 고산을 실제로 유람하는 것 사이에는 차이가 있을 수밖에 없다. 이어지는 각 수는 고산의 풍광을 보고 느낀 감흥을 그린 것이어서 본뜨고자 한 한시 작품의 정서와 내용과는 거리가 있다. 다만, 경치를 완상하는 관점이 일정한 의도하에 형성되었다는 점은 아무런 전제나 의도 없이 완상하는 것과 다른 면이 있음을 고려할 필요가 있다. 작품이 지닌 교화적, 의미 중심적 성격을 감안해야 하는 것이다.

> 일곡(一曲)은 어ᄃᆡᄆᆡ오 관암(冠岩)에 ᄒᆡ 비췬다
> 평무(平蕪)에 ᄂᆡ 거드니 원산(遠山)이 그림이로다
> 송간(松間)에 녹준(綠罇)을 노코 벗 오ᄂᆞᆫ 양 보노라

> 이곡(二曲)은 어ᄃᆡᄆᆡ오 화암(花岩)에 춘만(春晩)커다
> 벽파(碧波)에 곳을 씌워 야외(野外)로 보ᄂᆡ노라
> 사람이 승지(勝地)을 모로니 알게 ᄒᆞᆫ들 엇더리

일곡의 관암, 이곡의 화암 등은 작자가 붙인 이름들이다. 대상의 특징을 잡아 이름을 붙일 때의 기억에다가 '해 비친다', '봄이 늦었도다' 같은 현재의 시간과 계절 감각이 덧붙여진다. 일곡과 이곡은 봄의 시간대에 걸쳐 있어서 서로 연관되는데 '벗 오는 모양 보노라', '사람이 좋은 경치를 모르니 알게 한들 어떠리'처럼 벗을 찾고 사람에게 알리고 하는 창작 의도를 드러낸 점도 유사하다.

이렇게 의도가 앞서다 보니 관암과 화암의 봄 경치는 각 중장의 '무성한 들판에 안개 걷으니 먼 산이 그림이로다', '푸른 물결에 꽃을 띄워 야외로 보내노라'에서 들, 안개, 먼 산, 물결, 꽃 정도의 소재로 표현하는 데 그쳤다. 이 중 봄꽃은 감상의 대상이기보다 화자가 있는 곳이 무릉도

원과 같은 장소임을 알리려고 물에 띄워 보내는 신호 역할을 할 뿐이어서 꽃이 만발한 봄의 흥취를 만끽하는 것과는 다른 양상이다. 그리하여 이 두 수는 산수 유람 중에 경치를 완상하면서도 서사에서 말한 창작 의도를 다시 한 번 나타내는 데 치중하였다.

삼곡(三曲)은 어ᄃᆡᄆᆡ오 취병(翠屛)에 닙 퍼젓다
녹수(綠樹)에 산조(山鳥)ᄂᆞᆫ 하상기음(下上其音) ᄒᆞᄂᆞᆫ 적의
반송(盤松)이 바ᄅᆞᆷ을 바드니 녀름 경(景)이 업ᄉᆡ라

사곡(四曲)은 어ᄃᆡᄆᆡ오 송애(松崖)에 ᄒᆡ 넘거다
담심 암영(潭心岩影)은 온갓 빗치 ᄌᆞᆷ겨셰라
임천(林泉)이 깁도록 됴흐니 흥(興)을 계워ᄒᆞ노라

삼곡과 사곡에서 풍경을 감상하고 흥겨워하는 모습이 나온다. 두 수 모두 여름 풍경을 취했고 구체적인 묘사가 이루어졌다는 공통점이 있다. 삼곡의 이름 '취병'에 걸맞게 '잎 퍼졌다, 푸른 나무, 반송' 등 푸른색의 시각적 심상을 그렸고, 사곡에서는 '임천'의 '깊이'를 '못 가운데 [비친] 바위 그림자는 온갖 빛이 잠겼어라'로 표현하였다. 이로써 자연에서 느끼는 그윽한 흥취를 드러내고 있다.

삼곡에서는 나뭇잎이 퍼진 푸른빛에 겹쳐서 '산새는 높고 낮게 울음소리 내는' 공감각적 심상을 표현하였다. 여기에 반송을 스쳐 오는 시원한 바람이라는 촉각적 심상을 더하여 더위를 가져오는 '여름 볕이 없어라'고 감탄한다. 사곡에서는 '해 넘을' 무렵의 '송애' 그림자가 계곡의 못에 드리운 광경을 포착하였다. 석양이 비추는 못물에 나뭇잎과 꽃, 못밑의 바위와 낙엽의 색깔이 절벽 그림자와 섞여 '온갖 빛이 잠겨' 있는 풍경을 보면서 깊고 그윽한 자연의 빛깔에 '흥을 겨워한'다.

오곡(五曲)은 어딕믹오 은병(隱屛)이 보기 됴타
수변 정사(水邊精舍)은 소쇄(瀟灑)홈도 ㄱ이 업다
이 중(中)에 강학(講學)도 ᄒᆞ려니와 영월음풍(詠月吟風)ᄒᆞ리라

오곡에서 창작 배경과 의도를 또다시 드러낸다. 작자가 이름 붙인 '은병'과 물가에 세운 은병 정사는 주희를 본뜨려는 뜻에 의한 것이다. 서사에서 말한 내용이 오곡에서 실현되어 '강학도 하려니와 풍월을 읊으리라'로써 창작 의도를 상기하고 작품의 주제를 요약한다. 오곡에 마련한 은병 정사에서 주자학을 공부하고 가르치는 중에 석담 구곡을 오르내리며 유람하면서 자연의 흥취를 누리겠다는 것이다. 곧, '강학'과 '영월음풍'이 어우러진 은거 생활에 뜻을 두었음을 말하였다.

육곡(六曲)은 어딕믹오 조협(釣峽)에 물이 넙다
나와 고기와 뉘야 더옥 즐기는고
황혼(黃昏)에 낙딕를 메고 대월귀(帶月歸)를 ᄒᆞ노라

칠곡(七曲)은 어딕믹오 풍암(楓岩)에 추색(秋色) 됴타
청상(淸霜) 엷게 치니 절벽(絶壁)이 금수(錦繡)ㅣ로다
한암(寒岩)에 혼ᄌᆞ 안자셔 집을 잇고 잇노라

팔곡(八曲)은 어딕믹오 금탄(琴灘)에 ᄃᆞᆯ이 ᄇᆞᆰ다
옥진 금휘(玉軫金徽)로 수삼곡(數三曲)을 노는말이
고조(古調)을 알 이 업스니 혼ᄌᆞ 즐거 ᄒᆞ노라

육곡, 칠곡, 팔곡에 자연 속에서 풍류를 즐기는 모습이 잘 나타난다. 세 수는 가을을 배경으로 각 구비에서의 취미 활동과 흥취를 표현하고

있다. 이름과 연관을 지어 육곡 '조협'에서 낚시하기, 칠곡 '풍암'에서 단풍 구경, 팔곡 '금탄'에서 거문고 타기 등의 활동을 한다. 각 수의 중장 '나와 고기와 누가 더욱 즐기는고', '맑은 서리 엷게 치니 절벽이 수놓은 비단이로다', '옥 돌괘(줄 조이개), 금 휘(손 짚는 자리 표시)[의 거문고]로 서너 곡을 놓으니'로써 활동하며 느끼는 감흥이나 활동의 내용을 말하였다.

그런데 세 수의 중·종장에 '나와 고기와', '혼자 앉아서', '혼자 즐겨 하노라'처럼 그러한 활동을 혼자 하는 일로 표현하여 이제까지 사람들에게 알리고 벗과 함께하는 활동을 추구한 데서 벗어난 양상을 보인다. 가을의 자연 풍경에 혼자서 호젓하게 몰입하여 즐기는 모습이어서 봄 풍경을 보고서 벗을 맞이하고 사람들에게 알리고자 한 것과는 대비되는 것이다. 이러한 봄과 가을의 대비는 작자의 기질과 취향이 생동하고 화려한 봄보다는 맑고 서늘한 가을에 더 기울어 있기 때문에 나타난 현상일 수 있다. 아니면 오곡의 은병 정사에서 강학과 음풍영월을 조화롭게 병행하려는 뜻을 이어서, 공부하기 좋은 가을의 기운을 받아 자연스럽게 나온 것인지도 모른다.

이처럼 가을 풍경을 혼자 즐기는 형상은 오곡의 은병 정사와 칠곡에서 '집'이라 한 청계당을 근거지로 삼고 수시로 석담 구곡의 풍경을 보고 느끼며 생활한 화자의 모습이 문학적으로 그려진 것이라 할 수 있다. 낚시, 경치 감상, 거문고 연주 등의 활동은 은거 생활의 연장선상에서 이루어진 일상적인 일들일 따름이다. 일상에서 반복되는 일이 자연을 배경으로 행해짐으로써 자연과 생활, 흥취와 공부가 조화하는 인격 수양의 한 모습을 보여 준다. 이는 자기를 위한 공부, 위기지학(爲己之學)의 방법으로서 자연 친화적 생활 중에 자아의 내면을 닦는 것을 형상화하였다고 할 수 있다. 그리하여 육곡, 칠곡, 팔곡의 취미 활동은 자연 속에서 풍류를 즐기는 데에서 나아가 내면을 수양하는 공부의 자세로 이해된다.

> 구곡(九曲)은 어ᄃᆡ메오 문산(文山)에 세모(歲暮)커다
> 기암괴석(奇巖怪石)이 눈 속에 무쳐셰라
> 유인(遊人)은 오지 아니ᄒᆞ고 볼 것 업다 ᄒᆞ더라

작품의 결사는 시간적으로 겨울, 의미상으로는 사람에게 알리려는 뜻을 나타내었다. 구곡 초장의 '세모커다'는 이곡의 '춘만커다'와 함께 두 글자 한자어에 완료의 뜻을 갖는 '-ᄒᆞ거다'를 붙여 '봄이 늦었다, 해가 저물었다'를 표현한 말이다. 그러면서 두 수의 종장에 나온 '사람'과 '유인'이 연결되어 석담의 좋은 경치를 잘 모르는 이들에게 알리려는 의도를 드러내며 작품을 마무리 지었다.

그런데 이곡의 사람과 구곡의 유람객, 유상객(遊賞客)은 문맥상 질적인 차이를 보인다. 이곡의 사람은 서사 초장의 '사람'과 동질적이어서 석담 구곡이 승경임을 모르는 사람들을 지칭한다. 화자는 그들에게 사실을 알려 주려고 일곡에서 구곡까지의 이름을 대고 경치를 묘사하고 거기서 느끼는 감흥을 말하였다. 그렇게 구곡까지 왔는데 이번에는 겨울을 배경으로 삼아 일반적으로 삭막한 겨울 풍경과는 다른 구곡의 경치, 즉 눈 속에 묻힌 기암괴석의 모습을 알려 준다. 석담 구곡을 알리는 의도에서 나아가 겨울에도 좋은 풍경을 만날 수 있다는 사실을 가르쳐 주려는 교육자의 태도를 드러내고 있다. 이러한 마무리를 통해 유학 공부에 힘쓰는 사람들이 인식의 수준을 더욱 높이는 뜻을 세우도록 격려하는 작자의 마음이 여운으로 남는다.

〈고산구곡가〉는 학자이자 교육자인 작자가 자연 속 은거 생활에서 얻은 감흥을 표현한 시조 작품이다. 주희의 은거지를 상상하여 본뜬 의도를 말하였으나 석담의 경치를 유람하여 얻는 흥취는 상상이 아니라

구체적인 느낌으로 와닿은 것이다. 봄보다는 가을의 풍경에 더욱 심취한 것은 공부와 흥취를 조화하려는 뜻이 반영된 것으로 보인다. 모르는 사람들에게 알려 주고자 하는 교육자적 태도가 드러나고 생활 속 산수 유람, 자연 속 인격 수양의 학문하는 자세도 보여 준다. 이 작품은 자연의 그윽한 흥취를 공부와 연결하여 즐길 수 있다는 점을 우리에게 지긋이 알려 주고 있다.

## 5.3

# 관동별곡

〈관동별곡(關東別曲)〉은 정철(鄭澈, 1536~1593)이 1580년 정월 강원도 관찰사에 제수되고 나서 관내의 지역을 순행하며 명승지를 돌아보고 지은 가사 작품이다. 그의 4대 가사 중에서도 가장 널리 알려진 작품으로 대개는 금강산과 관동 팔경을 읊은 기행 가사로 소개된다. 워낙 유명하고 또 대부분의 교과서에 실려 있어서 어구 해석이나 내용 설명은 익숙한 편이다. 그런데 작자가 관찰사의 직책으로 순행하는 길에 유람을 곁들인 것이어서 작품에 그려진 여행의 의미가 단순하지 않다. 직무 수행과 유람이 동시에 진행되므로 시적 화자는 공적 자아와 사적 자아의 결합체로서 서로 번갈아 가며 발화하는 양상을 띤다. 이에 관동 지방을 여행하는 중에 풍경을 보고 즐기는 면과 더불어 평소의 의식과 지향이 풍경에 투영되는 면을 살펴 가며 작품을 감상해 보고자 한다.

강호江湖애 병病이 깁퍼　　듁님竹林의 누엇더니
관동關東 팔ᄇᆡᆨ니八百里에　　방면方面을 맛디시니
어와 셩은聖恩이야　　가디록 망극罔極ᄒᆞ다
연츄문延秋門 드리ᄃᆞ라　　경회남문慶會南門 ᄇᆞ라보며
하직下直고 믈너나니　　옥절玉節이 알ᄑᆡ 셧다
평구역平丘驛 ᄆᆞᆯ을 ᄀᆞ라　　흑슈黑水로 도라드니
셤강蟾江은 어듸메오　　티악雉嶽이 여긔로다[43]

서사의 첫 두 행이 화자가 드러내는 두 방향의 의식을 미리 보여준다. 죽림 우거진 담양 창평에서 강호 자연에 심취하여 지내다가 강원도 관찰사로 임명되어 팔백 리의 행정 구역을 담당하게 되었다. 자연 친화적 삶을 추구하는 사적 자아와 관찰사의 소임을 다하여 성은을 갚으려는 공적 자아가 서두부터 나란히 나오는 것이다. 관직을 표시하는 '옥절'을 앞세우고 여주의 '흑수', 원주의 '섬강'을 지나 '치악(산)' 아래 원주 감영에 부임한다. 감영 도착까지의 여정을 속도감 있게 전개하면서 굳이 흑수, 섬강을 언급한 것은 다음 단락을 예비한 것이다.

| | |
|---|---|
| 쇼양강昭陽江 ᄂᆞ린 믈이 | 어드러로 드단 말고 |
| 고신거국孤臣去國에 | ᄇᆡᆨ발白髮도 하도 할샤 |
| 동ᄌᆔ東州 밤 계오 새와 | 븍관뎡北寬亭의 올나ᄒᆞ니 |
| 삼각산三角山 뎨일봉第一峯이 | ᄒᆞ마면 뵈리로다 |
| 궁왕弓王 대궐大闕 터희 | 오쟉烏鵲이 지지괴니 |
| 쳔고흥망千古興亡을 | 아ᄂᆞᆫ다 몰ᄋᆞᄂᆞᆫ다 |
| 회양淮陽 녜 일홈이 | 마초아 ᄀᆞᄐᆞᆯ시고 |
| 급댱유汲長孺 풍ᄎᆡ風彩를 | 고텨 아니 볼 게이고 |

흑수, 섬강에 이어 춘천의 소양강을 들고 '소양강 내린 물이 어디로 들어간단 말인가'라고 하여 그 강들이 모두 한강으로 흘러든다는 것을 말하였다. 그리고는 '외로운 신하가 도성을 떠남에 흰머리가 많기도 많구나'라는 말로써 원주 감영을 출발하여 춘천에 이르러 관내 순행을 시작한 뜻을 표현하였다. '고신거국'이 보통은 임금의 총애를 잃은 신하의

43 『송강전집』, 성균관대 대동문화연구원, 1964, 292-298면; 최강현 역주, 「관동별곡」, 『한국고전문학전집3 – 가사 I』, 고려대 민족문화연구소, 1993, 208-227면. 원문의 '江강湖호' 식의 표기를 '강호江湖' 식으로 바꾸어 인용한다.

떠나감을 의미하나 여기서는 뒤의 'ᄇᆡᆨ발도 하도 할샤'에 무게 중심이 놓여 임금 곁을 떠난 지방 관리로서 백발이 많아질 만큼 직무를 힘써 수행한다는 뜻으로 이해된다. 그래야 화자의 순행이 작품 전체에 걸쳐 공적 자아의 직무 수행이라는 의미를 일관되게 유지할 수 있다.

철원에서 북관정, 궁예 왕 대궐 터 등을 둘러본 후 금강산 초입인 회양에 이른다. 마침 한나라의 명신 급암이 선정을 베풀었던 중국 회양과 이름이 같기에 그와 같은 정치를 하리라 다짐한다. 이는 앞서 말한 흰머리가 많아진 뜻을 연장한 것이다. 여기까지의 서사 단락은 공적 자아의 표출이 주된 흐름을 형성하고 있다.

| | |
|---|---|
| 영듕營中이 무ᄉᆞ無事ᄒᆞ고 | 시절時節이 삼월三月인 제 |
| 화쳔花川 시내 길히 | 풍악楓岳으로 버더 잇다 |
| ᄒᆡᆼ장行裝을 다 ᄯᅥᆯ티고 | 셕경石逕의 막대 디퍼 |
| ᄇᆡᆨ쳔동百川洞 겨ᄐᆡ 두고 | 만폭동萬瀑洞 드러가니 |
| 은銀 ᄀᆞᄐᆞᆫ 무지게 | 옥玉 ᄀᆞᄐᆞᆫ 룡龍의 초리 |
| 섯돌며 ᄲᅮᆷᄂᆞᆫ 소ᄅᆡ | 십리十里의 ᄌᆞ자시니 |
| 들을 제ᄂᆞᆫ 우레러니 | 보니ᄂᆞᆫ 눈이로다 |
| 금강ᄃᆡ金剛臺 ᄆᆡᆫ 우층層의 | 션학仙鶴이 삿기 치니 |
| 츈풍春風 옥뎍셩玉笛聲의 | 첫ᄌᆞᆷ을 ᄭᆡ돗던디 |
| 호의현상縞衣玄裳이 | 반공半空의 소소 ᄯᅳ니 |
| 셔호西湖 녯 쥬인主人을 | 반겨셔 넘노ᄂᆞᆫ ᄃᆞᆺ |

회양에서 다음 순행지를 정할 때, 강원 감영에 별 일이 없고 게다가 경치 좋은 춘삼월이므로 금강산을 경유하는 길을 택한다. 원주에서 회양까지 오는 동안 지녔던 행장 중에서 산행에 필요한 것만 챙겨 내금강 계곡을 들어간다. 첫 번째 만난 만폭동부터 경탄을 자아내 화자의 문학

적 감각과 표현력을 한껏 북돋운다. '은 같은 무지개 옥 같은 용의 꼬리'로 안개 퍼지는 계곡물의 흐름을 그려 내고, '섞여 돌며 뿜는 소리 십리에 잦았으니 / 들을 제는 우레더니 본 것은 눈이로다'로 물소리와 물안개를 공감각적으로 포착한다. 이러한 장관을 목격하면서 자연 친화적 사적 자아가 모습을 드러내어 별천지에 깃들어 사는 신선의 심상을 이끌어 온다. 금강대의 학을 '선학', 봄바람을 '옥피리 소리'라고 표현하고 화자 자신을 '서호 옛 주인', 매처학자(梅妻鶴子) 고사의 임포에 비유한다. 작품 서두의 '강호에 병이 깊어'를 이어받아 사적 자아의 욕망을 드러낸 것이다. 이로부터 시상의 흐름은 성은을 갚으려는 공적 자아와 장엄한 풍경 속에 든 신선이기를 바라는 사적 자아의 두 지향이 교차하며 전개된다.

이후의 금강산 유람은 크게 세 단락으로 구성되었다. 진헐대에서의 전망, 개심대에서의 전망, 원통골로 해서 외금강에 이르는 길 등이다. 이 단락들에서 가장 큰 비중을 차지하는 것은 풍경에 대한 묘사이다. 금강산의 웅장하고 기묘하고 아름다운 광경을 직접 보고 경탄하면서 글로써 표현해 낸다.

ᄂᆞᆯ거든 쒸디 마나　　셧거든 솟디 마나
부용芙蓉을 고잔ᄂᆞᆫ ᄃᆞᆺ　　ᄇᆡᆨ옥白玉을 믓것ᄂᆞᆫ ᄃᆞᆺ
동명東溟을 박ᄎᆞᄂᆞᆫ ᄃᆞᆺ　　북극北極을 괴완ᄂᆞᆫ ᄃᆞᆺ
……
봉峯마다 ᄆᆡᆺ쳐 잇고　　긋마다 서린 긔운
ᄆᆞᆰ거든 조티 마나　　조커든 ᄆᆞᆰ디 마나
뎌 긔운 흐텨 내야　　인걸人傑을 ᄆᆞᆫᄃᆞᆯ고쟈
형용形容도 그지업고　　톄셰體勢도 하도 할샤
……

천심절벽千尋絶壁을 반공半空애 셰여 두고
은하슈銀河水 한 구비ᄅᆞᆯ 촌촌寸寸이 버혀 내여
실ᄀᆞ티 플텨 이셔 뵈ᄀᆞ티 거러시니
도경圖經 열두 구비 내 보매ᄂᆞᆫ 여러히라

진헐대에서 바라본 봉우리들을 날고 뛰고 서고 솟고, 바다를 박차고 북극성을 괴고 하는 역동적 심상에 연꽃이 꽂힌 것, 흰 구슬이 묶인 것 같은 시각적 심상을 엮어서 그려 내었다. 개심대에서는 봉우리에 맺히고 서린 맑고 깨끗한 기운, 끝없고 무수한 형용과 자세에 주목하였다. 외금강 십이폭포를 보면서는 은하수를 베어 실같이 풀어 베같이 걸었다고 비유하였다. 금강산의 장관들로부터 받는 격한 감흥을 열거와 경탄, 비유와 심상을 통해 다채롭게 표현한 것이다.

그런데 위의 묘사 중 '북극을 괴었는 듯, 인걸을 만들고자'처럼 풍경에 감탄하면서도 연군, 우국의 공적 자아가 간간이 모습을 내비친다. 그러다가 사자봉 아래 화룡소를 보면서 '천년노룡千年老龍이 구빅구빅 서려 이셔 / 듀야晝夜의 흘녀 내여 창히滄海예 니어시니 / 풍운風雲을 언제 어더 삼일우三日雨를 디련ᄂᆞᆫ다 / 음애陰崖예 이온 플을 다 살와 내여ᄉᆞ라'로써 전면에 등장하여 지명의 용과 물, 풍운, 흡족한 비를 연결하여 백성의 삶을 돌보려는 목민관의 의지를 나타내었다. 이렇듯 유람 길에 장관을 보고 감동하는 사적 자아와 순행 길에 성은을 의식한 공적 자아가 교차하면서 유람과 순행의 의미를 섞어서 표현하고 있다.

풍경 묘사, 두 자아의 표출과 함께 주목할 것은 경탄을 동반한 무한성에의 동경이다. 묘사에 이미 '그지업고, 하도할샤'같이 무한함의 표현이 나오나 개심대에서 조망하면서 금강산의 최고봉인 비로봉을 두고 하는 경탄에 뚜렷하게 드러난다.

비로봉毗盧峰 샹샹두上上頭의　　올라 보니 긔 뉘신고
동산東山 태산泰山이　　어ᄂᆞ야 놉돗던고
노국魯國 조븐 줄도　　우리ᄂᆞᆫ 모ᄅᆞ거든
넙거나 넙은 텬하天下　　엇띠ᄒᆞ야 젹닷 말고
어와 뎌 디위ᄅᆞᆯ　　어이ᄒᆞ면 알거이고
오ᄅᆞ디 못ᄒᆞ거니　　ᄂᆞ려가미 고이ᄒᆞᆯ가

거의 매 행에 '-ㄴ고, -ㄹ고, -이고, -ㄹ가'의 의문형 어미를 붙여 질문하고, 감탄하고, 설득하는 어조를 촘촘히 연결하여 비로봉 등정과 공자의 높은 뜻을 견주었다. 최고봉과 성인의 '저 지위를 어찌하면 알 것인가'라는 물음 속에 무한성에 대한 동경이 담겨 있다. 금강산 최고봉에 오르는 것을 성인의 경지에 이르려는 인격 수양에 비유하여 유학자로서의 정체성을 드러내면서 유람과 순행의 두 자아를 하나로 수렴하여 인간으로서 추구해야 할 최상의 목표를 비로봉에 빗대어 제시한 것이다. 의문과 경탄 속에 최고의 것, 무한성에의 동경을 표현하여 눈에 보이는 풍경에서 얻는 감흥을 뛰어넘어 보이지 않는 것에 대한 관념을 풍경에 투영함으로써 유람하는 화자의 의식을 확장한다.

그런데 이같이 풍경을 관념화해 놓고 곧바로 '오르지 못하거니 내려감이 괴이할까?'라며 훌훌 털고 여정을 계속하는 점이 흥미롭다. 문맥으로는 어차피 비로봉에 못 오르니 내려가는 길을 택하겠다는 뜻이지만 공자에 비유하고 바로 이 말이 나옴으로써 성인에의 지향을 포기한 듯한 인상조차 준다. 그러나 이는 풍경에 도취한 화자의 정신적 경쾌함의 표현으로 이해할 수 있다. 풍경에서 얻은 감흥과 풍경에 투영한 관념을 한껏 고양한 다음에 다시 유람을 계속하는, 말하자면 관람 욕구의 표출인 것이다. 그러면서 보고 느끼고 표현한 것 너머를 바라보고 상상하게 이끎으로써 작품 전체는 장쾌하고 초탈한 분위기를 자아낸다.

본사의 두 번째 단락은 관동 팔경의 유람과 지역 순행이다. 외금강을 벗어날 즈음 남여(藍輿)가 대령해 있고 산을 벗어났을 때 '정기(旌旗)'와 '고각(鼓角)'이 앞에 서니 '명사(鳴沙) 길 익은 말'을 타고 동해 바닷가로 향한다. 관동 지역 지방관이 준비한 가마, 행차 도구, 말 등이다. 산을 내려왔으니 술도 한 잔 했을 터라 스스로를 '취선(醉仙)'이라 칭해도 전혀 어색하지 않다. 총석정의 주상 절리를 보고 '빅옥누白玉樓 남은 기동 다만 네히 셔 잇고야 / 공슈工倕의 셩녕인가 귀부鬼斧로 다ᄃᆞᄆᆞᆫ가 / 구ᄐᆞ야 뉵면六面은 / 므어슬 샹象톳던고'라 하여 천상의 백옥루를 받친 기둥에 비유하면서 육각형 돌기둥들이 묶인 모습에서 상징적 의미를 찾는다. 뒤에서 망양정의 파도를 '은산銀山을 것거 내여 뉵합六合의 ᄂᆞ리ᄂᆞᆫ ᄃᆞᆺ'이라 표현한 것과 연관 지어 보면 돌기둥의 육면을 천지 사방의 상징으로 이해한 듯하다. 산에서처럼 바다를 유람하면서도 풍경에 관념을 부여하는 관점을 지속하고 있다.

관동 팔경 유람에서 줄곧 화자의 관심을 끈 것은 곳곳에 남겨진 신라 사선(四仙)의 유적이다. 눈앞의 풍경에 남은 민족 문화의 유적인 만큼 산행 중에 '선학, 서호 옛 주인, 이적선(李謫仙)' 등을 언급한 것과는 질적인 차이가 있다. 작자 당시 신라의 화랑과 국선에 대한 이해가 중국의 신선 사상에 매몰되어 버렸긴 하나 그래도 유람자의 눈에 들어온 사선의 유적은 구체성과 고유성을 지니기에 충분하다.

고셩高城을란 뎌만 두고 삼일포三日浦ᄅᆞᆯ ᄎᆞ자가니
단셔丹書ᄂᆞᆫ 완연宛然ᄒᆞ되 ᄉᆞ션四仙은 어ᄃᆡ 가니
예 사흘 머믄 후後의 어ᄃᆡ 가 ᄯᅩ 머믈고
션유담仙遊潭 영낭호永郞湖 거긔나 가 잇ᄂᆞᆫ가
쳥간뎡淸澗亭 만경ᄃᆡ萬景臺 몃 고ᄃᆡ 안돗던고

삼일포 근처 바위에 붉은 글씨로 '영랑도남석행(永郎徒南石行)'이 새겨진 것을 보고 사선의 자취를 떠올리며 선유담, 영랑호, 청간정, 만경대 등을 지목한다. 고성 지역이 온통 사선의 유적임을 말한 것으로 뒤에 망양정에서 다시 상기하여 유적의 영역을 더욱 확장한다. 관동 팔경의 북에서 남까지 사선의 유람 경로임을 의식하고 여정을 진행하는 양상이다. 애초 강호에 있다가 직임을 받고 나선 터여서 자연 친화적 신선 세계의 동경이 사적인 욕망인 상태에서 관동의 수려한 경관 속에 남겨진 사선의 유적은 그것을 더욱 자극한다. 그리하여 동해안 유람은 산행에 비해 사적 자아의 표출이 더 두드러진다.

동해안을 따라 내려가는 여정에서 일출과 월출이 가장 인상적인 광경을 연출한다.

낙산洛山 동반東畔으로 의샹ᄃᆡ義相臺예 올라 안자
일츌日出을 보리라 밤듕만 니러ᄒᆞ니
샹운祥雲이 집픠ᄂᆞᆫ동 뉵뇽六龍이 바퇴ᄂᆞᆫ동
바다ᄒᆡ 써날 제ᄂᆞᆫ 만국萬國이 일위더니
텬듕天中의 티ᄯᆞ니 호발毫髮을 혜리로다
아마도 녈 구름 근쳐의 머믈셰라
시션詩仙은 어ᄃᆡ 가고 ᄒᆡ타咳唾만 나맛ᄂᆞ니
텬디간天地間 장壯ᄒᆞᆫ 긔별 ᄌᆞ셔히도 ᄒᆞᆯ셔이고

일출에 대한 묘사는 '상운, 육룡, 만국, 천중' 등 임금과 나라를 시사하는 공적 영역의 언어를 회복한 양상이다. 해가 뜨기 직전 '상서로운 구름이 지피는지 육룡이 버티는지' 하다가 바다에서 떠오를 때 '만국이 일렁이더니 / 하늘 가운데 치뜨니 터럭을 세리로다'라고 하였다. 수평선 위로 솟아오른 해가 세상을 환하게 비추는 광경을 목도한 것이다. 그렇게 바라보다가 문득 이백, 〈등금릉봉황대(登金陵鳳凰臺)〉의 '총위부운능차일(總爲浮雲能遮日)' 시구를 떠올려 '아마도 떠가는 구름 [해] 근처에 머물세라'라고 인용하고 '시선은 어디 가고 말씀만 남았나니'를 덧붙였다. 해를 가리는 구름의 심상으로 우국의 뜻을 나타낸 것이다.

그리고 '천중에 치뜬' 해와 '해타(말씀)'를 거쳐서 '기별'를 언급함으로써 해로 상징된 군왕의 말씀을 전하는 조정의 기별인 조보(朝報)에 일출의 광경을 견준다. '[일출을 조보로 치자면] 천지간 장한 기별 / [임금의 말씀이] 자세히도 하구나(적혀 있구나).'라는 것이다. 날마다 해가 떠올라 온 세상을 비추는 것은 고위 관리에게 매일 아침 배달되는 조보에 적힌 임금의 지시 사항이 백성의 사정을 자세히 살펴서 보듬는 것에 비유될 수 있다. '하늘 가운데 치뜨니 터럭을 세리로다'의 일출 광경을 '천지간 장한 기별 / 자세히도 하구나'의 조보에 나타난 임금의 마음으로 치환해 표현한 것이다. 이는 앞에서 '풍운을 언제 얻어 삼일우를 내리려는가'의 강우(降雨)로써 목민관의 애민 의식을 드러낸 데에서 나아가 밝은 해의 심상으로 국왕의 애민 정신을 예찬한 것이다. 그리하여 일출 광경은 이 세상에 드리운 임금의 은혜를 상기함으로써 공적 자아의 모습을 확연히 드러내었다.

이 영향으로 강릉 대도호부의 절효정문(節孝旌門)을 칭송하고 삼척의 오십천을 한강의 목멱산에 닿게 하고 싶은 소원을 피력한다. 서사에서 언급한 강들이 서쪽으로 흘러 한강에 들어감에 비해 동해로 흘러드는 오십천의 자연적 흐름을 거스르면서까지 연군의 정을 나타내었다. 이렇게 공적 자아가 드러나지만 풍경에 경탄하고 신선을 동경하는 양상은 여전하다.

| | |
|---|---|
| 우개지륜羽蓋芝輪이 | 경포鏡浦로 ᄂᆞ려가니 |
| 십리빙환十里氷紈을 | 다리고 고텨 다려 |

댱숑長松 울흔 소개 슬ᄏᆞ장 펴뎌시니
믈결도 자도 잘샤 모래ᄅᆞᆯ 혜리로다
고쥬ᄒᆡ람孤舟解纜 ᄒᆞ야 뎡ᄌᆞ亭子 우ᄒᆡ 올나가니
강문교江門橋 너믄 겨ᄐᆡ 대양大洋이 거긔로다
둉용從容ᄒᆞᆫ댜 이 긔샹氣像 활원濶遠ᄒᆞᆫ댜 뎌 경계境界
이도곤 ᄀᆞᄌᆞᆫ ᄃᆡ 또 어ᄃᆡ 잇닷 말고
홍장紅粧 고ᄉᆞ古事ᄅᆞᆯ 헌ᄉᆞ타 ᄒᆞ리로다
……
션사仙槎ᄅᆞᆯ ᄯᅴ워 내여 두우斗牛로 향向ᄒᆞ살가
션인仙人을 ᄎᆞᄌᆞ려 단혈丹穴의 머므살가
텬근天根을 못내 보와 망양뎡望洋亭의 올은말이
바다 밧근 하ᄂᆞᆯ이니 하ᄂᆞᆯ 밧근 므서신고

비단같이 펼쳐진 경포의 잔잔하고 맑은 물결과 호수 한복판의 정자에서 바라본 강문교, 그 너머의 대양을 조용하면서도 활달 고원한 기상으로 수용하고 '이보다 갖춘 데 또 어디 있단 말인가'라며 감탄한다. 그리고 경포를 배경으로 한 홍장 고사가 풍경에 비추어 보아 과연 떠들썩할 만한 일이라고 칭송하였다. 울진의 옛 이름 '선사'[44]를 뜻 그대로 사용하여 다시 한 번 사선의 유적인 '단혈'을 상기하고 '천근', 하늘의 근원을 보고자 망양정에 오른다. 천근에 대한 상상에서 '바다 밖은 하늘이니 하늘 밖은 무엇인가'라는 명구가 나온다. 이는 산행 중 비로봉에 관념을 투사하여 인격의 최고 경지를 지향한 바를 연장하여 무한성에의 희구를 표현한 것이다. 이 지향은 일출에 대응하는 월출 장면에서 사적 자아의 것으로 표출된다.

---

44 『국역 신증동국여지승람』 V, 민족문화추진회, 1985, 584-585면. '울진현 군명 선사(仙槎)'.

부상扶桑 지쳑咫尺의 명월明月을 기ᄃᆞ리니
셔광瑞光 쳔댱千丈이 뵈ᄂᆞᆫ 듯 숨ᄂᆞᆫ고야
쥬렴珠簾을 고텨 것고 옥계玉階ᄅᆞᆯ 다시 쓸며
계명셩啓明星 돗도록 곳초 안자 ᄇᆞ라보니
ᄇᆡᆨ년화白蓮華 ᄒᆞᆫ 가지ᄅᆞᆯ 뉘라셔 보내신고
일이 됴흔 셰계世界 ᄂᆞᆷ대되 다 뵈고져
뉴하쥬流霞酒 ᄀᆞ득 부어 ᄃᆞᆯᄃᆞ려 무론 말이
영웅英雄은 어ᄃᆡ 가며 ᄉᆞ션四仙은 긔 뉘러니
아ᄆᆡ나 맛나 보아 녯 긔별 뭇쟈 ᄒᆞ니
션산仙山 동ᄒᆡ東海예 갈 길히 머도 멀샤

망양정 월출 장면은 의상대 일출에서 드러난 공적 자아로부터 다시 사적 자아로의 회귀를 보여 준다. 터럭도 셀 것 같은 해에 대비하여 흰 연꽃 모양으로 떠오른 달은 온 세계를 '이렇게나 좋'게 비추어 준다. 이 부분에서도 '남에게 다 보이고자' 하고 '선산'인 울릉도를 복속한 신라 장군 이사부를 지칭했다고 생각되는 '영웅'을 언급하여 공적인 의식이 작용하긴 하지만, '백연화, 유하주, 사선, 선산' 등 불교, 도교, 화랑도(花郎道)가 복합된 사적 욕망이 더욱 뚜렷이 드러난다. 그리하여 유람과 순행을 마무리할 즈음에 자연 친화와 신선 추구의 뜻이 굳어지는 경향을 띤다.

이러한 두 자아의 교차에 의한 시상 전개와 주제 표출은 삼척 죽서루에서 울진 망양정으로 가는 사이에서 발화한 다음 구절에 요약되어 있다.

왕뎡王程이 유ᄒᆞᆫ有限ᄒᆞ고 풍경風景이 못 슬ᄆᆡ니
유회幽懷도 하도 할사 ᄀᆡᆨ수客愁도 둘 듸 업다

'왕정'에 제약을 받는 순행 길은 '풍경이 못 싫고 미운' 마음에 무한한 '유회'를 펼치는 유람 길과 나란히 진행되어 공적, 사적 자아가 번갈아 나타난 것이다. 장엄한 풍경을 만나 마음에 품은 그윽한 회포가 드러나니 '객수'와 같은 감상(感傷)은 끼어들 틈이 없을 만큼 장쾌한 여정이다. 작품의 시상 전개와 주제 의식이 지닌 구조적 핵심을 보여 주는 구절이라 하겠다.

결사는 사적 자아의 지향 속에 공적 자아와의 조화를 포용하는 것으로 마무리된다. 망양정 월출 후 '숑근松根을 볘여 누어 픗ᄌᆞᆷ을 얼픗 드니' 지상선(地上仙) 한 사람이 '황뎡경黃庭經 일ᄌᆞ一字ᄅᆞᆯ 엇디 그ᄅᆞᆺ 닐거 두고 / 인간人間의 내려와셔 우리ᄅᆞᆯ ᄯᅩᆯ오ᄂᆞᆫ' '샹계上界예 진션眞仙'이 곧 화자라고 일러 준다. 그리고는 '븍두셩北斗星 기우려 창히슈滄海水 부어 내여' 함께 술을 마시고 취흥을 즐긴다.

화풍和風이 습습習習ᄒᆞ야 냥익兩腋을 추혀 드니
구만리九萬里 댱공長空애 져기면 ᄂᆞᆯ리로다
이 술 가져다가 ᄉᆞ히四海예 고로 ᄂᆞᆫ화
억만億萬 창ᄉᆡᆼ蒼生을 다 취醉케 ᄆᆡᆼ근 후後의
그제야 고텨 맛나 ᄯᅩ ᄒᆞᆫ 잔 ᄒᆞ쟛고야

'[5월의] 따뜻한 바람이 산들 불어 두 겨드랑이를 추켜드니 / 구만리 먼 하늘에 저기면 날리로다'와 같은 기분이 든다. 겨드랑이에 날개가 돋아 날개 쳐 날아가는 상승의 심상은 무한성에의 동경이 형상화된 것이다. 취흥에 의한 것이긴 하나 사적 자아가 애초부터 지녔던 탈속의 지향성을 심상화하였다. 이 지향 속에 '이 술 가져다가 온 세상에 고루 나누어 / 억만 창생을 다 취하게 만든 후에'라 하여 공적 자아의 책임과 포부를 포용하여 두 자아의 화합을 도모한다. 그러면서도 꿈에서 깨어나 바다를 굽어보며 '기픠롤 모르거니 ᄀ인들 엇디 알리'라고 탄식하는 말로써 무한성에의 동경을 다시 한 번 드러낸다. 이런 다음에 마지막 구가 나온다.

> 명월明月이 쳔산만낙千山萬落의 아니 비쵠 ᄃ 업다

이제까지 전개된 시상이 밝은 달빛이 온 세상을 포근히 감싸는 심상으로 맺어지면서 지상과 천상, 속세와 탈속, 공적 책무와 사적 지향의 두 방향성이 한데 어우러진다. 이렇게 화자의 산수 유람은 달빛이 비추는 바닷가에서 온화한 심상으로 마무리된다.

〈관동별곡〉은 중세 시대 고위 관리가 임무를 띠고 관할 지역을 순행하는 중에 기묘하고 아름다운 경치를 보면서 얻은 감흥을 유장하게 표현한 작품이다. 여행자 내면의 두 자아가 앞서거니 뒤서거니 풍경에 심취하기도 하고 관념을 투사하기도 하면서 산과 바다의 장엄함에 흠뻑 빠져든 모습이 그려졌다. 오늘날 대개 휴가나 취향 같은 사적인 영역에서 하는 여행과는 상당히 다른 양상이지만 오히려 이로 인해 여행이 갖는 공적인 의미를 생각해 볼 수 있다. 전통문화와 역사를 되짚어 보는 국내 여행이나 한국인이라는 의식을 갖고 하는 해외여행이 그러한 예에 가까울 듯하니 두 자아의 여행자라는 주제는 여전히 의미가 있다. 나아가 작품에 표현된 이 땅의 산수에 대한 경의와 예찬은 우리에게 국토의 풍경을 대하는 심미안의 한 관점을 제공한다. 여러 모로 깊이 음미하고 두루 되새겨 보아야 할 명작이다.

## 5.4 유산가

〈유산가(遊山歌)〉는 경기 십이 잡가(十二雜歌) 중의 한 편으로, '사계축(四契軸)에서 박춘경(朴春景)의 곡으로 전하는 것이다.……누구나 '화란춘성~'이 허두인 줄 알지만 실상 구조의 사설은 그 위에도 말이 많고 화란춘성은 뒤에 붙었다. 그랬던 것을 박춘경이 고쳐서 이러한 박춘경의 새로운 〈유산가〉의 곡조가 널리 퍼져 오늘에 전하여지고 있다.'[45]고 한다. 서울 청파동 일대에 살던 소리꾼들인 사계축의 일원이었던 박춘경이 개작한 노래라는 것이다. 그의 활동 시기가 대략 19세기 말에서 20세기 초이니 적어도 19세기 중엽 이전에 형성된 작품이다. 십이 잡가 가운데 첫손에 꼽히는 노래라는 음악적 평가에 비해 노랫말에 대한 문학적 접근은 그리 활발한 편이 아니다. 사설은 7언의 한시구를 포함하여 대체로 4·4조, 3·4조의 가사체로 되어 있으나 4자의 한자어에 조사나 접사가 붙음으로써 2·3조, 2·4조를 이루는 경우도 많아서 율격이 균일하지 않다. 개작, 노래의 연행, 율격적 허용 등을 고려하면서 산수 유람의 흥취라는 주제를 중심으로 감상해 본다.

작품은 청중에게 좋은 경치를 구경 가자고 권유하면서 시작한다.

화란춘성(花爛春城)하고　　만화방창(萬化方暢)이라
때 좋다 벗님네야　　산천경개(山川景槪)를 구경을 가세[46]

---

45 이창배 편저, 『한국가창대계』, 홍인문화사, 1976, 185면.

꽃이 활짝 피고 봄기운이 퍼진 성(城)에 만물의 조화(造化)가 바야흐로 번성하는 시절을 맞았다. 이 좋은 때에 벗들에게 산천의 좋은 경개를 구경 가자고 권한다. 화자가 '춘성'의 '벗님네'에게 말하는 것으로 보아 산수 유람의 동반자로 삼은 대상은 서울 도성의 풍류객들이라 할 수 있다. 화창한 봄날에 도성을 떠나 명승지를 찾아가자는 권유인데 그곳은 특정되지 않고 산과 계곡이 있으면 어디든 해당이 된다. 그러므로 일정한 장소를 유람하며 얻는 정취를 구체적으로 그려 낸 것이 아니라 봄날에 산수 유람을 가는 흥취를 일반적인 관점에서 표현한 것이다. 유람하는 대상보다는 유람의 흥취 자체에 초점을 두고 형상화하는 양상이다.

| | |
|---|---|
| 죽장망혜(竹杖芒鞋) | 단표자(單瓢子)로 |
| 천리강산(千里江山) | 들어를 가니 |
| 만산홍록(滿山紅綠)들은 | 일년일도(一年一度) 다시 피어 |
| 춘색(春色)을 자랑노라 | 색색이 붉었는데 |
| 창송취죽(蒼松翠竹)은 | 창창울울(蒼蒼鬱鬱)한데 |
| 기화요초(琪花瑤草) | 난만중(爛漫中)에 |
| 꽃 속에 잠든 나비 | 자취 없이 날아난다 |
| 유상앵비(柳上鶯飛)는 | 편편금(片片金)이요 |
| 화간접무(花間蝶舞)는 | 분분설(紛紛雪)이라 |
| 삼춘가절(三春佳節)이 | 좋을씨고 |

대지팡이와 짚신에 표주박 하나 들고 '천리강산'을 들어간다. 천 리에 걸친 명승지를 찾아갔으니 천 리 떨어진 곳도 되지만 도성 근교여도 상관없는 익명의 장소를 설정한 것이다. 이 구절은 판소리 단가 〈죽장망

46 위의 책, 184-186면; 김성배 외, 『주해 가사문학전집』, 집문당, 1981, 381-383면 참조.

혜(천리강산)〉에도 나오는데 이어지는 노랫말의 한시구나 묘사구들도 한시 입문서에 나오거나 다른 작품에 쓰인 것들이 상당수 있다. 이런 면에서 이 작품은 합성 가사라고 할 수 있다. 실제 유람의 감흥을 개성적으로 표현하기보다는 기존의 익숙한 어구들을 조합하여 산수 유람을 자연스런 시상의 흐름으로 엮어 내어 청중의 흥을 돋우고자 한 것이다.

이러한 의도에서 작자가 취한 기존의 구절들은 대체로 감각적 표현이 두드러진 것들이다. 산에 들어가 '춘색'을 보며 흥에 겨워하는 모습이 그려졌는데 온 산에 가득한 붉은 색과 녹색(만산홍록), 소나무와 대나무의 푸른 색(창송취죽), 여러 가지 꽃과 풀들의 색(기화요초)이 어우러져 있다. 이러한 춘색에 동적인 심상이 더해져 흰나비와 노랑 꾀꼬리의 움직임이 그려진다. '유상앵비편편금(柳上鶯飛片片金) 화간접무분분설(花間蝶舞紛紛雪)'은 『백련초해(百聯抄解)』에 앞뒤 구가 뒤바뀐 것으로 실려 있고,[47] 이와 유사한 '백접분분설(白蝶紛紛雪) 황앵편편금(黃鶯片片金)'은 『추구집(推句集)』에 나온다.[48] 두 책은 한시에서 7언, 5언의 대구들을 수집하여 기초 학습의 자료로 삼은 한시 입문서이다. 한시를 조금이라도 아는 이들에게 잘 알려진 구절을 가져와 산수 유람의 흥취를 표현하는 데 감각적 효과를 얻고자 하였다.

다음에 오는 구절은 한시구가 교차로 조합되어 시각적 심상이 강화되고 있다.

| | |
|---|---|
| 도화만발(桃花滿發) | 점점홍(點點紅)이로구나 |
| 어주축수(漁舟逐水) | 애산춘(愛山春)이라던 |
| 무릉도원(武陵桃源)이 | 예 아니냐 |

47 김무봉, 김성주 역주, 『역주 백련초해』, 세종대왕기념사업회, 2013, 62-63면.
48 안영길, 주영기 편저, 『추구집』, 역락, 2015, 74면.

양류세지(楊柳細枝) 사사록(絲絲綠)하니
황산곡리(黃山谷裏) 당춘절(當春節)에
연명오류(淵明五柳)가 예 아니냐

복사꽃(도화)의 붉은 색, 버들가지의 녹색을 표현하는 중에 7언의 한 시구를 가져왔는데 이는 『백운소설』에 수록된 정지상과 김부식의 한시 경쟁담에서 '유색사사록(柳色絲絲綠) 도화점점홍(桃花點點紅)'이라 한 구절을 약간 변용한 것이다. '도화'의 구절 뒤에 당나라 시인 왕유의 〈도원행(桃源行)〉 첫 구인 '어주축수애산춘(漁舟逐水愛山春) 양안도화협고진(兩岸桃花夾古津)'에서, '양류' 뒤에는 작자 미상의 시조 초장인 '황산곡(黃山谷)이 당춘절(當春節)ᄒᆞ고 이백화지(李白花枝) 수절장(手折將)을'[49]에서 인용하였다. 이 역시 당대에 널리 알려진 한시와 시조의 한 구절이다. 인용한 시조처럼 황산곡, 이백 등 인명을 가지고 지명, 꽃 이름 등에 비기는 언어유희를 즐겼던 당대의 문학적 취향이 나타나 있다. 청중에게 익숙한 시화(詩話), 한시, 시조 등의 구절을 조합하면서 화자가 들어간 산과 계곡이 복사꽃 만발한 무릉도원이자 버들가지 늘어진 오류촌(五柳村)임을 자랑한 것이다.

제비는 물을 차고 기러기 무리 져서
거지중천(居之中天)에 높이 떠 두 나래 훨씬 펴고
펄펄펄 백운간(白雲間)에 높이 떠서
천리강산(千里江山) 머나먼 길을 어이 갈꼬 슬피 운다
원산(遠山)은 첩첩(疊疊) 태산(泰山)은 주춤하여
기암(奇岩)은 층층(層層) 장송(長松)은 낙락(落落)

49 심재완 편저, 『교본 역대시조전서』, 세종문화사, 1972, 1208면.

에 - 허리 구부러져 광풍(狂風)에 흥을 겨워
우쭐우쭐 춤을 춘다

본사의 앞부분에서 '만산홍록(滿山紅綠)'의 색채에 '유상앵비(柳上鶯飛), 화간접무(花間蝶舞)'의 움직임을 더했듯이 여기서도 앞의 복사꽃, 버들가지의 색감에 제비와 기러기, 낙락장송의 동적인 심상을 덧붙여 역동성을 부여한다. 그런데 봄철에 오는 제비의 행동은 '물을 차고'로 간단히 말하고 북쪽으로 가는 기러기에 대해 '거지중천에~슬피 운다'로 길게 표현하여 불균형을 가져왔을 뿐 아니라 작품 전체의 흥겨운 분위기에서도 벗어나 버렸다. 이 부분의 '천리강산 머나먼 길을'이 본사 초입의 '천리강산 들어를 가니'와 음운상, 의미상 연결되므로 이를 의식하여 기러기 대목을 부연한 것이 아닐까 한다. 이 구절은 이어지는 '원산은 첩첩~장송은 낙락'에도 영향을 끼쳐 첩첩한 산중에 바위와 소나무가 있는 풍경으로 이끈다. 그러고는 '장송은 낙락~춤을 춘다'로써 기러기로 인한 시적 분위기의 이탈에서 되돌아와 소나무 가지들이 바람에 흔들거리는 모습을 흥겨운 기분으로 표현하고 있다. 이 구절도 십이 잡가 중 〈소춘향가〉에 '늙은 장송(長松) 광풍(狂風)에 흥을 겨워 우쭐 활활 춤을 춘다'[50]로 나오고 있어 작품들 간에 사설이 공유되었음을 알 수 있다.

층암절벽(層岩絶壁) 상(上)의 폭포수(瀑布水)는 콸콸
수정렴(水晶簾) 드리운 듯 이 골 물이 주루루루룩
저 골 물이 솰솰 열의 열 골 물이
한데 합수(合水)하여 천방(天方)져 지방(地方)져
소쿠라져 펑퍼져 넌출지고 방울져

50 이창배 편저, 앞의 책, 191면.

| | |
|---|---|
| 건너 병풍석(屛風石)으로 | 으르렁 콸콸 흐르는 물결이 |
| 은옥(銀玉)같이 흩어지니 | 소부허유(巢父許由) 문답하던 |
| 기산영수(箕山潁水)가 | 예 아니냐 |

풍경의 묘사는 이제 시각적 심상에서 청각적 심상으로 옮아간다. 이는 앞에 나온 '펄펄펄, 에-, 우쭐우쭐' 등의 의태어와 감탄사를 계기로 삼고 색채감에 역동적 심상을 더하는 과정에서 묘사의 초점을 옮긴 결과이다. 그리하여 산속의 폭포수와 계곡물을 포착하여 의성어와 의태어가 절묘하게 결합한 '콸콸, 주루루루룩, 쏼쏼' 등의 음성 상징어가 구사되었다. 작품에서 가장 정채(精彩) 나는 대목이지만 이 부분도 〈수궁가〉의 한 대목인 '고고천변(皐皐天邊)'에 나오는 사설이다. 자라가 수궁을 나와 넓은 바다를 건너면서 여러 인물 고사를 떠올리며 나열하는 삽입 시가이자 판소리 단가인데 그 한 대목을 이 작품과 공유하고 있다. 신재효본, 심정순·곽창기 창본에서는 보이지 않고 이선유 창본, 임방울 창본에 나오는 것으로 보아[51] 이른 시기의 〈수궁가〉 사설에는 없던 것이 나중에 삽입된 듯하다. 〈유산가〉의 홍행이 〈수궁가〉의 사설 확장에 영향을 주었을지도 모른다.

음성 상징어의 구사에 이어서 '천방져 지방져 / 소쿠라져 펑퍼져 넌출지고 방울져'와 같이 접사 '-지다'가 붙은 우리말의 각운을 맞추면서 풍경 묘사가 유창하게 전개된다. 그러고는 물줄기의 흐름이 '건너 병풍석으로' 방향을 틀어 넘어가면서 '으르렁 콸콸 흐르는 물결이 / 은옥같이 흩어지니'의 공감각적 심상으로 표현되었다. 폭포수가 계곡에 쏟아져 물줄기를 이루어 흘러내리며 보여 주는 변화무쌍한 움직임을 다채로운 시어로 표현하여 역동적인 심상을 만들어 내었다. 이러한 묘사와 심

51 김진영 외 편저, 『토끼전 전집』1, 박이정, 1997, 12-13면, 53-54면, 105면, 138-139면 참조

상을 통해 작자가 추구한 유람의 흥취와 분위기가 최고조에 이르도록 한 것이다.

작품은 다음과 같은 결사로 맺어진다.

| | |
|---|---|
| 주곡제금(奏穀啼禽)은 | 천고절(千古節)이요 |
| 적다정조(積多鼎鳥)는 | 일년풍(一年豊)이라 |
| 일출낙조(日出落照)가 | 눈앞에 어려라 |
| 경개무궁(景槪無窮) | 좋을씨고 |

본사 앞부분의 '꾀꼬리, 나비', 중간 부분의 '제비, 기러기'와 연결지어 '주걱새(두견), 솥적다새(소쩍새)'를 부르며 의미의 변화를 꾀하였다. 이제까지 유흥의 정취를 그려 낸 데에서 '천고절, 일년풍'이라는 이념적, 생활적 의미를 표현하면서 이 새들을 지칭한 것이다. 그리고서 '일출낙조', 해가 떴다가 저녁에 지는 풍경 앞에서 유흥의 마음을 진정하고 일상생활로 되돌아가려는 뜻을 내비쳤다. 그렇지만 '경개무궁 좋을씨고'라 하여 산수 유람의 흥취는 노래가 끝나서도 긴 여운으로 남는다.

〈유산가〉는 조선 말기 서민들 사이에서 인기를 끌었던 십이 잡가의 하나이다. 산수 유람의 흥취와 분위기를 표현하기 위해 널리 알려진 가사들을 적절히 수용, 조합하여 자연스러운 시상의 흐름을 이루었다. 작품 후반부의 폭포와 계곡 물에 대한 묘사와 역동적 심상은 유람의 흥취를 고조시키고 표현의 묘미를 맛보도록 한다. 이렇게 흥취를 그려 낸 노랫말은 곧 흥겨운 음악에 실려 연주됨으로써 청중을 사로잡았다. 그리하여 당대 대중가요로서의 역할을 충실히 한 작품이다.

## 5.5 허생전

〈허생전(許生傳)〉은 박지원(朴趾源, 1737~1805)이 지은 한문 소설로 작자의 실학사상에 기반하여 조선 후기의 경제, 사회, 정치적 상황에 대한 문제의식과 비판 정신이 돋보이는 작품이다. 남산골샌님 허생이 아내의 질책을 받고 집을 나서 변씨에게 돈 만 냥을 빌려 전국을 돌아다니며 독점적인 사업을 벌이고 변산의 도적들을 데리고 서해 공도(空島)로 들어가 살게 한 후 돌아와 수십 배로 갚았는데, 이완(李浣, 1602~1674)의 방문에 북벌(北伐)을 위한 세 가지 방책을 제안했으나 모두 거절당하자 꾸짖어 내쫓는다는 이야기이다.

이러한 내용에 대해 여러 면에서 접근할 수 있겠으나 여기서는 허생의 여행에 초점을 맞추어 살펴보고자 한다. 글만 읽던 가난한 선비가 조선의 여기저기를 다니며 거금을 벌고 또 서해의 빈 섬에 부유한 마을을 만들어 외국과 무역하여 더 많은 돈을 번 후 전국의 빈민을 구제하고 돌아오는 주인공의 여정을 따라가 보려는 것이다. 허생의 여행은 그가 품은 뜻에 따라 모종의 사업을 시험해 보려는 목적을 지닌 것이어서 산수 유람의 여행과는 전혀 다른 성격을 띠고 있다. 이 점에 유의하여 주인공의 여정을 따라가며 여행의 양상을 살피고 그 의미를 생각해 보기로 한다.

서울 남산 아래 묵적동에 비바람도 못 막는 초가집에서 사는 허생은 독서하는 것만 좋아하였다. 그의 아내가 바느질품을 하여 겨우 입에 풀

칠을 하였다. 어느 날 아내가 몹시 배가 고파 흐느끼며 말했다.

> "당신은 평생 과거를 보지 않으니 독서하여 무엇 합니까?" 허생은 웃으며 "내가 아직 독서에 서투르다오." 했다. 아내가 "공인(工人)의 일이 있지 않나요?" 하자 허생은 "공인의 일은 애초에 배우지를 못했으니 어찌하겠소." 했다. "장사하는 일이 있지 않나요?" 하니 "장사는 밑천이 없으니 어찌하겠소." 했다. 아내는 화를 내며 꾸짖기를, "밤낮 독서하더니 다만 배운 것이 '어찌하겠소.'뿐인가요? 공인의 일도 못한다, 장사도 못한다니 어찌 도적질이라도 못합니까?" 허생은 책을 덮고 일어나며 "아깝다, 내가 독서하기를 원래 10년을 기약하여 이제 7년인데……." 하고는 문을 나갔다.[52]

위의 대화는 독서만 하고 생활 능력이 없는 선비를 그 아내의 말을 통해 풍자한 것이다. 그런데 집을 나서서 행하는 뒷일을 염두에 둘 때 허생의 반응을 주의해 볼 만하다. 그는 과거 공부와는 무관하게 10년 동안 독서에 몰두하기로 작정해 매진하다가 아내의 꾸짖음을 듣고는 7년 만에 독서를 접고 집 밖을 나선다. 이는 마치 신선이 되기 위해 단전법, 섭생법 등을 연마하다가 만기를 채우지 못하고 하산하는 경우와 비슷하다. 그렇다면 선비 허생이 10년 독서를 통해 얻고자 한 목적이 무엇인지 궁금해진다. 작품에 분명히 서술되어 있지 않으나 허생이 지닌 능력과 포부, 그의 여정과 사업들, 작품 후반부의 북벌론 주제 등을 통해 어렴풋하게나마 추측해 볼 수 있다. 아마도 작품의 시대 배경인 효종대(1649~1659) 전후 동아시아 패권의 재편 시대에 처하여 중국에 새로 들어선 청나라를 타도하기 위한 재정 확보 및 병력 양성의 방책을 찾기

---

52 이우성·임형택 역편, 「옥갑야화」, 『이조한문단편집』하, 일조각, 1982, 293-315면. 원문은 424-430면. 이 번역문을 참조하여 필자가 번역하여 인용한다.

위해 암중모색한 것이 아닐까 한다.

운종가(종로)로 나간 허생은 길에서 얻은 정보로 서울 최고의 부자인 변씨를 찾아가 돈을 빌린다. "내 집은 가난하나 작은 시험을 하고자 하니 그대에게 만 냥을 빌리기 원하노라."고 말하자 사람 보는 안목이 있는 변씨가 선뜻 거금을 내준다. 허생이 말한 '작은 시험(小試)'은 그가 품은 포부를 이루고자 한 것으로서 그의 독서 이력과도 관련이 있다. 독서 목표의 완성인 10년 경력에서 3년이 부족한 상태로 무엇인가 해 보고자 했으므로 '작은'이라는 수식어를 붙였다고 생각되기 때문이다. 뿐만 아니라 허생은 앞으로 행할 일이 그가 애초에 하고자 했던 '큰 시험'이 될 수 없다는 사실을 미리 알고 있었다는 점도 시사한다. 큰 시험이 위에서 추측한바 청나라 타도라면 허생은 시작부터 사업의 실패, 즉 청나라의 지속을 전제한 상태로 일을 도모했다고 할 수 있다. 비극적인 전망에서 출발한 시험이었던 것이니 작품의 시대에서 백 년 이상 지난 작자의 시대는 이미 청나라의 전성기였던 것이다.

변씨에게 만 냥을 빌린 허생은 그가 기획한 모종의 사업을 펼치기 위해 전국을 돌아다닌다. 말하자면 사업 여행을 떠나는 것이다.

> 허생은 만 냥을 얻고서 다시 집으로 돌아가는 대신 안성으로 갔다. [그곳은] 기호 지방의 교차지요 삼남 지방의 길목이었다. 대추·밤·감·배·밀감·석류·귤·유자 등속을 모두 두 배 값을 쳐서 차지하였다. 허생이 과일을 쌓아 두자 나라 안에 잔치와 제사를 치를 수 없었다. 얼마 후 허생에게 두 배 값을 받은 여러 상인이 도리어 열 배를 보냈다. 허생은 한숨 쉬며 개탄하였다. "만 냥으로 [나라를] 기울였으니 나라의 얕고 깊음을 알 만하구나!" 이에 칼·호미·베·명주·비단을 사 가지고 제주로 들어갔다. 말총을 모두 사서 거두며 이르기를, "몇 년 있으면 나라 사람들이 머리를 매지 못할 게야." 하였다. 얼마 후 망건 값이 열 배가 되었다.

허생의 시험은 일차적으로 매점매석을 통한 부의 축적이다. 물류의 집산지 안성과 특정 물건의 생산지 제주를 선택하여 한 종류의 상품을 독점한 후 가격이 급등하면 되팔아 이득을 얻는 방식이다. 안성에서의 시험을 통해 허생 스스로 조선의 허약한 경제 체제를 개탄하고 있고 나중에 변씨에게 토로하는 바와 같이 자기가 쓴 방법으로 하면 나라가 병들 것이라는 인식을 하고 있었다. 안성과 제주에서의 상행위를 통해 조선 경제의 취약성을 풍자한 것이다.

그런데 제주에 가서 말총을 산 것은 뭔가 허생의 정치적인 의도를 살짝 드러낸 듯하다. 제주의 말은 원나라 간섭기(1259~1356)에 본격적으로 사육되어 일본 정벌(1274, 1281)에 징발되기도 하였는데 이러한 역사와 허생의 시험이 연결될 수 있기 때문이다. 말총을 매점하여 돈을 버는 것과 동아시아에서 제주의 전략적 위치, 말 사육 기지로서의 군사적 가치 등을 탐색하는 것이 병행되었을 법하다. 그 결과 여의치 않은 점이 있어 제주에서 더 떨어진 공해상의 섬을 찾아본 것일 수 있다.

안성, 제주에서 폭리를 취한 허생은 늙은 뱃사공에게 '해외에 사람이 살 만한 빈 섬이 있는지'를 물어 그와 함께 답사를 한다. 제주에서 순풍을 맞아 서쪽(또는 동남쪽)으로 3일을 가 닿는, 사문(沙門, 샤먼廈門)과 장기(長崎, 나가사키) 중간쯤의 바다 가운데 섬으로 들어간다. 지도상으로는 서해에서 동중국해에 걸쳐 있는 바다 위 가상의 지점, 혹은 제주에서 동남쪽에 있는 유구 열도(琉球列島) 중의 한 섬을 지시하는 것으로 보인다. 이 섬을 둘러본 허생은 "땅이 천 리도 못 되니 어찌 해 볼 수 있으랴. 토지가 가름지고 샘이 단맛이 나니 단지 부자 노인은 될 수 있겠다."라고 말한다. 뱃사공이 "섬이 비어 사람이 없는데 누구와 더불어 살려는 게요?" 하고 물으니, 허생은 "덕 있는 자에게 사람들이 귀의하나니 덕이 없을까 두렵지 사람이 없음을 어찌 걱정하리오."라고 대답한다. 그리고 섬을 나와 변산에 근거지를 둔 수천 명의 도적을 만나러 간다.

이것이 허생이 시도하는 두 번째 사업의 준비 단계라 할 수 있다. 서해 공도의 위치를 생각해 보면 조선·중국·일본의 어느 국가에도 소속되지 않으면서 그 나라들에 영향을 끼칠 거리에 있는 곳이다. 또한 '덕 있는 자'를 언급한 것에서 사람들을 모아 세력을 키워 무엇인가를 해 보고자 하는 뜻이 있음이 나타난다. 나아가 서해 공도를 답사한 후 곧바로 변산의 도적을 찾아간 것에서 무력을 쓸 줄 아는 사람들을 모으는 일을 기획하였음도 짐작이 간다. 이러한 점들을 종합해 보면, 허생의 큰 뜻은 막대한 군비를 마련하여 서해상의 외딴 섬에서 군사를 훈련하여 청나라를 공격하려는 것이라고 추측해 볼 수 있다. 그런데 뱃사공이 알려 준 섬이 협소한 탓에 포부를 이룰 수 없음을 알고 조선에서는 살 수 없는 도적들을 이주시켜 작은 낙원을 이루려는 정도에 그쳤던 것이다. 애초에 작은 시험을 한다고 했던 것이 이러한 방향으로 전개되었으므로 사업 여행을 떠날 때부터 허생은 차선의 사업을 도모했다고 생각된다.

이처럼 허생의 축소된 두 번째 사업은 기획한 대로 진행된다. 변산으로 가 관군에 쫓겨 곤궁에 처한 도적들에게 안정된 생활을 누리지 못하는 이유를 묻자 그들은 돈이 없어서라고 대답한다. 허생이 돈을 장만할 테니 마음대로 가져가라고 하니 도적들은 그를 미친 사람으로 여긴다. 다음날 허생이 과연 30만 냥을 배에 싣고 나타난 것을 보고 도적들은 그에게 절하며 "장군께서 명령만 하십시오."라고 복종한다. 이에 각각 여자 한 명과 소 한 필씩 데려오게 하여 배에 태워서 서해 공도로 이주시킨다. 여기서 도적들이 '장군'이라 부른 것은 원대한 사업에서 허생이 맡을 역할이 군대를 호령하는 장군일 것임을 시사해 준다.

변산에서 2천 명을 이끌고 서해 공도에 들어와 비옥한 토지에서 온갖 곡식을 생산하였다. 3년 양식을 비축하고 그 나머지는 배에 싣고 대기근이 든 일본 나가사키에 가서 팔아 구휼하고 은 100만 냥을 벌었다.

그러자 허생은 "나의 '작은 시험'을 마쳤구나."라고 탄식하고 2천 명의 남녀에게 다음과 같은 영을 내린다.

> 내가 처음 너희와 함께 이 섬에 들어와 먼저 부유하게 한 후에 따로 문자를 만들고 의관을 창제하려 하였다. 그러나 땅이 좁고 덕이 엷으니 나는 이제 떠나겠다. 아이를 낳으면 오른손으로 숟가락을 쥐게 하고 하루라도 연장자에게 먼저 먹도록 양보하여라.

'땅이 좁다'는 것은 뱃사공과 사전 답사를 하면서 이미 알았던 사실이다. 여기에 더하여 '덕이 엷다'고 했는데 이는 뱃사공과의 대화에서 언급한 그 덕에 대해 스스로 부족함을 알았다는 의미이다. 허생은 사람들을 끌어 모으는 데에 도적 일천 명 정도가 한계라는 점을 인식하였다. 이러한 한계 내에서라도 문자와 제도를 새롭게 갖춘 사회를 만들려는 뜻이 있었다. 그러나 그것마저도 포기하고 최소한의 예법만 준수하도록 하는 대신, 부유하게 사는 것만으로 작은 낙원을 이루게 하였다.

섬을 떠나며 모든 배를 불사르고, 은 50만 냥을 바닷속에 던지고, 글을 아는 자를 화근이라고 하여 배에 싣고 나온다. 이 세 가지 행동에서 허생의 의식을 짐작해 볼 수 있다. 섬을 왕래하는 교통수단을 끊은 것은 자족적으로 부유한 삶을 영위할 수 있는 섬 공동체만큼은 지켜야 한다는 생각에서이다. "백만 냥은 나라 안에도 용납되지 못하는데 하물며 작은 섬에서랴."라고 하면서 50만 냥을 바다에 버렸으나 이는 큰일을 감당하기에 은 100만 냥으로는 부족함을 인정한 것으로 볼 수 있다. 글 아는 자를 화근이라 한 것에는 허생 자신의 독서 행위와 7년의 독서 경력에 대해 냉소적인 평가를 내린 면이 있다. '서투른 독서'로써 얻은 경세의 방책이 실제에서 별 쓸모가 없음을 알게 된 것이리라. 요컨대, 원대한 사업을 하려는 뜻을 품었으나 '작은 시험'에 그친 내력이 허생의 이러한 행동 속에 담겨 있는 것이다.

섬을 나온 다음에 허생의 세 번째 사업이 펼쳐진다. '나라 안을 두루 돌아다니며 가난하고 하소연할 데 없는 사람들을 구제하였다.'는 짤막한 서술이 그것이다. 서울을 출발하여 안성을 거쳐 제주에 이르렀고 해외로 진출하여 서해 공도를 답사한 후 돌아와 변산에서 무리를 이끌고 그 섬으로 가서 나가사키와 무역까지 하였다. 그런 후에 다시 조선으로 귀환하여 팔도를 돌아다니며 그동안 번 돈으로 빈민을 구제하는 일을 한 것이다.

이렇듯 허생은 애초에 품은 큰 뜻은 이루지 못한 채 매점매석과 해외 무역으로 돈을 많이 번 일, 서해 공도에 풍요로운 작은 낙원을 만든 일, 그리고 나라 안의 빈민들을 구제한 일 등의 사업을 하였다. 작품의 시대 배경인 병자호란, 명·청 교체기의 동아시아 재편 과정에서 대의명분론에 따른 질서 회복을 추구한 큰 뜻이 현실적으로 불가능하다는 점을 인식한 허생이 그보다는 부의 축적과 경제적 풍요, 빈민 구제라는 실용적인 노선에서 경세제민의 포부를 실현해 본 것이라 하겠다. 그의 사업 여행이 '작은 시험'으로 치부되었기는 하나 오히려 대의명분보다 서민 경제의 실용적 발전을 위한 사업들을 펼쳤다는 점에서 실학사상의 대두에 따른 시대정신의 전환 양상이 작품에 반영되었다는 의의가 있다.

허생은 전국을 돌아다니며 빈민 구제 활동을 펼친 후에 나머지 은 10만 냥을 가지고 변씨를 찾아가 빌린 돈을 갚는다. 은전이 동전의 4배가량 비싸므로 대략 40배의 이자를 쳐서 갚은 것이다. 허생을 다시 보았을 때 변씨가 "그대의 용모와 안색이 조금도 나아지지 않았으니 만 냥으로 실패하지 않았소?"라고 하자, 허생은 "재물로써 윤기 나는 것은 당신네 일일 뿐, 만 냥이 어찌 도(道)를 살지게 하리오."라고 대답한다. 여기서 허생과 변씨의 인물 대립이 두드러져 선비 대 상인, 도리 대 이윤의 대비를 이룬다. 허생의 사업 여행은 정치적 의도를 감춘 채 경세제민을 위한 하나의 시도였을 뿐 진리 탐구와 인격 함양을 위한 수련은 아니었던 셈이다. 부의 축적과 실용 정신의 반영이라는 의의를 지닌 한편에 선비의 고결한 의식과 큰 뜻을 기리려는 주제 의식이 자리 잡고 있다.

허생은 변씨와 친해져 돈독한 관계를 맺는다. 이로부터 후반부가 전개되는데 상업 활동을 두고 변씨와 나눈 대화, 북벌 정책의 실현을 위한 이완과의 대화가 중심 내용을 이룬다. 이 두 가지 대화는 각각 전반부에 펼쳐진 허생의 활동에 대한 비판적 반추, 독서에 의한 온축 및 포부의 발현이라는 의미를 지니고 있다.

변씨가 5년 동안에 [은] 백만 냥을 어떻게 벌었는지 묻자 허생은 그것은 쉽게 알 수 있는 이치라면서 조선의 취약한 경제 체제부터 지적한다. '조선은 배가 외국과 통하지 않고 수레가 나라 안을 다니지 못하므로 모든 물건이 그 안에서 생산되어 그 안에서 소비된다.'고 하여, 선박을 통한 해외 무역이 막혀 있고 교통로가 미비하여 수레가 다닐 수 없는 등 제도와 기반 시설이 빈약한 현실을 말하였다. 이러한 자급자족의 후진적인 경제 여건에서 보통의 상인은 돈을 분산해 상품을 매입하여 '물건이 가벼우면 쉽게 굴릴 수 있으므로 한 화물에서 물리더라도 아홉 화물에서 늘어나' 이득을 얻는다고 한다. 그런데 만 냥이라는 큰돈을 가지고는 수레면 수레, 배면 배, 고을이면 고을 전부를 그물로 훑듯이 한꺼번에 계산할 수 있다. 육산물, 수산물, 의약품 중에서 한 종류 물건을 '잠가 머물러 두면(潛停)', 한 화물이 '잠겨 저장되었으니(潛藏)' 백 가지 매매가 모두 '졸아든다(涸)'는 것이다. 화물의 유통을 물의 흐름에 비유하여 생필품 한 종류를 깊이 잠기게 하면 다른 물건들은 거래의 흐름이 얕게 졸아든다고 표현한 것이다. 이러한 독점적 상행위를 해서 허생 본인은 많은 돈을 벌었으나 자기처럼 하는 것은 '백성을 도적질하는 방법'이고 '나라를 병들게 할' 것이라고 경고한다.

이렇게 전반부에서 행한 상행위에 대해 허생 스스로 비판적 인식을 드러내고 있다. 그렇다면 애초에 그렇게 한 것은 방법보다 목적이 우선하는 행위였다고 할 수 있다. 허생이 시험하려는 사업에 착수하기 위해서는 많은 돈이 필요했기 때문에 부도덕한 방법이지만 쓸 수밖에 없었던 것이다. 본인으로서도 기꺼운 일은 아니었으나 하나의 시험인 까닭에 어느 정도 용인하고 사업 여행을 계속했다고 하겠다.

변씨는 이어서 자기가 만 냥을 내줄 줄 어찌 알았냐고 묻는다. 허생은 백만 냥을 벌 만한 능력을 가진 자기를 쓰는 사람이라면 복 있는 자여서 하늘이 그를 더 부유하게 할 것이므로 그의 복력에 의지하여 천명에 따라 행하였을 뿐이라고 대답한다. 그러자 변씨가 허생의 재주를 어둠 속에 숨겨 두지 말고 남한산성의 치욕을 씻고자 하는 이때에 나서 달라고 부탁한다. 허생은 예로부터 숨어 지낸 사람이 많다면서 '조성기(趙聖期, 1638~1689)는 적국에 사신 갈 만한데 베옷으로 늙어 죽었고, 유형원(柳馨遠, 1622~1673)은 군량을 댈 만한데 바닷가 한 구석에서 거닐었다.'고 한다. 이 두 사람을 지목한 것은 허생의 독서 이력을 보여주는 것으로 그들의 저술을 읽고 경세제민의 안목과 경륜, 외교와 전쟁을 수행할 만한 능력을 높이 평가하였기에 특별히 언급했을 것이다.

그러면서 지금 국정을 도모하는 자들에 대한 비판적 입장에서 '나는 장사를 잘하는 자여서 그 은 [백만 냥]은 구왕(九王, 도르곤多爾袞; 청나라 세조 때 섭정자)의 머리를 살 수 있으나 바닷속에 던지고 온 것은 쓸 곳이 없었기 때문이다.'고 한다. 여기서 허생이 품은 큰 뜻의 일단이 엿보인다. 이를 간파한 변씨는 당대 북벌 정책의 총책임자인 이완 대장에게 허생에 대해 이야기하고 함께 그 집을 찾아간다. 그리고 이른바 시사삼난(時事三難)으로 잘 알려진 허생과 이완의 대화가 펼쳐진다.

제갈량 같은 인재를 천거하겠으니 왕으로 하여금 삼고초려를 하도록 청하라는 첫 번째 제안은 문맥상으로 조성기, 유형원을 염두에 둔 것이라 할 수 있다. 명나라 망명객들에게 종실의 여자들을 시집보내고 훈척과 권귀의 집을 빼앗아 그들에게 주어 살게 하라는 두 번째 제안은 당대 숭명 배청(崇明排淸)의 명분을 실행에 옮기는 방법을 제시하는 한편 조선의 종실, 훈척, 권귀의 사치와 권력 남용을 비판한 것이다. 명문가 자제들을 변발시키고 호복을 입혀 청나라에 보내 벼슬하게 하고 평민들은 강남으로 장사를 하게 하여 청나라의 허실을 염탐하고 중국의 호걸과 결탁하여 천하를 도모하라는 세 번째 제안은 허생이 실제로 행한 국제적인 활동의 연장선상에서 나왔다고 할 수 있다. 서해 공도를 개발하여 작은 낙원을 만들고 나가사키에 물자를 대어 구휼한 것 등의 해외 활동의 경험을 바탕으로 국제적인 연대를 통한 청나라 타도를 제안한 것이다.

세 가지 제안에 대해 이완이 모두 거절하자 허생은 칼을 찾아 들고 위협한다. 이 마지막 장면에서도 그가 독서만 하는 선비가 아니라 독서를 통해 경세제민의 포부를 키우고 나아가 청나라에 대한 무력 항쟁의 뜻을 새기며 방 안에 칼을 두었던 면모를 드러내고 있다. 결국 그는 포부와 능력을 감춘 채 아무도 모르는 곳으로 떠나 버리고 만다.

〈허생전〉을 사업 여행이라는 관점에서 읽어 보면 실학사상, 풍자 문학, 이인(異人)의 형상 등 작품이 지닌 기존의 면모와는 또 다른 양상에서 의미와 재미를 얻을 수 있다. 허생이 안성, 제주, 변산, 서해 공도, 나가사키, 조선 팔도 등을 다니며 매점매석, 낙원 건설, 해외 무역, 빈민 구제 등을 행하는 여정을 따라가면서 그 장소와 여행의 의미를 생각해 보게 된다. 그가 품은 큰 뜻, 정치적 목적은 실현하지 못했으나 그의 '작은 시험'은 서민 경제의 실용적 발전이라는 지향을 보여 주었다. 오늘날의 비즈니스 여행과도 연결되는 허생의 여행 속에 당대의 문제를 고민하고 다가올 시대를 전망하는 작가의 안목이 투영되어 있다.

# 6 예기치 못한 즐거움

## 6.1

# 풍상이 섞어 친 날에

풍상(風霜)이 섯거 친 날에 ᄀᆞᆺ 픠온 황국화(黃菊花)를
금분(金盆)에 ᄀᆞ득 담아 옥당(玉堂)에 보ᄂᆡ오니
도리(桃李)야 곳이오냥 마라 님의 뜻을 알괘라[53]

이 시조는 송순(宋純, 1493~1583)이 지은 것으로 명종이 옥당(홍문관)에 내려 준 노란 국화를 제재로 하였다. 작품에 관하여 다음과 같은 기록이 있다.

> 명종조(1545~1567)에 궁궐 정원의 노란 국화를 꺾어 옥당의 관리에게 내려주고 가사를 지어 바치라고 명하였다. 옥당의 관리가 갑자기 [명에] 따를 수가 없었다. 그때 송순이 재상으로 오위도총부에서 당직을 서고 있었는데 이에 [그에게] 빌려 지어서 바쳤다. 임금이 보고는 놀라 기뻐하며 묻기를 "누가 이것을 지었느냐?" 하였다. 옥당의 관리가 감히 숨기지 못하고 사실대로 대답하였다. 이에 상을 크게 더하여 내렸다. 그 가사가 지금 악부에 전한다.[54]

이러한 창작 배경을 지닌 작품으로 송순의 문집에는 〈자상특사황국옥당가(自上特賜黃菊玉堂歌)〉라는 제목의 한시 번역문이 실려 있다.

---

53 심재완 편저, 『교본 역대시조전서』, 세종문화사, 1972, 1145면. 청진본(靑珍本).

54 이수광, 『지봉유설』14, 「문장부」7, '가사(歌詞)'(한국고전번역원, 『한국고전종합DB』, 고전원문), 明廟朝折御苑黃菊 賜玉堂官 命撰進歌詞 玉堂官倉卒不能就 時宋純以宰樞直摠府 乃借製以進 上覽之 驚喜問誰作此者 玉堂官不敢隱 以實對 乃大加賞賜 其詞至今傳于樂府.

| | |
|---|---|
| 풍상이 섞어 친 날 밤에 | 風霜交撲之日夜兮 |
| 진정을 다해 핀 황국화. | 盡情開兮黃菊花 |
| 은반에 꺾어 담아 | 銀盤兮折而盛 |
| 옥당에 보내 주시니, | 玉堂兮送貽 |
| 도리는 꽃이라 칭하지 마라. | 桃李毋以稱花兮 |
| 님의 뜻을 알지니. | 君之意兮可知[55] |

위와 같은 배경 기사와 번역 한시는 작품을 이해하는 데 도움을 준다. 여기서는 옥당의 관리와 작자 송순이 당직을 서다가 예기치 않게 받은 임금의 꽃 선물을 두고 반응한 점에 유의하여 감상해 보고자 한다.

배경 기사에는 명종에게서 국화꽃과 함께 노랫말을 지어 바치라는 명을 받은 옥당의 어느 관리의 태도가 나타나 있다. 임금의 명에 바로 따를 수 없어 당황, 초조해하는 모습이 그려진다. 그때 홍문관과 마찬가지로 궐내 각사(闕內各司)의 하나인 오위도총부에 송순이 당직을 서고 있음을 알고는 그를 모셔다가 자기 대신에 노랫말을 지어 줄 것을 청하였다. 음악과 시에 조예가 깊고 풍류를 즐기기 좋아하는, 나이 지긋한 재상에게 간청한 것이다. 이렇게 보면 홍문관의 관리는 아마도 임금을 모신 연조가 다소 짧은, 비교적 젊은 관리가 아니었나 싶다. 성품과 경력으로 미루어 부탁을 받은 송순은 임금이 옥당에 내려준 노란 국화꽃을 즐거운 마음으로 감상한 후 잠시 시상을 가다듬었다가 즉석에서 써 주었을 것 같다.

초·중장은 창작의 상황과 동기가 간략하면서도 의미 있게 그려졌다. 임금이 '황국화를' '옥당에 보내온' 사실에 몇 가지 수식어를 붙여서

55 송순, 『면앙집』4, 「잡저」, '자상특사황국옥당가(自上特賜黃菊玉堂歌)'(한국고전번역원, 『한국고전종합DB』, 한국문집총간).

시적 상황을 표현하였다. 먼저, 황국화를 수식하는 구절이 초장을 이룬다. 그 노란 국화는 '바람'과 '서리'가 '섞어 친 날'에 핀 꽃이다. 바람이 불고 서리가 내리고 그것들이 섞여 치고 하는 가을에 피어난 것이다. 그런데 그것을 '갓 피운' 꽃이라 해서 '이제 막' 꽃망울을 터뜨린 국화꽃 송이들임을 밝히고 있다. 번역 한시에는 'ㄱ'을 '진정(盡情)'으로 옮기고 있어 이 말이 지닌 깊은 뜻을 분명히 나타내었다. 바람 불고 서리 내리는 계절에 온 힘과 정성을 쏟아 꽃대를 올려 꽃망울을 맺게 하고 그것을 터뜨려 활짝 피운 것이다. 그만큼 노란 국화의 개화는 힘든 계절을 이겨내려는 의지와 진정성에 의해 이루어졌다.

중장은 노란 국화를 '옥당에 보내온' 사실에 '금분에 가득 담아'의 수식어를 붙여 구성하였다. 임금이 옥당에 하사한 국화꽃은 금분에 가득 담긴 형태로 보내졌다. 여기에 쓰인 '금분'은 홍문관의 이칭인 '옥당'과 연결되어 '금(金)'과 '옥(玉)', '분(盆)'과 '당(堂)'의 두 가지 의미 계열을 형성한다. 금과 옥은 광물로서 단단함, 빛남, 고귀함 등의 공통된 의미 자질을 갖는다. 번역 한시에는 금분을 '은반(銀盤)'으로 옮겼는데 금이 은으로 교체되었다 하더라도 의미의 공통 자질은 크게 달라지지 않는다. 한편, 꽃을 담은 용기(容器)인 [화]분 또는 [쟁]반(盤)과 건물의 한 명칭인 당은 일정한 범위의 공간을 점유한다는 점에서 공통된다. 노란 국화 송이들은 그 꽃 색깔과 비슷한 금빛 화분에 담겨 있었는데 이는 옥 같은 자질의 사대부 관료들이 옥당이라는 건물에 모여 국정을 자문하고 궁중 문서를 관리하는 일을 하는 모습과 유비 관계를 이룬다. 또한, 'ᄀᆞ득'은 초장의 'ㄱ'과 'ᄀᆞ'음으로 연결되면서 시간성이 공간성으로 전환되고 있다. 갓 핀 국화꽃을 금분에 가득 담음으로써 화분에 담긴 꽃들의 생기로움, 풍성함이 돋보이게 된다.

이러한 어휘의 의미들을 종합해 보면 '금 – (은) – 옥'의 단단하고 고귀함, '분 – (반) – 당'의 공간적 범위, '갓 – 가득'의 생생함과 풍성함 등의 의미가 연결되면서 국화꽃을 옥당에 보내온 주인의 의도를 화자가 어떻게 파악했는지가 드러난다. 홍문관의 많은 젊은 관리들이 금옥과 같은 굳은 절개를 지키기를 기대하는 뜻인 것이다. 이처럼 작품의 초·중장은 꽃을 보내온 사실 그대로를 진술한 듯하면서도 그것에 수식어를 붙여 의미를 부여하였다. 그러면서 굳이 국화가 지닌 전통적, 상징적 의미인 오상고절(傲霜孤節)을 드러내지 않은 것은 시적 상황의 충실한 묘사를 통해 그 의미가 자연스럽게 함축되었기 때문이다. 이러한 방식으로 표현함으로써 오히려 오상고절의 상징성을 구체적인 시적 상황에 밀착시켜 의미의 상투화를 피하는 효과를 얻고 있다.

종장은 화자가 파악한 국화꽃의 의미를 바탕으로 그것을 보낸 주인의 마음을 헤아리는 쪽으로 시상을 옮겼다. 배경 기사에서 명종은 궁궐 정원인 어원(御苑)에서 노란 국화를 꺾어 옥당에 보냈다고 하였다. 어원은 기본적으로 궁궐의 주인인 임금을 위한 정원이고 그곳에 심어진 온갖 수목과 화초도 임금의 감상과 흥취를 위해 조성된 것이다. 노란 국화도 그중의 하나이고 복숭아꽃, 자두 꽃도 마찬가지이다. 임금은 자신이 즐기는 꽃을 혼자서 보기보다 신하들과 더불어 감상하려고 궁인에게 시켜 꽃을 꺾어서 옥당으로 보냈다. 종장 첫머리에 '도리야'라며 복숭아꽃, 자두 꽃을 부른 것은 국화꽃의 이와 같은 유래와 경과가 참작되어 나온 표현이다. 궁궐 정원에는 국화 외에도 수많은 화초가 계절에 따라 피고 지고 할 터인데 그중에 유독 노란 국화를 옥당에 보내온 것에 대해 그것과 비교할 만한 정원의 다른 화초나 수목을 집어 말한 것이다.

'도리야'라고 불러 놓고 '꽃인 양 마라'라고 하였다. 여기서 '꽃'의 존재 의미에 대해 생각해 볼 수 있다. 꽃은 그것을 감상하는 자에게 아름다움과 즐거움을 준다. 화사하고 안온한 봄날에 피는 복숭아꽃, 자두 꽃은 그러한 즐거움을 대표하는 꽃이다. 그에 비해 바람 불고 서리 내리는 가을에 피는 국화꽃은 다른 꽃들이 별로 없는 때에 돋보이게 피어나 즐거움을 선사한다. 작자는 이러한 국화꽃의 효용과 그것에 내재한 전통적, 상징적 의미를 염두에 두고 옥당에 보내온 노란 국화꽃을 감상했을 것이다. 오위도총부에서 당직을 서다가 예기치 않게 나이 어린 관리의 초조한 부탁을 받고 국화꽃을 감상하면서 시상을 가다듬었으리라. 임금이 보내온 노란 국화꽃이 어떤 모양이고 어떤 향기가 풍기고 어떤 용기에 담겼는지 이리저리 보고 냄새 맡고 그 주위를 서성이면서 시구를 떠올렸겠다. 국화꽃 자체는 보낸 임금, 받은 옥당 관리, 시를 지은 작자가 서로 다른 처지에서 그 의미를 취했을 것이나 결국에는 하나의 의미로 수렴되어 작품의 제재가 된 셈이다.

종장의 마지막 구절은 '님의 뜻을 알리로다'이다. 노란 국화꽃을 옥당에 보내온 임금의 뜻을 알 것 같다는 말이다. 초·중장의 수식어들에서 나타나는 바와 같이 이미 국화꽃에 담긴 의미를 어느 정도 파악한 화자가 그 꽃을 보낸 주인의 마음을 헤아려 본 후에 좀 더 확신을 갖고 '님의 뜻'을 말하였다. 그런데 님의 뜻이라고만 했지 그것이 구체적으로 무엇인지, 가령 오상고절인지 여신동락(與臣同樂)인지에 대해서는 밝히지 않고 작품을 마무리한 점이 음미할 만하다. 이는 임금의 뜻을 헤아리는 것에 대한 신하로서의 신중함에 더하여 국화꽃의 의미가 상투화되거나 표면화되는 것을 피하기 위한 표현 방식이라고 생각된다. 노란 국화꽃의 의미를 문면에 뚜렷이 밝힌다면 님이 품은 깊고 넓은 뜻이 한두 어구로 좁혀질 것을 경계한 것이다. 그리하여 '님의 뜻'만 말하고 마침으로써 오히려 작품이 지닌 주제의 여운이 깊어지고 넓어지는 느낌을 받는다.

이 시조는 임금으로부터 국화꽃을 선물로 받고 신하로서 느낀 감흥을 표현한 것이다. 당직을 서다가 예기치 않게 임금의 하사품을 받아 고맙고 즐거운 마음으로 노란 국화꽃을 감상하고 그것을 보낸 님의 뜻을 헤아려 신하로서의 본분을 다하고자 하였다. 창작의 상황과 동기에 긴밀히 연관 지어 시상을 전개하였는데 벌어진 일 그대로 말한 듯하면서도 의미 있는 수식어를 붙여 주제를 심화하였다. 국화꽃에 담긴 전통적인 의미를 상투화하지 않고 시적 상황에 맞게 표현함으로써 그 의미를 그윽이 음미할 수 있어서 문학적 향취가 매우 짙은 작품이라고 하겠다.

6.2

## 물 아래 그림자 지니

물 아래 그림자 지니 ᄃᆞ리 우희 즁이 간다
져 즁아 게 서거라 너 가ᄂᆞᆫ ᄃᆡ 무러 보쟈
손으로 흰 구름 ᄀᆞ르치고 말 아니코 간다[56]

이 시조는 작자 미상의 작품이다. 『송강가사』에도 실려 있는데 대부분의 이본에 비해 '서(/셔/셧)거라'는 '잇거라', '손으로'는 '막대로', '말 아니코'는 '도라 아니 보고'로 되어 있어 작품의 일반적인 표기에서 벗어난다. 작자 미상인 이 작품이 정철의 작으로도 인식되었다는 점에 주목할 필요가 있다. 그만큼 작품의 문학적 수준이 높다는 점, 그리고 작품 속 화자가 정철과 같은 양반 사대부로 받아들여졌다는 점을 고려할 만하다. 작품에는 화자가 길에서 우연히 중을 만나 말을 거는 예기치 못한 상황이 설정되어 있고, 이러한 시적 상황에서 화자와 중이 말과 몸짓으로 의사소통을 하는 양상을 보여 준다. 이에 우연한 만남과 의사소통에 유의하여 작품을 감상해 볼 수 있다.

초장을 시작하면서 화자의 시선은 '물 아래'로 향해 있다. 그 물은 다리 아래를 흐르는데 화자는 물 가까이에 있다가 물에 비친 '그림자'를 보았다. 이로써 추정해 본다면 화자가 어디론지 가는 중에 잠시 물가에서 쉬고 있는 참이었던 것 같다. 그렇게 물가에 있다가 물에 비친 그림

56 심재완 편저, 『교본 역대시조전서』, 세종문화사, 1972, 385면.

자를 본 것이다. 그런 다음에 고개를 들어 물 위의 다리, 다리 위의 사람을 보았다. 그렇게 해서 '다리 위에 중이 간다'는 사실을 알게 되었다.

이러한 상황인데도 초장의 표현은 '그림자 지니'라 하여 물에 그림자가 비친 것과 다리 위에 중이 가는 것을 원인과 결과의 관계로 엮어서 표현하였다. '물에 그림자가 비친 것을 보고 나서 눈을 들어 보니 다리 위에 중이 가고 있다.'라는 뜻으로 진술할 것을 화자의 시선 이동 부분을 생략한 채 앞뒤의 사실을 곧바로 연결시킨 것이다. 이렇게 표현하여 '물 아래 그림자 진' 것과 '다리 위에 중이 간다'는 것을 인과 관계로 묶음으로써 의미를 심화하고 있다. '물'과 '다리', '아래'와 '위', '그림자'와 '중', '지다'와 '가다'가 대응하여 중층적인 의미가 형성되는 것이다.

첫째, 인과 관계의 역전을 통해 역설적인 효과를 자아낸다. 중이라는 실체가 물에 비치어 그림자라는 허상이 나타나는 것이 순리이다. 그런데 본문은 '그림자가 지니 중이 간다'고 하여 마치 그림자가 지기 때문에 중이 가는 것처럼 이해하게 만든다. 허상과 실체의 원인 결과가 역전되어 의미의 전도를 가져오는 것이다. 둘째, 시선의 이동에 따른 공간적 층차(層差)가 나타난다. 아래를 보았다가 위를 봄으로써 아래에 물이 있고 위에 다리가 있음이 표현되었다. 화자가 위치한 '물 아래'와 중이 가는 '다리 위'가 낮은 공간 대 높은 공간으로 대조되는 것이다. 셋째, 수직적 심상이 수평적 심상으로 전환된다. 물에 진 그림자는 빛이 위쪽에서 아래쪽으로 비추어 생긴 것이다. 물 아래의 화자가 볼 수 있을 정도라면 빛이 비스듬히 비추어 그림자가 길게 늘어졌을 것이다. 그림자를 본 다음에 위쪽으로 눈을 들어 다리 위를 보았으니 위에서 아래로 빛의 이동에 대응하여 화자의 눈은 아래에서 위로 향한 것이다. 그런데 다리 위에는 '중이 간다.' 중은 길을 따라 오다가 다리 위에 이르렀고 다리를 지나서 어디론가 가는 도중이다. 이와 같이 수직적 심상이 수평적 심상으로 바뀜으로써 작품에 그려진 심상을 중층적으로 느낄 수 있다.

중장은 화자의 말로 이루어졌다. 다리 위의 중을 본 화자는 "저 중아, 게 서거라. 너 가는 데 물어 보자."라고 하여 중을 불러 세워 가는 곳을 묻고 있다. 여기에 화자의 성격과 의도가 나타난다. 우선, 중에게 반말하고 명령하는 화자이므로 그의 신분은 조선 시대 팔천(八賤)의 하나인 중보다 높다. 평민이나 중인일 가능성도 있으나 서두에서 언급한 것처럼 양반 사대부일 가능성이 크다. 또한, 중을 향해 스스럼없이 말을 겂으로써 사교적이고 호탕한 성격이 드러난다. 나아가 중에게 물어 보는 내용이 '너 가는 데'이라서 중이 어디로 가는지 궁금해하는 화자의 마음이 나타난다. 길에서 우연히 만난 중에게 그의 행선지(行先地)가 궁금해졌다는 것은 화자 자신도 어디로 가고 있었을 가능성을 시사한다. 중이 어딘가로 가는 모습을 보고 화자가 지금 가고 있는 것과 비교해 두 사람이 비슷한 상황이라 생각하여 가는 곳을 물은 것으로 보인다.

'보다'가 문면에 나오지는 않으나 화자의 보는 행위를 바탕으로 구성된 진술이 초장인 데 비해 중장은 화자의 말하는 행위에 의한 진술로 채워져 있다. 보는 것에서 말하는 것으로 옮겨 간 화자의 행위를 보여 줌으로써 초·중장의 시적 상황을 좀 더 입체적으로 그려 낸 것이다. 중장에서 화자의 말하는 행위는 다시 종장에서 그의 상대인 중의 말 없는 행위와 대비되면서 주제가 뚜렷해진다.

중장에서 중이 가는 곳을 물은 것은 초장의 역설적 문장 구성을 이어 주제가 철학적인 성격을 지니게 한다. 초장에서 '그림자'와 '중' 사이 인과 관계의 역전에서 허상과 실체, 현상과 본질 간의 관계에 대한 의문이 제기되었는데, 중장에서 실체가 지향하여 가는 목적지를 물음으로써 실체와 허상의 관계에서 실체의 움직임에 주목하도록 유도한다. 화자가 허상인 그림자를 보고 나서 실체인 중을 보았고 그에게 어디로 가는지를 물었으니 작품의 주제는 인생의 본질적인 문제에 접근한 것이다.

중이 가고 화자도 가는 중에 우연히 만나서 화자가 중에게 문득 가는 곳이 어딘지를 물었다. 대개 인생은 길, 사람은 길 위의 나그네로 비유되는데 중에게 묻는 화자의 말은 이러한 일반적인 비유적 인식을 떠올려 인생길의 목적지에 대해 생각해 보게 한다. 그냥 가는 곳을 물었을 뿐 꼭 인생에 대해 질문할 의도는 아니었다고 할지라도 상대가 인생의 진리를 찾아 수도 정진하는 불승이기 때문에 충분히 이러한 뜻으로 받아들일 수 있다.

종장은 중장의 화자의 말에 대해 중의 행동을 대비시켰다. 중은 화자가 묻는 말에 대답하는 대신에 '손으로 흰 구름 가리키고 말 아니하고 간다.' 종장의 마지막 시어인 '간다'는 많은 이본들에 '가더라'로 나와 있으나 '간다'가 초장 끝의 같은 말과 조응하여 현재성을 표현하므로 '가더라'보다 적절하다고 생각된다. 화자가 초장에서는 보고 중장에서는 말하고 한 것이 모두 현재의 시적 상황에서 한 행위들이므로 그에 대한 중의 반응 역시 현재의 행위여야 시적 감흥이 생생하게 느껴질 수 있다.

중이 손으로 흰 구름을 가리키는 동작을 취함으로써 화자의 시선은 그의 손이 가리키는 쪽으로 옮겨 간다. 그리하여 초장의 '물 아래'에서 중장의 '다리 위'를 거쳐 종장의 '흰 구름'을 보는 것이다. 이러한 시선 이동은 물이 흐르는 땅에서 시작하여 하늘에 가 닿은 것이고 초장에 표현된 공간적 층차가 이제 하늘로까지 높아진 것이다. 여기에서 수직적 심상이 되살아나는 동시에 수평적 심상이 다시 첨가되는 양상을 띤다. 화자의 시선은 하늘로 향하지만 흰 구름은 하늘 위에서 떠간다. 화자는 공간의 층차에 따라 자꾸만 시선을 올려 보는 데 비해 중은 다리 위를 지나 어딘가로 가고 있고 그가 가리킨 흰 구름은 하늘 위에서 떠다닐 뿐이다. 화자의 시선이 아래에서 위로 향하는 것은 중 또는 인생에 대한 궁금증으로 인한 것인데, 중은 하늘의 흰 구름을 가리키며 수직성을 수평성으로 바꾸어 치솟는 마음을 평평하게 갖도록 암시하였다는 해석이 가능하다.

중이 가리킨 '흰 구름'은 초장의 '그림자'와 함께 허상의 범주에 드는 사물이다. 수증기가 엉긴 것이니 형체가 고정되어 있지 않고 바람 부는 대로 떠다니니 행선지가 정해져 있지 않다. 실체를 비추는 그림자가 그 실체가 없어지면 사라지는 것과 더불어 정형(定形), 정처(定處)가 없는 흰 구름은 헛되고 덧없음의 의미를 공통으로 지닌다. 초장에서 인과 관계의 역전, 중장에서 행선지에 대한 궁금증이 종장에서 흰 구름으로 수렴되면서 인생의 철학적 의미를 생각하도록 한다. 중이 그림자를 드리웠는지 그림자로 인해 중이 존재하는지, 다리 위를 가는 중이 어디서 와서 어디로 가는지에 대한 물음이 손으로 하늘에 떠가는 흰 구름을 가리키는 행위로써 답을 얻는 것이다. 실체가 있을 까닭도, 목적지가 정해질 이유도 없다는 메시지가 이와 같은 중의 동작을 통해 전해진다.

중이 손으로 흰 구름을 가리키는 행동을 표현하고 나서 '말 아니하고'를 덧붙여 의미를 강조하였다. 'ᄀᆞ르치고'와 '아니코'가 연결되어 '고'에서 '코'로 발음이 격음으로 나면서 강조의 뜻이 분명해진다. 이것은 부정의 강조로서 중장에서 화자가 한 말하는 행위에 대한 부정인 동시에 화자가 묻는 말의 내용에 대한 부정이다. 불교의 가르침인 불립문자(不立文字)를 떠올릴 수 있고 말보다 행동, 인생의 질문보다 인생을 살아내는 것에 의미를 둔다는 뜻으로 이해할 수 있다.

종장의 마지막 단어 '간다'로써 중은 흰 구름을 가리킨 다음에 훌훌 떠나갔음을 표현하였다. 중은 가 버리고 혼자 남은 화자는 중이 가리킨 흰 구름을 하염없이 바라보았을 것이다. 중이 손으로 가리킨 흰 구름이 하나의 잔상 혹은 여운으로 남아 작품이 끝났음에도 의미의 진동은 계속된다.

이 시조는 길에서 예기치 않게 만난 중에게 어디로 가는지 묻자 그가 흰 구름을 가리키고 떠났다는 내용이다. 화자의 수직적 시선 이동과 말, 그에 대비된 중의 수평적 이동과 말 없음을 통해 인생길의 목적지가 과연 있기나 한 것인지 생각해 보도록 한다. 우연한 만남에서 인생의 의미를 되새겨 보고 불현듯 어떤 깨달음을 얻었을 법한 철학적 주제가 담긴 작품이라 하겠다.

## 6.3 최척전

〈최척전(崔陟傳)〉은 조위한(趙緯韓, 1567~1649)이 1621년에 지은 전기소설(傳奇小說)이다. 임진왜란, 정유재란, 심하 전투로 이어지는 16세기 말~17세기 초 동아시아 전란의 시대를 배경으로 남원의 최척 가족이 이산하여 중국, 일본 등지로 헤어졌다가 베트남에서 부부가 상봉하고, 이후 만주에서 부자가 만나고, 결국에는 온 가족이 남원에 다시 모이는 내용이다. 표제가 〈기우록(奇遇錄)〉이라 되어 있는 것은 기우, 즉 기이한 만남이 작품의 주제라는 점을 부각하기 위한 것으로 볼 수 있다. 전란 통에 헤어진 가족이 부처의 가호인지 우연인지 예기치 못한 상황에서 다시 만나는 것이 일어날 법하지 않은 기이한 사건이므로 소설적 흥미가 크고 세상사에 대한 경이로운 감흥을 일으킬 만하다.

작품은 주인공 최척에 대한 소개로부터 시작한다.[57] 일찍이 어머니를 여의고 아버지 최숙과 함께 남원부 서문 밖 만복사 동쪽에서 살았다. 큰 뜻과 기개가 있고 교유하기를 좋아하며 승낙한 것을 중히 여기고 자잘한 예절에 구애받지 않았다. 그러한 아들을 걱정한 아버지가 전쟁 중인 지금 무사로 징집되지 않으려면 과거에 응시하는 거자(擧子)로서 학업을 닦을 것이니 친구 정 상사에게 가서 배우라고 훈계한다. 최척은

57 박희병 표점·교석, 「최척전」, 『한국한문소설 교합구해』, 소명출판, 2005, 421-450면 ; 이상구 역주, 「최척전」, 『17세기 애정전기소설』, 월인, 1999, 189-229면 참조. 한문 원문을 필자가 번역하여 인용한다.

그날로 책을 끼고 가 배워 몇 달 만에 문장이 세찬 강물같이 풍성해졌다. 어느 날 최척의 글 읽는 소리를 엿듣던 17, 8세의 여종 춘생이 시경의 〈표유매(摽有梅)〉가 적힌 쪽지를 던졌다. 짝을 구하는 내용의 시인지라 마음이 날아올랐는데 귀갓길에 춘생이 다가와 옥영 낭자가 전한 글이라며 화답시를 요청하였다. 그녀의 말로 옥영은 아버지를 일찍 여의고 어머니 심씨와 서울 숭례문 밖 청파리에서 살다가 작년(1592)에 피란하여 강화도와 나주 회진을 거쳐 친척인 정씨 집에 우거하고 있다고 하였다.

최척과 옥영의 만남은 이렇듯 임진왜란의 와중에 벌어진 일이다. 최척은 군사로 징집되지 않으려고 거자로서 과거 공부를 하고, 옥영은 난을 피해 서울 집을 떠나 여기저기 떠돌다가 남원에 잠시 머물러 있는 형편이다. 〈표유매〉처럼 혼기가 찬 여자가 배필을 구하는 심정으로 옥영이 최척을 유심히 관찰하여 마음을 정하고 쪽지를 보낸 것이다. 최척이 춘생을 통해 승낙하는 글을 보내자 옥영이 답장을 하는데 여기에 그녀의 처지와 성격이 잘 나타난다.

> 마침 난리의 때를 살아 홀로 편모를 모시고 종내 형제가 드물어 남쪽 지방까지 떠돌다가 종친에게 얹혀살고 있습니다. 비녀 꽂을 나이에 아직 남편에게 옮겨가지 못했는데 갑작스런 전쟁의 혼란 중에 도적이 횡행하니 보호받기 힘든 구슬은 진흙탕에 부수어져 강도에게 더럽혀지지 않을 수 없음을 늘 두려워했습니다.……낭군을 가까이서 보니 말이 화평하고 행동이 품위가 있어 진정과 신의의 기색이 얼굴에 넘쳐나니 어진 남편을 구할진대 그대가 아니면 누구겠습니까?……어제 시를 던진 것은 음란하게 유혹하려는 뜻이 아니라 단지 낭군이 굽어볼지 우러러볼지를 시험하려는 것이었습니다. 제가 비록 함부로 했으나 애초에 장바닥의 무리가 아니니 어찌 담벼락에 구멍을 뚫을 리 있겠습니까? 반드시 부모님께 고하여 마침내 목(木)기러기

보내는 혼례를 이룬다면 스스로 정절과 신의를 지켜 감히 밥상 받드는 공경을 게을리하겠습니까?

집안에 형제가 없어 홀어머니를 모시고 피란하여 친척 집에 더부살이하고, 시집갈 나이에 배필을 얻지 못한 채 전란 중에 변을 당할까 불안하고, 마침 최척을 가까이 지켜볼 수 있어 그 사람됨을 믿을 수 있고, 사대부가 여자로서 천한 무리의 음탕한 짓을 하려는 게 아니라 최척의 의향을 타진해 보려고 시를 던졌다는 것 등을 진술하였다. 옥영의 절박하고 진실한 심정이 잘 나타나 있어 최척은 편지를 보고 기뻐한다.

최척의 아버지가 정 상사를 만나 청혼의 뜻을 전하자 심씨는 떠도는 처지라 부유한 사람에게 딸을 시집보내 의탁하고자 한다면서 거절한다. 이에 옥영은 부유하지만 어질지 못한 사람을 만나 보존할 수 없는 것보다 가난하나 어진 남편에게 의탁할 것이고, 또 자기 의사를 표현하지 않고 못난 사람에게 시집가 일생을 망치느니 참되고 믿음직한 사람에게 모녀의 몸을 기대야 한다고 어머니를 설득한다. 사위를 얻어 의탁하려는 어머니의 뜻을 존중하면서도 재물보다 인성을 보고 혼인해야 제대로 의탁할 수 있다는 뜻을 분명히 한 것이다. 이리하여 혼약이 성사되고 9월 보름에 예식을 치르기로 하였다.

혼약이 이루어지는 과정에서 옥영의 예리하고 깊이 있는 지인지감(知人之鑑), 주체적이고 적극적인 삶의 자세, 사태가 뜻에 어긋날 경우 과감하게 바로잡는 결단력 등이 돋보인다. 여기에 최척의 활달하면서도 성실한 태도, 진정과 신의를 갖춘 성품이 어우러진다. 한평생 뜻이 맞는 동반자로 살아가기에 두 사람이 아주 적합한 배필임이 드러나는 것이다.

정혼은 하였으나 전란 중인지라 혹독한 고난과 시련이 닥쳐온다. 최척은 의병장 변사정(邊士貞, 1529~1596)의 군대에 차출되어 영남 지방에 출전했는데 혼인날이 다가와 휴가를 청했다가 오히려 질책만 당하고 말았다. 혼인날을 그냥 보낸 후, 양생이란 사람이 제 부유함만 믿고 정상사 부부를 통해 심씨를 설득하여 옥영에게 청혼하였다. 어머니가 자신의 뜻을 꺾으려 하니 옥영은 밤에 수건을 목에 매어 자결하려다가 겨우 살아났다. 이 소식이 전해지자 최척은 귀향하여 11월 1일 드디어 혼례를 치른다. 이와 비슷한 사건은 『삼국사기』「설씨녀」를 비롯하여 열녀의 전(傳)과 설화에서 볼 수 있으나 옥영의 경우는 이 사건 이후 극한의 위기 때마다 자결을 시도한다는 점이 특이하다. 죽음으로써 고난을 벗어나려는 행동이겠으나 오히려 자기 뜻대로 살고자 하는 강인한 의지의 반어적 표출로도 보인다.

혼인 후 최척은 모녀를 집으로 모셔 왔고 옥영은 정성과 예절을 다해 집안을 건사하였다. 만복사 장륙불에게 기도한 끝에 아들을 얻어 몽석이라 하였다. 꿈에 그 부처가 나타나 기이한 상을 지닌 남아를 주겠다고 했는데 과연 몽석의 등에 아이 손바닥만 한 붉은 점이 있었다. 이는 나중에 부자 상봉의 증표로 쓰이게 된다. 태몽에 등장한 만복사 부처는 이후 옥영이 위기에 처할 때마다 꿈에 나타나 그녀의 자결 시도를 막고 새로운 희망을 주는 역할을 한다. 이로써 예기치 못한 우연들이 모두 부처의 가호에 의한 것이라는 작품 내적 논리가 마련된다.

전란 중에 혼인했으나 어느 정도 안정된 생활을 하면서 부부는 즐거움을 함께 나누었다. 늦은 봄날 밤 남편은 통소를 불고 아내는 절구 한 수를 읊었다.

| | |
|---|---|
| 왕자진이 피리 부니 달도 낮아지려는데 | 王子吹簫月欲低 |
| 푸른 하늘 바다 같고 이슬은 서늘하네. | 碧天如海露凄凄 |
| 마땅히 푸른 난새 함께 타고 갈지니 | 會須共御靑鸞去 |
| 봉래 섬 안개에도 길 잃지 않으리. | 蓬島烟霞路不迷 |

남편과 함께 풍류를 즐기고 선경에 이르겠다고 하였다. 부부의 깊은 정과 속세를 벗어나려는 뜻을 담은 것인데 현실은 전란 중이니 시를 읊은 후에 비감에 잠길 수밖에 없다. 옥영이 인생에서 만남과 헤어짐이 예기치 못하게 닥치는 것임을 염려하자, 최척은 굽고 펴고 차고 비는 것은 천도이니 설령 불행을 당하더라도 운수에 맡길 것이라며 위로한다.

이 같은 부부의 정과 풍류, 그리고 소신은 평시에도 지닐 법하나 전란 중의 현실에서 사람들이 갖는 불안과 공포를 배경으로 평상시보다 훨씬 절박하게 안정적인 삶을 희구한 것이라 할 수 있다. 부부의 비감과 불안은 결국 정유재란(1597)이 일어나 8월에 남원성이 함락되는 상황에서 극대화된다. 4년 가까운 결혼 생활이 이 사건으로 인해 파탄이 나고 가족은 뿔뿔이 흩어진다. 성이 함락되자 최척 일가는 지리산 연곡으로 피란했는데 양식이 떨어져 최척과 장정 서너 명이 구례로 내려간 사이 왜적이 들이닥쳐 무자비하게 노략질하였다.

> 다만 보이나니 시체가 쌓여 여기저기 뒤엉켜 있고 피가 흘러 내를 이루었다. 나무숲에서 가늘게 울부짖는 소리가 나 찾아보니 노약자 몇 사람이 온몸에 상처투성이로 최척을 보고 통곡하였다. "적병이 산에 들이닥쳐 삼 일 동안 재물을 빼앗고 인민을 베어 죽이고 아이와 여자를 모두 몰아다가 어제 이미 섬진강으로 물러갔다오. 일가를 찾으려거든 강가에 가 물으시오."…… "주인집 사람들은 모두 적병에 끌려갔고 제가 어린 몽석을 업었으나 빨리 달리지 못해 적이 칼로 베고 가니 저는 땅에 쓰러져 바로 기절했다가 한나절 만에 깨어났으나 등에 업힌 아이의 생사와 간 곳을 알지 못합니다." [춘생은] 말을 마치자 기진하여 다시 살아나지 못했다.……강둑 위 몸이 상한 노약자 수십 명이 모여 통곡하는 데 가서 물으니, "우리는 산속에 숨었다가 적에게 끌려왔는데 적들은 장정을 골라 배에 함께 싣고 부상자와 노약자는 이렇게 밀쳐 냈다오."라고 하였다.

왜적에게 노략질당한 피란민의 모습과 울부짖음, 충성스런 여종 춘생의 최후, 가족 이산의 현장 등을 그려 내어 전쟁의 참혹한 실상을 적나라하게 고발하고 있다. 이리하여 가족을 모두 잃은 최척은 죽으려 했으나 주위의 만류로 그만두었다. 삼 일 밤낮을 걸어 집에 돌아오니 무너진 담, 깨어진 기와에 타다 남은 재는 아직 식지 않았고 시체가 쌓여 언덕을 이루었다.

이와 같이 최척의 시점에서 연곡으로 피란, 왜적의 노략질, 가족의 이산, 폐허가 된 남원 등 전쟁 체험을 그림으로써 그의 전복된 운명을 부각하였다. 벼랑 끝에 다다른 주인공을 조명하여 이후에 전개될 예기치 못한 운명의 진로가 더욱 극적으로 펼쳐지도록 한 것이다. 절망 속에 우연히 만난 명나라 무관 여유문을 따라 최척은 조선을 떠나 중국 절강성 소흥부(紹興府)[58]로 가서 산다.

한편, 최척의 아버지와 장모는 방비가 허술한 틈에 탈출하여 숨어 있다가 왜적이 물러간 후 구걸하고 다니며 연곡사로 들어갔다. 울음소리가 나는 승방에서 몽석을 찾으니 중 혜정이 길가의 시체 속에서 구했다면서 "어찌 하늘이 [한 일이] 아니리오."라며 감탄하였다. 몽석이 조부모에게 발견된 이 사건은 하늘이 아니면 할 수 없는, 가족 이산 후의 첫 번째 기적이다.

옥영은 남장을 하고 피란했는데 왜병 돈우에게 붙잡혔다. 살생을 금한 자비의 부처를 믿는 상인 돈우는 민첩하고 재치 있는 옥영을 아껴서 안심시켰으나 그녀는 두세 번 물에 빠져 죽으려 했다. 그때 만복사 부처가 현몽해 나중에 기쁜 일이 있을 것이니 죽지 말라고 하여 옥영은 '만에 하나일 수 있는 희망(萬一之冀)'을 품고 자결을 그만두었다. 일본 나고

---

58 박희병 표점·교석, 앞의 책, 432면에 '姚興府', 이상구 역주, 앞의 책, 205면에는 '소흥부(紹興府)'로 나온다. 절강성에서 '요흥'이라는 지명은 찾을 수 없어서 천리대본을 번역한 후자의 '소흥'을 택하였다. 소흥은 월나라 수도로 널리 알려진 곳이다.

야로 간 옥영은 몸이 약하다는 핑계를 대고 바느질과 밥 짓기를 하며 지냈다. 돈우가 운영하는 무역선에 타서 주방을 맡아 화장(火長)으로 일하며 중국 강남과 유구 등지를 왕래하였다.

중국 소흥에서 최척은 여유문과 의형제를 맺고 살았는데 여공이 자기 누이와 맺어 주려 하자 "내 집안이 모두 적에게 함몰되어 늙으신 아버지, 약한 아내가 지금 살았는지 죽었는지 몰라 끝내 상복을 입지도 못했으니 어찌 감히 편안히 혼인하여 자기만 안락하기를 꾀하겠는가." 라며 굳게 사양하였다. 여기서 애초에 옥영이 간파한 최척의 신의와 절개가 뚜렷이 나타난다. 그 후 여유문이 병사하자 최척은 강남의 명승지를 두루 떠돌다가 도사에게 가서 신선술을 닦으려 하였다. 항주에 사는 친구 주우[59]가 그 계획을 말리는 대신에 배 타고 여기저기 다니며 비단과 차를 팔면서 살자고 권한다.

1600년 봄 최척과 주우는 상선을 타고 안남(베트남)에 정박했는데 일본 배 십여 척도 있었다. 4월 2일 밤 일본 배에서 염불 소리가 처량하게 들리자 최척이 퉁소를 꺼내 계면조 한 곡을 불어 슬픈 마음을 실어 보냈다. 그러자 염불 소리가 그치고 조선어로 칠언 절구가 흘러나오는데 예전에 옥영이 지은 '왕자취소(王子吹簫)~'로 시작하는 한시였다. 너무나 놀란 최척은 주우에게 사연을 말하고 날이 밝기를 기다려 일본 배로 가서 시 읊은 조선 사람을 찾았다.

> "간밤에 시 읊은 사람은 필시 조선인입니다. 저도 조선인이니 한번 만나 본다면 어찌 월나라 유망민이 비슷한 처지의 사람을 만나 기뻐하는 것일 뿐이겠습니까?" 옥영은 밤에 배 안에서 퉁소 소리를 들으니 조선의 곡조이

---

59 '宋佑'(박희병 표점·교석, 앞의 책, 434면)와 '주우(朱佑)'(이상구 역주, 앞의 책, 208면) 중에서 여러 이본에 나온 후자를 택하였다. '朱'와 '宋'은 혼동되기 쉬운 글자이다.

고 예전에 익히 듣던 것과 비슷하여 혹시라도 남편이 그 배에 와 있을까 의심하여 시험 삼아 시를 읊어 탐지한 것이었다. 이 말을 듣자 황망히 허둥대고 엎어지며 배에서 내렸다. 두 사람이 서로 보고 놀라 부르짖으며 껴안고 모래사장을 뒹굴었다. 소리가 끊어지고 기운이 막혀 말도 못한 채 눈물이 다해 피가 되니 눈으로 마주볼 수도 없었다. 두 나라 뱃사람들이 빼곡히 모여들어 구경하였다. 처음에는 친척인가 친구인가 하다가 한참 후에 부부임을 알고는 사람마다 소리치고 돌아보며 이르기를 "기이하고 기이하도다. 이 일은 천우신조라, 고금에 없던 일이다." 하였다.

부부가 전란으로 헤어져 중국과 일본에서 산 지 3년이 못 되어 베트남의 항구에서 극적으로 다시 만난 것이다. 이 장면은 사랑하는 부부가 헤어졌다가 다시 만나 피눈물을 흘리며 감격한 것에 더해 중국, 일본, 베트남 사람들이 그 광경을 지켜보며 생의 경이를 함께 경험하는 것으로 그려져 있다. 작품에서 가장 빛나는 장면이자 나아가 한국 고전 소설에서 가장 극적인 장면 중 하나라고 할 수 있다. 베트남에서의 부부 재회가 가족 이산 후 두 번째 기적이다.

재회하기까지 두 주인공의 성격과 부처의 가호로 논리화된 운명의 힘이 상호 작용을 하였다. 최척은 가족에 대한 책임과 신의로 인해 재혼의 요청을 거절하고 상선을 타고 떠돌아다녔다. 옥영은 부처의 현몽에서 만에 하나인 희망을 찾았고 베트남 항구에서 부부의 증표와도 같은 시로써 시험하였다. 남편의 신의, 아내의 희망과 기지가 합작하여 만복사 부처에 의해 마련된 운명의 길에서 다시 만난 것이다. 사람들이 친척이나 친구인가 했다가 부부임을 알고 크게 놀란 것에서 세상의 어느 부부도 그와 같은 절의를 지키지 못했으리라는 전제가 깔려 있다. 그러므로 부부의 재회를 운명으로만 이해하기보다 운명을 끌어들이는 인물의 성격, 의지, 자세도 인정할 필요가 있다. 인간의 성격이 운명을 만들어

가는 면이 있는 것이다.

최척과 옥영은 후의를 베푼 돈우에게 감사하고 주우와 함께 중국으로 돌아와 그의 항주 집 별실을 빌려 산다. 또 다시 장륙불이 나타난 태몽을 꾸고 아들을 얻었는데 그 아이도 등에 붉은 점이 나 있어 몽석의 환신이라 여기고 몽선이라 이름하였다. 몽선이 자라자 혼처를 구하는데 임진왜란에 조선으로 출전했다가 행방불명이 된 아버지 진위경을 찾고자 하는 홍도가 자진해서 시집온다.

혼인 이듬해인 1618년[60] 누루하치의 요양 공략에 맞서 명나라 군대가 출병할 때 소주 사람 오세영이 유격(遊擊, 벼슬 이름) 교일기(喬一琦)의 부하가 되어 최척을 서기로 차출하였다. 다시 이별을 당하여 옥영이 칼로 목을 찔러 자결하려 하니 최척이 말리며 간곡히 위로하고 떠났다. 조선 군대와 연합하여 심하 근처 우모령에 진을 쳤다가 전몰되자 명군에서 빠져나와 강홍립(姜弘立, 1560~1627)의 투항군에 섞여 포로가 되었다. 이때 몽석도 참전해 포로가 되어 두 사람이 같은 곳에 수감되었다. 처음에는 서로 명군인지 호군(胡軍)인지 탐색했는데 며칠이 지나 친해져 최척이 살아 온 내력을 말하였다. 태어나고 헤어진 연도와 등에 난 붉은 점으로써 부자지간임을 확인하고 서로 붙잡고 통곡한다. 조선인으로 후금에 넘어온 늙은 호병이 그 사연을 듣고 풀어주었다. 이렇듯 심하 전투에서 패한 명군과 조선군이 포로가 된 상황에서 부자가 만난 것이 세 번째 기적이다.

남쪽으로 내려오다가 최척이 등창이 심해져 위독할 때 은진의 여관에서 중국인 의원을 만나 치료를 받고 완치되었다. 세 사람이 함께 남원에 이르러 최숙, 심씨와 상봉하여 기쁨을 나누었다. 그리고 중국인의 신

60 명군이 요동으로 출정한 해는 '무오(戊午, 1618)'(이상구 역주, 앞의 책, 215면)이고 사르후와 심하(부차) 전투에서 패배한 해가 '己未(1619)'(박희병 표점·교석, 앞의 책, 437면)이므로 전자를 취하였다.

원이 진위경임을 알게 되어 최척은 사돈까지 얻는 경사를 만났다. 대구의 박씨 집에 의탁해 있던 그를 남원으로 이사 오게 하여 이웃해 산다. 최척이 사돈을 만난 것이 네 번째 기적이다.

이러한 세 번째, 네 번째의 예기치 못한 만남은 인간의 의지나 성격이 작용할 여지가 거의 없는 것이어서 하늘이 했거나 우연 그 자체의 사건이라 할 수 있다. 이로써 작품의 비현실적 면모가 두드러져 허구의 이야기로 치부할 가능성이 높아진다. 그럼에도 인간사에서 우연이 갖는 묘한 의의에 주의를 기울일 필요가 있다. 어찌 보면 우리의 삶은 태어날 때부터 우연이고 사는 곳, 만나는 사람, 하는 일 등이 우연 또는 운명에 따른 면이 없지 않다. 전쟁터에서 만난 사람이 하필 부자간이고 여관에서 만난 사람이 하필 사돈이었으니 우연 중에도 인연 있는 우연이 있을 수 있겠다 싶은 것이다. 작품은 그러한 인연을 부처의 가호로 설정해 두었다.

작품의 결말부는 옥영의 성격과 의지가 뚜렷이 드러나고 기적의 사건이 종합되는 내용이다. 명군이 전몰했다는 소식에 물 한 모금 안 먹고 죽으려 했는데 장륙불이 현몽해 기쁜 일이 있을 것이니 죽지 말라고 하였다. 왜병에게 붙잡혀 물에 빠지려 했을 때도 똑같은 말을 들은 바 있어 최척이 살았을지 모른다는 한 가닥 희망을 품는다. 이에 더해 누루하치가 명군은 모두 죽였으나 조선군은 풀어 주었다는 소식을 몽선이 전했고 옥영 스스로도 일본 상인에게서 조선 포로들이 속속 풀려난다는 정보를 얻었다. 그리하여 다음과 같이 결심하기에 이른다.

> "너는 배를 세내고 양식을 마련하거라. 여기서 조선은 수로로 겨우 2, 3천 리니 천지신명이 보살피고 순풍을 만난다면 열흘이 못 돼 저쪽 해안에 당도할 게다. 내 계획은 정해졌다!"

이 말에 몽선은 풍랑과 괴어(怪魚), 게다가 해적까지 감당하기 어렵다며 만류한다. 그러나 홍도는 "막지 마세요, 막지 마세요. 어머니 계획이 무르익었으니 외부의 걱정은 논란할 겨를이 없습니다. 비록 평지라도 물불, 도적을 면할 수 있겠어요?"라며 적극 지지한다. 이렇게 고부의 뜻이 합치된 데다가 옥영이 일본 상선을 타고 다니며 얻은 항해 지식과 방법이 있었기에 계획을 실행할 수 있었다.

옥영은 손수 조선과 일본 옷을 재봉하고 아들과 며느리에게 두 나라 말을 가르쳤다. 튼튼한 돛대와 노, 지남석(나침반)도 챙기도록 하였다. 몽선은 조선에 가서 아버지를 찾겠다는 홍도의 굳은 의지를 확인한 후 더 이상 어머니와 아내의 뜻을 꺾지 못할 것을 알고 한마음으로 준비하였다.

1620년 2월 1일 드디어 출항하였다. 돛을 올리고 내달아 절강에서 연안을 따라 산동에 이르고 그곳의 등래(登萊)에서 동남쪽으로 서해를 건너 항해하는 것이다. 도중에 중국 순라선이 다가오니 항주에서 산동으로 차를 팔러 간다고 했고 하루 뒤 일본 배가 오자 일본 옷에 일본어로 고기잡이 나왔다가 풍랑에 표류하여 항주 배를 세내어 온다고 하였다. 그날 저녁 심한 풍랑을 만나 돛대는 꺾이고 돛은 찢어져 표류하다가 작은 섬에 정박하였다. 서해상에서 살인은 안 하고 해적질만 하는 '해랑적(海浪賊)'이 쳐들어와 배를 빼앗아 갔다. 섬을 벗어날 수 없게 되자 절벽에서 뛰어내리려 하는 옥영을 아들과 며느리가 말린다. 동굴에서 엎드려 자던 중에 또 장륙불이 나타나서 세 사람은 다시 희망을 품는다. 이틀 후 조선 배가 다가오자 옥영이 조선 옷에 조선어로 풍랑에 배가 뒤집혀 표류했다고 하였다. 통제영 무판선(貿販船)인 그 배에 구제되어 순천에 상륙하니 1620년 4월이었다.

세 사람은 산 넘고 물 건너 5, 6일을 걸어 남원에 이르렀다. 일가가 함몰했으려니 생각하고 옛집을 찾아가니 문밖 버드나무 아래 최척이 손님과 같이 앉아 있었다. 모자가 부르짖으며 통곡하자 최척이 그제야 알아보고 "몽석 어미가 왔다! 이것이 하늘인가 사람인가, 귀신인가 꿈인가?"라며 소리쳤다. 몽석이 뛰어나와 모자 상봉하고 병든 심씨가 기절했다가 옥영에게 안겨 깨어났다. 최척이 진위경에게 "따님도 왔습니다!" 하여 부녀 상봉도 하였다. 그리하여 온 가족이 다시 만나게 되었다. 실로 감격적인 장면이 연출된 것이다. 이렇게 옥영과 최척의 온 가족이 재회한 것이 다섯 번째 기적이다.

이 사건은 옥영의 굳센 의지, 주도면밀한 계획, 기민한 대응, 위기 극복의 노력 등이 모여 이루어 낸 기적인 점에서 앞의 네 가지 사건에 비해 우연 또는 운명의 영향이 덜하다. 서두에 그려진 그녀의 주체적이고 결단력 있는 성격이 결말부에서 더욱 빛을 발하여 고금에 없는 기이한 일을 만들어 내었다. 이로써 비현실적인 허구, 꾸며 낸 이야기 정도로 치부될 만한 사건들이 인간의 의지와 노력으로 이루어질 수도 있음을 설득력 있게 보여 준다. 이 모든 일이 장륙불의 음조라 하여 폐사가 된 만복사에서 크게 재를 올려 보답하는 결말은 부처의 가호를 강조한 것이다. 그러나 귀국 과정에서 보여 준 인간의 투지는 그것대로 인정되어야 한다.

〈최척전〉은 고통스럽고 암울한 전란의 시대에 가족 이산을 겪었으나 예기치 못한 기적들을 통해 온 가족이 다시 만나는 이야기이다. 세상에 이런 일이 있을까 싶은 경이로운 이야기를 통해 지독한 고난 속에서도 한 가닥 희망을 부여잡고 전진한 인간의 의지를 생각해 보게 한다. 부처의 가호라 할 수밖에 없는 기적들에 인간적인 분투의 요인이 섞여 있기에 이 작품은 신비주의보다 인간주의적 소설로서 우리에게 깊은 감동을 준다.

## 6.4

# 지혜로운 여종이 남편을 골라 큰 보물을 얻다

『청구야담』에 실려 있는 〈획중보 혜비 택부(獲重寶慧婢擇夫)〉를 옆의 제목으로 번역한 것인데 '큰 보물을 얻으니, 지혜로운 여종이 남편을 [잘] 골랐던 것이다'로 옮겨 보면 작품의 주제가 좀 더 뚜렷해진다. 제목에서 뜻밖에 재물을 얻음(횡재橫財), 지혜로운 여종(혜비慧婢), 어리숙한 남편 또는 어진 사람(우부愚夫/인자仁者) 등 작품의 세 가지 소주제가 나타난다. 셋 다 독자의 흥미를 끌 만한 요인이지만 사건 전개상 절정에서 예기치 못한 행운을 얻어 반전을 이루는 대목이 가장 인상적이라 할 수 있다. 횡재담이 지닌 문학적 흥미가 중심을 이루고 있는 것이다. 이에 이르는 과정에서 지혜로운 여종이 어리숙하나 어진 사람을 남편으로 삼아 부부가 서로 소통하고 협력하는 내용이 전개된다. 흥미로운 인물 형상과 사건 전개, 소원성취의 주제, 당대 서민 의식의 반영 등에서 조선 후기 야담의 대표작 중 하나라고 할 수 있다.

오씨는 양산 사람으로 짚신을 삼아 생계를 꾸렸는데 짚신 모양은 전혀 볼품이 없었다. 서울 소년이 놀리면서 "이 짚신 서울 갖고 가면 백금은 받겠네."[61] 했더니 그 말을 곧이듣고 일곱 죽을 짊어지고 서울로 갔다. 길가에 펼쳐 놓고 짚신 하나에 한 냥을 받겠다고 하니 며칠이 지나

61 이강옥 옮김, 『청구야담』 상, 문학동네, 2019, 424-434면. 한문 원문을 참조하여 번역문을 조금 고쳐 인용한다.

도 팔리지 않았다. 어느 재상가에 용모가 어여쁘고 지혜로운 여종이 있었는데 열여섯 살이 되어서도 쉽게 혼인을 허락하지 않았다. 일찍이 스스로 '가(可)한 사람'을 택하여 자기 배필로 삼겠다고 말하였다. 가한 사람, 즉 좋은 사람을 스스로 택하겠다는 말에서 여종의 인물됨이 단적으로 나타나고, 앞으로 전개될 사건에서 그녀의 역할이 상당할 것임이 시사된다. 이와 같이 작품 서두에서 오씨는 어리숙하고 세상 물정 모르는 남자, 여종은 지혜롭고 주체적인 여자로 소개되고 있다.

여종은 우연히 오씨가 짚신을 늘어놓은 곳을 지나다가 값을 턱없이 비싸게 불러 사는 사람이 없는 것을 보고 '속으로 이상하게 여겨(心竊異之)' 사흘을 연달아 가 보았다. 이상하게 여겼다는 것은 보통 사람과 다른 태도와 행동을 눈여겨보고 오씨의 성품이 기이(奇異)하다고 생각했음을 표현한 말이다. 시세를 헤아리지 않고 자기가 매긴 값을 밀고 나가는 것, 한 짝도 못 팔면서 며칠씩 자리를 지키고 있는 모습에서 그의 뚝심과 끈기를 보고 가능성을 찾은 것이다. 그리고는 오씨의 짚신을 모두 사겠으니 자기를 따라와 돈을 받아 가라면서 재상가 행랑으로 데려갔다. 좋은 술과 맛있는 안주를 내와 대접한 후, "손님이 이왕 여기 오셨으니 오늘밤 저와 같이 자는 게 어때요?"라고 말한다. 이 대담한 제안은 그녀가 오씨를 삼일 간 관찰하여 얻은 확신에서 나온 것이고 스스로 남편감을 택하겠다고 마음먹고 혼인 적령기에 들어선 이후 줄곧 찾아 왔던 사람을 비로소 만났다는 자신감에 따른 것이다. 여종의 지혜와 판단력, 과감한 결단력이 돋보이는 대목이다.

첫날밤을 보낸 두 사람은 이제 부부가 되었다. 다음날 여종은 오씨에게 목욕하게 하고 새 옷을 갈아입혀 재상에게 인사를 드리게 하였다. 그러면서 "절대 뜰아래에서 절하지 마세요."라고 당부하였다. 이에 오씨는 뜰이 아닌 대청에 올라 재상에게 절을 하니 시중꾼이 끌어내리려 했다. 그는 꿈쩍 않고 서서 "난 이래 봬도 향족(鄕族)이오. 비록 비부(婢夫)

쟁이가 되었지만 절대 뜰아래서는 절할 수 없소."라고 말하였다. 이는 아내의 당부에 따른 것이면서도 본인이 지닌 양반으로서의 자부심을 드러낸 행동과 말이다. 이렇듯 부부가 된 처음부터 두 사람은 뜻이 맞았고 아내의 지혜와 남편의 의연함이 잘 어울렸던 것이다.

이후로 현명한 아내의 남편 가르치기와 어리숙한 남편의 계속된 실패담이 이어진다. 여종은 "당신은 세상 물정을 몰라요. 돈을 써 보면 안목이 저절로 열리고 가슴이 트일 거예요."라면서 돈 한 꾸러미를 주고 다 쓰고 오라고 하였다. 오씨는 하루 종일 돌아다녀도 돈 쓸 곳이 없어 그냥 가져왔다. 여종이 길거리의 많은 거지에게나 주지 그랬냐고 했더니 다음날 그렇게 하였다. 그것이 일과가 되던 중에 곰곰이 생각해 보니 거지들에게 돈을 주어 버리는 것이 부질없는 일이었다. 이에 활터의 한량들, 궁핍한 선비들과 교유하면서 그들을 대접하였다. 이렇게 교제의 폭을 넓혀 사람들로부터 요즘 사람이 아니라는 평가를 받을 정도로 신임을 얻는다. 여종의 지도와 시험, 오씨의 성찰과 실천이 맞물려 진행되는 중에 점차 오씨가 지닌 역량과 가능성이 커진 것이다.

이에 더하여 여종은 『사략』·『삼략』·『손자』 등 역사와 병법서를 배우도록 하고 또 활쏘기를 연마하게 하였다. 원래 건장한 사내였던 오씨는 활쏘기에 능력을 발휘하고 무술의 경전들을 두루 깨우쳐서 결국에는 무과에 급제하여 홍패를 받기에 이른다. 여종은 홍패를 감추어 집 안 사람이 모르게 하고는 오씨에게 장사하는 방법을 배우도록 하였다. 모아 둔 돈 십만 중에 무과 급제까지 든 비용이 칠만이고 이제 삼만이 남았는데 그 돈을 가지고 행상을 해 보라고 권한 것이다.

이로부터 일정한 유형에 따른 사건 전개가 반복되어 '여종의 지시–오씨의 어긋난 실행–오씨의 실패'라는 사건이 세 번에 걸쳐 펼쳐진다. 여종의 지시는, 대추 농사가 흉년인데 호서의 어느 고을만 잘 되었으니 전부 사 오라, 면화 농사가 흉년인데 해서의 어느 고을만 잘 되었으니 전부 사 오라, 서울에서 헌 옷가지를 사서 함경도에 가 삼베·인삼·가죽 등을 바꾸어 오라는 것이었다. 〈허생전〉에도 나오는 매점매석에다가 물물교환의 방식으로 하는 장사를 시킨 것인데 당대인에게 일확천금의 꿈을 이루기에 가장 유용하다고 알려진 방법이었을 것이다. 오씨는 여종의 지시를 따라 지방으로 갔으나 다음과 같은 행동을 하여 돈만 버리고 돌아온다.

> 오씨는 그 말에 따라 아무 읍으로 갔다. 가을 농사에 흉년이 심하게 들었으니 들판에는 낫을 댈 곡식이 없고 수많은 사람이 연이어 쓰러져 있었다. 그것을 본 오씨는 불쌍하여 손이 가는 대로 돈을 모두 나누어 주어 버리고 돌아왔다.

애초에 거지들에게 돈을 나누어 주었던 것과 마찬가지로 흉년 든 고을의 어려운 사람들에게 가져간 돈을 전부 흩어 주고 돌아온 것이다. 호서와 해서 지방에서 그렇게 했을 뿐 아니라 세 번째로 간 함경도에서도 서울에서 가져간 헌 옷을 헐벗은 사람들에게 모두 나누어 주었다. 그리하여 치마와 바지 한 벌씩만 남으니 오씨는 다음과 같이 탄식한다.

> 내가 돈 십만 전을 축냈구나. 가득 채워 왔다가 빈손이 되었으니 무슨 얼굴로 집사람을 다시 본단 말인가. 차라리 호랑이 뱃속에 장사를 지내는 게 낫겠다.

이러한 세 번의 실패 과정에서 오씨의 성격이 잘 드러난다. 먼저 아내의 말을 잘 따르고, 그렇지만 선량하고 어진 성품 탓에 어려운 이들에게 가진 것 전부를 베풀며, 같은 행동을 세 번 반복한 끝에 자기 성찰의 자세를 보인다. 아내의 노력에 부응하면서도 이득보다는 인정과 의리를 존중하고 아내의 기대에 어긋난 자신의 잘못을 반성하는 것이다. 이 세 번의 사건은 비록 이득을 얻는 데는 실패했어도 애초에 여종이 남편감으로 택한 오씨의 인품과 도량이 본모습을 드러낸 것이었다.

호랑이에게 잡아먹히기로 결심한 오씨는 깊은 산속으로 들어갔다. 등불이 반짝거리는 곳을 찾아가 묵고자 하니 집 주인 노파가 맞아들여 밥상을 내왔다. 오씨가 마지막 남은 치마와 바지를 주자 노파가 매우 기뻐하며 사례하였다. 그런데 밥상에 놓인 나물이 인삼인 것을 알아챈 오씨가 그것이 어디에서 나는지 묻자 근처의 도라지 밭에서 캐다가 먹는다고 하였다. 마침 문밖에서 짐을 부리는 소리가 났는데 노파의 아들이 온 것이었다. 자기 집안에 대해 들려준 노파의 말이 이야기의 흥미를 더해 준다.

> 저 아이는 태어났을 때 양 겨드랑이에 작은 날갯죽지가 돋아 있었지요. 가끔 날아서 벽 위에 붙기도 했답니다. 제 아비가 쇠꼬챙이를 달구어 지졌으나 날개는 다시 돋아났지요. 자라서는 용력이 월등해 그냥 있다가 아무래도 화가 미칠 것 같아서 이 깊은 산골로 들어와 사냥을 하며 살아가고 있어요. 아비는 이미 돌아가고 나 혼자 남았답니다.

죽으러 갔다가 〈아기장수〉 전설의 인물들과 만난 것이다. 〈아기장수〉 전설은 대개 날갯죽지가 돋는 아기를 부모가 바위나 볏섬으로 눌러 죽이는 비극적 결말을 갖는 이야기인데 여기서는 비극의 정도가 약화하여 아기장수와 부모가 깊은 산골에 숨어들어 사냥을 하며 살아간다고 하였다. 이 전설에 내포된 반역의 기미, 부모의 반인륜적 행동, 아기장수의 처참한 최후 등의 강렬한 면모를 희석하여 아기장수와 부모 모두를 살리는 방향으로 개작이 이루어진 것이다. 사실담(事實談)인 듯하던 이 작품에 전설의 인물이 개입하면서부터 오씨가 겪는 사건은 비약이 이루어진다. 사실에서 환상으로, 실패에서 성공으로 예기치 못한 반전을 통해 이제까지 진행된 사건에서 나타난 오씨의 넓은 도량과 선한 성품이 실질적인 보답을 받는 쪽으로 나아간다.

가족의 내력을 말하고 나서 노파는 아들을 불러 오씨에게 은인으로서 사례하도록 시킨다. 헌 옷이나마 자신의 헐벗은 몸을 감쌀 수 있도록 적선을 베푼 것을 큰 은혜로 여긴 것이다. 노파와 아들의 사례는 이제까지 사건 전개에서 오씨의 적선을 입은 사람들 중 처음이자 유일한 반응이다. 거지부터 한량, 궁핍한 선비, 호서와 해서의 굶주린 백성, 그리고 함경도의 헐벗은 백성까지 오씨로부터 받은 은혜에 대해 사례한 사람은 나오지 않았는데 이들 모자가 비로소 그 역할을 한 것이다. 이러한 전개는 두 사람이 오씨의 은덕을 입은 사람들을 대표하는 의미를 갖는 것으로 이해된다. 오씨의 계속된 선행이 쌓여서 그에 대한 보답이 이루어져야 할 시점에 노파를 만난 것이니 이는 예기치 못한 반전이기도 하지만 이미 예기할 만한 사건 전개이기도 하다.

향유층의 입장에서 보면 오씨의 경험담이 〈아기장수〉 전설의 환상적 이야기와 결합하는 것은 자연스러운 결구로 수용된다. 전설 속의 비극적인 인물들을 어떻게든지 살아가도록 만든 향유층의 온정 어린 희망, 오씨같이 어질고 인정이 많아 뭐든지 베푸는 사람이라면 결국에 그에 대한 보답이 있어야 한다는 선의의 기대가 맞물림으로써 이야기의 반전이 이루어졌다. 그 희망과 기대가 같은 성격의 의도에 바탕을 둔 것이므로 사실에서 환상으로, 실패에서 성공으로 반전하였다고 해서 그렇게까지 비현실적이거나 시시하다고 여겨지지 않는다. 작품 내적 논리와 향유층의 기대에 의지하여 이야기 자체로서 진실성을 가지고 극적인 반전의 사건이 펼쳐진 것이다.

오씨가 도라지 밭을 구경하고 싶다고 하자 노파가 안내하였다. 산마루를 넘어가니 온 산이 인삼으로 덮였는데 크기도 다양했고 개중에 동자삼도 많이 있었다. 온종일 캐어 대여섯 바리를 만들어 노파의 아들이 짊어지고 원산까지 옮겨다 주었다. 인삼과 동자삼은 그것 자체로 고귀할 뿐 아니라 아기장수의 힘을 빌려 운반되었으므로 신령스럽기까지 한 것이다. 더욱이 오씨가 무과에 급제한 인물이라는 점과 연결 지어 보면 아기장수의 기운이 더해진 그 물건들은 무력을 담당하는 인물에게 더욱 효용이 클 터이다.

원산에서 물건을 말에 싣고 집으로 돌아와 아내[62]에게 그간의 일을 이야기하였다. 아내는 남편이 적선을 많이 하여 하늘이 보물을 주었다고 반기면서 마침 내일이 대감의 회갑이라 높은 벼슬아치들이 모일 것이니 그때 인사를 드려 관직을 얻도록 하자고 말한다. 다음날 아내는 먼저 주인 대감에게 굵은 인삼 다섯 뿌리를 바치고 남편에게 사립과 철릭을 입혀 뵙게 하여 그가 이미 무과에 급제하였음을 알린다. 그녀가 이제까지 홍패를 감추어 두었던 것은 관직 진출에 필요한 재력을 충분히 마련한 후에 절호의 기회를 타서 남편의 능력을 인정받게 하려는 의도였던 것이다. 이로써 보면 여종은 오씨를 남편으로 택한 이후 긴 안목을 갖고 그의 출세를 용의주도하게 준비하고 주선한 것이다. 지혜롭고 정성스런 여주인공의 성격이 작품의 결말 부분에서도 잘 드러난다.

손님이 이르러 재상이 받은 인삼을 보고 자기네도 얻을 수 있는지 묻자 오씨가 그들에게 인삼을 상납하여 환심을 샀다. 그 후 무겸선전관이 되고 점차 승진하여 벼슬이 수군절도사까지 이르렀다. 그리고 여종의 신분인 아내를 속량하여 한평생을 해로하였다. 이러한 행복한 결말은 여종과 오씨, 지혜로운 아내와 덕성스런 남편의 소통과 협력의 결과로 얻어진 것이라 할 수 있다.

이 작품은 흥미로운 인물 형상과 사건 전개를 통해 향유층의 선량한

62 원문에서 이제까지 '비(婢)'로 지칭하다가 이 부분부터 '처(妻)'라고 쓰고 있다.

희망이 반영된 행복한 결말을 이루어 대리 만족을 느끼도록 한다. 비록 이야기 속의 예기치 못한 반전과 행복이기는 하나 우리네 인생에서 이 같은 행운을 기대하며 사는 모습과 통하는 주제여서 보편적인 의의를 지니고 있다. 이 부부처럼 지혜와 덕성을 모아 협력하며 산다면 좋은 결실을 얻으리라는 믿음은 지금도 여전히 유효할 것이다.

## 6.5

# 최생원전

〈최생원전(崔生員傳)〉은 이옥(李鈺, 1760~1815)이 지은 20여 편의 전계소설(傳系小說) 중 하나이다. 이 작품들은 18, 19세기 조선 사회를 배경으로 대체로 서민층 중에서 특징적인 인물들의 행적을 통해 당대 현실의 여러 면모를 그려 내었다. 과거 대필자·사기꾼·무도한 거지 등의 시정인, 득음한 가인·바둑 고수 등의 기예인, 통찰력 있는 봉사·도장(刀匠)인 벙어리 등의 장애인, 숯장수 아내·과부·열녀·효부 등의 여성, 신망 높은 창고지기·충성스런 문묘지기 등의 공직자, 이인 부목한·무사 귀신 등의 이계 인물, 담배·족집게 등의 의인화된 인물 들이 겪은 특이하고 흥미로운 사건을 서술한 것이다. 그중에서도 아전의 외동딸과 사대부 청년 간의 사랑이 신분 차별의 벽에 부딪쳐 비극적 결말을 맞는 〈심생전(沈生傳)〉이 주제 의식과 문학성의 면에서 대표작라 할 수 있다.

〈최생원전〉은 〈부목한전(浮穆漢傳)〉, 〈신병사전(申兵使傳)〉과 함께 운명, 귀신 등 기이하고 신비한 주제를 다루고 있다. 귀신을 부정하고 무당을 불신하는 선비 최 생원이 무격신앙을 배격하던 중에 예기치 못한 결과를 얻는 이야기를 중심으로 그 앞뒤에 귀신론과 무격론이 엮여 있는 3단 구성의 작품이다. 첫 번째 단락은 귀신의 존재 여부를 논한 대화에 이어 두 편의 귀신 삽화가 들어가 있고, 두 번째 단락이 최 생원의 이야기이며, 세 번째 단락은 최 생원의 일에 대해 평가하고 당시 무격신앙의 현황을 비판적으로 기술한 것이다. 여기서는 최 생원의 이야기에서 그가 행한 일이 예기치 못한 결과를 가져온 점을 중심으로 문학적 의미를 생각해 보고 그 앞에 나온 귀신 삽화의 서사적 반전, 뒤에 붙은 평론의 유교적 합리주의에 대해서도 살펴보고자 한다.

첫 번째 단락은 손님과 '나'와의 대화로 진행된다.[63] "사람들은 모두 귀신이 있다고 말하는데 귀신이 그 말처럼 있는가?" "있지." 다른 날에는, "사람들 중 어떤 이는 귀신이 없다고 말하는데 귀신이 그 말처럼 없는가?" "없지." 손님이 했던 두 번의 질문에서 귀신이 있다고 말하는 사람이 대부분이고 몇몇 사람이 없다고 하는 것이 당시의 일반적인 귀신 인식이었다고 할 수 있다. 상식적으로 이해할 수 없는 신비한 현상이 여러 사람의 입을 통해 전파되면서 대개는 귀신이 있다고 믿는 상황에서 몇몇 사람이 귀신의 존재를 부정하고 있었던 것이다. 유교적 합리주의자인 나로서는 후자의 입장에 서 있으면서도 그러한 현상을 완전히 무시할 수도 없었기에 귀신은 있기도 하고 없기도 하다는 모순적인 주장을 하였다. 그러니 "생각건대 그대는 미혹되었다 하겠군."이라는 손님의 비판을 받을 만하였다. 이에 대해 나는 귀신에 관한 두 가지 이야기를 하여 귀신론이 모순적일 수밖에 없음을 설득하고자 한다.

귀신담 하나는 없는 귀신도 생기게 한 사건이다. 담장의 남쪽에 한 집이 있는데 애초에 귀신이 없었다. 그 집과 사이가 틀어진 남쪽 이웃이 밤마다 서너 개의 돌을 던졌다. 그러던 사흘째 그 집에서 여자 무당을 불러 굿을 하였다. 큰 나무 아래 떡을 벌여 놓고는 방술의 말을 하고 요령을 울리고 북을 치고 점대를 흔들었다. 이웃이 엿보다가 나무에 돌을 던져 맞추었는데 그 소리가 크게 울려 옆 나무들도 으스스한 소리를 내었다. 게다가 공교롭게도 그 돌이 떨어져 떡시루를 깼다. 무당은 두려

63 이옥 저, 실시학사 고전문학연구회 역주, 『역주 이옥전집』2/3, 소명출판, 2001, 230-236면 /203-206면 참조.

워하며 귀신이 심히 노했다면서 도망가 버렸다. 이웃은 발각될까 봐 돌 던지기를 그만두었다. 그랬는데도 그 집은 밤만 되면 더욱 놀랐고, 얼굴이 신발에 채여서 시퍼렇게 멍이 들고, 곳집에 넣어 두었던 물건을 지붕에서 찾고, 기와가 어지러이 날고 처마와 기둥이 다 무너지는 등의 변괴가 일어났다. 그러다가 몇 달 만에 안주인이 죽고 초상과 질병이 잇달아서 마침내 그 집은 흉가가 되어 버렸다.

다른 하나는 있던 귀신도 사라지게 한 사건이다. 동네 북쪽에 한 저택이 있는데 귀신이 많았다. 헐값에 내놓은 그 집을 어떤 사람이 샀다. 입주 전에 처자와 비복에게 당부하기를, 다른 데로 이사할 수 없는 형편이니 귀신을 보더라도 귀신에 대해 말하지 말라고 하였다. 방에 들어가니 과연 귀신들이 소리를 지르고 춤추며 날뛰어 저에게 빌라고 요구하였다. 그 집 사람이 받아들이지 않자 물 길어 오는 부녀를 섬돌에 넘어뜨리고 지붕의 기왓장을 거두어 가기도 하였다. 사흘째 밤에는 그 집 사람들 신발을 모아 마당에 부도 탑 모양을 만들었다. 남이 그것에 대해 물어도 그들은 그냥 웃기만 하였다. 그렇게 십여 일이 지나자 집안이 깨끗하고 조용해졌다. 그 후 이십 년을 살았는데도 귀신 걱정은 아예 없었다.

두 삽화를 이야기하여 귀신이 있기도 하고 없기도 하다는 나의 주장을 설득했더니 손님이 수긍하였다. 이 삽화들에는 두 가지 공통점이 있다. 첫째, 인간 중심적 관점에서 귀신의 존재를 인식한다. 귀신이 없던 집의 사람이 이웃의 거듭된 장난으로 인해 귀신이 있다고 생각하게 되었고 결국에는 귀신의 재앙을 입었다. 귀신이 많던 저택의 사람은 실제로 벌어진 귀신의 장난을 무시하였고 결국에는 귀신의 재앙에서 벗어났다. 귀신을 대하는 인간의 자세에 따라 상반된 결과를 얻은 것이다. 귀신이 있을 수도 있고 없을 수도 있으나 사람이 하기 나름이라는 생각이 드러난다. 둘째, 반전이 갖는 서사적 흥미가 있다. 돌을 던진 이웃은 자신의 행동이 원인이 되어 그 집에 귀신이 들리라고는 생각지도 못했는데 그 일을 심각하게 받아들인 그 집 사람은 결국 귀신의 화를 입고 말았다. 귀신 저택에 입주한 사람은 달리 이사할 곳이 없어 그 집에서 반드시 살아야 했으므로 절박한 심정으로 귀신을 무시했으나 그 결과가 어찌될 것인지는 예측하기 어려웠다. 다행히 그는 좋은 결과를 얻었을 따름이다. 이 공통점들은 또 다른 손님이 말해 준 최 생원 이야기에도 이어진다.

작품의 두 번째 단락은 최 생원이 무당을 배격한 이야기이다. 선비 최 생원은 귀신을 업신여기는 성정(性情)이어서 마을 백성이 귀신 섬기는 것을 보면 반드시 가서 헤살을 놓고야 말았다. 일찍이 서울 가던 길에 길가의 당집에서 굿하는 것을 보았다. 삿갓 쓰고 비단을 걸친 무당이 왼손에 신장대를 세워 들고 오른손에 부채를 들었는데 시골 노인들이 허리를 구부려 음식을 바쳤다. 최 생원은 크게 노하여 마부를 다그쳐 나아가 무당을 채찍질해 쫓아내고 종이칼을 찢고 상을 차 엎으며 "하찮은 귀신이 어찌 감히 백성을 미혹시키느냐?"고 꾸짖었다. 그러고 나서 몇 리를 가는데 타고 가던 말이 갑자기 고꾸라져 죽었다. 마부가 영험한 귀신의 지궐(신벌神罰)을 받아 죽은 것이라 하니 그는 미칠 정도로 분노해서 오던 길을 되돌아가 띠 풀에 불을 붙여 당집의 지붕을 태워 버렸다. 그랬더니 물동이만 한 검은 기운이 나와 고개 너머로 사라졌다.

그 후 최 생원은 나이가 들어 지기(志氣)가 점차 쇠하여 귀신에 대해 가혹하게 하지 않았다. 어느 날 산길을 가다가 저물어 촌가에 묵으려 하니 촌민이 귀신을 섬기는 날이라 예법상 손님을 들일 수 없다며 거절하였다. 최 생원이 억지로 그 집에 들어가 머물렀는데 제사를 훼방 놓지는 않았다. 그곳은 예전에 당집을 불태웠던 마을이었으나 그는 알지 못했다. 잠시 후 무당이 안반고사(굿이 잘 풀리기를 기원하는 고사)를 지냈다. 무릎 꿇은 촌민에게 신의 말로 하기를, 수배(隨陪, 신의 종자) 제사상을 허주, 군웅 등의 잡신보다 격이 높게 차려야 하고 자기의 상은 수배보다 나아야 한다면서 다음의 말을 덧붙인다.

> "너는 최 생원의 상을 차렸느냐? 최 생원의 존귀함은 더욱 내게 비할 바 아니니 상을 받드는 것이 내게 하는 것의 열 배나 높아야 하느니라. 그러지 않으면 최 생원이 반드시 너를 죽일 것이야."

최 생원은 자기와 같은 성의 귀신이 있다는 무당의 말을 듣고 웃었다. 잠시 후 지나가는 촌민을 불러 물어 보니 예전에 최 생원이 한 일을 말하고 당집이 불탄 후 그곳 귀신이 이 촌가로 옮겨 와 매해 제사를 받아먹는데 매번 따로 '최 생원 공(供)'이라는 상을 차린다고 하였다. 최 생원이 돌이켜 생각하고는 아연실색했다가 크게 웃으며 "최 생원은 나라오. 내가 당집을 태운 길손이오. 속히 최 생원 공을 가져오시오. 내 장차 배불리 먹으리다."고 하였다.

이 대목에서 전혀 예상치 못한 반전이 일어났다. 귀신을 업신여겨 굿하는 것을 헤살하고 당집을 불태운 사람이 무당이 모시는 귀신의 한 자리를 차지한 것이다. 최 생원으로서는 자기가 한 일이 이러한 결과를 가져올 줄을 꿈에도 알지 못했다. 이야기를 따라가는 독자도 주인공의 행동으로 인한 결과가 이렇게 될 줄을 예측할 수 없었다. 귀신이 있기도 하고 없기도 하다는 앞의 주장이나 그것을 입증하려고 끌어온 두 귀신 삽화에서 귀신은 인간과 구별되는 신적 존재로 전제되었는데 이 대목에 와서 그 둘이 합쳐졌으니 작품의 의미 맥락상으로도 돌출 상황이 벌어졌다. 또한, 대개 무속 신으로 좌정한 인물은 최영, 남이, 임경업 장군같이 생존한 시기가 멀리 떨어져 있고 비운의 죽음을 맞은 영웅인 경우가 많은데 최 생원은 동시대의 영남 사람일 뿐인데도 신격을 얻었다는 점도 의외의 일이다. 그러니 최 생원이 아연실색할 수밖에 없었다.

몹시 놀라긴 했으나 그 일은 최 생원이 크게 웃을 만한 것이었다. 우선, 예전의 사건에서 거처를 잃어버린 귀신이 당집을 불태운 최 생원을 매우 두려워한다는 점이 귀신에 대한 그의 심리적 우위를 알 수 있게 한다. 이에 더하여, 자기가 모시는 최고의 신이 그 자리에 와 있음에도 무당이 눈치채지 못한 점이 무당과 귀신을 업신여겨 온 그에게 자신의 행동이 옳았음을 믿게 만든다. 이러한 우월감과 자신감으로 인해 호탕하게 한번 웃고는 자기에게 바치는 공양인 '최 생원 공'을 가져오라고 명한다. 인간으로서 귀신의 자리에 앉게 된 뜻밖의 상황에서 인간이 바치는 공양을 받아 누리고 싶은 것이다.

이것은 의도하지 않고 적선을 많이 했다가 나중에 보답을 받는 식의 반전과는 다른 양상이다. 적선으로 인한 보답은 인과응보와 같은 인과론에 의해 어느 정도 설명이 가능한 일이다. 그에 비해 산 인간이 신격을 얻는 것은 원인과 결과를 논리적으로 연결해 설명하기가 어렵다. 논리보다는 오히려 정서적 반응, 제 집을 불태운 인간을 귀신이 두려워한다는 이유가 더 강하다. 이는 앞 단락에서 귀신의 존재 여부를 인간 중심적인 관점에서 인식한 것과 같은 맥락이라 할 수 있다. 인간으로서 귀신을 위협하고 배척함으로써 귀신의 지위를 획득했으니 귀신보다 더 한 힘을 발휘하는 인간이라면 귀신이 될 자격이 있다. 귀신으로서는 자기보다 강한 인간에게 위협을 당하여 두려워한 것인데 은혜를 베풀거나 재앙을 주는 귀신에게 자비와 분노뿐 아니라 공포의 감정이 있는 것이다. 이와 같이 인간 중심적 귀신관을 바탕으로 하여 최 생원의 귀신 됨이라는 반전이 이루어졌다.

촌민이 최 생원의 말을 전했더니 무당이 땅에 고꾸라졌다가 한참 후에 깨어났는데 귀신은 이미 떠나 버렸다. 밤새 신 내리기를 빌었으나 끝내 내리지 않았다. 이러한 결말은 무당과 귀신의 또 한 번의 패배를 보여 준 것이다. 이전 사건에서 채찍에 쫓겨난 무당이 이번에는 최 생원이라는 말만 듣고도 공포를 느껴 실신하였다. 예전에 당집이 태워져 거처를 잃은 귀신은 이번에도 촌가에서 떠나야 했다. 무당과 귀신은 최생원으로 인한 충격에 짓눌린 채로 자신들의 무능을 드러내야만 했던 것이다. 산 인간이 귀신이 되는 뜻밖의 반전은 무당과 귀신의 처참한 패배로 귀결하였다.

세 번째 단락은 손님에게서 최 생원 이야기를 들은 나, 곧 주인의 평론이다. 남이 장군이 요귀를 위압한 것이 경(景) 수재(누구인지 미상)가 산도깨비를 물리치듯 했다는데 사람이 귀신을 두려워하지만 귀신도 두려워하는 사람이 있다. 성주, 허주, 말명, 군웅, 삼신, 제석, 호구파파, 선왕(성황), 사자(저승 차사) 등 무당이 섬기는 잡신 중의 하나를 최 생원이 위압한 것이다. 그와 같은 사람을 두려워하기에 겨를이 없는데 어찌 이러한 귀신을 섬겨 복을 구하리오. 이렇듯 주인은 최 생원을 남이 장군에게 견주면서 무격신앙의 대상인 잡신을 섬기는 것에 대해 매우 비판적인 의식을 드러내었다.

이어서 최 생원 이야기에 대한 소감으로 귀신과 무당의 허망함을 폭로한다. 촌민이 공양한 지 몇 해가 되었어도 최 생원은 알지도 받아먹지도 못했고 옆방에 있는데도 무당과 귀신이 알지 못했다가 그가 임했다는 말을 듣고 도망가 버렸다. 이렇게 비판하고 나서 당시 조정에서 무당들을 도성 밖으로 쫓아낸 일을 언급하였다. 그러자 무당들이 노강(노량진) 남쪽에 모여 굿하는 풍습을 이루었고 여항의 백성이 줄지어 찾았다. 아름다운 서호의 강변이 이들에 의해 더럽혀졌으니 최 생원 같은 사람을 모셔다 놓아야 한다고 하였다. 최 생원의 이야기를 무당과 귀신 배격의 근거로 삼아 유교적 합리주의에 따른 주장을 펼치고 노량진을 본거지로 한 무격신앙의 풍습에 매몰된 세태를 비판한 것이다.

〈최생원전〉은 최 생원이 무당과 귀신을 위력으로 배격하고 나서 한참 후에 본인이 귀신의 지위를 얻어 공양을 받는 이야기를 중심으로 그 앞뒤에 귀신론과 무격론을 엮어 놓은 작품이다. 최 생원이 행사한 위력에 공포를 느낀 귀신이 그를 숭배하는 모습에서 귀신의 인간적인 면모가 그려져 있다. 최 생원은 예전의 행위로 인해 예기치 못한 결과를 얻어 한바탕 크게 웃음으로써 귀신과 무당의 허망함을 폭로하였다. 인간을 중심에 두는 유교적 합리주의에 기반한 귀신 이야기와 귀신 담론이면서도 사건의 반전이 흥미를 끄는 소설 작품이다.

# 7

# 마음의 평안

7.1

# 보현십원가

〈보현십원가(普賢十願歌)〉는 균여(均如, 923~973)가 『화엄경』「보현행원품(普賢行願品)」의 내용과 주제를 요약하여 대중에게 널리 전파하려고 지은 11수의 10행 향가 연작이다. 고려 초기 화엄종의 고승이었던 작자의 전기 『균여전』이 『고려대장경』에 포함되어 있어서 지금까지 전해질 수 있었다. 보현보살의 열 가지 행원은 화엄 사상 및 수행의 핵심으로 여겨지는 것인데 균여가 그 내용을 10행의 간결한 시가 형식에 녹여 내어 문학적 형상화를 이루었다. 불교 교리의 전파라는 면이 두드러지기에 작품의 문학성을 평가 절하하는 시각도 있으나 신라 향가의 고려 초기 모습을 보여 주는 시가사적 의의와 함께 서정성과 형상성을 잘 갖추고 있어 문학적 가치도 상당히 크다. 보현보살의 행원이 지닌 불교 사상과 구도의 자세를 대중 교화라는 목적에 맞게 평이하고도 감화적인 표현으로 그려 내어 사상성과 문학성을 아울러 갖춘 문학 작품이 된 것이다.

이 작품은 「보현행원품」과 마찬가지로 보현보살의 열 가지 행원과 그 의의를 제목으로 삼았다. 무수한 부처에게 예하여 공경하고(예경제불禮敬諸佛), 여래를 칭하며 찬탄하고(칭찬여래稱讚如來), 널리 공양을 닦고(광수공양廣修供養), 몸·말·뜻 삼업의 장애를 참회하고(참회업장懺悔業障), 남들의 공덕을 따라 기뻐하고(수희공덕隨喜功德), 법륜 굴리기(설법하기)를 청하고(청전법륜請轉法輪), 부처가 이 세상에 있어 주기를 청하고(청불주세請佛住世), 늘 부처를 따라 배우고(상수불학常隨佛學), 항상 중생을 순순히 좇고(항순중생恒順衆生), 모든 공덕을 중생에게 되돌리는(보개회향普皆迴向) 열 가지에, 이를 총괄하여 끊임없이 그렇게 하는 것이 선을 행하고 부처를 따르는(총결무진總結無盡) 길임을 설파한 것이다.

부처의 한량없는 공덕과 수행을 기리고 본받기를 권하는 것이어서 작품은 영원한 세계를 향한 숭고한 염원을 담고 있다. 열 가지의 행원 하나하나가 화엄 세계의 구현에 필수적인 수행 방법이고 그 모두가 한 가지로 수행해야 할 일이니 연작 11수는 곧 1편의 작품이라 할 수 있다. 이를 고려하면 연작 중 한두 수를 뽑아 세속적인 감상의 방식으로 논하는 것은 작품의 성격과 지향에 맞지 않는 듯도 하다. 그렇지만 불교 교리는 중생의 삶을 떠나서 존재할 수 없으므로 신앙인이 아닌 일반인도 작품의 취지에 공감하여 하나의 서정시로 이해하고 감상하는 것은 온당하고도 필요한 일이다. 이에 11수 중에서 제5수와 제7수를 대상으로 수행을 통해 얻는 마음의 평안이라는 주제에 대해 생각해 보려 한다.

〈보현십원가〉의 제5수 〈수희공덕가(隨喜功德歌)〉는 다음과 같다.

迷悟 同體叱
緣起叱 理良 尋只 見根
佛伊 衆生 毛叱 所只
吾衣 身 不喩仁 人音 有叱下呂
修叱賜乙隱 頓部叱 吾衣 修叱孫丁
得賜 伊馬落 人米 無叱昆
於內 人衣 善陵等沙
不冬 喜好尸 置乎理叱過
後句 伊羅 擬可 行等
嫉妬叱 心音 至刀(→尸)來去

| | |
|---|---|
| 迷悟 同體ㅅ | 미혹과 깨달음이 한 몸임을 |
| 緣起ㅅ 理아 ᄎᆞ작 보ᄀᆞᆫ | 연기(緣起)의 이치에서 찾아를 보니 |
| 부톄 衆生 못 박 | 부처와 중생 쪽에 응당 |
| 내 몸 안딘 ᄂᆞᆷ 이사리? | 내 몸 아닌 남 있으리? |
| 닷시ᄅᆞᆫ 무저볻 내 닷ᄉᆞᆫ뎌 | 닦으실 것은 무턱대고 내 닦을지라. |
| 얻실 이마락 ᄂᆞ미 없곤 | 얻으실 것마다 남이 없으니 |
| 어ᄂᆞ 사ᄅᆞᄆᆡ 이른ᄃᆞᆯ사 | 어느 사람의 선업(善業)들이야 |
| 안ᄃᆞᆯ 깃홀 두오릿과? | 아니 기뻐함을 두오리까? |
| 아야, 이라 너가 녈ᄃᆞᆫ | 아아, 이렇게 여겨 행할진대 |
| 嫉妬ㅅ ᄆᆞᄉᆞᆷ 니르올가? | 질투의 마음 이르러 올까? |

작품이 기본적으로 종교시이므로 교리가 바탕에 깔려 있고 그것이 표현으로 드러남은 자연스런 것이다. 제1구(제1~4행)에서 화자는 미혹과 깨달음, 미혹한 중생과 깨달은 부처가 본래 한 몸이라는 것은 연기의 이치에서 찾을 수 있다고 하였다. 연기설에 대해, 모든 것은 원인과 조건이 있어 그로써 생기하여 변화, 소멸한다는 것, 그러므로 모든 것은 외따로 존재하지 않고 상호 의존 관계를 맺는다는 것 정도의 상식으로도 이러한 발화의 의미는 이해할 수 있다. 일상에서 우리는 미혹에 빠져 고뇌하다가 깨달음으로 나아가고 어떤 부분을 깨달았다 해도 여전히 미혹에 얽혀 있음을 경험한다. 모르고 알고, 어둡고 밝고, 어리석고 슬기롭고 하는 것이 서로 원인과 조건이 되어 비추어 주는 가운데 살아가는 것이다.

이렇게 보면 제1구는 불교 교리의 표현이지만 인생의 기본 이치에 대한 지혜를 나타낸 것이라 할 수 있다. 미혹과 깨달음이 하나라는 사실, 중생이 부처이고 부처가 중생이라는 인식에 기초하여 내 삶에서 얻는 깨달음이 미혹과 어리석음 가운데 얻어지는 것이라고 이해된다. 그리하여 제1구의 제3, 4행은 나를 주체로 하였을 때 부처와 중생에 대해서 남일 수 없다는 의미로 수용된다. 부처가 곧 중생이라는 진실을 나의 관점에서 보면 나는 중생이기도 부처이기도 한 것이다. 그러므로 중생이 지닌 미혹을 나도 지녔고 부처가 얻은 깨달음을 나도 얻을 수 있다.

제2구(제5~8행)는 제1구의 인식을 바탕으로 수행과 과보의 의미, 그에 대한 긍정적 자세를 권고하고 있다. 부처의 수행, '닦으심'은 내가 '무턱대고' 닦아야 한다. 부처가 행한 모든 수행과 공덕을 본받아 행하는 것이 내가 할 일이다. 여기서 '무턱대고'라는 말은 다른 어떤 것에도 구애받지 않고 곧바로, 오로지, 한꺼번에 부처를 본받는다는 뜻이니 수행자의 기본자세를 대변하는 말이다. 부처의 수행이 곧 나의 수행이고 그것을 통해 얻는 공덕과 과보는 모든 사람에게 골고루 베풀어지므로 나와 남의 구별 없이 두루 은혜를 입는다.

부처를 본받아 수행하고 과보를 얻는 것에 나와 남의 구별이 없으므로 다른 사람의 수행과 과보는 나의 그것과 같은 의미를 갖는다. 다른 사람이 선한 일을 행하고 그로써 얻는 것들을 모두 내 것으로 받아들일 수 있다. 부처와 중생이 하나이고 나와 남의 구별이 없으니 선한 일을 행하여 얻는 과보는 누구에게나 혜택을 준다. 그래서 다른 사람의 선업에 대한 나의 정서와 태도는 기쁘고 즐거운 것이다. 나를 포함한 모든 사람이 부처를 본받아 선업을 행하면 그로 인해 얻는 과보와 공덕은 온 세상을 불법이 충만한 법계로 만들 것이다. 이러한 전망을 갖게 되면 다른 사람의 선업은 더욱더 기쁠 수밖에 없다.

제3구(제9·10행)는 제1, 2구의 인식과 실천에 의해 얻게 되는 마음의 상태를 나타내었다. 미혹과 깨달음이 한 몸이고 부처가 곧 중생이라는 인식을 바탕으로 선업을 닦아 과보를 얻는다면 다른 사람과 우열, 과다, 대소 등을 비교하는 마음은 일어나지 않는다. 나와 남의 구별 없이 함께 수행하여 얻음으로써 법계를 구현하려는 것이니 다른 사람에 대해 질투심, 시기심이 생길 까닭이 없다. 서로 기쁜 마음으로 선업의 수행에 매진하여 함께 성불하고 왕생하는 길로 나아간다.

이러한 작품의 내용과 주제를 단순하게 생각해 보아도 깊이 음미할 만한 뜻이 있다. 다른 사람이 착한 일을 하면 보기도 좋고 마음이 흐뭇해진다. 그의 성취를 함께 기뻐해 준다면 서로 질투하거나 시샘할 이유가 없다. 타인에 대한 질투심이 생기지 않으면 마음의 화평이 찾아온다. 그의 공덕이 곧 나의 공덕이 되어 함께 누리게 된다. 이러한 마음을 갖고 이웃과 더불어 살아간다면 우리에게 공존과 평화의 세상이 좀 더 다가오지 않을까 싶다. 불교 교리적인 이해보다는 인생살이에 던지는 깊은 지혜의 의미로 와닿는 것이다.

참고로 균여와 동시대 인물인 최행귀(崔行歸, ?~?)가 위의 작품을 번역한 한시 〈수희공덕송(隨喜功德頌)〉을 인용하여 교리적 이해를 보충해 둔다.

| | |
|---|---|
| 신성과 범속, 진여와 망상을 구분치 말지니 | 聖凡眞妄莫相分 |
| 원래 한 몸으로 법문(法門)에 두루 하는 것이라. | 同體元來普法門 |
| 중생 외에 본디 부처의 뜻 달리 없는데 | 生外本無餘佛義 |
| 내 쪽에서 오히려 남과 다르다고 말하는구나. | 我邊寧有別人論 |
| 삼명(三明)을 쌓아 공덕이 많으나 | 三明積集多功德 |
| 육취(六趣)에서 닦으니 선근이 적도다. | 六趣修成少善根 |
| 남이 지은 것 모두 다 내가 지은 것이니 | 他造盡皆爲自造 |
| 온통 해내어 좇아 기뻐하고 높일지라. | 摠堪隨喜摠堪尊 |

제7수 〈청불주세가(請佛住世歌)〉는 다음과 같다.

皆 佛體

必于 化緣 盡動賜隱乃
手乙 寶非 鳴良尒
世呂中 止以友(→支) 白乎等耶
曉留 朝 于萬 夜米
向屋賜尸 朋知良 閪尸也
伊知皆矣 爲米
道尸 迷反 群良 哀呂舌
落句 吾里 心音水 淸等
佛影 不冬 應爲賜下呂

| | |
|---|---|
| 여러 부텨 | 수많은 부처 |
| 비루 化緣 다ᄒᆞ시나 | 비록 교화의 인연 다하셨으나 |
| 손ᄋᆞᆯ 부븨 우라며 | 손을 비벼 울리며 |
| 누리ᄒᆡ 그치기 ᄉᆞᆯᄫᆞᄃᆞ라. | 세상에 머물기 사뢰도다. |
| 새론 아ᄎᆞᆷ 우ᄆᆞᆫ 바ᄆᆡ | [날이] 새는 아침 저문 밤에 |
| 아오실 버디라 실야. | 향하실 벗이라 불역(佛役)이여. |
| 이디ᄀᆡ ᄒᆞᄆᆡ | 이렇게 하매 |
| 길 이ᄇᆞᆫ 물아 슬리혀. | 길 잃은 무리에[는] 슬프리로다. |
| 아야, 우리 ᄆᆞᅀᆞᆷ믈 ᄆᆞᆯᄃᆞᆫ | 아아, 우리 마음 물 맑다면 |
| 佛影 안ᄃᆞᆯ 박ᄒᆞ샤리? | 부처 그림자 아니 응하시리? |

신앙을 지닌 사람에게 그가 믿는 신과 함께한다는 것은 큰 축복이자 위안이 될 것이다. 수많은 부처가 이 세상에 왔다가 열반을 이루고 적멸로 돌아갔다. 그들은 여러 모습으로 여러 생에 걸쳐 와서 세상의 미혹한 중생을 열반과 해탈의 길로 인도하였다. 그들이 남긴 설법과 경문이 수행하는 사람들에게 진리의 방향과 소재를 알려 주고 수행의 방법을 일

러 준다. 이렇게 말로써 남지 않고 부처의 몸 자체가 지금 여기에 현존한다면 그 은혜와 감화는 더욱 크고 생생할 것이다. 그리하여 화자는 제1구에서 교화의 인연은 다했으나 이 세상에 머물러 주기를 수많은 부처에게 간청한다. '손을 비벼 울리며' 부처가 이 세상, 내 안에 머물러 진리의 길을 가르쳐 주고 인도해 달라고 기원한다.

제2구는 이 세상에 머문 부처를 좇아 날마다 수행하는 모습을 그렸다. 해 뜨는 아침과 해가 저문 밤, 하루가 시작해서 마칠 때까지 항상 부처의 일, '불역'에 매진한다. '불역'은 여러 상황, 경우, 방식에 따라 부처를 공경하고 따르고 행하는 일들이다. 불전에 경배하고 법회에 참석하고 설법을 듣고 경전을 읽고 불보살·불승·중생들을 공양하고 일상에서 부처의 가르침을 실천하는 등의 모든 일이 불역에 해당한다. 이렇게 부처를 본받아 수행하는 일을 부지런히 쉬지 않고 하는 것이야말로 부처를 이 세상에 계속 머물도록 하는 일이다.

불역을 감당하고 행하는 중에 교리를 체득하고 깨달음을 얻는다. 정신이 성숙하고 마음의 평정을 이룬다. 수행의 정도가 높아지고 진리를 깊이 알아 가다 보면 예전에 자신이 놓여 있던 미혹의 시간과 세계를 되돌아보고 측은함을 느낀다. 그리고 아직도 그 속에 빠져 헤매는 '길 잃은 무리'를 보면서 비애와 동정심이 일어난다. 이 슬픈 마음은 그들을 경멸하거나 질책하려는 것이 아니라 내가 미혹에서 벗어나듯이 그들도 그렇게 하기를 바라는, 안타깝고 애처로운 마음이다. 그리하여 그들과 내가 서로 '벗', 도반(道伴)이 되어 함께 구도의 길을 가고자 한다.

제3구는 부처의 머묾을 기원하는 목적과 효용을 말한 것이다. 부지런히 불역을 감당하여 부처의 수행과 공덕을 본받아 행하는 것은 부처를 닮은 내 마음의 본성을 찾아 회복하는 일이다. 모든 사람에게 내재해 있는 본래의 청정심을 얻는 것이다. 이러한 뜻이 '우리의 맑은 마음 물에 부처의 그림자가 응하다'라는 아름다운 은유와 심상을 통해 표현되었다. 내 마음이 깨끗하고 평안하다면 그것이 바로 부처의 마음이다. 나와 부처의 마음이 서로 통할 때 깨달음의 그림자가 내게 드리워진다. 부처와 함께하는 지금 여기에서 내 마음의 평온이 지속된다. 이러한 평정심의 상태로 죽음 이후까지 전망하며 이 세상을 살아 낸다면 그 삶은 복되다고 할 것이다.

최행귀의 한역시 〈청불주세송(請佛住世頌)〉을 인용하여 작품에 대한 이해를 보충한다.

| | |
|---|---|
| 극미한 티끌의 수만큼 있는 성현들이 | 極微塵數聖兼賢 |
| 이 부허(浮虛)한 중생계에서 교화의 인연 마치니 | 於此浮生畢化緣 |
| 열반을 보이고 적멸에 돌아가려는데 | 欲示泥洹歸寂滅 |
| 모래만큼 영원토록 인천(人天)을 이롭게 하기 청하노라. | 請經沙劫利人天 |
| 진리를 말하는 성한 모임을 감당하고 사모하니 | 談眞盛會猶堪戀 |
| 속세에 얽매어 미혹한 무리가 실로 가련하도다. | 滯俗群迷實可憐 |
| 은혜의 등불이 감추어지고 꺼져 감을 본다면 | 若見惠灯將隱沒 |
| 어찌 정성을 쏟아 오래 머물기를 빌지 않으랴? | 盍傾丹懇乞淹延 |

위와 같이 살피면 〈보현십원가〉는 우리에게 인생의 지혜와 자세를 가르쳐 주는 작품이라 할 수 있다. 나와 남의 구별 없이 선한 의지를 갖고 공덕을 닦음으로써 질투와 다툼의 마음에서 벗어날 수 있고, 자신이 믿는 신을 본받아 부지런히 수행함으로써 마음의 평안을 얻고 본성의 깨끗함을 회복할 수 있다. 신앙을 지녔든 그렇지 않든 작품의 내용을 통해 타인에 대한 존중과 이해, 내 안의 본성을 맑게 가지는 것이 마음의 평안을 가져온다는 것을 알 수 있다. 작자가 가르침을 주고자 한 대상인 우리로서는 감화를 받거나 성찰의 자료로 삼아 인생의 자세를 가다듬을 수 있으니 작품이 지닌 의의가 크다고 하겠다.

## 7.2

# 대추 볼 붉은 골에

대쵸 볼 불근 골에 밤은 어이 ᄡᅳᆺ드르며

벼 뷘 그르헤 게ᄂᆞᆫ 어이 ᄂᆞ리ᄂᆞᆫ고

술 닉쟈 체 쟝ᄉᆞ 도라 가니 아니 먹고 어이리[64]

이 시조는 조선 초기에 황희(黃喜, 1363~1452)가 지은 것이다. 그는 고려 말에 벼슬을 시작했으나 조선 태종, 세종의 신임을 받아 새 왕조의 문물제도를 정비하고 여러 정책을 수립, 추진하여 세종 시대 민생 안정과 국력 신장에 기여한 명재상으로 일컬어진다. 관리로서의 능력과 경륜뿐 아니라 너그럽고 청렴한 성품을 지녀 왕과 신하, 일반 백성까지 두루 신망을 받은 인물이다. 이러한 성격이 그가 지은 시조에 나타나 있어 작자와 작품을 관련지어 이해해도 좋은 사례에 해당한다. 여기서는 작품 자체에 초점을 두고 분석하여 시적 상황과 분위기, 시어의 구성, 화자의 심리 상태 등을 살피며 감상해 보고자 한다.

먼저 시적 상황부터 살펴보면 초장에 '골', 중장에 '벼 벤 그루터기'가 나와서 작품의 공간적 배경을 짐작할 수 있다. 골짜기가 내려온 뒷산이 있고 벼농사를 짓는 앞들이 펼쳐진 마을이다. 배산임수(背山臨水)의 우리나라 전통적 입지의 특징을 잘 보여 준다. 마을 뒷산에 대추나무, 밤나무가 많이 서 있고 앞들에는 벼를 수확하고 난 후의 풍경이다. 나무

---

64 심재완 편저, 『교본 역대시조전서』, 세종문화사, 1972, 305면.

들에 열매가 가득 열려 떨어지고 벼를 다 베어 낸 때이니 늦가을의 시간이다. 전통적인 농촌 마을에서 나무 열매가 무르익고 수확을 마치고 난 후의 산과 들이 보여 주는 풍경을 배경으로 작품이 지어진 것이다.

초장은 대추나무와 밤나무의 열매를 소재로 가을 풍경을 그려 내었다. 대추 열매가 '붉은' 곳이 마을 뒷산의 '골'이다. 이는 대추의 붉은색이 단풍이 드문드문 남은 늦가을 골짜기의 산색을 배경으로 두드러져 보이는 양상이다. 이렇게 대추가 가지에 달려 있는 모습을 이어서 밤이 나무에서 떨어지는 것을 '뜻드르며'라고 표현하였다. 이 말은 '뜯다'(뜯다)와 '듣다'(떨어지다)의 합성어인 '뜯듣다'의 활용형이다. 밤송이가 나뭇가지에 붙어 있다가 '떼어져' 땅에 '떨어지는' 모양을 나타내었으니 이러한 의미로는 시각적 표현이라 할 수 있다. 그러나 직접 본 것이기보다는 밤이 떨어지는 소리를 들어서 안 것을 표현한 말로 이해하는 것이 적절하다. 이 어휘 자체는 시각적인 의미를 지니나 문맥상, 어감상 청각적인 효과를 나타내기 위해 사용한 것이다. 그리하여 대추 열매에 대한 시각적 표현에 뒤이어 밤송이가 떨어지는 청각적 표현이 나온 듯이 받아들여도 되게끔 시어가 구사되었다.

이와 같이 시각과 청각이 연결되어 일으키는 공감각적 심상은 초장에 쓰인 시어들의 음운적 효과와 함께 유려한 율동감을 형성한다. 초장 앞부분의 '대쵸 볼 불근 골에'에서는 '볼-불', '근-골'로 이어지는 'ㅂ'과 'ㄱ' 음의 연결과 교체가 나타난다. 뒷부분의 '밤은 어이 뜻드르며'에서는 '볼-불'의 'ㅂ'을 이어받아 '밤'의 'ㅂ' 음이 나오고 첫머리 '대쵸'의 'ㄷ' 음이 '뜻드르며'의 'ㅄ'과 'ㄷ' 음으로 다시 나온다. 15세기에는 어두자음군 'ㅄ'의 'ㅂ'과 'ㄷ' 음가가 살아 있었을 것이니 '뜻드르며'에는 '밤'과 '대쵸'의 'ㅂ'과 'ㄷ' 음이 함께 들어 있는 셈이다. 이렇게 'ㄷ, ㅂ, ㄱ' 음들이 연결, 교체, 반복 등으로 발화되는 중에 '볼 불근 골'의 'ㄹ, ㄴ', '밤은 어이 뜻드르며'의 'ㅁ, ㅇ'과 같이 유성음이 앞의 음들을 연결해 준다. 그리하여 초장 전체가 아주 자연스럽고도 율동감 넘치는 음운의 흐름을 이룬다. 이것이 공감각적 심상과 상승 작용을 하면서 대추와 밤이 익어 가는 가을 풍경을 정겹고 풍요롭게 느끼도록 한다.

중장은 뒷산의 나무에서 눈을 돌려 마을 앞들에 펼쳐진 논의 광경을 그렸다. 벼를 다 베고 난 후의 논인데도 화자는 거기서 휑뎅그렁함이 아니라 풍요로움의 느낌을 받고 있다. 이는 초장 첫머리의 '대쵸'에 상응하여 중장에 '벼'를 앞세워 말한 데에서 시사되는 식량의 넉넉한 준비 상태로부터 연유한다. 벼를 베어 볏단으로 묶었든지 타작까지 한 후 곳간에 저장했든지 간에 넉넉하게 벼를 수확한 후 마음이 편안한 상태에서 얻는 감흥이다. 벼를 베어 쌓아 놓고 들판을 보니 그루터기, 벼의 밑동만 줄줄이 남아 있다. 좀 더 가까이 가서 보니 그루터기에 붙어 오르내리는 참게들이 보인다. 벼가 없어졌으니 뭐가 있겠나 싶은 곳에 수많은 참게들이 돌아다니고 있다. 벼 수확에 더하여 예기치 않은 참게 잡이까지 할 수 있어 화자의 마음은 흐뭇할 따름이다.

중장에서도 초장과 같은 율동적인 음운의 쓰임이 나타난다. 처음의 '벼 뷘'은 'ㅂ' 음의 연결이고, 이어지는 '그르헤 게ᄂᆞᆫ'은 'ㄱ'과 'ㅔ' 음의 연결이다. 'ㅂ' 음은 이미 초장의 '볼, 불근, 밤'에서 주된 음운을 이루었는데 중장 초입의 '벼 뷘'에서 다시 나옴으로써 그 음운의 영향이 지속되고 있다. 'ㄱ' 음도 초장 '불근 골'에 이어서 나왔을 뿐 아니라 'ㅔ' 음까지 반복하여 '그르헤 게'라는 동음에 가까운 연결을 이룬다. 그런 다음에 '어이'가 나와 초장의 '어이'를 반복하고 '뜻드르며'와 의미가 통하는 'ᄂᆞ리ᄂᆞᆫ고'가 쓰였다. 이러는 가운데 'ㄹ, ㄴ'의 유성음이 'ㅂ, ㄱ' 음 사이를 이어 주다가 중장 끝의 'ᄂᆞ리ᄂᆞᆫ고'에서 전면에 등장하여 어감을 부드럽게 만든다.

'어이'의 중복은 종장 끝에 '어이리'로 또 한 번 나옴으로써 작품의 삼장 모두에 쓰인 시어가 되었다. '엇디'(어찌)의 'ㅅ, ㄷ' 탈락형인 이 말이 '-고? -리?'의 의문형 종결 어미와 연결되어 혼잣말이면서도 누군가에게 묻는 듯한 어조를 나타낸다. 그리하여 화자의 태도가 짐짓 딴청을 부리는, 에둘러서 말하는 양상을 띤다. 마음속으로는 마냥 흥겹고 흐뭇하면서도 겉으로는 점잔을 빼고 있다.

종장에 이르러 시적 전환이 일어난다. 초·중장에서 마을 뒷산과 앞들의 풍경을 본 감흥을 읊고 나서 이제 집 안의 술독에서 나는 술 냄새를 맡은 것이다. 삼장 첫머리가 '대추-벼-술'로 나와 서로 일정한 관계를 맺으면서 모두 먹는 것으로 포괄된다. 수확한 벼에서 일정 부분 덜어 술로 담그고 대추는 그 술을 '먹을' 때 안주가 될 터이니 첫머리의 세 단어는 시상 전개에 따라 관련이 깊어졌다. 초장에는 대추뿐 아니라 밤이, 중장에는 참게도 나왔다. 쌀로 만든 술에 말린 대추, 삶은 밤, 조린 참게 안주가 한 상에 놓이는 광경을 떠올리는 것만으로도 화자의 입가에 미소가 돈다.

'술 익자'로 시상을 전환한 다음 '체 장사'를 등장시켰는데 이것이 작품의 정서와 주제를 심화하는 데 핵심적인 역할을 한다. 익은 술을 밭아 내리면 체를 써야 하므로 술과 체는 자연스럽게 연결되는 말이다. 그런데 여기서 사람이 나옴으로써 이제까지의 풍경 묘사에서 사람의 일이 비로소 상기된다. 그러고 보면 초장의 나무에 걸린 대추 열매를 따는 일, 밤나무를 털고 떨어진 밤송이를 주어 밤톨을 빼는 일, 중장의 벼를 베는 일, 벼 그루터기의 참게를 잡는 일, 그리고 종장 첫머리의 술을 담그는 일 등을 하는 사람의 존재가 배후에 있는 채로 여기까지 시상이 펼쳐졌다. 이에 체 장사의 등장은 가을 풍경 속 사람의 존재를 일깨워 준다.

이렇게 보면 삼장에 모두 '어이'(어찌)의 의문사를 써서 누구에게 묻듯이 말한 것이 이유가 있음을 알 수 있다. 짐짓 점잔을 부리고 있으나 화자는 누군가를 향해 자신의 흥겨움을 드러내고 싶고, 술과 안주를 장만해 오라고 말하고 싶고, 나아가 술을 같이 먹을 사람이 필요한 것이다. 채 장사는 이러한 화자의 심정을 콕 집어 나타내 주는 촉매 역할을 한다.

'체 쟝ᄉᆞ' 뒤의 '도라 가니'가 체 장사의 역할을 좀 더 분명히 말해준다. 이 단어는, 원래 있던 곳으로 되돌아간다는 뜻의 '돌아가다'라기보다 동네를 한 바퀴 빙 '돌아서 가다'는 의미가 문맥에 어울린다. 체를 등에 주렁주렁 메거나 수레에 가득 신고 마을에 들어와 각 집 앞을 지나 공터에 이르고 다시 마을을 둘러서 나간 것이다. 술 담근 집들에서 사람이 나와 그에게 체를 사는 광경이 그려진다. 외부의 장사꾼이 물건을 가지고 들어오는 것부터 마을 사람들을 들뜨게 하고 각 집에서 술을 받기 위해 체를 사는 것으로써 술 먹는 것과 연결되어 축제적 분위기를 조성한다. 마을 분위기가 이럴 수 있는 것은 들판의 벼를 거두어들인 후의 넉넉하고 여유로운 마음들이 있기 때문이다. 그러니 어찌 술을 먹지 않을 수 있겠느냐며 화자는 즐거운 탄성을 발한다. 농촌 공동체의 일원으로서 화자가 동네 사람들의 수고를 위로하려고 한턱 쓸 수도 있을 것 같다.

종장에서 시상의 전환을 가져온 첫머리의 '술'은 초·중장의 '볼 불근 골'에서 'ㅂ, ㄱ'이 'ㅅ'으로 바뀐 형태이다. 'ㅅ'이 새롭게 중심이 되면서 이어지는 '닉쟈 체 쟝ᄉᆞ'에도 'ㅈ, ㅊ, ㅅ'의 마찰음, 파찰음이 주조음을 이룬다. 그 사이에서 'ㄴ, ㄹ, ㅁ, ㅇ'의 유성음이 연결되는 것은 초·중장과 같은 양상이다. 종장에서도 우리말 음운의 자연스런 연결, 교체, 반복 등을 통해 율동감을 높이고 있다.

이 작품은 가을걷이 후 농촌의 여유롭고 풍성한 분위기와 정서를 시조의 삼장 형식에 담아내었다. 뒷산의 나무와 열매, 앞들의 벼 그루터기와 참게로써 가을 풍경을 그린 다음에 체 장사를 등장시켜 농촌 공동체의 흥성거리는 분위기를 표현하였다. 그리하여 체로 밭아 술을 마시는 행위가 온 마을의 넉넉한 마음에서 나온 공동의 것임을 말해 준다. 곳간을 채운 후에 주변의 것들로 안주 삼아 마을 사람들과 함께 술을 마시는 광경이 정겹고 흐뭇하게 그려진다. 이러한 주제와 정서가 우리말의 자연스런 연결, 교체, 반복을 통해 율동감 넘치게 그려져 있어 더욱 친근하게 다가온다.

## 7.3 추강에 밤이 드니

추강(秋江)에 밤이 드니 물결이 ᄎᆞ노ᄆᆡ라
낙시 드리치니 고기 아니 무노ᄆᆡ라
무심(無心)ᄒᆞᆫ ᄃᆞᆯ빗만 싯고 뷘 ᄇᆡ 저어 오노라[65]

이 시조 작품은 조선 전기 월산대군(月山大君, 1454~1488)이 지은 것이다. 그는 세조의 장손으로 왕위 계승자였는데도 동생 성종에게 밀려나 종친의 한 사람으로 살다가 35세의 젊은 나이에 병들어 세상을 떠났다. 한강의 서호(西湖) 양화도 근처의 희우정(喜雨亭)을 개축하고 망원정(望遠亭)이라 개명하여 그곳에서 경치와 풍류를 즐겼다. 작품에서 느껴지는 서늘함과 무심함의 정조(情調)는 작자의 생애와 관련될 것이나 구체적인 연관 관계를 알기는 어렵다. 여기서는 작품에 그려진 마음의 상태에 초점을 맞추어 감상하고자 한다.

초장의 '추강'은 작자의 행적으로 보아 망원정 부근의 서강(西江)에 해당한다. 쌀쌀한 날씨의 가을에 서강에 나가 배를 탄 것이다. 그런데 작품은 강변에서 배를 띄운 데서부터 표현한 것이 아니라 배가 강 한복판에 있는 상태에서 초장을 시작하였다. '추강에 밤이 드니'는 가을의 저녁에서 밤으로 다시 이슥한 밤으로 진행한 시간의 경과를 표현하고 있다. 배 위에 있는 화자는 공간보다 시간에 관심을 두어 저물녘을 지나

65 심재완 편저, 『교본 역대시조전서』, 세종문화사, 1972, 1094면.

밤이 이슥할 때까지 시간의 흐름을 조용히 느끼고 있다. 그러면서도 '추강'의 '강'과 '물결'이 공간적 배경으로서 시간적 경과와 결합하여 가을밤의 강물이 주는 서늘한 심상을 자아낸다.

시간이 흐르는 것을 감지하는 가운데 강의 '물결'에서 느끼는 '차가움'을 말하였다. 이 차가움은 가을 강에 밤이 들었기 때문에 느낀 것인데 가을에 강이 덧붙고 밤이 든 것에 이슥함이 더해져 촉감이 점층적으로 짙어지는 양상을 띤다. 그리고 '추강'에서 좀 더 구체화하여 '물결'을 말함으로써 두 단어의 연결을 통해 '추수(秋水)'를 연상시킨다. 그리하여 '물결이 ᄎᆞ노ᄆᆡ라'는 피부로 느끼는 차가움과 함께 가을 물결이 품고 있는 맑음의 의미도 포함한다. 밤이 깊어 차갑게 느끼는 동시에 검푸르고 투명한 강물을 바라보고 있는 모습이다.

여기서 'ᄎᆞ노ᄆᆡ라'가 보통의 감탄형 어미 '–구나/도다'가 아니라 '–노ᄆᆡ라'인 점도 생각해 볼 만하다. 감탄의 뜻은 비슷한데 굳이 '–노ᄆᆡ라'를 쓴 것은 이 어미에 포함된 'ㅁ' 음 때문이 아닌가 한다. 중장 끝의 '무노ᄆᆡ라'와 함께 각운을 이루면서 종장 첫머리의 '무심ᄒᆞᆫ'의 'ㅁ' 음과 연결되고 있다. 'ᄎᆞ구나, 무노라'를 썼을 때와 비교해 보면 'ᄎᆞ노ᄆᆡ라, 무노ᄆᆡ라'의 'ㅁ' 음이 종장의 '무심ᄒᆞᆫ'으로 이어지면서 이 말이 지닌 시적 의미가 음운의 반복에 의해 강화되고 있음을 살필 수 있다.

중장은 낚시질을 소재로 가을밤에 강 위에서 느끼는 감흥을 표현하였다. 화자가 배를 타고 강 한복판에 나와 있는 것은 낚시를 하기 위해서이다. 그런데 초장에서 시간의 경과와 함께 강 물결의 맑고 차가움을 느끼는 데 관심을 쏟았다. 마치 강에 나온 목적을 까마득히 잊어버린 듯이 고즈넉한 밤의 분위기에 심취한 것이다. 그러다가 퍼뜩 할 일을 떠올리고 '낙시 드리치니'의 행동을 해 본다. 물속에 낚시를 '들여' 넣는데 조금 강하게 '쳐' 넣는다는 뜻의 '들이치다'를 사용하였다. 그런데 '드리치니'는 초장의 '드니'와 더불어 '들다'의 활용형이다. 초장에서는 밤 시간이 드는 것이고 여기서는 낚시를 물속에 들게 하는 것이다. 같은 단어를 활용하여 하나는 시간의 경과를, 다른 하나는 공간에의 투입이라는 의미를 표현하였다. 이로써 시간에서 공간으로, 수평적 이동에서 수직적 이동으로 전환이 이루어졌다. 밤 시간이 깊어가는 것에서 낚시를 물속 깊이 들어가게 하는 것, 강 물결의 수평적 흐름을 감축한 것에서 낚시를 들이는 수직적 하강을 통해 어떤 감흥을 얻으려는 시상의 전환인 것이다.

이렇게 낚시를 물속에 들여 넣었으나 물고기가 물지 않는다. 낚시를 '들이치는' 것은 화자이고 낚시를 '아니 무는' 것은 고기이다. 그리고 초장 끝의 'ᄎᆞ노ᄆᆡ라'에 중장 끝의 '무노ᄆᆡ라'가 호응한다. 이러한 의미적, 음운적 관계를 고려하면 물이 찬 것이 화자와 고기 모두에게 영향을 준 것으로 이해된다. 가을의 이슥한 밤에 강물에서 느끼는 차가움은 화자만이 아니라 물속의 고기들도 느끼는 것이다. 그러니 고기들은 움직임이 더뎌져서 낚시 바늘에 달린 미끼의 움직임과 냄새에도 별로 반응하지 않는다. 낚시를 드리우는 화자와 그에 반응하지 않는 고기는 서로 무덤덤할 따름이다.

이러한 태도는 종장 첫머리 '무심ᄒᆞᆫ'으로 요약된다. 초장 'ᄎᆞ노ᄆᆡ라'에 들어간 한 번의 'ㅁ' 음이 중장 '무노ᄆᆡ라'에는 두 번 나오고 종장 '무심ᄒᆞᆫ'에 '무'와 'ㅁ' 음으로 다시 나타난다. 그러면서 '차다－물지 않다－무심하다'로 의미의 연결 관계를 이루고 있다.

낚시에 대한 고기의 무반응은 다시 화자의 낚시질이 어떤 성격의 것인지를 시사한다. 시간의 경과와 강 물결의 맑고 차가움에 감각을 기울이는 화자로서는 고기잡이를 위한 낚시는 관심 밖이 되어 버렸다. 강가에서 배를 띄울 때에는 그러한 마음이 있었는지 모르나 저녁－밤－이슥한 밤으로 시간이 흐르는 중에 애초의 목적은 아득히 잊어버리고 강 위에서 느끼는 밤의 풍경과 분위기에 젖어 있다. 그럴 때 차가움의 느낌이

와닿았는데 이는 물속의 고기도 같이 느끼는 것이기에 가을밤 강물의 차가운 촉감에 화자와 고기가 동화되어 버린 상태에 있다고 할 수 있다.

여기서 작품의 핵심 정서인 차가움에 내포된 의미를 음미해 볼 필요가 있다. 가을밤 강물이라는 시·공간적 배경 속에 있으므로 이는 일차적으로 화자의 현재 상태에서 받은 느낌이다. 그런데 배를 타고 강 한복판으로 나온 이유는 표현되어 있지 않은 대신에 종장 끝에 '오노라'로써 그가 정자 또는 집으로 돌아오는 것은 분명히 나타난다. 왕위 쟁탈전에서 밀려난 그의 은둔 생활은 모든 것이 조심스럽고 제약이 많아 심리적 압박이 심했을 것이다. 그로부터 벗어나는 길이 망원정에서 책 읽고 글 쓰고 경치를 감상하며 풍류를 즐기는 생활이라 할 수 있다. 작품의 화자가 강에 나온 것은 낚시를 핑계로 마음을 편히 가지려는 의도일 가능성이 높다. 육지로부터 떨어진 강 위의 배에서 시간의 경과를 느끼며 앉아 있다. 밤 시간과 강물에서 느끼는 차가움은 머리를 서늘하게 하고 결국 그의 정신을 맑게 해 준다. 모든 행동을 조심해야 하는 그로서는 맑은 정신을 유지하는 것이 필수였을 테니 가을밤 강 위에서 느끼는 차가움은 의도적으로 유유자적함을 찾아 누리는 데에서 얻는, 추수같이 맑고 서늘한 정신 상태를 말한 것으로 볼 수 있다.

종장 첫머리의 '무심ᄒᆞᆫ'은 초·중장을 통해 자연 속에 든 화자와 고기의 무심함을 이어받으면서 'ᄃᆞᆯ빗'의 광대한 무심함을 끌어들이는 표현이다. 이는 화자가 지닌 추수 같은 정신 상태와 관련되는 말이기도 하다. 화자도 물고기도 맑고 차가운 가을 강에 속해 있어 낚시의 주체와 대상 사이가 무심한 관계로 되어 버렸다. 이 상태에서 천상에서 달빛이 비추는 것이 무심함의 또 다른, 더 거대한 표지로 인식된 것이다. 초장의 수평적 이동, 중장의 수면에서 수직적 낙하를 넘어 공중에서 수직적 하강의 심상이 펼쳐진다. 하늘 높이 뜬 달이 강 물결 위로 빛을 내리비추는 것인데 이 달빛이 화자와 고기를 포함한 온 강물에 드리워 자연의 무심한 상태를 드넓고 충만하게 드러낸다.

이를 심상의 측면에서 살피면 초·중장의 가을밤 강 물결이 주는 어둡고 검푸른 색채감에서 밝고 희거나 불그스레한 빛깔로 변화한 것이라 할 수 있다. 또한, 강 물결의 차가움에 달빛의 환하고 밝음이 대비되면서 맑고 차가운 느낌에서 밝고 따스한 느낌으로 감각적 변화가 일어난다. 이로부터 강 물결과 달빛은 맑고 서늘한 정신과 밝고 따스한 마음이라는 의미상 대비로 나아간다. 화자로서는 전자에서 후자로 심리 변화를 겪으면서 강물 위에 비추는 달빛의 충만함 속에서 마음의 여유를 찾는 것이다.

그런데 '달빗만 싯고 뷘 빅 저어'에서 보듯이, 배에 가득 실은 것은 곧 빈 것이라는 역설적 표현이 나옴으로써 시적 긴장감이 마지막에서 고조된다. 고기 대신 배에 가득 실은 달빛은 고기가 없는 빈 배이기도 하다는 말이어서 고기와 달빛의 물질적 대비로 이해하기는 어렵지 않으나 가득 찬 것이 빈 것, 빈 것이 가득 찬 것이라는 논리로는 의미가 자못 심오해진다. 허무 속에 충만함을 보는 것, 충만함 속에 허무를 인식하는 것은 상식의 논리를 뒤집는 노장 사상(老莊思想)의 주된 사유 방식이기도 하다. 빈 듯 가득하고 가득한 듯 빈 것, 비었으나 가득하고 가득하나 비어 있는 것에서 인간과 세계가 지닌 진실의 한 면모를 인지할 수 있다.

이는 작자의 생애와도 관련지어 이해할 만하다. 정계에서 물러나 있으면서도 매사에 조심해야 하는 처지에서 마음의 평정을 얻으려면 노장 사상과 같은 초월적 논리에 심취하기 쉽다. 세상의 시비를 넘어 초연한 자세를 지녀야 존귀한 출신으로서 삶의 품위를 유지할뿐더러 왕위 탈락자로서 안전을 보장받을 수 있다. 이렇게 보면 작품에 그려진 유유자적한 모습은 마음의 평정을 얻기 위한 내면의 치열한 노력을 바탕으로 한 것이라 하겠다.

이 작품은 자연의 시·공간 속에서 유유자적한 삶을 누리는 중에 마음을 평정하게 지니려는 의지가 들어 있다. 역설의 논리까지 체득한 현실 초월적 의식, 맑고 차가운 느낌과 함께 밝고 따스한 느낌으로 자연을 즐기려는 지향이 드러난다. 가을 강에서 낚시하는 선비의 한가로운 풍경이 한 폭의 산수화처럼 그려진 속에 추수같이 맑고 차가운 정신과 무심한 마음가짐의 자세가 담겨 있다. 그리하여 작품은 전체적으로 맑고 서늘함, 밝고 따스함이 공존하고, 나아가 두 가지 느낌을 초월한 상태까지 맛볼 수 있게 한다. 시적 정조와 의미가 잘 어우러지고 서정적 자아의 긴장된 내면이 절제 있게 표현되어 있어 가히 자연 시조의 명작이라 할 것이다.

## 7.4 말 없는 청산이요

말 업슨 청산(靑山)이오 태(態) 업슨 유수(流水)ㅣ로다

갑 업슨 청풍(淸風)과 임ᄌᆞ 업슨 명월(明月)이로다

이 듕에 일 업슨 ᄂᆡ 몸이 분별 업시 늙그리라[66]

이 시조는 조선 중기의 학자 성혼(成渾, 1535~1598)이 지은 것이다. 작자는 젊어서부터 벼슬길을 사양하고 학문에 정진하여 이기설, 사단칠정론 등 조선 성리학의 쟁점에 대해 이황과 이이 사이에서 절충론적 논의를 펼친 인물이다. 경기도 파주에 살면서 후학을 양성하였는데 친구인 이이의 천거로 벼슬살이를 하였고 정치적으로는 서인의 일원으로 활동하였다. 이 작품은 간결한 3장 형식과 화자의 발화를 통해 자연을 지시하는 상투어인 청산유수, 청풍명월에 의미를 부여하고 자연 친화적인 삶의 자세를 나타낸 것이다. 이런 점에서 일반적인 자연 시조와 별반 다르지 않은 인상을 받을 수 있으나 구사된 시어들을 숙고해 봄으로써 표현을 통해서 드러나는 마음의 평안이라는 주제를 중심으로 작품을 감상할 수 있다.

초장과 중장은 '청산'과 '유수', '청풍'과 '명월'에 대한 수식으로 이루어졌다. 형용사 '없다'와 관형절-체언으로 구성된 단순한 문장 구조를

---

66 심재완 편저, 『교본 역대시조전서』, 세종문화사, 1972, 358면. '分別'은 염려라는 뜻의 중세어이므로 '분별'로 표기한다.

네 번씩이나 반복하여 표현하였다. 이러한 표현 방식은 종장에서도 이어지고 있어 작품 전체가 '~ 없는(/없이) ~'이 여섯 번 연속된 특이한 모습을 보여 준다. 사용된 어휘로만 보면 없음의 미학을 구현한 작품이라 할 만하다. 그런 만큼 이 말이 지닌 의미, 이 말과 연결된 명사들의 의미를 찬찬히 살펴보아야 작품의 주제를 좀 더 구체적으로 파악할 수 있다.

'말 없는 청산, 태 없는 유수'와 '값 없는 청풍, 임자 없는 명월'에서 '없다'는 수식어와 피수식어를 부정적인 관계로 맺어 준다. '말, 태, 값, 임자'와 '청산, 유수, 청풍, 명월'이 4×4의 관계로 각각 연결되는 경우들을 놓고 보면 어느 조합이 의미 연관성이 높은지 살필 수 있다. 초장의 '말'은 소리의 파동(波動)이라는 면에서 흐르는 물, 맑은 바람, 밝은 [빛의] 달보다 푸른 산과 의미상 거리가 있다. 따라서 '말'이 '청산'에 부정어 '없다'로 연결되는 것이 다른 세 경우보다 잘 맞는 구성이다. 꾸밈의 뜻인 '태' 역시 지형을 따라 순리대로 자연스럽게 흐르는 물과는 반대되는 말이어서 부정어를 통한 연결이 적절하다.

중장의 '값, 임자'는 바람, 달보다는 산, 물과 관련성이 높다. 산과 물은 토지의 일부로서 산야(山野)를 이루므로 사람이 값을 치르고 임자가 될 수 있는 데 반해 바람과 달은 소유할 수 있는 것이 아니다. 그러므로 값, 임자를 산, 물이 아니라 바람, 달에 부정어를 매개로 연결한 것 역시 알맞은 조합이라 할 수 있다. 그리하여 말, 태, 값, 임자의 수식어가 청산, 유수, 청풍, 명월의 피수식어에 각각 부정의 관계로서 적합성을 지니고 결합되었다고 하겠다.

그런데 '말, 태'와 '값, 임자'는 사회적인 의미에서 차이가 난다. 사람이 사회생활을 하면서 주로 인간관계에 소용되는 것이 말과 태이다. 누군가에게 말을 걸고 상대의 말을 듣고 반응해야 하고, 대하기 어려운 사람에게는 말투를 가다듬고 표정과 모양새를 꾸며야 한다. 이에 비해 값을 주고받고 임자가 있다가 바뀌고 하는 것은 사회생활 중에서도 경제 활동에 해당한다. 인간의 삶에 필수적인 활동이긴 하나 사람에 따라서 그것에 두는 비중은 다를 수 있다. 조선 시대 선비들이 취한 삶의 자세는 경제 활동에 둔감한 쪽이었으니 값과 임자는 화자가 지향하는 바에서 더욱 멀리 있는 말이다.

이러한 의미 차이를 지닌 수식어와 자연을 지칭하는 일반적인 말인 피수식어 사이에 '없는'이 들어가 있다. 같은 말이 초·중장에 네 번씩이나 반복되어 그 의미를 점층적으로 강화한다. '말 없다, 태 없다'에서 '값 없다, 임자 없다'로 이행하여 인간관계에 소용되는 것들이 없고, 경제 활동에 해당하는 것들이 없다는 의미를 이루었다. 이를 합하면 사회생활에서 요구되는 인간관계와 경제 활동의 수단이 필요 없는 것이 자연이라는 말이다. '없다'는 말이 그 앞의 말, 태, 값, 임자에 연결되어 부정의 의미를 지니지만 청산, 유수, 청풍, 명월과 연결시키면 '있다'라는 강한 긍정의 뜻을 유발한다. 청산유수, 청풍명월은 말, 태, 값, 임자가 없는 대신에 그 자체로 있는 것이다. 청산은 청산 그대로, 유수는 유수 그대로, 청풍은 청풍 그대로, 명월은 명월 그대로 있다. 그것이 자연이다. 곧, 인위적인 모든 행위에서 벗어나 그 자체로 있는 것이 자연이다. 이로써 인위에 대한 부정과 자연에 대한 긍정이라는 주제가 드러난다.

종장에서 이와 같은 주제가 화자의 마음가짐과 삶의 자세로 연결된다. '이 중에'의 '이'는 청산유수와 청풍명월을 받는 지시 대명사이고 '일 없는 내 몸'의 '일'은 초·중장에 나온 '말, 태, 값, 임자'가 모두 수렴될 수 있는 말이다. 인간관계, 경제 활동에 소용되는 것들로 사회생활을 하는 것이 일, 즉 직무이다. 지금 '내 몸'은 그와 같은 '일'이 '없는' 상태가 되었다. 아마도 마지못해 나간 벼슬살이에서 물러나 고향에 살거나 전원에 머물면서 공적인 직무에 신경 쓰지 않아도 되는 처지에 놓였을 것이다. 이제까지 사람들과 말하고 모양새를 꾸미고 물건이나 업무의 값과 임자를 따져서 활동한 것에서 벗어났다. 그렇게 하여 '내 몸'은 '이 중에', 청산유수와 청풍명월 속에 들어와 있다. 자연의 일원으로 자리 잡게 되었으니 푸른 산, 흐르는 물, 맑은 바람, 밝은 달과 나의 몸이 어우러진 삶을 살아갈 수 있다. 사회적 직분을 걸치고 산 모습에서 '내 몸' 자체로 자연 속에 들어 있게 된 것이다.

그리하여 마지막 구 '염려 없이 늙으리라'가 주제문이 된다. 원문의 '분별'은 중세어로 '분별 아니ᄒᆞᆯ거시라(不患), 분별 려(慮)'의 용례처럼[67] 환(근심/걱정), 려(생각/헤아림)의 뜻을 지닌 말이다. 화자는 자연 속에서 세상사에 대한 아무런 염려 없이 늙겠다고 하였다. 이 구는 문장 구조상 약간의 변화를 보여 준다. '없다'가 관형형 '없는'의 형태로 다섯 번 쓰인 데에서 '없이'라는 부사형으로 바뀌었고 그 말이 체언을 수식한 데에서 용언을 수식하는 것으로 변하였다. '~ 내 몸이'까지가 관형형-명사의 상태 표시였다면 마지막에 와서 부사형-동사의 행위 표시로 변화된 것이다. 직무에서 놓여나 청산유수, 청풍명월의 환경 속에 든 '내'가 어떻게 살아갈지를 말한 것이다.

이로써 작품의 주제는 삶의 자세를 말하는 것으로 귀결된다. 남은 생애를 어떤 자세로 살지에 대해 탐색하고 있던 화자는 자연에 깃들게 된 이제 '염려 없이 늙으리라'고 다짐하였다. 이는 초·중장에서 인위의 것들을 부정한 이유가 그로 인해 염려를 하기 때문임을 고백한 발언이다. '말, 태, 값, 임자'와 그것들이 수렴된 '일'은 모두 생각과 염려를 일으키는 요인이다. 이에 반해 자연은 인위적인 것들에서 받는 염려가 없다. 편안한 마음으로 자연 그대로를 느끼고 즐기고 누리면 된다.

여기서 '늙다'의 의미에 대해서도 음미할 만하다. 화자는 장년기를 사회적 직무를 수행하면서 보냈는데 이제 노년에 접어들어 벼슬에서 물

67 유창돈, 『이조어사전』, 연세대출판부, 1964, 해당 항목 참조.

러남으로써 '일'에서 벗어나게 되었다. 조선 시대 사대부에게 은퇴의 연령이 제도적으로 정해진 것은 아니어서 나이가 많더라도 왕의 명령이 있으면 벼슬에 나아가야 했다. 그러나 화자는 이제 조정에서 부른다 하더라도 출사하지 않겠다고 다짐하는 양상이다. 작자의 생애에서 벼슬을 사양하는 모습이 두드러졌는데 그런 중에도 여러 차례 조정에 나아갔었다. 아마도 이 작품을 쓸 즈음해서 작자는 더 이상 공적인 직무를 받지 않겠다는 뜻을 다졌을 듯하다. 그러한 뜻이 '늙다'라는 말에 담겨 있다고 생각된다.

또한 이 말은 이제까지 공간성으로만 표현된 것에 유일하게 시간성이 개입한 것이다. 청산유수와 청풍명월이라는 자연의 공간은 그 자체로 존재하는 자족성과 늘 그대로인 항상성이 주된 속성이다. 이에 비해 '내 몸' 자체가 유한성을 지니고 '늙다'로써 쇠약해진 몸 상태를 더욱 절실히 느끼는 시점에 와 있다. 인위적인 모든 것에서 벗어나 항상 그 자체로 존재하는 자연 속에서 유한한 존재인 화자가 늙어 가려고 한다. '일'로 인해 받은 '염려'를 놓아 버리면 '내 몸'은 자연의 일부에 속하여 자연처럼 살다가 죽을 수 있다. 노년의 삶을 자연의 자족성과 항상성을 닮는 쪽으로 이끌어 가려는 것이다. 이러한 의미를 담아 염려하는 마음 없이 자연 속에서 늙어 가겠다고 말한 것이다.

이렇듯 3장의 짧은 서정시에서 '없다'를 여섯 번이나 반복한 끝에 드러낸 주제가 자연 친화의 삶이다. 없다는 말로써 인위의 것들을 하나하나 부정하고 세상사로 인한 염려까지도 부정한 상태에서 자연에 동화하여 살려는 의지를 드러낸 것이다. 이러한 주제에 비추어 초·중장의 청산유수, 청풍명월은 또 다른 상투적 표현인 요산요수(樂山樂水), 음풍영월(吟風詠月)을 떠올리게 한다. 자연 속에 묻혀 산수를 즐기고 풍월을 읊으며 지내는 모습이 그려진다. 이는 곧 산, 물, 바람, 달 등 자연과 함께 하는 생활 속에 산을 다니고 물가에 노닐며 바람을 맞고 달빛에 젖는 은자의 형상이기도 하다. 없다는 부정이 있다는 강한 긍정으로 바뀌어 세속적인 삶에서 벗어나 자연 친화적 삶의 방식으로 노년을 보내고자 한 것이다.

이 작품은 단순한 문장 구조의 반복을 통해 강한 부정을 뒤집어 강한 긍정의 의미를 나타내었다. 인위의 것들을 부정하는 대신에 자연 그대로를 긍정하여 그 속에서 염려 없이 늙어 가겠다는 주제를 표명하였다. 청산유수, 청풍명월이라는 상투적인 말에 인위의 것이 없다는 뜻을 부여하면서 자연의 의미를 세상사에 대비하여 인식하도록 하였다. 그리하여 자연 친화의 삶이 막연한 것이 아니라 사회적인 일 없이, 세상사에 대한 염려 없이 나이 들어 가는 것임을 말해 준다. 오늘날의 우리에게도 잘 늙어 가는 삶에 대한 지혜를 일러 주는 뜻깊은 시조 작품이다.

## 7.5 낙빈가

〈낙빈가(樂貧歌)〉는 『청구영언』에 실려 전하는 작자 미상의 가사 작품이다. 그 책에 '퇴계 혹은 율곡'의 작이라 했으나 믿을 만한 기록은 아니다. 작품의 주제와 표현, 사상적 배경 등에서 학문이 깊은 유학자의 필치가 있다고 여겨졌으므로 그와 같이 전해졌을 수 있다. 조선 후기에 많이 나온 은일 가사 중의 한 편이긴 하나 그렇다고 자연 친화적인 삶 속에서 유학의 도리를 추구하는 강호가도(江湖歌道)의 시풍에 잘 부합한다고 하기는 어렵다. 자연에 구현된 천리(天理)를 관찰하고 그로부터 인생사와 삶의 자세를 반성적으로 살피고 실천하는 도학자의 모습이기보다는 어쩔 수 없이 낙향하여 빈한하고 궁핍한 생활을 견뎌 내면서 애써 유유자적한 모습을 보인다고 생각되기 때문이다. 안빈낙도(安貧樂道)의 삶을 살고자 하지만 현실의 어려움을 외면할 수 없는 화자의 처지가 오히려 현실감을 자아낸다. 이에 현실과 지향 사이의 어긋남 속에도 마음의 균형과 평안을 얻으려는 화자의 노력을 따라가면서 작품을 감상해 보기로 한다.

서두부터 화자가 놓인 힘든 상황이 제시된다.

| | |
|---|---|
| 이 몸이 쓸 듸 업셔 | 성상(聖上)이 바리시니 |
| 부귀(富貴)을 하직(下直)ᄒᆞ고 | 빈천(貧賤)을 낙(樂)을 삼아 |
| 수간모옥(數間茅屋)을 | 산수(山水) 간(間)의 지어 두고 |
| 삼순구식(三旬九食)을 | 먹그나 못 먹그나 |

십년일관(十年一冠)을　　쓰거나 못 쓰거나[68]

나라에 '쓰일 데 없어 임금이 버리셨'기 때문에 낙향하였다. 임금에게 버림받는 것은 곧 '부귀를 하직하'는 것이다. 조선 후기 당쟁으로 인해 실세했을 수도 있고 왕에게 미움을 사서 쫓겨났을지도 모르나 기본적으로 화자는 벼슬살이를 해야만 부귀를 얻을 수 있는 처지이다. 토지와 문벌의 근거지를 지방에 두고 사대부의 포부를 실현하기 위해 중앙 관계에 진출하는 재지사족(在地士族)의 경우와는 사뭇 다른 형편이다. 생계에 필수적인 벼슬자리를 잃어 '부귀'에서 곧바로 '빈천'으로 떨어져 버렸다. 그러니 '수간모옥을 산수 간에 지어 두고'는 자연 속의 풍류를 즐기려는 전원 취미에서 한 일이 아니다. '한 달에 아홉 끼니' 먹고 '십 년에 한 번 갓을 쓸' 정도로 끼니를 거르고 사회에서 고립된 처지에 내몰려 있다.

이럴 때 화자는 다음과 같은 마음의 자세를 취한다.

분별(分別)이 업셔시니　　시비(是非)을 뉘 알손야
도도(滔滔) 풍미(風味)를　　ᄡᆞ로리 뉘 잇스며
낙락장송(落落長松)을　　죠츌리 뉘 잇스리
역대(歷代)을 점검(點檢)ᄒᆞ야　　녯ᄉᆞ름 혀여 보며
만ᄉᆞ을 다 이즈니　　일신(一身)이 한가(閑暇)ᄒᆞ다

분별을 하지 않아 시비를 따지지 않은 채로 도도한 풍미와 낙락장송의 기상을 누린다고 하였다. 그런데 '역대를 점검하여 옛사람 헤아려 보

68 『청구영언: 대학본』, 청구대학 국문학과 연구실, 1957, 173-175면. 원문의 한자어에 음을 달아 인용한다.

며 / 만사를 다 잊으니'라는 표현은 사실상 모순어법에 가깝다. 역사의 인물과 사건을 책으로 읽고 생각해 본다면 인간사의 여러 문제들을 잊게 될 리가 없다. 오히려 역사의 흥망성쇠와 그 속에서 분투한 인물에게서 강한 인상을 받아 현재의 자신을 되돌아볼 가능성이 훨씬 높다. 그런데도 이같이 표현한 것은 역대를 점검하고 옛사람을 헤아림이 화자에게 별로 중요하거나 의미 있는 일이 아니라는 점, 그보다는 은둔자의 삶에 모범이 되는 역대 인물만을 선별적으로 취한다는 뜻을 내비친 것이다. '만사를 다 잊으니 일신이 한가하다'는 말을 하고 싶어 역사를 끌어들인 격이다.

여기까지 서사라면 본사에서는 한가한 몸이 어떻게 세월을 보내는지가 그려진다.

| | |
|---|---|
| 청송(青松) 정하(亭下)의 | 혼자 파람ᄒᆞ니 |
| 호리건곤(壺裡乾坤)의 | 석양(夕陽)이 거의로다 |
| 일흥(逸興)을 못 이긔여 | 달발을 놉피 것고 |
| 원근산천(遠近山川)을 | 일망(一望)의 다 드리니 |
| 지세(地勢)도 조커니와 | 풍경(風景)도 그지업다 |

'푸른 소나무 정자 아래'는 위에서 '낙락장송을 좇을' 뜻에 따라 이른 곳이다. 거기서 '혼자 휘파람 부니 / 호리병 속 천지에 석양이 거의' 될 때까지 있으면서 원근의 산천과 풍경을 감상한다. 혼자서 휘파람 불며 술병 하나 들고 정자에 올라 앉아 달뿌리풀로 엮은 발을 걷고 경치를 둘러보며 '일흥'을 즐기는 것이다. '일(逸)' 자에 '숨다, 편안하다, 뛰어나다'는 의미가 있어서 '일흥'은 '세속을 벗어난, 편안하게 느끼는, 남다른 흥취' 중에서 한 뜻 내지 합한 뜻으로 볼 수 있다. 작품 전반에 걸쳐 나타나는 화자의 정서적, 심리적 상태를 대변하는 말이라고 할 수 있다.

화자가 일흥에 겨워서 보는 자연과 향촌은, '하목(霞鶩)은 제비(齊飛)ᄒᆞ고 수천(水天)이 일색(一色)인져 / 남북촌(南北村) 두세 집이 모연(暮烟)의 잠겨셔라 / 삼산(三山)은 어듸메요 무릉(武陵)이 여긔로다 / 무심(無心)ᄒᆞᆫ 져 구름은 취수(翠峀)을 잠가 잇고 / 유의(有意)ᄒᆞᆫ 갈마기는 백사(白沙)의 버러 잇다'로 표현된 저물녘의 풍경을 연출한다. 저녁 안개 속에 오리들이 한꺼번에 날아오르고 강 이쪽과 저쪽에 띄엄띄엄 집들이 보인다. 저녁 구름은 비취빛 산골짜기에 잠겨 있고 갈매기는 모래사장에 벌여 있다. 이러한 자연 풍경을 바라보며 마음의 평안을 얻는 것이다.

공간적으로 풍경을 감상하는 데 더하여 시간적 흐름에 따라 흥취를 얻기도 한다. '아츰의 ᄏᆡ온 취을 점심(點心)의 다 먹근 후(後)의 / 일업시 논일면서 석조(夕釣)을 말냐 ᄒᆞ고 / 낙ᄃᆡ를 두러메고 조대(釣臺)로 나려가니 / 흐르느니 물결이요 쒸노느니 고기로다 / 은린옥척(銀鱗玉尺)을 버들 움에 쎄여 들고 / 낙조(落照) 청강(淸江)의 홍(興)을 겨워 도라오며'라고 하여 아침에 들로 나가 취를 캐고 저녁에 강가의 조대에 내려가 고기 잡으며 소일한다. 이러한 하루 일과를 보내면서 '흥에 겨워'한다고 말했으나 그 사정을 헤아려 보면 나물 캐고 물고기 잡아 끼니에 충당하는 모습이다. 그렇기는 해도 이러한 생활에서 일흥을 맛보고 마음의 안정을 찾으려 하는 것은 분명하다.

| | |
|---|---|
| 산가(山歌) 촌적(村笛)을 | 어부사(漁父詞)로 화답(和答)ᄒᆞ니 |
| 증점(曾點)의 영이귀(詠而歸)야 | 이에셔 더헐손냐 |
| 기산(箕山) 영수(潁水)의 | 소·허(巢許)의 몸이 되여 |
| 천사(千駟)을 냉소(冷笑)ᄒᆞ고 | 만종(萬鍾)이 초개(草芥)로다 |

돌아오는 길에 들리는 산촌의 민요 소리에 강촌의 노래인 〈어부사〉로 화답한다. 이러한 흥취가 욕기(浴沂) 고사의 주인공 증점에 비할 만하

다고 자부하기도 한다. 나아가 요임금의 선위를 거절한 허유, 그가 귀를 씻은 영수의 물을 더럽게 여긴 소부와 더불어 천사와 만종의 부귀도 지푸라기처럼 여기겠다고 말한다. 이러한 호언장담에도 화자의 처지를 가릴 수 없으니 뒤이은 구절 'ᄂᆡ 생애(生涯) 담박(淡泊)ᄒᆞ니 어ᄂᆡ 버지 ᄎᆞᄌᆞ오리'에 외로운 신세가 드러나는 것이다. 앞서도 푸른 소나무 정자 아래 혼자 있었는데 증점과 소·허에 못지않은 은자의 삶이라 자부해도 찾아올 벗이 없는 담박한 삶인 것은 부정할 수 없다.

그리하여 또다시 '와준(瓦樽)의 탁료(濁醪)를 표배(瓢杯)의 가득 부어 / 춘풍(春風)의 반취(半醉)ᄒᆞ고 북창(北窓) 하(下)의 누어시니 / 무회씨(無懷氏) 적 백성(百姓)인가 갈천씨(葛天氏) 적 시졀인가'라며 막걸리를 마시며 북쪽 창가에 누워 태고 적 태평세월의 백성과 같은 모습에 만족한다. 앞에서 풍경을 그리면서 '무심ᄒᆞᆫ 져 구름은 취수을 잠가 잇고'라 한 것과 여기서의 '무회씨 적 백성인가 갈천씨 적 시졀인가'는 도잠의 〈귀거래사〉와 〈오류선생전〉의 표현을 빌려 온 것이어서 작자의 문학적 취향이 드러나 있기도 하다. 이어서 나온 '인간(人間) 풍우 중(風雨中)의 요란(擾亂)ᄒᆞᆫ 져 긔별을 / 누으면 잠이요 아는 듯 모로는 듯'의 구절은 서사에서 만사를 다 잊었다고 한 것에서 약간의 변화가 일어난 양상이다. '북창 하에' 누운 것과 '무회씨 적 백성'이라는 데에서도 북쪽의 임금을 향한 마음, 통치를 받는 백성의 한 사람이라는 생각이 내포되었는데, 이에 이르러 인간 세상의 풍우와 요란한 소식에 대해 아는 듯 모르는 듯한 태도를 보임으로써 세상사에 대한 관심을 완전히 거둔 것은 아님을 나타내었다. 아무리 속세를 떠나 은둔하여 산다고 해도 현실의 생활은 중세의 지배 체제하에 영위될 수밖에 없는 것이다.

그래도 마음만은 은둔의 삶을 강하게 지향한다. '황정경(黃庭經) ᄉᆞᆫ의 쥐고 자지곡(紫芝曲) 노ᄅᆡᄒᆞ니 / 사호(四皓)은 다셧시오 삼은(三隱)은 너이로다 / 주시(周時) 여상(呂尙)도 위수(渭水)에 고기 낙고 / 한대(漢代) 제갈량(諸葛亮)은 남양(南陽)의 밧츨 갈고'라 하여 『황정경』 읽는 신선의 모습을 연출하면서 자신을 상산사호, 고려삼은에 포함시키고 여상, 제갈량의 출세와 공업 이전 모습에 견주기도 한다. 그리고는 '이 아니 그 고지며 ᄂᆡ 아니 긔로런가 / ᄉᆞ람은 고금(古今)이나 뜻지야 다를손냐'라며 낙향한 이곳에서의 삶이 은둔에 뜻을 둔 그들과 마찬가지임을 말한다. 여기서 여상, 제갈량이라는 이름을 접어 두고 보면 고기 낚고 밭을 가는 행위는 그 자체로 화자가 처한 현실에서의 생활 모습에 다름 아니다. 그러므로 이것은 고단한 현실을 애써 외면하려는 의식이 과장된 표현으로 나타났다고 여겨져 오히려 안타까운 느낌을 준다.

본사의 끝에서 은둔의 뜻을 다짐했으나 결사에 이르러 다시 한 번 현실을 인정하고 자신의 포부를 말하였다.

잇스면 죽(粥)이요 업스면 굴물망정
주문(朱門)의 벗님ᄂᆡ야 이ᄂᆡ 시비(柴扉) 웃지 마쇼
호학(狐狢)을 모르거든 폐포(弊袍)을 붓그리랴
죽장망혜(竹杖芒鞋)로 분수(分數)ᄃᆡ로 집고 신고
천산만수(千山萬水)의 이리져리 오락가락
갑 업슨 강산풍월(江山風月)과 함게 늙ᄌᆞ ᄒᆞ노라

박인로의 〈누항사〉에서 차용한 '있으면 죽이요 없으면 굶을망정'의 구절을 통해 자신이 처한 현실을 다시 한 번 드러내었다. 가난과 궁핍의 현실을 끝까지 외면할 수는 없으므로 이와 같이 현실 인정의 태도를 지닌 상태에서 자연 친화의 은둔적 삶을 지향하는 것이다. 화려한 문과 사립문, 털옷과 헤어진 도포의 대비로써 또 한 번 자신이 처한 현실을 나타내고 나서 작품의 결론에 해당하는 안빈낙도에의 지향을 '값없는 강산풍월과 함께 늙자 하노라'는 말로 표현하였다. 가난하고 고달픈 삶

일망정 값을 치르지 않아도 되는 자연 속에서 늙어 가는 것이 안빈낙도의 지혜로운 방법임을 말한 것이다.

이 구절로 끝맺어서 안빈(安貧)의 생활 방식은 드러났으나 낙도(樂道)에 대해서는 달리 제시한 내용이 없다. 이로 볼 때, 화자는 애초부터 향촌 생활에서 유교적, 도학적 진리를 추구하려는 의욕을 지닌 것 같지 않다. 그보다는 본사에서 표현한 일흥의 양상을 통해 자연 친화적 삶 자체에 몰입하는 것에 만족한 듯한 인상을 받는다. 지나간 역사나 현재 돌아가는 세상사에 관심을 두지 않은 채로 향촌과 자연 속에서 일상을 살아가며 그럭저럭 빈한한 현실을 견뎌 내는 삶에서 낙빈(樂貧)의 방법을 찾아 마음의 안정을 취한 것이다.

〈낙빈가〉는 조선 후기 은일 가사의 하나이지만 은둔의 삶에서 유학의 도리를 찾는 것과는 조금 다르게 가난을 견뎌 내는 방편으로 자연 친화적 삶을 사는 모습이 그려졌다. 화자는 세상사를 잊고 산다고 말하나 고달픈 현실에 얽매인 모습이 언뜻언뜻 나타난다. 그러면서도 값없이 주는 자연의 혜택과 풍경에서 마음의 위안을 얻고 안빈낙도의 삶을 추구한다. 가난한 사대부의 은근한 자존심, 자연과 함께하는 향촌 생활의 흥취가 궁핍한 현실을 배경으로 나타나 있어 조금 서글프게 느껴지는 작품이다.

# 8

# 상상과 초월

8.1

# 원왕생가

〈원왕생가(願往生歌)〉는 신라 문무왕대(661~681) 왕생극락을 염원하는 수도자 광덕(廣德)이 지은 10행 향가이다. 배경 기사인 『삼국유사』 「광덕 엄장」을 보면, 광덕과 엄장은 친구 사이로 "먼저 안양세계로 돌아가는 사람이 꼭 알리기로 하자."[69]고 맹세하였다. 두 사람이 이같이 다짐한 데는 어떤 동기나 배경이 있었을 텐데 기사 안에서는 찾기가 어렵다. 그런데 이들처럼 친구 사이인 불승이 극락세계에 왕생하기를 다짐하는 「남백월이성 노힐부득 달달박박」을 참조하면 어느 정도 짐작이 된다. 노힐부득과 달달박박은 신세(身世)의 무상함을 보고 다음과 같이 맹세한다.

> 기름진 밭과 좋은 시절이 정말 이롭지마는 옷과 밥이 생각하는 대로 이르러 자연히 배부르고 따뜻함만 같지 못하고, 부녀자와 집이 진정 좋지마는 연화장세계에서 수천 성인들과 함께 놀고 앵무새, 공작새와 서로 즐김만 같지 못하다. 더구나 불도를 공부하면 마땅히 부처가 되고 참된 마음을 닦으면 반드시 참된 도리를 얻어야 할 것이다.[70]

---

69 『삼국유사』5, 감통7, 「광덕 엄장」, 先歸安養者 須告之.

70 위의 책 3, 탑상4, 「남백월이성 노힐부득 달달박박」, 腴田美歲 良利也 不如衣食之應念而至自然得飽煖也 婦女屋宅 情好也 不如蓮池花藏 千聖共遊 鸚鵡孔雀 以相娛也 況學佛當成佛 修眞必得眞.

이들은 광덕처럼 가족을 이루어 생업에 종사하던 대처승이었다. 기름진 밭과 좋은 시절, 부녀자와 집은 세상살이의 조건이어서 그것이 충족된 삶은 이롭고도 좋은 것이다. 그러나 그것은 이승의 것이어서 극락세계에서 자유자재로 누리는 것에 비할 바가 아니다. 수고하지 않아도 의식주가 마련되고 수천의 성인과 어울려 낙원에서 즐길 수 있다. 이를 위해 불도를 닦아 성불하고 진리를 얻어야만 한다. 노힐부득, 달달박박의 이러한 지향은 광덕, 엄장과 별반 다르지 않으니 안양과 연화장은 모두 극락세계이고 생업을 하면서 친구 사이에 현실 초월을 다짐한 것이다. 다만 성덕왕대(702~737)와 문무왕대라는 차이가 있는데 광덕, 엄장의 통일 전쟁기는 현실의 고통, 삶의 불안, 죽음의 공포 등이 심했을 터이다. 극락왕생의 신앙은 그러한 현실에서 벗어나려는 이들에게 큰 의지가 되었을 것이다.

광덕과 엄장은 극락세계 중 아미타불이 주재하는 서방 정토를 희구하였다. 그곳에 이르기 위해 광덕이 어떻게 수도했는지는 그 아내의 말에 잘 나타나 있다.

> 남편과 내가 함께 산 지 10여 년에 하룻저녁도 침상을 같이하여 잔 적이 없으니 하물며 더러운 데를 접촉했겠소? 다만 매일 밤 몸을 단정히 하고 똑바로 앉아 한결같은 소리로 아미타불의 호칭을 외웠다오. 간혹 16관을 수행하여 관이 익숙해지자 밝은 달이 지게문으로 들어와 때로 그 빛에 올라 공중에 가부좌하였다오.[71]

처자식이 있으니 광덕은 혼인하고 아이를 낳았었다. 그러나 서방 정

71 위의 책 5, 감통7, 「광덕 엄장」, 夫子與我 同居十餘載 未嘗一夕 同床而枕 況觸汚乎 但每夜 端身正坐 一聲念阿彌陁佛號 或作十六觀 觀既熟 明月入戶 時昇其光 加趺於上.

토에 왕생할 뜻을 세운 이후 10여 년 동안 아내와 한 번도 동침하지 않았다. 아내가 말한 '더러운 데를 접촉하는' 일은 성관계를 뜻하는 것이므로 광덕은 금욕적인 자세를 견지하였음을 알 수 있다. 서방 정토를 추구하는 의지가 세속적인 욕망을 씻어 내고 몸과 마음을 깨끗하게 유지하여 수도하는 모습으로 나타난 것이다. 이에 광덕은 일념으로 아미타불을 외웠고 16관법도 수행하였다. 염불은 그 당시 원효(元曉, 617~686)에 의해 민중 사이에 널리 퍼져 나갔던 불교 의식이고, 관법은 극락세계를 상상하여 계속해서 생각함으로써 그곳에 이르기를 기원하는 수행 방식이다. 광덕은 이러한 수도를 통해 극락왕생의 소망을 이루고자 했던 것이다.

금욕, 염불, 관법 등의 방식으로 수도 정진하는 중에 광덕은 향가를 지었다. 그러므로 작품에는 작자가 지닌 왕생극락의 염원과 의지, 수도의 자세가 반영되어 있다. 이를 살펴서 현세 초극의 의지가 삶에서 갖는 의미에 대해 생각해 볼 수 있다.

月下伊 底亦
西方 念丁 去賜里遣
無量壽佛 前乃
惱叱古音 多可支 白遣賜立
誓音 深史隱 尊衣希 仰支
兩 手 集刀 花乎白良
願往生 願往生
慕 人 有如 白遣賜立
阿邪 此 身 遺也置遣
四十八 大願 成遣賜去

| | |
|---|---|
| ᄃᆞ라리 아여 | 달이 애오라지 |
| 西方 외오더 가시리고? | 서방[만을] 외우며 가시리오? |
| 無量壽佛 前ᄂᆡ | 무량수불 앞에 |
| 뇌곰 다ᄆᆞ기 ᄉᆞᆲ고시셔. | 되뇌임 가져다가 사뢰소서. |
| “다딤 깁ᄉᆞᆫ 尊ᄋᆡ히 울월기 | “다짐 깊은 불존에 우러러 |
| 두볼 손 모도 고조ᅀᆞᆯ바 | 두 손 모아 곧추어 |
| ‘願往生 願往生’ | ‘원왕생 원왕생’ |
| 그린 사ᄅᆞᆷ 잇다.” ᄉᆞᆲ고시셔. | 그리는 사람 있다.” 사뢰소서. |
| 아야, 이 몸 ᄇᆞ려두고 | 아아, 이 몸 버려두고 |
| 四十八 大願 일고실가? | 사십팔 대원 이루실까? |

작품은 화자가 달에게 이 세상에서 본 자신의 모습 그대로를 서방의 아미타불에게 전해 달라고 부탁하는 내용이다. 3구 구성 중의 제1구(제1~4행)는 화자가 달에게 말을 걸어 자신의 부탁을 들어 달라고 청한 것이다. 제1, 2행 ‘달이 애오라지 / 서방만을 외우며 가시리오?’는 설의법인데 ‘달이 애오라지 서방만을 외우며 가시겠습니까? 그렇지 않겠지요.’라는 뜻이다. 풀어서 말하면, 달이 ‘서방만을’ 염(念)하며 가는 것이 아니라 지금 달에게 말을 거는 화자가 속한 ‘이 세상’에 대한 관심도 가지고 서방으로 간다는 것이다.

이 문장에는 달이 서방을 염하며 간다는 것이 기정사실로 전제되어 있다. 달은 동쪽에서 떠서 서쪽으로 가는 천체여서 가능한 전제이다. 그런데 서쪽으로 가는 달처럼 화자도 한결같이 서방을 염원하고 있다. 이 점에서 달과 화자는 동일한 염원을 품은 존재이다. 자기와 마찬가지로 서방을 염원하고, 자기와는 달리 매일 그곳으로 가는 달이기 때문에 화자는 그에게 부탁하는 것이다.

말을 건 다음에는 달이 서방에 가서 만나게 될 무량수불에게 화자의 말을 전해 달라고 한다. '무량수불 앞에 / 되뇌임 가져다가 사뢰소서.'라고 부탁하는 것이다. 여기서 '되뇌임'은 '되－뇌다'의 명사형으로 거듭하여 말한다는 뜻인데 원문의 주석에서 풀이한 '보언(報言)', 보고의 말에 해당한다. 달이 서방으로 가는 길에 이 세상을 지나면서 본 바 그대로를 거듭해서 말해 달라는 부탁이다. 덧붙일 것도 없이 지금 여기 화자의 마음과 자세 그대로를 전해 달라는 것이다.

제2구(제5~8행)는 '되뇌임'의 구체적인 내용으로 이루어져 있다. 화자는 지금 '다짐 깊은 불존', 아미타불(무량수불)의 불상 앞에서 기도하고 있다. 여기서 '다짐'이란 아미타불이 이 세상에 법장보살의 몸으로 존재할 때 발한 48대원을 의미한다. 그 요지는 일체 중생을 구제하여 왕생극락하도록 하겠다는 것이다. 그렇게 발원한 부처를 우러러 '두 손 모아 곧추어' 기원하는 것은 다른 무엇일 수 없다. 부처를 본받아 왕생극락하기를 염원할 따름이다. 서방의 아미타불이 지녔고 서방으로 가는 달이 지닌 염원을 화자도 똑같이 지니고 있다. 그러니 달은 자기와 일치하는 화자의 염원을 그냥 본 대로만 '되뇌어' 주면 된다.

화자가 지닌 염원의 내용은 제7행 '원왕생 원왕생'에 집약된다. 서방으로 가는 달이 이 세상을 지나며 본 화자의 기도하는 모습은 내면의 간절한 염원을 몸의 자세로 드러낸 것이다. 그렇게 하는 이유가 어디에 있는지를 이 두 마디 말로 표현했으니 왕생극락을 위해 매일같이 기도하고 있는 것이다. 한 마디가 아닌 두 마디인 것도 의미심장한데 화자가 '원왕생'을 되뇌고 있음을 알려 주는 동시에 달이 아미타불에게 전할 '되뇌임'(제4행)의 핵심 내용이 됨을 나타내 준다. 왕생극락의 염원은 '원왕생'이라는 말을 무수히 '되뇌는' 것일 수밖에 없다.

제3구(제9·10행)는 이제까지 달에게 부탁한 데에서 부처에게 직접 호소하는 것으로 전환한다. 제9행 첫머리의 '이 몸 버려두고'에서 '버려두는'의 주체를 아미타불로 설정하여 곧바로 그에게 말을 붙이는 것이다. 이는 시상 전개의 도약이면서 '무량수불'(제3행)과 '다짐 깊은 불존'(제5행)인 법장보살을 거쳐 나온 논리적 귀결이기도 하다. 이로써 법장보살이 발원한 대상인 일체 중생 가운데 한 사람, 더욱이 지극 정성으로 왕생극락을 희구하는 '이 몸을 버려두고 / 48대원 이루실까?'라는 설의법은 큰 공감을 얻는다. 화자, 아미타불, 일체 중생의 공통된 염원을 상기함으로써 왕생극락의 의지를 대승적인 차원으로 승화한 것이다.

위와 같은 시상 전개의 바탕에 시·공간적 배경이 구조적으로 짜여서 주제 구현에 이바지하고 있다. 지상계, 천상계, 중간계의 공간적 구도와 먼 과거, 과거, 현재, 미래의 시간대가 시상의 기본 틀을 이룬다. 지상의 발원자인 '이 몸'(제9행)에 대해 '무량수불'(제3행)은 천상에 있으면서 '불존'(제5행)의 형태로 지상에 현존해 사람들의 염원을 들어 준다. 지상과 천상을 매개하는 '달'(제1행)은 천상에 떠서 서방으로 가면서 지상을 굽어보고 빛을 비춘다. 이러한 공간 구도 속에 '되뇌임'(제4행)이 발화되어 천상의 서방으로 가는 달에게 지상의 일을 본 대로 들은 대로 말해 달라고 부탁한 것이다. 이 말에는 과거부터 현재까지 지녀 온 화자의 염원, 그것을 줄곧 지켜본 달, 무량수불 앞에 가서의 보고 등 과거에서 현재를 거쳐 미래까지 이르는 시간의 경과가 내포되어 있다. 나아가 '다짐 깊은 불존'(제5행) 앞에서 기원함으로써 법장보살이 48가지 서원을 세운 먼 과거까지 시상을 소급한다. 그리하여 '되뇌임'(제4행) - '다짐'(제5행) - '원왕생 원왕생'(제7행) - '사십팔 대원'(제10행)이 일관된 의미의 계열을 이룬다. 결국 이 말들은 오랜 시간을 꿰뚫어 이어진 왕생극락의 염원을 일컫는 것이 된다. 화자의 염원이 시간과 공간을 넘어 아미타불에게 가 닿기를 기원하는 마음이 구구절절이 배어 있다.

〈원왕생가〉는 긴밀하게 짜인 시·공간 구조를 바탕으로 절실한 시적 표현을 통해 왕생극락의 간절한 염원을 형상화한 작품이다. 불교적인 주제이긴 하지만 그것을 문학적으로 진실하고 아름답게 그려 냄으로써 현실 초월의 염원을 지닌 이들에게 깊은 감동을 준다. 광덕 아내의 말 중에 '밝은 달이 지게문으로 들어와 때로 그 빛에 올라 공중에 가부좌하는' 때의 마음 상태를 떠올려 보면 왕생극락을 희구하는 것 자체가 고달픈 삶에 비추는 환한 빛이었을 것 같다. 이로써 생각하면 꼭 극락왕생이 아니더라도 우리가 지닌 절실한 염원만으로도 세상을 살 만한 힘을 얻을 수 있지 않을까 싶다. 인생에서 현실 초극의 의지와 지향이 갖는 의미가 무엇인지 깊이 생각해 보게 하는 작품이다.

8.2

# 최생우진기

〈최생우진기(崔生遇眞記)〉는 신광한(申光漢, 1484~1555)의 〈기재기이(企齋紀異)〉에 수록된 네 편의 소설 중 하나이다. 1553년 이전에 창작된 〈기재기이〉는 그보다 80여 년 전에 나온 김시습(金時習, 1435~1493)의 〈금오신화(金鰲新話)〉를 계승한 전기 소설집(傳奇小說集)이다. 전기 소설은 대개 귀신, 신선, 이계 등 비현실적, 환상적 성격의 기이한 소재를 다루는 소설 유형을 일컫는데 당나라 전기를 원류로 하여 신라 후기부터 향유되어 신광한의 시대까지 이어져 온 초기 소설사의 주류적 양식이다. 현실을 반영한 측면이 있기는 하지만 작자의 상상에 의한 허구 세계 속에서 인물과 사건이 그려지는 면이 우세하다.

작품은 최생이 용궁에 들어가 용왕과 세 신선을 만나는 이야기이다. 주인공은 강릉 사람이고 사건이 일어난 곳은 삼척 두타산이어서 영동 지역이라는 공간적 배경이 뚜렷하다. 작자가 실제로 삼척 부사를 역임한 적이 있기에 이 지역의 명승지를 탐방하거나 전해지는 전설, 남겨진 기록 등을 살펴보고 설정한 배경이라 할 수 있다. 지역 관련 배경 지식에 작자의 상상을 더하여 두타산 용추동을 중심으로 신선 세계를 다녀오는 이야기를 펼쳐 낸 것이다.

배경만큼이나 인물의 성격도 인상적이다. 주인공 최생과 동료 증공의 성격이 대비되어 나타나고 그 관계도 흥미롭게 설정되어 있다. 최생은 유학도이지만 호탕하고 기개가 있어 세상의 명리를 좇지 않고 두루 명승을 구경하며 다니는 인물이다. 그래서 사람들이 세상 물정 모르는 우활한 사람이라고 여긴다. 증공은 두타산 무주암에 거하는 나이 든 중인데 최생에 비해 소심하고 눈치를 많이 보는 성격이다. 무주암에서 같이 지내며 친분을 쌓은 두 사람이 함께 용추동에 들어가는 것으로써 발단부가 이루어진다. 유생과 불승이 관계를 맺고 이계 여행의 이야기를 공유하는 양상인 것이다.

작품의 구성도 독특한 면모를 보인다. 최생과 증공이 함께 두타산 용추동에 갔다가 최생은 실종되고 증공 혼자 돌아오는 사건이 일어난다. 그리고 시간이 지난 후 최생이 증공 앞에 나타난다. 이렇게 최생의 실종과 귀환이 서술된 다음에 증공의 요청으로 최생이 신선 세계를 다녀온 일을 이야기한다. 이야기를 마친 후 최생은 입산해 버리고 증공은 그 일을 자주 말하였다고 한다. 이와 같이 최생과 증공이 함께 경험한 사건 속에 최생의 신선 만난 이야기가 들어 있는 액자 구조의 작품이다. 내부 액자는 최생이 귀환하여 이전의 경험을 이야기한 것이어서 시간의 역전에 따른 구성을 보인다. 단편 소설로서의 짜임새를 잘 갖춘 작품이다.

서두는 두타산에 대한 묘사로 시작한다. 산은 북쪽의 금강산에서 남쪽의 태백산으로 이어지는 그 사이에 있고 동서로 연결된 산맥의 동쪽 지역을 영동이라 한다. 이 산에는 용추동(학소동)이라는 깊은 계곡이 있는데 그 끝을 알 수 없다.[72] 이렇게 작품 배경이 되는 두타산 용추동에 대해 백두 대간의 산맥을 짚어서 말하고 계곡의 끝까지 가 본 사람이 없음을 강조하였다. 서두부터 우리나라 특정 장소의 지역적 특색, 그것에 결부된 신비하고 초월적인 주제에 대한 관심을 이끌어 내려는 의도

72 신광한, 박헌순 옮김, 『기재기이』, 범우문고, 1990, 81-115면. 원문은 169-181면. 한문 원문을 참조하여 번역문을 수정해 인용한다.

가 읽힌다.

최생은 『청낭비결』이라는 도가서를 읽다가 문득 멀리 떠나고 싶은 마음(하거지사遐擧之思)이 들어 용추동을 가 보고자 한다. 그곳을 다녀본 증공은 골짜기 사면이 절벽뿐이고 계곡 전체를 조망할 수 있는 벼랑 끝의 반석은 기우뚱거려 올라서기 어렵다고 하면서 최생을 만류한다. 그러나 최생이 고집하여 함께 용추동에 들어간다. 최생은 기운을 떨쳐 재빨리 나는 듯이 절벽을 올라갔으나 증공은 얼굴을 가린 채 절벽 아래에 엎드려 땀을 줄줄 흘렸다. 두 인물의 성격과 태도의 대조가 웃음을 자아내는 장면이다.

절벽 끝 반석에 오른 최생이 용추동 계곡을 내려다보며 말하다가 갑자기 절벽 아래로 떨어졌다. 증공은 놀라 이름을 불렀으나 메아리만 울릴 뿐이었다. 한바탕 통곡을 하고 절로 돌아와 노승과 동료에게 최생이 산 아래 마을로 내려가 기생집에 붙들렸다고 거짓말을 하였다. 시간이 지나도 최생이 오지 않자 절의 중들은 증공이 최생을 떠밀어 죽였다고 의심했다. 이렇게 최생의 실종에 이어 증공의 난처한 상황이 그려짐으로써 사건을 둘러싼 의혹의 확산, 그로 인한 긴장의 고조 등이 서사적 흥미를 일으킨다.

그로부터 몇 달이 지난 겨울밤 최생이 현학을 타고 돌아왔다. 다른 중들에게는 진주성(삼척) 밖에 나갔다가 안 좋은 일이 생겨 지체했다고 말하여 의심을 풀어 주었다. 둘만 남았을 때 증공이 절벽에서 떨어진 후의 일에 대해 묻자 최생은 낙엽에 떨어져 약초를 먹으며 경치를 보고 즐기다가 학을 잡아타고 돌아왔다고 간단히 말한다. 증공이 그렇게 숨긴다면 여러 해 함께한 정분을 깨겠다고 하니 최생이 다른 사람에게 누설하지 않기로 다짐하고 이야기를 해 준다.

증공이 자신을 '노승'이라 칭하고 있어 두 사람은 나이 든 불승과 그보다 젊은 유생이 친분을 맺은 관계이다. 증공은 오랫동안 용추동을 다녀 보았으나 최생과 같은 경험을 하지 못했으므로 선분(仙分)이 없는 셈이다. 그러니 최생이 경험한 바는 증공에게 경외와 칭탄의 감정을 불러일으킨다. 작품은 이와 같이 두 인물의 성격적 대비에 더하여 화자와 청자 사이의 경험과 정보 습득의 차이를 부각하였다. 이를 통해 신선 세계 탐방의 이야기가 갖는 특유의 일회성, 신비함과 경이로움, 운명적 요인 등에 대한 관심을 고취하고 있다.

최생이 신선 세계로 들어가는 모습은 다음과 같이 서술되었다.

> 한쪽 다리가 땅을 뚫고 마치 허공에 늘어진 것 같았는데 딛고 일어서려 하다가 땅 위가 아니라 나무 위라는 것을 알았다. 그 나무는 덩굴져 뻗었고 향기로웠으며 잎이 부드러웠고 가느다란 가지들이 서로 얽혀 담요를 펴 놓은 것처럼 평평하였다. 나뭇잎을 헤치고 아래를 내려다보니 온통 푸르고 푸른 물이었다.……절벽 아래 초목이 빽빽한 곳을 보니 구름 기운이 뭉게뭉게 나오고 있었다. 혹시 구멍이라도 있을까 하여 덩굴을 붙잡고 살펴보니 과연 굴이 하나 있는데……굴 안은 인마도 드나들기에 충분할 정도였다.……길은 캄캄하여 물색을 분변하지 못하겠고 걸음걸음 소리가 울려 금모래 옥 자갈을 깔아 놓은 것 같았다.……수십 리쯤 가니 점점 앞이 환해졌다. 굴도 그곳에서 끝났다. 문득 보니 푸른 시내가 한 줄기 펼쳐져 있는데 깊지도 얕지도 않아 아주 좋았다. 시내를 거슬러 올라가며 바라보니 가파르게 솟은 산이 하나 있는데……산 아래에는……어렴풋하게 성문이 있는 듯하였다.

절벽에서 나무 위로 떨어진 후 주변을 더듬어 굴을 찾아 그곳을 통과하여 이계로 들어간다. 이계 여행 화소의 일반적인 경로이긴 하나 탐색의 과정과 인물 심리에 대한 묘사가 자세하여 현실감을 주고 있다. 서사 전개상 최생이 품은 속세 초월의 뜻이 용추동이라는 신이한 공간을 만나 실제로 이루어지는 것이므로 인물의 성격과 공간적 배경, 작품의 주제가 잘 어우러졌다고 하겠다.

만화문(萬化門)이라 쓴 성문 앞에 다다라 이무기 머리, 자라 등, 상어 몸을 한 문지기에게 호기를 부려 소리치며 왕을 만나러 왔다고 말한다. 이계 인물에 위축되어 겸손하게 구는 대신에 호통치고 꾸짖는 모습이 최생의 성격을 잘 보여 준다. 궁 안으로 안내된 최생은 궁궐의 정전인 조종전에서 용왕을 뵙는다. 그 자리에는 신선의 옷을 입은 동선(洞仙), 도복을 입은 도선(島仙), 늙은 선승인 산선(山仙) 등 세 신선이 먼저 와 있었다. 이어지는 대화의 내용과 읊는 시를 통해 이들이 최치원(崔致遠, 857~?), 영랑(永郎, ?~?)[73], 도선(道詵, 827~898)임을 알 수 있다.

용왕은 최생을 맞이하여 진기한 음식과 술을 대접하고 잔치를 베푼다. 현부(玄夫, 거북) 6인이 문명(文命)의 노래를 불러 우 임금의 치적을 찬양하였고 개사(介士, 가재·게) 8인이 무성(武成)의 춤을 추면서 두 열을 지어 호령하며 싸우는 모습을 연출하여 무왕의 공을 기렸다. 노래와 춤을 구경한 후 용왕은 이 자리에 유(儒)·석(釋)·도(道)·선(仙)이 모두 모여 성대한 연회가 이루어졌다고 하면서 유자부터 시를 지으라고 명한다. 유·석·도·선은 순서대로 최생, 도선, 영랑, 최치원을 지칭한 것으로 보인다. 신라의 화랑도가 국선도, 풍류도로 이어져 고유의 신선 사상과 문화를 이루었는데 영랑과 최치원도 화랑, 국선의 활동과 관련된 인물이다. 이 작품에서는 도(道)와 선(仙)을 구분하여 두 인물을 배치했으나 그 차이가 분명하게 서술되지는 않았다. 도와 선 모두 신라의 역사 속에서 나온, 우리나라 고유의 신선 사상과 문화로 이해된 것이 아닐까 한

73 『삼국유사』3, 탑상, 「백률사」에 효소왕대(692~702)인 693년에 일어난 국선 부례(夫禮), 안상(安常)의 납치 후 귀국 사건이 서술된 끝에 안상이 영랑의 무리라는 설을 소개하였다. 『화랑세기』와 함께 필사된 이른바 '영랑전'에는 영랑이 701년에 태어나 주로 성덕·효성·경덕왕대(702~765) 활동한 것으로 나온다(신재홍, 『'영랑전' 역주』, 태학사, 2013). '영랑전'은 위서일 가능성이 있어서 그대로 믿기는 어려우나 혹시라도 영랑 관련 전승의 일부가 삽입되었을 수 있다는 전제하에 참조할 여지는 있다.

다.

이에 최생이 '용궁회진시(龍宮會眞詩)' 30운을 지어 바친다.

수(水)는 하늘 숫자 첫 번째요 / 용은 만물의 왕이로다. / 우뚝 솟은 조종전이 / 먼 옛날부터 깊은 곳에 잠기었네. / 운손(雲孫)은 동정호 주인이요 / 원파(遠派)는 전당강으로 이어졌도다. / 신령스런 위엄이 사해에 빛나니 / 동쪽 끝도 본래는 넓은 바다로다.……구년지수(九年之水) 요 임금 / 칠년대한(七年大旱) 탕 임금 / 상제(上帝)의 명을 공경하지 않음이 없어 / 하나하나를 백성 위해 하였네.……아, 나는 꿈틀대는 벌레의 자질로 / 진창에서 멀리 떠나려는 바람에 / 늘 생각하기를 비바람 몰아 / 몸을 빼어 높이 날고 싶었네.……원컨대 이 모임을 좇아 / 높이 뛰어올라 대방(大方)을 떠나려네. / 봉래와 단구는 / 수선(水仙)과 천선(天仙)이 있는 곳 / 왕이 앞서고 내가 뒤따르고 / 세 신선이 옆에서 동행하여 / 십천 세계(十千世界)에 떠서 노닐며 / 바다가 뽕밭 되는 걸 직접 보고 싶네.

물을 주관하는 용의 권능을 칭송하고 하늘의 명을 받들어 백성을 위해 물을 다스린 요와 탕의 은덕을 기렸다. 그러는 중에 '동쪽 끝'을 언급하여 최생이 용왕을 만나고 있는 지금 이곳의 지리적 위치도 나타내었다. 용왕에 대한 찬양을 이어 자기가 평소 지닌 '진창에서 멀리 떠나려는 바람(형격니도망迥隔泥塗望)'이 이제 이루어진 것을 감격하고 용왕과 세 신선으로 더불어 무한대의 시간 속에 광활한 세계를 다니며 노닐고 싶다고 하였다. 용왕, 신선 등 이계 인물에 대한 기존의 지식을 바탕으로 용궁의 모임에 참여한 소회를 말하고 세상으로 돌아가지 않고 신선 세계에 속하여 무한한 시·공간 속에서 노닐고 싶은 뜻을 나타낸 것이다.

최생의 시를 보고 좌중이 모두 칭찬을 하였다. 용왕은 홍수와 가뭄을 하늘의 운수로 돌리는 속세의 유학자를 비판하고 인간으로서 해야 할 일을 하였기에 옛 임금들이 물을 다스릴 수 있었다고 말한 최생의 취지를 높이 평가한다. 이렇게 인간 세계에 영향을 끼치는 하늘의 뜻, 신령한 존재의 힘에 대해 토론하는 것은 현실에서 유학의 가치와 이념을 추구하는 작자의 의식이 반영된 것이다. 허구 속에서 주인공의 초월 의지가 아무리 강하다고 해도 현실의 문제와 그 개선 방향에 대해 고민하는 것은 유학자로서의 기본자세이다. 초월주의자로 자처하는 인물도 현실 참여와 초월 사이에서 갈등하는 심리가 지속하는 양상을 보여 준다.

이어서 동선 최치원이 율시 30운을 짓는다.

> 천년 운수의 마지막 시기 / 이름이 사해에 전해진 때라네. / [가는 길의] 관하(關河)는 세월 흘러 슬프고 / 변방은 풍진 속에 어둡구나. / 격문 지어 일찍이 도적을 놀래었고 / 뗏목 타고 몇 번이나 나루 물었나. / 방장(方丈)의 무리에 정이 끌리고 / 낙빈(洛濱)의 신에게 패물 남겼다네. / 고국은 늘 머리 돌리는 곳 / 가상한 계책은 대신에게 부쳤네. / 가야산에 옛 사업 남았고 / 운수납자(雲水衲子)로 변한 게 이 몸이네. / 청학동에서 단약 다린 지 오래고 / 봉래산에서 타던 곡조 새로워라. / 우연히 영교(嶺嶠, 영남)가 생각나 / 쉬이 회오리바람 수레 타니 / 국호 신라는 바뀌었지만 / 궁성 이름은 반월이구나.……소요하며 발해를 따라가고 / 멀리 둘러 곤륜산을 생각하누나. / 옛 벗 삼천은 흩어졌으나 / 높은 봉우리 팔만이 펼쳐지네. / 정자가 빈 총석정의 밤 / 섬이 먼 울릉도의 봄. / 자주 부는 생황은 껄끄럽지 않고 / 많이 타는 학은 저절로 길들었네. / 이에 영랑 불러 이르고 / 또 노 선승 불러 이웃하네.……요지의 잔치 바야흐로 무르익고 / 상제의 음악 비길 데 없어라. / 갑자(甲子)는 천 번을 돌았는데 / 술잔은 비로소 한 번 도네.

이 시의 앞부분은 최치원의 당나라 유학과 신라로 돌아온 후의 행적을 읊었다. 황소의 난에 격문을 지은 일, 선승을 찾고 낙양 등지를 유랑하던 일 등을 언급하였다. 귀국 후의 행적으로는 가야산, 지리산 청학동, 금강산(봉래산)에 남긴 자취를 말하였다. 그런 다음에 신라의 반월성을 보고 나서 발해를 따라가며 곤륜산을 생각했다고 하였는데 여기서 발해는 동해를, 곤륜산은 금강산을 말하는 것 같다. 뒤의 '옛 벗 삼천, 봉우리 팔만'이 삼천 명의 화랑도가 '만이천봉 팔만구암자'의 금강산을 유람하는 모습을 상기했다고 생각되기 때문이다. 그리고 총석정, 울릉도와 관련지어 영랑과 도선을 초청하여 지금 이곳의 모임이 이루어졌음을 칭하였다. 시의 말미에는 자손 항렬인 최생에게 응당 명운이 있으니 10년 후 봉래섬에서 만나자는 말을 덧붙여 놓았다.

이처럼 최치원의 시를 통해 가야산, 지리산, 금강산, 울릉도 등 명산대천에 얽힌 옛 인물의 발자취를 기억하여 칭송하는 작자의 의식을 나타내었다. 이 땅의 산천에 남은 최치원, 영랑, 도선 등을 추억하면서 소설의 허구적 공간인 용궁과 신선 세계를 민족적, 향토적 정취로 그려낸 것이다.

이를 이어 도선 영랑, 산선 도선이 시를 지어 소회를 밝힌다.

> 집은 망망한 푸른 바다 가운데요 / 수정 누대와 전각이 극히 영롱하도다. / 옥경의 패옥 소리 달밤에 들리고 / 봉래섬 생황 소리 바람에 흘러오네. / 애오라지 동선과 함께 학 타고 날아와 / 우연히 청강사자를 좇아 용궁에 절했네. / 남생(南生)이 잘못 써 놓은 붉은 글씨가 / 헛된 이름 일으켜 대동(大東)에 가득하구나.

> 일찍이 부처 배우고 뒤에 신선을 배워 / 일생 종적이 머묾에 끝없었네. / 풍진의 세상 변화 [후]삼국을 보았고 / 용호단(龍虎丹) 이루려 몇 년을 물었던가. / 청학동 안에 게를 지어 두었고 / 백운암 아래 참선하며 앉았네. / 이제 또 청령각 모임에 다다르니 / 티끌 같은 만겁의 인연 다 씻어 내리라.

영랑의 시는 동해 가운데 울릉도에서 신선으로 있는 모습과 삼일포 석벽에 붉은 글씨로 새겨진 '영랑도남석행(永郎徒南石行)'으로 인해 이름이 온 나라에 알려졌음을 말하였다. 도선의 시는 후삼국 시대의 상황을 목격하고 지리산 청학동, 오대산 백운암에 남긴 종적을 언급하였다. 도선의 청학동, 백운암 자취는 그의 저작이라고 전해지는 『구천현묘비서 내외경』의 옥룡자 서문에 '한 책을 지리산 청학동 석갑 속에 비장하'였다 하고, 무학의 서문에 '오백 년 만에 발견된 조사의 유문을……두 권을 등하여 한 권은 청학동에, 한 권은 오대산 백운암에 비장하였다'고[74] 한 기록과 관련지을 수 있다. 이에 반해 영랑이 울릉도의 신선이 되어 '도선(島仙)'으로 칭해졌다는 것은 이 작품에만 나오는 기록이다. 이를 작자가 지어 내었다고 할 수도 있으나 그보다는 삼척 부사로 있을 때 지역의 구비 전승이나 기록 전승을 참조한 결과로 봄이 온당할 것이다. 이 소설 작품 속에 영랑 관련 전승의 귀중한 기록 하나가 남은 셈이다.

이제 용왕이 그 자리를 마무리하는 시를 짓는다. 무극(無極)에 터전을 두고 헤아릴 수 없는 동정(動靜)을 일으켜 상제의 공을 드러내고 만물에 은택을 입혔다는 내용이니 물을 주관하는 용왕의 덕을 칭송하는 시이다. 그리고 최생에게 돌아가기를 권하자 최생은 삼생에 맺힌 소원이 이루어졌다면서 하찮은 일이라도 하며 머물겠다고 한다. 최치원이 알약을 주면서 10년을 더 살고 봉래섬에서 만나자고 한다. 최생이 생사를 같이하기로 한 증공을 위해서도 약을 얻으려 하자 최치원은 선분이 없는 사람이 선약을 먹으면 수명만 단축할 따름이라고 충고한다. 이에 최생은 인사를 하고 현학을 타고 절로 돌아왔다.

이야기를 하고 나서 최생은 산에 들어가 약초를 캐며 살았는데 어떻게 생을 마쳤는지 모른다. 증공은 늙도록 무주암에 있으면서 이 이야기

74 도선·정관도·무학, 『구천현묘비서 내외경』, 지선당, 1996, 4-5면, 362-363면.

를 자주 했다고 한다. 이는 전기 소설의 전형적인 결말인 이른바 '부지소종(不知所終)'에 해당하는데 증공이 누설하지 않겠다는 다짐을 깬 것은 그다운 면모라 하겠다.

〈최생우진기〉는 이 땅의 산천에 깃든 신선의 자취를 모아서 두타산을 배경으로 한바탕의 용궁 잔치를 벌이는 모습을 그린 작품이다. 최치원, 영랑, 도선 등 고유의 신선을 등장시켜 그 행적을 다룸으로써 신선사상이 갖는 민족 문화적 의의를 드러내고 인간에게 보편적인 현실 초월의 의식을 상기하였다. 개성 있는 인물과 짜임새 있는 구성을 통해 이계 체험담을 서술하여 수준 높은 문학성도 갖추고 있다. 어느 시대나 초월의 꿈은 억압된 현실에서 벗어나 해방감을 맛보게 하고 상상력을 자극하여 인식의 영역을 넓히며 새로운 도전을 불러일으키는 역할을 해왔다. 여기에 향토적 고유성까지 갖춘 재미있는 이야기라면 더욱 친근하게 향유할 수 있을 것이니 작품이 지닌 가치가 크다고 하겠다.

## 8.3 장생전

〈장생전(蔣生傳)〉은 조선 중기 허균(許筠, 1569~1618)이 지은 한문 소설이다. 그는 한글 소설 〈홍길동전〉의 작자로 널리 알려져 있는데 이 작품을 비롯한 다섯 편의 전계 소설(傳系小說)을 짓기도 하여 혁명적인 사상가, 예리한 시 비평가에 본격적인 소설가의 면모까지 보여 준다. 다섯 편 중에서 〈남궁선생전(南宮先生傳)〉이 도가적인 초월의식과 수련 방법이 문학적 수식을 통해 섬세하게 서술된 문제작이지만 탈속의 계기와 과정이 너무 처절한 내용이어서 이 책의 주제에는 적합하지 않다. 그래서 비극적 정조가 조금 덜한 〈장생전〉을 택하여 상상과 초월의 주제 의식을 살펴보고자 한다. 다섯 편이 대체로 사회 부조리로 인해 탁월한 재능과 혁신적 사상을 감추고 은둔자로 살아가는 인물을 소재로 하였기에 어둡고 비관적인 분위기가 주된 흐름을 이룬다. 그러나 당대 현실을 비판적으로 인식하고 그와는 다른 세상, 다른 삶의 방식을 추구한다는 점에서 초월적이고 희망적인 성격도 지니고 있다. 여기서는 후자의 측면에 비중을 두어 작품을 감상해 보겠다.

이 작품은 전계 소설이 지닌 일반적인 특성에 따라 입전 대상인 인물에 초점을 두어 기술하였다. 그리하여 주인공 장생의 출생과 내력, 일화(逸話), 죽음, 후일담 등 인물의 일생을 간략히 서술한 내용으로 되어 있다. 그중에 여종의 머리꽂이를 찾아 준 일화가 작품의 중심이 되어 장생의 인물 형상을 부각한다. 서울에서 거지로 살면서 술에 취하면 온갖 흉내를 내지만 뛰어난 재주를 숨기고 무리와 함께 뭔가 도모하는 뜻을 품은 사람, 곧 비천한 신분임에도 비범한 능력과 포부를 지닌 인물로 형상화된 것이다.

장생이 '어떠한 사람인지 알 수 없다(不知何許人).'[75]는 문장으로 작품은 시작한다. 출신, 집안, 사승(師承), 경력 등 한 인물을 짐작해 볼 만한 근거를 모른다는 것이다. 이는 어느 집 누구라고 명확히 규정하는 것에 비해 인물의 성격을 모호하게 만들어 그에 대한 호기심과 상상력을 자극한다. 이 문장에 이어 '기축(1589) 연간에 도성을 오가며 빌어먹기를 일로 삼았다.'고 하여 내력이 불분명한 사람이 일정한 기간에 서울에서 자주 보여 사람들에게 특별한 인상을 주었음을 말하였다. 이처럼 서두의 두 문장은 인물의 모호한 면과 분명한 면을 대조하면서 그가 처한 현재를 통해 과거 또는 미래를 추측해 보도록 유도한다.

그런 다음에 인물의 내력이 나온다. 당사자의 말과 서술자의 서술이 연결되어 모호한 과거와 뚜렷한 현재의 대비가 어느 정도 해소되는 양상을 보인다.

> "아버지가 밀양 좌수로 계실 적에 나를 낳았는데 세 살 때 어머니는 돌아가셨다오. 아버지가 비첩(婢妾)의 헐뜯는 말에 미혹되어 전장(田莊)을 지킨 종의 집으로 나를 쫓아냈지요. 열다섯 살에 종이 민가의 여자에게 [나를] 장가들였더니 몇 해 만에 아내가 죽었다오. 그래서 호남과 호서의 수십 고을을 떠돌다가 이제 서울에 온 거요."라고 했다. 그의 용모가 아주 아름답고 빼어나 눈썹과 눈매가 그린 것 같았다. 우스갯소리를 잘하고 민첩하게 말했으며 더욱이 노래를 잘해서 소리를 내면 처절하여 사람을 감동시켰다. 늘

75 『허균전집』, 성균관대 대동문화연구원, 1972, 106-107면; 이가원 교주, 『이조한문소설선』, 교문사. 1984, 74-78면. 한문 원문을 필자가 번역하여 인용한다.

> 자주색 비단 겹옷을 입었는데 추우나 더우나 갈아입지 않았다. 무릇 창기를 둔 주점, 여자 있는 행랑에 드나들며 익숙히 사귀지 않음이 없었다. 술을 대하면 스스로 잔을 이끌어 가득 붓고 노래를 부르니 기쁨이 지극한 뒤에야 [자리를] 떴다.

장생의 말에서 출생, 유년 고생, 결혼, 상처(喪妻), 유랑 등의 내력이 드러나고 서술을 통해 잘생긴 용모, 장기(長技), 입는 옷, 인간관계, 술버릇 등이 보인다. 이로써 인물의 성격이 과거에서 현재까지 꿰어져 이해되기는 하나, 떠돌이 생활이 어떠했는지 자세하지 않을뿐더러 어째서 '자주색 비단 겹옷'을 고집하는지도 알 수 없다. 현재의 모습을 보면 지방을 떠돌면서도 익살과 노래, 여자 사귀는 것 등을 하였음직한 데 비해 고급 옷을 어디서 구해 입었고 그에게 어떤 의미가 있는지는 밝혀지지 않는다. 추측컨대, 지역의 유력 가문에 속한 남자 혹은 여자에게서 선물로 받은 것이어서 소중히 여기지 않았을까 싶다. 이렇게 보면 장생의 과거는 그의 말에도 불구하고 모호한 부분이 남은 채로 서사가 진행되는 셈이다. 인물의 신비하고 비밀스러운 면모를 지속하려는 의도의 서술 방식이라 할 수 있다.

이어지는 대목에서 장생의 또 다른 면모가 나타난다.

> 술이 한창 취하면 눈먼 점쟁이, 술 취한 무당, 게으른 선비, 쫓겨난 아낙네, 빌어먹는 자, 늙은 유모가 하는 짓을 흉내 내는데 가지가지 실물과 똑같았다. 또 얼굴 표정으로 십팔 나한(十八羅漢)을 모방하면 비슷하지 않음이 없었다. 또한 입을 오므려 호드기, 퉁소, 아쟁, 비파에다가 기러기, 고니, 무수리, 집오리, 까마귀, 학 따위의 소리를 내니 진위를 분간하기 어려웠다. 밤에 닭 울음소리, 개 짖는 소리를 하면 이웃의 개와 닭들이 모두 울고 짖었다.

위와 같이 장생은 흉내 내기의 명수로 그려졌다. 먼저, 사람에 대해 그냥 점쟁이, 무당이 아니라 '눈먼, 술 취한' 등의 수식어가 붙은 대상을 흉내 내고 있다. 이는 당대에 민간에서 공연된 연극이나 연희 작품들의 등장인물을 연기한 것이 아닐까 한다. 그리고 나한의 표정을 그대로 따라 하는 데에서 그가 불교와 관계있음을 짐작할 수 있다. 노래를 잘하고 창기와 어울린 그가 입말로 다양한 악기 소리를 내어 음악적 재주를 보여 주었다. 익살도 잘한 그는 다양한 새소리, 개와 닭의 울음소리까지 내며 온갖 기교를 부려 사람들을 즐겁게 하였다. 이에 장생은 재담가, 가수, 배우, 성우 등 다채로운 연예 능력을 지닌 인물, 요즘 말로 만능 엔터테이너라 할 수 있다.

그런데 이러한 재주를 얻은 배경에 대해 생각해 볼 만하다. 다양한 악기 소리를 내는 것은 풍류 판에서 많이 듣고 익숙해지면 할 수 있겠으나 새들의 울음소리를 구별하여 모방하는 것은 좀 특별한 경험이 필요하다. 집오리, 까마귀, 닭은 흔한 새여서 그렇다 치더라도 기러기, 고니, 무수리, 학의 울음을 구분하려면 그 새들과 인접한 곳에 자주 갔어야 할 테니 그가 떠돌아다니며 논밭, 들판, 강가, 호숫가 등에서 보고 들은 소리일 것이다. 그의 유랑 경험이 여러 새소리를 따라 하게 된 배경으로 여겨진다. 이러한 맥락에서 눈먼 점쟁이 등을 모방한 것은 각 지방을 다니며 명절이나 대갓집 연회 때 벌어진 공연을 보고 배운 예능일 듯하고, 나한의 표정을 흉내 낸 것은 유랑 중에 절에서 묵기도 하면서 얻은 재주일 것이다. 작품 서두에서의 모호한 서술이 여기에 와서 좀 더 구체적으로 추정할 자료를 제공하고 있다.

이처럼 장생의 연예 능력은 원래 지닌 재능에 더하여 유랑의 경험에서 획득한 것으로 보인다. 이러한 점을 통해 그의 긍정적, 희망적 면모를 알아볼 수 있다. 어려서부터 비운에 처해 고난과 유랑의 삶을 살았으나 그러는 중에도 인생의 재미와 흥취를 놓치지 않고 보고 들은 것들을 자기 재주의 일부로 만들어 스스로 위로하고 사람들을 즐겁게 하였던 것이다.

장생은 서울의 저잣거리에서 거지로 살아가는데 곡식 서너 말을 구걸해 와서 몇 되만 지어 먹고 나머지는 다른 거지들에게 나누어 주니 무리가 따랐다. 구걸 능력의 면에서 앞에 기술된 만능 재주꾼의 면모가 이어지는 한편 비천한 무리의 우두머리라는 성격이 덧붙었다. 짧은 서술이지만 이로써 무리를 이끌어 무엇을 도모할 수 있는 지도자의 면모가 시사되어 다음의 일화에 연결된다.

그 일화가 봉미(鳳尾, 봉황 모양의 머리꽂이/뒤꽂이) 사건인데 작품의 중심 내용을 이루어 인물의 성격을 두드러지게 한다. 장생이 악공 이한의 집에 얹혀살 때 아침저녁으로 호금(胡琴, 비파 또는 해금)을 배우러 다니는 여종과 친해졌다. 어느 날 아침 여종이 길거리로 오던 중 준수한 소년이 실실 웃으며 다가와 스친 후에 머리꽂이를 잃어버리고는 울음을 그치지 않았다. 자주색 꽃 장식의 구슬에 봉황 모양으로 된 머리꽂이였으니 상당히 값이 나가는 물건이었다. 그것을 머리에 장식하고 악기를 배우러 다닌 것으로 보아 그녀는 대갓집이나 부유한 기생집에 속한 여자 하인일 가능성이 있다. 그 우는 모습을 보고 장생은 "어허, 어린 것들이 어찌 감히 이런 짓을. 낭자는 울지 말거라. 저녁에는 소매에 넣어 올 테니."라고 위로한다.

> [말을 마치고는] 훌쩍 가 버렸다. 저녁이 되자 여종을 불러내 서촌 길을 돌아 경복궁 담 옆으로 해서 신호(무)문 모퉁이에 이르렀다. 큰 띠로 여종의 허리를 묶어 왼쪽 어깨에 둘러메고 재빠르게 한번 뛰어오르더니 겹겹의 문을 날아들었다. 날이 어두워져 좁은 길들을 분간할 수 없었는데도 순식간에 경회루 위에 다다랐다. 두 소년이 촛불을 들고 맞이하여 서로 쳐다보며 크게 웃었다. 그러고는 들보 위에 뚫린 움푹한 데에서 금, 구슬, 비단을 아주

많이 꺼내니 여종이 잃은 머리꽂이도 그중에 있었다. 소년이 그것을 돌려주자 장생은, "두 아우는 행동거지를 삼가서 세상 사람이 우리의 자취를 엿보게 하지 말게."라고 하였다.

이 사건에서 장생의 숨겨진 면모가 드러난다. 첫째, 의협심이 강한 사람이다. 머리꽂이를 잃어버린 여종의 처지를 안타깝게 여겨 직접 나서서 해결해 준다. 둘째, 몸놀림이 날렵한 무예의 고수이다. 사람을 어깨에 둘러메고도 담을 뛰어넘고 좁은 길을 빠르게 내달릴 수 있다. 셋째, 경복궁 안의 좁은 통로에 익숙한 사람이다. 궁궐에 쉽게 무단으로 침입하고 궁 안의 길들을 잘 알고 있다. 넷째, 비밀 결사의 지도자이다. 서울에 추종자들을 두었고 정체를 감추고 활동하면서 도적질한 재물을 궁 안에 쌓아 두었다. 경복궁 경회루 들보 속에 비축한 자금이라는 설정 자체가 무엇인가 체제 변혁의 일을 도모하려는 뜻을 암시한다.

여기서 장생과 두 소년의 언행에 주목할 수 있다. 두 소년 중 한 명은 서울의 대로상에서 여종의 머리꽂이를 훔쳤다. 그로서는 돈 있는 집의 여종에게서 패물을 빼앗는 것은 의적 활동의 일환이었을 것이다. 그녀가 장생과 친하다는 사실을 모른 채 늘 해 왔던 도적질을 한 것이다. 이에 비해 장생은 그의 평소 활동이 무엇인지 잘 알고 또 지지하는 입장이다. 그런데 이번 일만큼은 실수를 했다고 판단하였다. 보통은 대갓집, 부잣집 물건을 도적했으나 이번은 친분 있는 사람의 것을 훔쳤으니 정의(情誼)로 보아 돌려주어야 했다. 장생은 아침에 여종이 울면서 한 얘기를 듣고 나서 어디론가 훌쩍 사라졌다가 저녁 무렵에 여종 집에 가 불러내었다. 낮 동안에 그가 한 일은 아마도 비밀 결사의 구성원들 중에 누가 아침에 그런 일을 했는지 알아내고 나서 저녁 때 경회루에서 만나자고 약속한 것이겠다. 경회루의 약속은 궁궐을 지키는 무사, 궁 안의 하인 중에 비밀 결사 대원이 있다는 점을 시사한다. 이에 덧붙여, 비밀을 지키라고 당부하면서도 굳이 여종을 데려가 물건을 찾아준 것에서 조직원의 확대를 꾀했을 가능성이 있다. 여종과 같이 낮은 신분으로 대갓집에 속해 있는 사람들을 포섭하여 자금을 더 축적하고 정보원을 확보하고자 했을 수 있다.

이러한 점에서 장생은 비밀스럽게 일을 꾸미고 있는 혁명가의 면모를 보여 준다. 여러 지방을 떠돌아다니며 서민들의 삶을 목격하였고 서울의 거지로서 여러 사람을 접하며 시국 동향을 살피는 등의 활동을 통해 체제 변혁의 의지와 실행력을 축적해 갔을 듯하다. 그러나 비밀 결사의 목적과 구체적인 움직임에 대해서는 서술되어 있지 않다. 위와 같은 추측과 상상도 독자의 몫으로 남겨 두었을 뿐이다.

봉미 사건 다음에 곧바로 장생의 죽음이 서술되었다. 아래에 보듯이 상당히 비장하고 신비스런 최후의 모습이다.

> 임진(1592) 4월 초하루에 술 몇 말을 사서 마시고 크게 취하였다. 길을 막은 채 춤추고 노래하기를 그치지 않다가 밤이 되어서야 수표교 위에 거꾸러졌다. 날이 새어 사람들이 보니 죽은 지 이미 오래였다. 시신이 썩으며 벌레가 되어 모두 날개가 돋아 날아가 하루 저녁에 다 없어지고 옷과 버선만 남았다.

서두에서 장생이 기축년에 서울에 나타났다고 하였고 여기서는 임진년에 죽었다고 했으니 3년여의 시간적 경과 속에 서술된 이야기이다. 기축년은 기축옥사, 정여립 모반 사건이 일어난 해이고 임진년은 임진왜란이 발발한 해이다. 간지(干支)만 말하고 그 해의 주요 사건에 대해서는 아무런 서술이 없으나 두 해를 언급한 것 자체가 일정하게 암시하는 바가 있다. 호남·호서를 떠돌다가 기축년에 서울로 왔다는 것은 그 지역에서 희생자가 속출할 기축옥사의 조짐을 미리 알고 피신했다는 뜻으로 이해된다. 임진왜란이 닥쳐올 것을 예견한 후 폭음하고 폭사한 것과 같은 맥락인 것이다.

임진왜란은 임진년 4월 13일에 왜군이 부산포로 침입하여(『선조실록』, 선조 25년) 침략 전쟁을 일으키면서 시작되었다. 장생은 4월의 첫날에 위와 같은 행위를 벌인 후 죽음을 맞이했으니 미증유의 전란이 닥칠 것을 미리 알고서 조선 백성이 겪을 비참한 죽음과 혹독한 삶에 대해 진혼과 위무의 의식을 거행한 것이라고 해석할 수 있다. 술에 흠뻑 취하여 사람들이 많이 다니는 길거리에서 자신의 목숨이 다할 때까지 춤과 노래를 하다가 다리 위에 거꾸러져 죽었다. 이러한 모습은 그가 제사장, 국무(國巫)의 성격도 지녔음을 보여 준다. 민족의 비극과 고난을 자기 한 몸에 짊어지고 한바탕의 해원 굿을 벌인 후 자진(自盡)한 것이다.

이러한 맥락에서 장생의 비밀 결사가 지향한 바를 어렴풋이 짐작할 수 있다. 당쟁에 시달리고 전란에 짓눌릴 피지배 계층의 고난과 시련을 덜어 주고 더 나은 체제로 나아가려는 것 정도로 이해할 수 있다. 현 체제를 전복하는 방법과 대안 체제의 구상을 갖고 있었는지는 알 수 없으나 대강의 목적이 이와 같은 피지배 계층의 해방에 있었으리라 생각된다.

그의 죽음은 해원 굿의 의식과 함께 시해(尸解)를 통한 생명 연장과 신선 되기로 그려졌다. 죽었으나 죽지 않은 것, 현세의 죽음이 끝이 아니라 다른 생명으로 바뀌어 지속된다는 의미를 시신이 벌레로 화하여 날아가는 형상으로 보여 주었다. 쉬지 않고 춤과 노래를 하다가 쓰러져 목숨이 다하고 그 몸이 조각나 벌레로 변해 날개를 펄럭이며 하늘로 날아가는 모습에서 비장한 아름다움이 느껴진다. 이는 사람들이 지켜보는 가운데 이루어진 것이어서 장생의 죽음과 부활에 대한 민중의 믿음을 반영한 것이라 할 수 있다. 국가 무당으로서 최후로 펼친 장생의 공연은 사람들에게 신비한 영감을 불러일으켰고 그가 죽었어도 죽지 않고 생명을 연장하여 신선이 되어 있으리라는 기대와 믿음을 갖게 한 것이다.

죽음 이후의 일화가 작품의 결말을 이룬다. 연화방에 사는 무인 홍세희가 4월에 이일(李鎰, 1538~1601)을 따라 종군하여 새재에 이르러 장생을 만났다. 아마도 이일의 군대가 상주에서 패하고 신립 장군 휘하에 합류하러 충주로 올라올 때였을 것이다. 둘은 가장 친한 사이였는데 이달 초하루에 죽은 장생이 나타나 자기는 죽지 않고 "바다 동쪽에 한 나라를 찾아가노라(向海東覓一國土去矣)."고 하였다. 그리고 전투가 벌어지면 물에 들지 말고 높은 수풀로 가고 정유년(1597)에 남쪽을 피하되 혹시 가더라도 산성에 오르지 말라 하고는 나는 듯이 가 버렸다. 후에 홍세희는 탄금대 전투에서 신립의 배수진에서 벗어나 산으로 올라가 목숨을 건졌으나 정유재란 때 황석산성 전투에 참가했다가 함락당해 죽었다.

이러한 후일담에서 몇 가지 세부 주제를 시사받을 수 있다. 첫째, 장생은 임진왜란과 정유재란의 주요 전투를 미리 알았다는 점이다. 이로써 추론하면 전쟁 초기에 경복궁이 불에 타 버릴 것도 예견했을 텐데 그렇다면 자신의 비밀 결사가 준비한 경회루 들보 속 자금도 모두 없어질 것임을 알았겠다. 이는 비밀리 추진한 일대 사업이 전쟁이라는 돌발 상황으로 인해 실패함을 의미한다. 둘째, 무인과 절친한 점에서 비밀 결사의 성격이 조금 드러난다. 장생의 무예 실력, 경회루의 두 소년과 함께 생각해 보면 그것은 무인이 주축이 된 모임일 것이다. 홍세희는 전쟁이 나자 종군하여 국토방위의 임무를 담당했으나 장생과의 친분으로 보면 그 이면에 다른 일을 도모한 기미가 엿보인다. 셋째, 비밀 결사가 실패한 후에 신선 되기와 이상향 찾기가 시도된다는 점이다. 장생의 계획이 이루어질 수 없게 되자 목숨을 버리고 신선의 몸이 되어 삼신산 같은 동해의 섬나라를 찾아 나섰다. 고난과 패배의 현실에서 초월하여 신선 세계를 찾아 떠난 것이다. 이는 그에 대한 민중의 기대가 이상 세계에 대한 동경까지 내포한 것임을 말해 준다.

이러한 결말 뒤에 작자의 논평이 붙어 있다. 젊어서 유협(游俠)들과 사귀었는데 더불어 농담도 하며 친하게 지냈고 기예를 다 구경했다고 하면서 그들을 검선(劍仙)의 부류라고 하였다. 장생만을 말한 것은 아니고 작자가 만나 본 유협의 무리에 장생을 포함시켜 검선이라 평가한 것이다. 이로써 장생의 성격이 더 뚜렷해져 무예에 능한 신선으로 요약되었다.

〈장생전〉은 장생이라는 인물의 행적을 통해 체제 변혁과 현실 초월의 의지를 드러낸 작품이다. 조선 중기의 큰 변란을 배경으로 서울에서 거지로 사는 주인공이 사람들을 즐겁게 하고 감동시키는 여러 재주를 보이는 이면에 비밀 결사를 조직하여 경복궁 경회루에 자금을 모아 두고 무엇인가를 도모하였다. 그러다가 임진왜란 직전에 사람이 많이 모이는 청계천 주변에서 한바탕 춤과 노래를 하고 목숨을 버렸는데 친구 앞에 나타나서 동해의 신선 세계로 간다는 말을 남겼다. 이러한 이상 세계에의 동경은 인물의 신비성을 부각하는 동시에 당대 민중의 기대와 염원을 반영한 것이다. 작품에 담긴 심중한 주제와 초월 의지로 인해 음미하면 할수록 깊은 의미를 찾을 수 있는 단편 소설이다.

## 8.4 설생

이 작품은 신돈복(辛敦復, 1692~1779)의 야담집 『학산한언(鶴山閑言)』에 실려 있는데, 제목 없이 본문이 기술되어서 기존의 번역자가 붙인 제목을 따라 〈설생(薛生)〉이라 칭하기로 한다.[76] 이 야담집은 18세기 조선 사회에 퍼져 있던 흥미로운 이야기를 채집, 수록한 것으로 기이하고 신비스러운 이야기들이 많이 실려 있다. 실존 인물뿐 아니라 가상 혹은 익명의 인물이 행하였거나 겪었던 기이한 일들을 다루었고 주로 조선의 역사, 지리, 문화를 배경으로 한 것이어서 향토적인 색채가 짙다. 여기서는 현실 초월의 주제가 뚜렷이 드러나는 이 작품을 택하여 삶에서 초월적 지향성이 갖는 의의에 대해 생각해 본다.

작품은 시대 배경과 인물의 성격에 대한 서술로 시작한다.

> 광해군 때 설생이라는 사람이 청파동에 살았는데 문장의 재주가 풍성하고 기개와 절조를 소중히 여겼다. 과거에 힘썼으나 운이 이상하게도 불리하였다. 일찍이 추탄 오윤겸과 아주 잘 지냈는데 계축년 폐모(廢母)의 변고가 일어나자 설생은 분개하여 추탄에게 말했다. "윤리와 기강이 없어졌으니 벼슬해서 어디에 쓰겠나. 자네 나와 함께 은거하려는가?"[77]

---

76 신돈복 지음, 정솔미 편역, 『이상한 것 낯선 것 – 학산한언 선집』, 돌베개, 2019, 165-169면.

77 정환국 책임교열, 「학산한언」, 『정본 한국야담전집』, 보고사, 2021, 37-38면의 원문을 위의 번역서를 참조하여 필자가 번역하여 인용한다.

주인공 설생은 문장을 잘했는데도 운이 안 좋아 과거에 낙방하였고 기개와 절조를 중히 여긴 인물이다. 계축년(1613)에 광해군이 영창 대군을 죽이고 인목 대비를 서궁에 가두는 변고가 일어나자 친구 오윤겸(吳允謙, 1559~1636)에게 함께 은거하자고 권하였다. '기절(氣節)'을 중시한 그가 아들이 어머니를 해치는 패륜의 정치 현실에 대해 비분강개하여 이 세상에서 뜻을 접고 다른 세상을 꿈꾼 것은 자연스런 일이다. 이처럼 작품 서두에 3인칭 서술자 시점으로 인물의 특성이 간략하면서도 인상 깊게 그려졌다.

설생의 요청에 대해 오윤겸은 부모가 계셔서 멀리 떠날 수 없다며 사양하였다. 이로부터 3인칭 관찰자 시점으로 바뀌어 '오공(吳公)' 또는 '공(公)'이라 칭한 오윤겸의 시점에서 설생의 행적을 서술해 나간다. 이후 '공(公)'과 '생(生)'의 호칭을 쓰면서 이 세상에서 벼슬살이하는 오윤겸과 다른 세상에서 선비의 지조와 이상을 좇는 설생을 대비하여 서술하고 있다. 이러한 시점의 교체는 대상 인물에 대해 거리를 두고 형상화함으로써 자세한 이력보다는 기이하고 신비한 면모를 부각하려는 의도에 따른 것이다. 아울러 관찰자 오윤겸의 생각과 처지를 설생과 비교하면서 자기 성찰의 모습을 보여 주려는 뜻도 담겼다.

한 달쯤 후에 오공이 설생의 거처를 지나다가 보니 그는 이미 떠나서 어디로 갔는지 알 수 없었다. 그 후 인조반정(1623)이 일어나 북인이 몰락하고 서인과 남인이 정권을 잡았다. 서인인 오윤겸은 광해군 때 북인의 득세로 인해 지방관으로 전전하다가 중앙 관직에 복귀하였고 일본, 명나라에 사신으로 가서 중요한 역할을 수행했는데 반정 이후 중앙의 요직에 중용되어 재상까지 올랐다. 이러한 경력은 생략한 채 작품은 갑술년(1634) 그가 관동 지방의 관찰사로 나가 지역을 순시하다가 간성에 이르러 영랑호에 배를 띄워 노닐 때에 설생을 만나는 사건을 서술하고 있다. 실제로는 1613년경에 이 직책을 지냈다고 하는데[78] 이로 보면 오윤겸의 실제 경력과 직책은 가져오되 설생의 내력을 좀 더 개연성 있게 만들기 위해 허구의 시간을 늘려 놓았다고 할 수 있다.

설생이 다가오는 모습은 '문득 안개 낀 물결에 운무가 아득한 사이로 노를 저어 오는 사람이 있었다. 가까이 이르러 보니 바로 설생이었다.'로 묘사되었다. 안개 속에서 인물이 서서히 모습을 드러내어 가까이 온 것이다. 인물의 등장에 신비로운 분위기가 싸이도록 하여 그 성격을 한층 부각하고 있다. 오공이 반갑게 맞이하여 사는 곳을 묻자 설생이 양양의 동남쪽 60리쯤에 있는 회룡굴(回龍窟)에 사는데 깊고 궁벽하여 인적이 드문 곳이라고 대답한다. 그리고 함께 가 보기를 청하여 두 사람은 그곳을 찾아간다.

어슴푸레 저물녘에 산에 이르러 하인은 물리치고 중들에게 수레를 끌게 하여 골짜기로 들어갔다. 험한 길로 몇 리를 가니 푸른 절벽이 깎아지른 듯이 솟아 있었다. 그 가운데가 갈라져 돌문이 되었는데 문 옆의 좌우로 맑은 물이 쏟아져 나와 '회룡', 용이 빙 두른 형상이었다. 구불구불하고 가파른 돌길을 따라 덩굴이나 나뭇가지를 붙잡고 나아가니 비로소 굴이 나왔다. 굴이 낮아서 몸을 잔뜩 웅크리고 들어가자 또 다른(別) 동천(洞天, 산천으로 둘러싸인 경치 좋은 곳)이 펼쳐졌다. 이렇게 동굴을 지나 별천지에 이르는 화소는 설화에서 자주 보이는 것이다. 여기서는 양양에서 60리 떨어진 어느 산속의 동굴 문을 통과하는 것으로 그려졌다. 오윤겸의 역사적 경력에 설생의 설화적 내력이 결합하여 역사와 설화, 현실과 허구가 얽히면서 허구 세계의 개연성을 담보하고 있다.

회룡굴 너머의 별천지에 대한 묘사는 다음과 같다.

---

78 신돈복 지음, 정솔미 편역, 앞의 책, 165면 각주2 참조.

> 땅은 매우 넓고 평평하고 전토는 기름지고 비옥하여 사람이 많이 살고 있었다. 뽕과 삼이 그늘져 우거졌고 배나무와 대추나무가 숲을 이루었다. 설생의 거처는 굴 안의 중심부였는데 극히 화려하고 깊숙하였다.

위의 묘사에서 몇 가지 특징을 살필 수 있다. 첫째, 기름지고 비옥한 땅에 인가가 많다는 점이다. 기름진 곳에 터를 잡은 것은 농경지를 확보하여 식량을 얻으려는 의도이고 인가가 많은 것은 여러 사람이 함께 거주지를 찾아 옮겨 다닌 집단 이주의 양상을 보여 준다. 둘째, 뽕, 삼, 배나무, 대추나무 등 식물과 나무의 이름을 통해 그곳의 경제 상황이 드러난다. 뽕과 삼은 의복을 만드는 데 소용되고 배와 대추는 곡식과 함께 식량으로 쓰인다. 이것을 안정적으로 얻을 수 있으므로 의식주 생활이 넉넉했을 것이다. 셋째, 중심부에 거처를 잡은 설생이 공동체의 지도자이다. 이로 보아 그가 주도하여 사람들을 이끌고 동천을 찾아 들어와 마을을 건설했을 것이다. 애초에 설생이 오윤겸에게 요청한 일을 서울이나 지방의 다른 사람들을 설득하여 실천에 옮겼음을 시사한다.

이렇게 회룡굴 속 별천지는 인공적으로 만들어진 이상 세계이다. 깊숙하고 아름다운 동천에 인공적인 노력이 더해져 별세계가 건설되었으므로 자연적인 환경 속에 존재하는 신선 세계와는 성격이 다른 장소이다. 설생은 속세를 떠나 불로장생의 신선이 되는 길을 찾은 것이 아니라 현실의 어느 장소를 택해 생산성을 높여 생활의 여유를 누리는 공동체를 만든 것이다. 이는 현실 세계 내에 있으면서 대다수의 평범한 삶과는 다른 방식을 택하여 사는 것이므로 현실을 부정하고 이상만을 추구하는 경향과는 차이가 난다. 현실 초월의 의지가 현실을 넘어 피안으로 나아가기보다는 현실 안에서 적당한 장소를 찾아 대안적 삶을 사는 것이다.

이곳에서 설생은 오공을 잘 대접하고 또 자연 속에서 함께 노닌다. '산채 음식을 드리는데 진기한 나물과 기이한 과일에 향과 단맛이 아주 이상하였다. [그중] 인삼정과는 크기가 팔뚝만 하였다. 서로 손을 이끌고 나가 노니는데 숲과 산등성, 샘과 바위가 기괴하고 장려하여 들어갈수록 더욱 빼어나 명명하여 형용할 수 없었다.' 이에 오공은 '황홀히 방장산에 들어온 듯하여 높은 벼슬이 더러운 것임을 저절로 깨달았다.' 여기서 설생과 오공이 대비되면서 설생의 삶을 지향하는 의식이 드러난다. 아무리 높은 벼슬에 올랐어도 빼어난 자연 속에 건강하게 사는 것만 못하다는 주제 의식이다.

동천을 둘러본 오공은 그곳이 은거하기에 알맞은 곳이라고 칭탄한다. 그리고 설생의 가계가 넉넉지 않았을 텐데 어떻게 이리도 갖추고 사는지를 묻는다. 다음은 설생의 대답이다.

> 내가 일찍이 노닐던 곳, 왕래하던 땅은 이곳만이 아니라네. 스스로 세상에서 물러난 후 마음 내키는 대로 유람하여 하루도 한가로운 날이 없었지. 서쪽으로 속리산에 들어갔고 북으로 묘향산 깊숙이 갔고 남으로 가야산, 두류산의 승경을 찾아다녔다네. 무릇 동방의 산천 중에 절승하다고 알려진 곳은 거의 다 돌아다녔네. 마음에 드는 곳을 만나면 문득 우거진 풀을 베고 집 짓고 황무지를 일구어 김매면서 2년도 살고 3년도 살다가 흥이 다하면 훌쩍 다른 곳으로 옮겼지. 이로써 내가 살던 곳은 산과 물의 기이하고 수려함, 전토와 집의 화려하고 넓음이 여기보다 열 배나 더한 곳도 많았다네. 단지 세상 사람이 알지 못하는 것이지.

위의 말은 작품의 주제를 집약하고 있다. 국토의 곳곳에 별천지가 존재한다고 하면서 속리산, 묘향산, 가야산, 두류산(지리산) 등 유명한 산들을 지목하였다. 속세를 떠나서 가는 곳이 대부분 깊숙한 산중인데 사람의 발길이 닿지 않은 곳, 통치 체제의 힘이 미치지 못하는 곳이다. 이러한 진술에는 우리나라를 낙토(樂土)로 여긴 인식과 국토를 찬미하는 뜻이 담겨 있다. 나아가 고유한 전통의 도가 사상에 맥을 잇는 의식도 들어 있다고 할 수 있다. 이 땅의 곳곳에 신선이 산다거나 별천지가 있다는 생각은 불교처럼 현세 너머의 서방 정토를 구하는 것과 달리 현실 세계의 연장에서 이상향을 찾으려는 지향을 보여 준다.

이와 함께 동천의 개간을 통해 마을 공동체를 건설한 점도 주목된다. 앞서 오공이 본 별천지에 대한 묘사에도 나온 내용이 여기 설생의 말에서 좀 더 구체화하여 나타난다. 사람들이 살지 않거나 살기 어려운 곳에 터를 잡고 '우거진 풀을 베고 집 짓고 황무지를 일구어 김매며' 농사짓고 살았다는 것이다. 사실 이는 화전민이 밭을 일구는 모습이어서 실제로는 많은 어려움과 고통이 따르는 일이다. 그런데도 설생은 그 작업을 '[흥에 겨워 살다가] 흥이 다하면 훌쩍 다른 곳으로 옮기는' 일로 여긴다. 이 지점에서 설생이 지닌 현실 초월의 뜻이 도전과 개척의 의지와 통하고 있다. 속세를 벗어나는 것만이 아니라 새로운 세계를 건설하는 데에 힘쓰는 것이다. 개간과 건설은 곧 경제적인 풍요를 위함이니 어떠한 이념적, 윤리적 추구도 언급하지 않은 채 생활의 여유로써 이상 세계를 그려 내었다. 빼어난 자연 환경 속에서 경제적으로 윤택하게 산다면 그곳이 낙토인 것이다.

오공이 보니 설생의 동복(僮僕)들이 모두 준수하고 아름다운데 대부분 관현악기를 배우고 있었다. 그들은 모두 설생의 첩으로서 노래하고 춤추는 미희 열네댓 명은 모두 오묘하게 아름다웠다. 여기서 낙토의 또 다른 면이 인간의 욕망을 충족하는 것임이 드러난다. 경제적으로 잘사는 것도 물론 욕망 충족이지만 눈과 귀를 즐겁게 하는 것은 욕망을 좀 더 현실적, 감각적으로 충족하는 양상이다. 설생이 아름다운 첩들에게 둘러싸여 노래와 춤을 즐기며 사는 모습을 그림으로써 현세적 욕망의 충족이 이상적인 삶의 중요한 내용임을 보여 준다. 이러한 점을 종합하면, 작품에 그려진 이상 세계는 경제적인 풍요를 토대로 감각적으로 욕망을 충족하는 세상이라 할 수 있다.

오공은 설생의 사는 모습을 보고 또 말을 듣고는 '먼지 날리는 세상의 자신을 돌아보고 한숨짓고 눈물을 흘리며 시를 지어 주었다.' 속세에서 벼슬살이하며 사는 자신의 모습에 대해 다시 한 번 탄식하고 후회하는 것이다. 이러한 대비를 통해 설생의 삶을 긍정하고 동경하는 뜻을 더욱 강하게 나타내었다. 오공은 이틀을 머문 후 설생과 헤어지면서 서울로 꼭 찾아오라고 당부한다.

그 후 3년이 지나 설생이 찾아오자 그를 추천하여 벼슬을 주려고 하였다. 설생은 그것을 부끄럽게 여겨 인사도 없이 떠나 버렸다. 나중에 오공이 회룡굴을 찾아가 보았더니 '[그곳은] 이미 연못이 되었고 설생은 간 곳을 알 수 없었다(不知所去).' 전기 소설과 유사한 결말로 설생의 마지막 모습이 그려진 것이다. 오공은 그 기이함을 크게 감탄하고 슬픈 마음으로 돌아왔다고 하면서 작품은 마무리된다. '기이함에 크게 감탄함'이 기이성(奇異性)이라는 작품의 문학적 성격을 잘 말해 준다. 현실을 초월하여 이상 세계를 건설한 기이한 이야기로써 독자의 동경과 공감을 불러일으켜 문학적 감흥을 느끼게 한다.

작품 끝에는 신돈복의 논평이 붙어 있다. 이 이야기를 사천 이병연에게 들었다고 하고 오윤겸의 손자 오도일의 문집 『서파집』에도 〈설생전〉이 있다고 하였다. 그러면서 설생을 '동국의 이인(異人)'이라 요약하였다. 신이한 능력을 지니고 은거한 사람으로 평가한 것이다. 인물의 능력과 작품의 주제에 대한 기록자의 긍정적인 인식이 나타나 있다.

이 작품은 이 세상에 살면서 다른 세상을 꿈꾸고 실제로 이상 세계를 만든 인물에 대해 서술한 것이다. 현실 너머의 피안이 아니라 현실 속의 장소에서 이상적인 공동체를 건설하였다는 점에서 현실적 이상주의의 표방이라 할 수 있다. 대부분의 사대부는 유교 공부를 하여 과거에 합격하고 벼슬살이하며 공명을 좇아 살아가지만 설생은 그와 다른 방식을 택하여 풍요롭고 즐거운 삶을 누렸다. 현실에서 대다수의 사람이 사는 것과 다른 방식을 택한 데에서 초월적 지향의 의의가 드러난다. 작품에 그려진 인물과 사건이 허구라 할지라도 그러한 지향만큼은 사람들 마음속에 늘 꿈틀대고 있다. 작품을 통해 다른 방식의 삶에 대해 생각해 보는 것만으로도 현실에서 한 발짝 벗어난 여유와 즐거움을 맛볼 수 있다. 이러한 의미에서 작품에 그려진 현실 초월 의지와 이상 세계 건설의 주제는 찬찬히 음미할 가치가 있다.

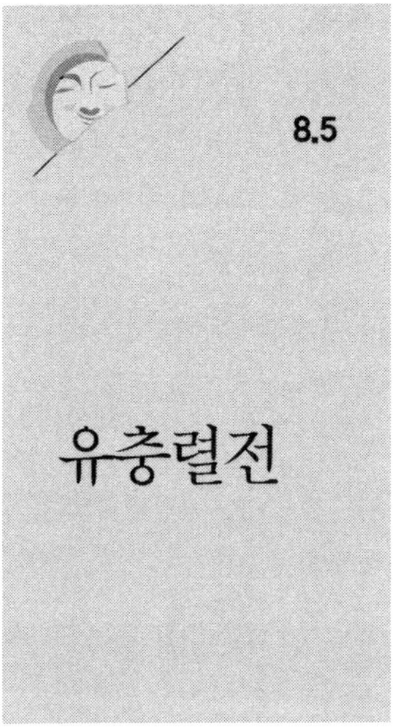


〈유충렬전(劉忠烈傳)〉은 조선 후기에 나온 작자 미상의 영웅 소설로서 당대 독자의 인기를 많이 끌었던 작품이다. 기복이 큰 서사 구성, 선악 대립이 뚜렷한 인물 구도, 극적인 서술 방식, 감정에 호소하는 표현 등이 대중 소설적 특성을 잘 보여 준다. 조선 후기의 상황이 반영되어 전반적으로 암울한 분위기에 울분이 서려 있으나 자유분방한 허구적 상상력, 영웅의 저돌적인 활약, 사건 전개의 극적인 반전, 원망과 분노를 토로하는 발언 등이 역동적이고 통쾌한 느낌을 준다. 이러한 점을 고려하면서 작품이 구축한 허구적 상상의 세계를 살펴 당대의 독자들이 영웅 소설을 통해 현실에서 잠시나마 벗어나려 했던 욕망의 일면을 되짚어 보고자 한다.

먼저 작품의 줄거리를 제시하면 다음과 같다.[79]

명나라 황실이 미약한 시대에 유심 부부가 남악 형산에 발원하여 유충렬이 태어났다. 강성한 외적을 처리하는 문제로 유심이 정한담과 다투다가 귀양을 간다. 정한담의 부하가 집에 불을 지르자 장 부인과 유충렬이 도망하다가 회수에서 마철 형제의 습격을 받아 모자가 헤어진다. 장 부인은 마철의 아내가 될 위기에 처했으나 기지를 써서 탈출하여 친지인 이 처사 집

79 지은이 모름, 이상구 옮김, 『유충렬전』, 지식을만드는지식, 2015, 3-229면 ; 「유충렬전」상·하, 김동욱 편, 『영인 고소설판각본전집』2, 인문과학연구소, 1973, 335-377면 참조.

에 안돈한다. 충렬은 거지꼴로 떠돌다가 멱라수 회사정에 쓰인 아버지의 시를 보고 죽으려던 차에 전임 승상 강희주에게 구원된다. 강 승상의 딸 경화와 혼인하여 살던 중 강희주가 정한담을 공격하고 유심을 구하는 상소를 올렸다가 귀양 가고 가산은 적몰된다. 충렬은 강 낭자와 헤어져 광덕산 백룡사 노승에게 의탁한다.

남흉노와 북적이 쳐들어오자 정한담은 적과 내통하고 반역한다. 명군을 대파하고 도성에 들어가 스스로 천자가 된다. 산동 육국의 구원병도 격파하고 금산성에 피신한 천자를 핍박하여 옥새를 요구한다. 천기를 보고 병란을 안 유충렬이 노승의 지시로 옥함 속에서 용린갑·일광주·장성검·신화경을, 동 장자 집에서 천사마를 얻어 순식간에 전쟁터에 다다라 적장 정문걸을 베고 천자를 알현한다. 마룡·최일귀를 차례로 무찌르고 정한담과 싸워 패퇴시킨다. 정한담은 옥관 대사의 계략으로 함정도 만들어 보고 유심을 볼모로 회유도 해 보았으나 모두 실패한다. 유충렬은 도성을 수복하여 정한담 일파를 처벌한다. 호산대로 피한 정한담이 구원병을 요청하니 가달·토번·호국 왕이 군대를 이끌고 온다. 정한담은 금산성을 치는 척하여 유충렬을 유인한 후 도성을 쳐들어가 변수 가로 도망간 천자를 뒤쫓아 옥새를 내놓으라고 호통한다. 속은 것을 안 충렬이 달려와 천자를 구출하고 정한담을 사로잡는다.

유충렬은 태자·태후·황후를 잡아간 호국 왕을 정벌하러 나선다. 세 사람이 동문 밖에서 처형당하려 할 때 충렬이 필마단창으로 달려들어 호국 군사들을 무찌르고 세 사람을 구출한 후 호왕을 처참한다. 돌아오는 길에 귀양지에서 다 죽게 된 유심을 구한다. 도성으로 개선하여 유심이 정한담을 치죄한 후 저자거리에서 능지처참한다. 다시 출정하여 서번의 항복을 받고 가달 왕과 싸워 마철 형제를 무찌르고 옥관 대사를 사로잡는다. 강희주와 그의 시중을 들던 조 낭자를 구하고 토번 왕의 항복까지 받는다. 돌아오는 길에 회수 가에서 장 부인을 위해 제사를 지내니 그 소식이 장 부인에게 전해져 모자가 상봉한다. 영릉 관비의 딸 연심이 강 낭자를 대신하여 유충렬의 수청을 들었다가 탄로 난 일로 강 낭자와도 상봉한다. 집안을 회복한 유충렬은 부모, 처첩과 함께 부귀영화를 누린다.

위 줄거리에서 보듯이 작품의 초반부는 유충렬과 그 가족의 고난, 중반부는 정한담과의 대결과 승리, 종반부는 흩어진 가족의 상봉 이야기가 서술되어 있다. 황실의 권위가 추락한 명나라 영종 집권기에 안으로 정한담·최일귀 같은 간신이 반역을 꾀하고 밖으로 흉노·북적·호국·가달·토번 등 사방의 외적이 중국을 침범하는 혼란한 시대를 배경으로 하였다. 영웅이 활약하기에 적합한 시대 배경을 설정하여 주인공의 고난과 성공을 극적으로 그려 내고자 한 것이다. 작품이 향유된 18, 19세기로부터 3, 400년 떨어진 시간적 배경에 조선이 아니라 중국과 그 주변국을 공간적 배경으로 삼아 독자가 처한 현실로부터 멀리 벗어난 시·공간에서 영웅이 활동하는 모습을 따라가도록 설정한 것이다.

이러한 상상의 시공 속에 허구의 세계를 구축했으나 서사 문학의 보편적 성격, 영웅 소설의 양식, 다른 소설의 영향 등으로 이루어진 것이어서 자유로운 듯하면서도 익숙한 세계이다. 고난–행복, 갈등–해결의 서사 전개, 고귀한 태생이 어려서 버려졌다가 구출되어 커서 위기를 극복하고 최종 승리를 거두는 영웅의 일생 구조가 그러하다. 또한, 남악 형산의 묘사는 〈구운몽〉에서, 회사정에 붙인 시와 회수 가의 제사는 〈사씨남정기〉에서, 전쟁 중의 진전 대화나 장수끼리의 대결은 〈삼국지연의〉에서, 유심을 볼모로 회유하는 것은 〈초한지〉에서 영향을 받았고, 강 낭자의 수절 사건은 동시대 〈춘향전〉과 유사한 내용이라서 영향 관계가 있다.

허구 세계가 이렇듯 익숙할 뿐 아니라 당대 현실의 반영이라는 문학의 일반적 성격도 지니고 있다. 현실 반영의 양상 중에서 조선 후기 당쟁과 가족주의의 반영이 중요한 점이다. 작품 초반은 명나라의 조정이 위태로워 남경의 도읍을 옮기려다가 그만두고, 토번과 가달이 조공하지 않자 두 나라를 정벌하자는 정한담 파와 화친하자는 유심 파로 나뉘어 정쟁을 벌이는 내용이다. 유심의 간언에 "한낱 새알이 천근지중(千斤之重)을 견디리까?"라는 말을 트집 잡아 정한담·최일귀가 "개미 무리를 대국에 비하고 한낱 새알을 폐하에 비하니 일대의 간신이요 만고의 역적이라."고 모함하여 죽이려 한다. 결국 귀양에 처해진 유심은 정한담을 향해, "왕망이 섭정하매 한실이 미약하고 동탁이 작난(作亂)하니 충신이 다 죽겠다. 나 죽은 후에 내 눈을 빼어 동문에 높이 달아 가달국 적장 손에 너의 머리 떨어지는 줄 완연히 보리라."면서 저주를 퍼붓는다. 나중에 강희주가 올린 상소문에도 "밖으로 충신의 입을 막고 간신이 악을 받아 국권을 앗았으니 어찌 아니 한심하오리까."라 하였다. 조정의 당파가 군자당 대 소인당의 일반적인 구분을 넘어 충신당 대 간신당의 선악 대립을 뚜렷이 하였고, 나아가 전란이 일어나 간신 당이 반역 당이 되고 충신 당이 그 당을 토벌하는 양상으로 전개된다. 현실 정치의 당쟁을 반영하되 선악의 극단적인 대립과 쟁투로 서사화한 것이다.

이와 함께 가족주의에 바탕하여 각자도생하는 현실적인 삶이 반영되었다. 줄거리에서도 드러나듯이 작품의 서사 전개는 가족의 이산과 재결합이 중심을 이루고 있다. 유심의 가문이 당쟁으로 몰락하자 유충렬이 나서서 국가에 공을 세운 후, 고난당하는 친가와 처가의 사람들을 구하여 가문을 회복하는 이야기이다. 유충렬은 늘 "소자는 남경 동성문 내에 사는 정언주부 유공의 아들이옵더니"라고 자신을 소개하고, 주변 인물도 "네가 동성문 내 사는 장 부인의 아들이냐?", "그대 일정 유 주부의 아들인가? 어디 가 장성하여 저런 명장 되었는고?"라고 말한다. 그는 영웅이기 전에 유심과 장 부인의 아들로 인식된다. 영웅 아들로서 유충렬은 원수를 갚아 부모의 명예를 회복하고 이산된 가족을 모아서 가문을 세우는 것이 주된 임무이다.

이를 감당해야 하는 유충렬이 초년에 심한 고생을 겪는다. 부모와 헤어져 거지꼴로 떠돌아다니다가 회사정에 이르러 자살할 결심까지 한다. 강희주에게 구출되었으나 또 다시 고난이 닥쳐 산속으로 숨어들어 절에 의탁한다. 부모를 여의고 처가도 잃은 채 혈혈단신으로 유랑하는 모습이다. 이는 나중에 전쟁터에서 필마단창으로 적진 중에 종횡무진하고 단칼에 적장을 무찌르는 모습과 묘하게 겹쳐진다. 기아(棄兒), 고아로 떠도는 모습과 전장에서 그야말로 독불장군의 활약상이 연결되면서 이 세상에서 고군분투하는 영웅 아들의 외로운 형상이 선명하게 부각된다. 이러한 고독한 영웅상은 조선 후기 사회, 정치, 경제적 불안정 속에 가족 중심으로 각자도생하며 어렵게 살아가야 했던 서민들의 삶이 반영된 모습일 것이다.

이와 같은 현실 반영의 측면이 허구의 세계를 무겁고 어두운 분위기로 만들고 있으나 작품이 주는 흥미는 상상 속에 그려진 영웅의 활약을 따라가며 즐기는 데에 있다. 허구이기에 가능한 영웅의 활약과 사건의 극적인 반전을 통해 이야기에 몰입하여 즐길 수 있는 것이다. 이에 주인공 유충렬의 영웅적인 활동에서 보이는 행동 및 의식상의 특징적인 면모에 초점을 두어 작품을 살펴볼 만하다.

유충렬은 남악 형산의 신령에게 빌어서 얻은 귀한 아들이다. 태어날 때 팔뚝에 북두칠성이, 가슴에 대장성이 박혀 있고 배에는 삼태성에다가 '대명국 대사마 대원수'라는 글씨가 주홍색으로 새겨 있다. 이렇게 영웅의 표지가 뚜렷한 몸으로 태어났으나 정한담 일파의 모함과 사주로 인해 초년고생을 겪는다. 그런 다음에야 본래의 영웅적 능력을 되찾아 전쟁터에 나가 적을 무찌르고 원수를 갚고 적국까지 쳐들어가 정벌한다. 영웅이면서 고난을 겪고 시험을 당한 후에 자신의 능력을 발휘하여 위기에 빠진 나라를 건져 낸다.

그런데 유충렬은 이러한 전쟁 영웅의 면모보다 한 집안의 아들로서 흩어진 가족을 구하여 가문을 세우는 면모가 더 두드러진다. 귀양지에서 유심은 "명천이 감동하사 우리 천자 살릴진대 내 아들 충렬이 살았거든 남경을 구원하고 제 아비 원수를 갚게 하소서."라며 기원하고, 구출된 후 천자 앞에서는 "소신은 연경에 귀양 갔던 유심이옵더니 자식의 힘을 입어 잔명을 살아나서"라고 말한다. 유충렬이 장 부인과 재회하는 것을 보고 사람들은 "어떤 부인은 팔자가 좋아 저런 아들 두었는가."라며 부러워한다. 이처럼 곤경에 처한 부모는 아들이 구원해 주기를 바라고 사람들은 부모가 부귀를 누리는 것이 잘난 아들 덕이라고 여긴다.

이에 호응하여 유충렬은 국가를 위해 동정서벌하면서도 늘 헤어진 가족을 의식하며 행동한다. 호국을 정벌하는 데에 태자·태후·황후를 구한다는 명분을 내세웠지만 실제로는 귀양 가 있는 아버지 유심을 구출하는 일이 목적이었다. 호국 정벌의 성과는 천자의 가족과 함께 유충렬의 이산된 가족 중 아버지를 구해 온 것이다. 이러한 전개는 이어지는 서번과 가달 정벌에서도 마찬가지 양상을 띤다. 적국의 정벌은 간단히 이루어지고 그 과정에서 장인 강희주, 어머니 장 부인, 아내 강경화를 구출하는 이야기가 중심이 된다. 이렇게 작품 후반부에서 흩어진 가족 한 사람 한 사람을 구출하여 다시 만나는 과정이 그려짐으로써 영웅 아들로서의 임무를 완수하는 일이 유충렬에게 우선되는 과업임이 더욱 분명해진다.

영웅 아들의 면모는 독자에게 상상의 세계를 심정적으로 친근하게 받아들이며 감상하도록 한다. 적장을 한칼에 베고 수십만 병졸을 혼자서 무찌르는 등의 다소 허황한 활약상까지도 수용하면서 영웅을 친밀하게 느낄 수 있는 것은, 그의 주된 임무가 가족의 회복이고 그의 복수가 가족을 위한 것이어서 보통 사람 누구에게나 통하는 가족주의에 바탕한 인물 형상이기 때문이다. 비록 각자도생의 험난한 세상살이를 현실적 배경으로 깔고 있는 이야기이나 상상과 허구 속에서도 현실적인 감각을 유지한 채로 사건이 펼쳐지고 영웅의 활약상이 그려짐으로써 그에 대한 호감과 응원이 실질적인 의미를 가지게 된다. 대중적인 인기의 바탕에는 이러한 현실 감각이 작용했으리라 생각된다.

유충렬의 또 다른 매력은 분노의 분출과 저돌적 행동에 있다. 유충렬은 어릴 때 겪은 가족 이산의 아픔과 그에 따른 고난으로 인해 가슴속에 슬픔과 원망, 울분과 분노가 가득한 인물이다. 이러한 감정은 정한담 일파의 모략과 어리석은 천자의 결정에 의해 억울하게 고난을 당하면서 쌓인 것이다. 정한담이 부하를 시켜 집에 불을 지르자 장 부인은 어린 충렬을 데리고 수챗구멍으로 기어 나오니 '충렬이며 부인의 몸이 모진 돌에 긁히어서 백옥 같은 몸이 유혈이 낭자하고 월색같이 고운 얼굴 진흙 빛이 되었으니 불쌍하고 가련함은 천지도 슬퍼하고 강산도 비감한다.' 회수에서 수적 마철 형제를 만나 어머니를 잃은 충렬은 남경 상선에 구출된 후 '촌촌에 걸식하며 곳곳에 차숙(借宿)할 제, 조동모서(朝東暮西)하니 추풍낙엽이요 거래[에] 무종적하니 청천에 부운이라.'와 같이 떠돌이 신세가 된다. 여러 해를 떠돌다가 멱라수 회사정에 유심이 귀양가다 써 붙인 글을 보고 '정상(亭上)에 거꾸러져 방성통곡 왈, "우리 부친이 연경으로 간 줄만 알았더니 이 물에 빠졌도다. 나 혼자 살아나서 세상에 무엇 하리. 회수에 모친 잃고 멱라수에 부친 잃었으니 하면목으로 세상에 살아날고. 나도 함께 빠지리라." 하고' 투신하려고 한다. 이러한 초년고생을 거치면서 유충렬의 내면에 울분과 분노가 쌓이고 그에 비례하여 정한담 일파에 대한 복수심은 극대화한다.

이러했기에 전장에서 정한담을 대면했을 때의 감정이 어떠할지는 충분히 짐작할 만하다. "비단 천하 사람뿐 아니라 지하 귀신들도 너를 잡아 황제 전에 드리고자 할 것이니 너 같은 만고역적이 살기를 바랄쏘냐. 네놈을 생금하여 전후 죄목 물은 후에 너의 살을 포육(脯肉) 떠서 종묘에 제사하고 그 남은 고기는 받아다가 우리 부친 충혼당에 석전제를 지내리라." 하는 호통으로 분노를 분출한다. 그와 대적하여 죽일 뻔했으나 싸움을 회피하는 바람에 응징이 늦어진다. 양 진영의 전투가 진행되다가 결국에는 정한담이 천자에게 옥새를 빼앗으려는 대목에서 유충렬이 나타난다.

> 이때 천자는 백사장에 엎어지고 한담은 칼을 들고 천자를 치려고 하거늘, 원수 이때를 당하매 평생에 있는 기력과 일생에 지른 호통을 진력하여 다 지르니 천사마도 평생 용맹 이때에 다 부리니 변화 좋은 장성검도 삼십삼천 어린 조화 이때에 다 부리고, 원수 닫는 앞에 귀신인들 아니 울며 강산도 무너지고 하해도 뒤눕는듯 혼백인들 아니 울리오. 혼신이 불빛 되어 벽력같이 소리하여 왈, "이놈 정한담아, 우리 천자 해치 말고 나의 칼을 네 받으라!"

천자가 정한담에게 막 항복하려는 순간에 유충렬이 내달으며 외치는 말이다. 유충렬의 도구인 천사마와 장성검이 온 힘을 쓰고 모든 조화를 부리고 그의 몸은 온통 불빛이 되어 내닫는다. 그에게 사무친 원망과 분노가 활활 타오르는 불빛으로 온몸을 휘감으며 분출하고 있는 모습이라 하겠다.

분노의 분출은 정한담에게서 그치지 않고 모든 적대자에게로 향한다. 누군가 자기나 천자의 가족을 해칠 참이면 유충렬은 물불을 가리지 않고 혼자 나가서 무찌른다. 분노에 휩싸인 자아 앞에 세계는 존재하지 않는다.

> 황후는 태후의 목을 안고 태자는 황후의 목을 안고 삼인이 한 몸 되어 백사장 너른 들에 엎어져 땅을 허비며 방성통곡하는 말이, "전생에 무슨 죄로 백발 노구[가] 홍안 소부, 어린 손자 앞세우고 되놈에게 잡혀 와서 한칼

> 끝에 다 죽으니…….”……“여봐라 호왕 놈아, 황후 태후 해치 말나!”……천사마 눈 한 번 깜짝이며 동문 대도 상에 장성검이 불빛 되어 십 리 사장 너른 들에 오마대(五馬隊)로 싸인 군사 씨 없이 다 베고, 성중에 달려들어 궐문을 깨치고 문 안의 만조백관 단칼에 무찌르고, 용상을 쳐부수며 호왕의 머리 풀어 손에 감아쥐고 동문 대로에 급히 오니

> 원수 순식간에 달려들어 적진을 바라보며 벽력같은 소리를 천둥같이 지르며 “네 이놈 가달 왕아, 강 승상을 해치 말라!” 하며 적진 선봉을 헤쳐 가니……장성검 번개 되어 동천에 번듯하며 마철의 머리를 베고 남천에 번듯하며 마응을 베고 중앙에 번듯 마학의 머리를 베어 들고 적진 백만 대병을 순식간에 함몰하고……경각에 달려들어 호왕을 치니 통천관이 깨어지고 상투마저 없는지라.

십 리 사장에 정렬해 있는 군사들, 백만 명의 대군도 유충렬 앞에서는 힘 한 번 못 써 보고 추풍낙엽같이 쓰러진다. 유충렬이 얼마나 원망과 분노에 사무쳤으면 백만, 억만의 군사들이 안중에 없고 오직 자신이 목표로 한 인물의 구출에만 열을 올리는지가 극명히 드러난다. 이는 유충렬의 영웅적 활약상을 과장하여 표현한 것이라 할 수 있으나 그보다 더 주목해야 할 것은 유충렬의 감정이 극단적이고 저돌적인 행동으로 표출하는 데 초점을 맞춘 서술이라는 점이다. 유충렬이 혼자 펼치는 활약상은 세계에 대한 울분과 분노가 폭발한 것이고 그러기에 그의 행동은 매우 저돌적인 모습으로 나타난다.

영웅 아들, 분노와 저돌성에 더하여, 천자의 어리석은 형상에 대비되어 유충렬의 행동과 발언이 갖는 체제 비판적 의미가 흥미를 고조한다. 황실이 미약하고 전란이 빈번한 시대가 배경인 것부터가 비판 의식의 발로이지만 중세 체제의 정점에 있는 천자의 형상이 어리석고 우스

꽝스럽게 그려진 것은 더욱 심중한 상징적 의미를 갖는다. 천자는 무턱대고 정한담 말대로 하다가 외적이 쳐들어올 때 '호산대에 올라 망월하고 환궁하여 대연을 배설하고 상하동락 즐기'고 있었고, 정한담 일파가 반역했다는 '말을 듣고 용상 밑에 떨어져 발을 구르며' 탄식한다. 전황이 불리해지자 승상 조정만이 "이제 산동 육국에 청병하여 싸우다가 사불여의(事不如意)하거든 옥새를 가지고 소신과 함께 용동수에 빠져 죽사이다." 하니 응낙한다. 유충렬의 등장으로 전세가 역전되어 환궁한 후 천자는 유충렬만 믿고 잠이 깊이 들었다가 정한담이 궐내로 쳐들어와 고함치니 '넋을 잃고 용상에[서] 떨어져 옥새를 품에 품고 말 한 필 잡아타고 엎어지며 자빠지며 북문으로 도망'한다. 정한담이 사로잡힌 후 궁궐로 돌아와 태자·태후·황후가 호국에 잡혀간 것을 알고는 "부모처자를 되놈에게 보내고 나 혼자 살아 무엇 하리. 천하를 그대에게 전하나니 그리 알라. 과인은 이제 죽어 혼백이나 호국에 들어가 모친을 만나 보면 구천에 들어가도 여한이 없으리라."고 하면서 궐내 연못에 빠져 죽으려 한다.

이처럼 작품에 그려진 천자는 무능하고 어리석고 간신에게 휘둘리는 인물이다. 또한 경박하게 행동하고 무책임하게 말하며 툭하면 울고불고하면서 충동적으로 일을 저지른다. 이러한 천자의 형상은 중세 지배 체제에 대한 피지배 계층의 비판과 조롱의 시선을 담은 것이라 할 수 있다. 정치 체제와 사회 제도가 동요하여 혼란스러운 시대의 근본 원인을 그 체제의 최고 통치자인 천자의 무능하고 어리석고 나약한 성격 탓으로 돌린 것이다. 이러한 점에 체제 비판적 의식, 더 나아가 체제 전복적 의식이 엿보인다.

이러한 천자를 보필하는 유충렬은 국가의 위기를 극복하고 중세 체제를 수호하는 영웅의 역할을 하고 있다. 그러나 이는 명분상 그런 것이고 실제로는 고난받는 가족을 구원하여 가문을 일으켜 세우려는 목적이 훨씬 강하다. 가족주의의 관점에서 천자와 유충렬을 비교한다면, 최고의 지위에 있는 못난 아들과 고난을 이겨 내고 가족을 구하는 잘난 아들의 대립적 형상이라고도 할 수 있다.

유충렬의 이러한 의식은 천자를 처음 대면해서 하는 말에 뚜렷이 나타난다.

> 천자 급히 문 왈, "그대는 뉘신지 죽을 사람을 살리는가?" 충렬이 저의 부친과 강희주 죽음을 절분히 여겨 통곡하며 여쭙되, "소장은 동성문 내 거하던 정언주부 유심의 아들 충렬이옵더니 주류 개걸(周流丐乞)하여 만 리 밖에 있삽다가 아비 원수 갚으려고 여기 잠깐 왔삽거니와 폐하 정한담에게 곤핍하심은 몽중이로소이다. 전일에 정한담을 충신이라 하시더니 충신도 역적이 되나이까? 그놈의 말을 듣고 충신을 원찬하여 다 죽이고 이런 환을 만나시니 천지 아득하고 일월이 무광하옵니다." 슬피 통곡하며 머리를 땅에 두드리니 산천초목도 슬퍼하며 만 진중이 낙루 아니할 이 없더라.

아버지와 장인이 억울하게 귀양 가 죽었다고 생각하여 원망과 분노를 품은 유충렬이 위기에 빠진 천자 앞에서 통탄하며 토해 내는 말이다. 신하로서 군주에게 할 말로는 도가 지나칠 만큼 천자의 어리석고 무능한 거동을 따지고 들어 거침없이 꾸짖는다. 가족의 불행과 고난의 궁극적인 책임이 천자에게 있으므로 군신 간의 예의도 무시한 채 원망과 분노의 말을 쏟아내는 것이다. 이로써 유충렬의 영웅적 행위는 체제 수호보다 체제 비판 쪽이 강하다고 할 수 있다. 다만 그 비판이 자기 가족의 구원을 우선한다는 점에서 체제 극복의 전망은 제시하지 못하고 있다.

〈유충렬전〉은 부정적 감정이 넘치고 지배 체제가 흔들리는 세계에서 영웅이 홀로 헤집고 다니며 활약하는 모습을 그리고 있다. 가족을 중심으로 각자도생의 삶을 살았던 조선 후기 서민들의 처지와 의식이 반영된 면이 있다. 그러면서도 가족 보호의 가치, 체제 비판의 감정적 토로 등에 감응하며 영웅의 활약을 따라 대리 만족을 얻을 수 있다. 허구와 상상의 세계에서 현실의 억눌린 감정과 의식을 풀어내도록 했으므로 대중 소설로서의 역할과 의의에 충실한 작품이라 하겠다.

## 참고 문헌


『고산유고』(한국고전번역원, 『한국고전DB』).

『고산유고』(윤선도 저, 이형태 외 역주, 소명출판, 2012).

「관동별곡」(최강현 역주, 『한국고전문학전집3 - 가사 I』, 고려대 민족문화연구소, 1993).

『구운몽』(정규복 · 진경환 역주, 고려대 민족문화연구소, 1996).

『구운몽』(김만중 원작, 김병국 교주 · 역, 서울대출판문화원, 2009).

『구천현묘비서 내외경』(지선당, 1996).

『국역 신증동국여지승람』 V(민족문화추진회, 1985).

『기재기이』(신광한, 박헌순 옮김, 범우문고, 1990).

『동문선』11, 오언배율(한국고전번역원, 『한국고전종합DB』).

「마장전」(한국고전번역원, 『한국고전종합DB』).

『면앙집』4, 「잡저」(한국고전번역원, 『한국고전종합DB』, 한국문집총간).

『불우헌집』2, 「가곡」(한국고전번역원, 『한국고전종합DB』).

『삼국유사』(『한국불교전서』6, 동국대출판부, 1982).

『송강전집』(성균관대 대동문화연구원, 1964).

『시용향악보』(대제각, 1988).

『역주 고려사』8(동아대 고전연구실, 태학사, 1987).

『역주 금옥총부』(안민영 원저, 김신중 역주, 박이정, 2003).

『역주 백련초해』(김무봉, 김성주 역주, 세종대왕기념사업회, 2013).

『역주 삼국사기』1 · 2(정구복 외, 한국정신문화연구원, 1999).

『역주 삼국유사』2 · 3(강인구 외, 이회문화사, 2002/2003).

『역주 이옥전집』2/3(이옥 저, 실시학사 고전문학연구회 역주, 소명출판, 2001).

『역주 파한집』(이인로 지음, 박성규 역주, 보고사, 2012).

「옥갑야화」(이우성 · 임형택 역편, 『이조한문단편집』하, 일조각, 1982).

「열녀춘향수절가」(한국어문학회 편,『한국고전소설선』, 형설출판사, 1993).
「유충렬전」 상 · 하(김동욱 편,『영인 고소설판각본전집』2, 인문과학연구소, 1973).
『유충렬전』(지은이 모름, 이상구 옮김, 지식을만드는지식, 2015).
『율곡전서』33 · 34,「연보」 상 · 하(한국고전번역원,『한국고전종합DB』).
『지봉유설』14,「문장부」7(한국고전번역원,『한국고전종합DB』, 고전원문).
『창선감의록』(이지영 옮김, 문학동네, 2010).
『청구야담』상(이강옥 옮김, 문학동네, 2019).
『청구영언: 대학본』(청구대학 국문학과 연구실, 1957).
「최척전」(이상구 역주,『17세기 애정전기소설』, 월인, 1999).
「최척전」(박희병 표점 · 교석,『한국한문소설 교합구해』, 소명출판, 2005).
『추구집』(안영길, 주영기 편저, 역락, 2015).
『춘향전』(구자균 교주, 교문사, 1984).
『춘향전』(송성욱 풀어 옮김, 백범영 그림, 민음사, 2011).
『토끼전 전집』1(김진영 외 편저, 박이정, 1997).
「학산한언」(정환국 책임교열,『정본 한국야담전집』, 보고사, 2021).
『한국구비문학대계』1-1/5-7/7-12(한국정신문화연구원, 재판; 2002).
『허균전집』(성균관대 대동문화연구원, 1972).
「흥부전」(『영인 고소설판각본전집』3, 인문과학연구소, 1973).
『흥부전/변강쇠가』(김태준 역주, 고려대 민족문화연구소, 1995).

고정희,『고전시가와 문체의 시학 – 윤선도와 정철의 경우』, 월인, 2004.
국립국어원,『표준국어대사전』.
김대행 역주,『시조 Ⅰ』, 고려대 민족문화연구소, 1993.
김명준,『악장가사 주해』, 다운샘, 2004.
김성배 외,『주해 가사문학전집』, 집문당, 1981.
신돈복 지음, 정솔미 편역,『이상한 것 낯선 것 – 학산한언 선집』, 돌베개, 2019.
신동흔 엮음,『세계 민담 전집 – 한국편』, 황금가지, 2003.
신재홍,『향가의 해석』, 집문당, 2000.
신재홍,『화랑세기 역주』, 태학사, 2009
신재홍,『'영랑전' 역주』, 태학사, 2013.
신재홍,「정석가의 소재와 구조 고찰」,『고전문학과 교육』55, 한국고전문학교육학회,

2024.
신재홍, 「쌍화점의 장소성과 대화 맥락」, 『한국시가문화연구』53, 한국시가문화학회, 2024.
심재완 편저, 『교본 역대시조전서』, 세종문화사, 1972.
이창배 편저, 『한국가창대계』, 홍인문화사, 1976.
유창돈, 『이조어사전』, 연세대출판부, 1964.
이가원 교주, 『이조한문소설선』, 교문사. 1984.
이백 지음, 이영주 외 역주, 『이태백시집』2, 학고방, 2015.
진동혁 역주, 『시조Ⅲ』, 고려대 민족문화연구소, 1996.
최정여 외 편, 『규방가사』Ⅰ, 한국정신문화연구원, 1979.
형당퇴사 엮음, 류종목 외 옮김, 『당시삼백수』2, 소명출판, 2010.

## 저자 소개

# 신재홍(申載弘)

가천대학교 인문대학 한국어문학과 교수

**저서**

『한국 몽유소설 연구』(보고사, 1994/수정증보판; 역락, 2012)

『향가의 해석』(집문당, 2000)

『향가의 미학』(집문당, 2006)

『화랑세기 역주』(태학사, 2009)

『고전 소설과 삶의 문제』(역락, 2012)

『고전 소설의 착한 주인공들』(태학사, 2012)

『'영랑전' 역주』(태학사, 2013)

『고전 소설의 당돌한 여주인공』(월인, 2016)

『향가 서정 여행』(월인, 2016)

『향가의 연구』(집문당, 2017)

『고전 문학과 징벌의 상상력』(박이정, 2020)

『고전 문학과 근심 걱정』(국학자료원, 2022)

# 고전 문학과 즐거운 인생

**초판 1쇄 인쇄** 2024년 11월 15일
**초판 1쇄 발행** 2024년 11월 22일

**지은이** 신재홍
**펴낸이** 박성복
**펴낸곳** 도서출판 월인
**주소** 01047 서울특별시 강북구 노해로25길 61
**등록** 1998년 5월 4일 제6-0364호
**전화** (02) 912-5000
**팩스** (02) 900-5036
**홈페이지** www.worin.net
**전자우편** worinnet@hanmail.net



ISBN 978-89-8477-740-8 93810

값은 뒤표지에 있습니다.

이 저서는 2024년도 가천대학교 교내연구비 지원에 의한 결과임.(GCU-202405890001)